珞珈法学论坛

第八卷

LUO JIA JURISTS' FORUM

武汉大学法学院主办

WUHAN UNIVERSITY PRESS
武汉大学出版社

目　录

法学专论

协商民主与代议民主之比较[*]

■ 江国华^{**} 鄂茂芳^{***}

在民主还没有得到普遍认同时，民主前面很少有修饰词。而随着对民主褒奖的增加，民主前面的修饰词也越来越多，如代议民主、自由民主、多元民主、宪政民主等，不一而足。这些修饰词都很悦耳，但显然不是可有可无的。如果你真喜欢民主，恐怕应对"民主"前面的修饰词有所警觉，看加上修饰词的民主是否变了味。① 在"民主"一词前面修饰"代议"和修饰"协商"，形成新的词"协商民主"和"代议民主"。它们的侧重点不在于"民主"，而在于"协商"和"代议"。它们到底对"民主"的内涵进行了多大程度的修正和驯化呢？

一、基本意涵之比较

作为民主形式的代议民主与协商民主几乎都以自然法思想、天赋人权论、契约论和人民主权论、自由论为其理论渊源。基于对民主价值的肯定，民主不论是作为一种政体，还是作为一种政治追求，都是具有积极意义的。因此，"民主"成为政治合法化的一种标志

＊ 本文系江国华主持的教育部 2006 年规划项目《协商民主与中国宪政的未来》的阶段性成果（立项编号：06JA820032）。
＊＊ 法学博士，武汉大学法学院教授，博士研究生导师，研究方向主要为宪法学与行政法学。
＊＊＊ 武汉大学文学院教师。
① 王绍光：《警惕对"民主"的修饰》，载《读书》2003 年第 4 期。

和象征。人民主权解决的是国家权力的最终归属问题，主张国家权力来自于人民，并追求人民的政治平等，强调人民的参与决策，保障人民的基本权利。但同时，协商民主与代议民主对"民主"的纯粹含义进行了修正，对"民主"进行了驯化——基于多次历史事实的证明，对民主的激进追求容易产生"多数暴政"和"极权主义"，最后会给人民带来灾难。因此，对"民主"一词，思想家和政治家们历来都很慎重，希望将"民主"控制在一定的范围之内。

其一，在辞源学上，协商民主中的"协商"和与代议民主中的"代议"一样，在某种程度上都与"民主"形成内在的张力——"民主"意味着政治平等和多数人参与，但是"协商"代表的是"深思熟虑"和形成"优化"的公共舆论，需要尽量小规模的讨论而不是多数人的参与，所以"民主"和"协商"之间存在紧张的关系——在英语和德语语境中，协商（Deliberative/Deliberativer）一词的基本含义包括协商、聚集或组织起来进行对话和讨论、慎重的等内容，在我国又翻译为"审议"、"慎议"。因此，这意味着"协商"和"民主"这两个词所代表的是两种似乎无法相容的元素，即慎思与平等。

"代议"也是对"民主"的"逆反"，它意味着由少数人代表多数人进行统治，与"民主"追求多数人统治和政治平等是不同的，但是基于统治规模的扩大，"民主"就必须屈服于"代议"——"代议"一词有两层意思：第一层，全体公民通过选举方式选出他们的代表；第二层，由这些代表集会进行议政，行使统治权，使民主与"定期选举"、"政党竞争"形成密不可分的关系。因此，代议民主，又称为"选举民主"或"间接民主"，它是因应现代国家人口大幅度增加的现象而产生的，是指全体公民通过选举的方式选出他们的代表，由这些代表集体行使统治权。因此，在代议民主下，代议士及行政官员的产生，都不再采取抽签或轮流方式，而是由有志竞选的人彼此竞逐人民的选票而产生，而公民只保留定期改选代表的权利，平时不经常介入政策制定的过程。

其二，就其合法性基础而言，作为西方社会对民主本质再思考的产物，协商民主强调对民主合法性的关注，认为民主控制必须是实质的，而非象征性的，而且是有能力的公民参与的，其本质是公共协商，"协商"所代表的"深思熟虑"正是治理民主弊端的良药。在1980年，贝赛特首次使用了"协商民主"（Deliberative democracy）一词，用来反对人们对宪政的精英主义解释，试图化解审议与民主之间的矛盾，将二者连接起来。①为此，协商民主论者强调协商民主应当建立在更严格的"人民主权"基础之上——哈贝马斯认为协商民主严格地建立在人民主权的观念之上，他强调公共权力的合法性需要公民在公共领域中充分的自由协商来加以充实。权力合法性最根本的源泉是人民的集体判断，但这种集体判断不是未经调节的大众意志的表达，而是扎根于按照协商理想来加以组织的各种实践中。从这个意义上说，协商民主是一种具有更多直接民主元素的民主形式。

代议民主尽管也声称以人民主权为合法性基础，但在一般意义上，它是以直接民主的反对者或者替代者的形式出现的，正是其间接性决定了人民主权在代议民主制度中的象征意义远远大于实际价值——诚如对代议民主制理论具有重大贡献的托马斯·潘恩所指出的那样："代议"就由人民选举出的代表去协商和处理国家事务；在代议制共和政府下，政府由人民选举产生，人民是主权者。人民委托自己的代表，行使自己的权力。在民主选

---

① 谈火生主编：《审议民主》，江苏人民出版社2007年版，第354页。

举基础上建立的代议制政府，将代议制同民主制结合起来，成为"一种能够容纳并联合一切不同利益和不同大小领土与不同数量人口的政府体制"。①

其三，就其规范性而言，协商民主赋予民主过程的规范性含义远胜于代议民主。哈贝马斯认为政治就是指民主的意见形成和意志形成过程，代议民主尽管赋予了民主过程更多的规范性意涵，但却又易于沦为"以投票为中心"的政治，从而使得公共权力的合法性不足。协商民主尽管不能赋予民主过程更多的规范性内涵，但其程序性内涵却在相当程度上弥补了这一缺陷——"民主程序通过运用各种交往形式而在协商和谈判过程中被建制化，而那些交往形式则许诺所有按照该程序而得到的结果是合理的"。② 在这个意义上说，"协商民主是一种具有巨大潜能的民主治理形式，它能够有效回应文化间对话和多元文化社会认知的某些核心问题。它尤其强调对于公共利益的责任、促进政治话语的相互理解、辨别所有政治意愿，以及支持那些重视所有人需求与利益的具有集体约束力的政策"。③

其四，就其侧重点而言，"协商"中包含着讨论，而"代议"中的"议"也有讨论的意思，因此，两者都是一种民主决策形式。但是，"协商民主"侧重于"协商"——协商或公共协商是协商民主的核心概念，是理解协商民主的起点；"协商"意味着聚集或组织起来进行对话和讨论、慎重的等内容，它所代表的是"深思熟虑"，追求一种审慎的公民参与，并没有限定以何种方式参与。协商的目标是做出决策，这些决策在当前对所有公民都具有约束力，但它又是开放的，随时准备迎接未来的挑战。④

"代议民主"侧重于"代议"。而"代议"强调的是"代表"。代议民主借助于选举程序产生主权者——人民的专门代议者；在人们选举完代议者之后，政治的"商议"变成为代议士们的专权，而作为主权者的人民却基本没有参与讨论的机会——公民只保留定期改选代表的权利，平时不太介入政策制定的过程。因此，权力是由代表而不是人民亲自行使，就必然会出现"两权分离"的格局，即权力的所有者和行使者之间分离。为确保民选的代表真正代表人民的利益，体现人民的真正意志，忠实并服务于人民，避免社会仆人手中的权力异化成为压迫和奴役人民自由和权利的"利维坦"，代议制民主就必须有一整套监督制衡机制来对人民的代表及由此产生的政府进行监督和防范，以免"仆人"滥用权力，异化为"主人"。

其五，就其秉性而言，代议民主尽管背景理论甚为复杂，但其对人民主权和宪政体制通常作出主体中心主义的诠释——江宜桦在《自由民主的理路》中写道："代议民主的理论背景十分复杂，因为不同的思想家根据不同的理论都可以推演出支持代议民主的结论。譬如霍布斯从个人主义社会契约论的角度出发，完成了一个既可支持专制君主、也可适用于议会主权的政治体系。洛克援引同一套自然法、自然权利的论述，写成的却是典型自由主义的立宪制度。孟德斯鸠讨论代议制度的根据，是他对英国三权分立制度的误解。而麦迪逊的大共和主张，则是以代议制度作为化解党派斗争以及支撑联邦制度的策略。因此，

---

① 转引自田穗生：《中外代议制度比较》，商务印书馆 2000 年版，第 6~8 页。
② ［德］哈贝马斯：《在事实与规范之间》，童世骏译，三联书店 2003 年版，第 377 页。
③ 谈火生主编：《审议民主》，江苏人民出版社 2007 年版，第 7 页。
④ 谈火生主编：《审议民主》，江苏人民出版社 2007 年版，第 7 页。

代议民主并不特别跟哪一种政治理论接轨，也不特别呼应哪一种意识形态。虽然一般说来自由主义似乎是主张代议民主的主流，但是保守主义、社会主义也都赞同代议制度。"①但不管是在自由主义的代议制框架内，抑或是在共和主义的代议制度体系中，都寄望于通过成熟的宪政民主制度，使公民的基本权利有了现实的保障，这一基本的制度架构因而成为民主实践中不可突破的底线。②

而协商民主被认为是对自由民主与共和民主的整合，是相对于自由民主与共和民主而存在的第三种民主形式。哈贝马斯认为，协商民主的民主模式摒弃了主体中心主义的社会观，而是对人民主权和宪政体制作主体性的诠释，与一种非中心化的社会图景联系起来，取代过去基于主体性哲学框架的理解，它是一种植根于言语行为的规则之上的以语言为媒介的主体间交往过程。哈贝马斯说："不管怎么样，这个民主概念不一定要利用以国家为中心、想象成一个目的取向之宏观主体的社会整体这样一个观念。它也并不把这个整体设想为一个根据市场模式无意识地调节权力平衡和利益平衡的宪法规范体系。"③ 这就意味着，协商性民主更多地重视通过民主程序或政治公共领域的交往网络而发生的过程，它是在更高的层次上提出了一种关于交往过程的主体性。

其六，就其政治选择而言，协商民主较代议民主更倾向于多元化。民主意味着选择，选择是以多元为条件的。但是人类引以为豪的选举民主在运行了数百年之后却将政治选择导入了一个日益狭隘的管道。这种狭隘的选择管道在窒息了多元政治所应有的生机的同时，也使得民主政治的公共性大打折扣——被认为是现代民主的象征的美国，已经存在的"总统家族"和或将出现的"总统夫妇"现象，恰好说明了自由民主存在自身难以克服的故障。不然三亿美国人民的选择何以如此狭隘？

而协商民主恰恰提供了一种为人们渴望已久的政治模式：它既是公共的，又是多元的。"理性对话"是协商民主的外部表现形式和载体，是协商民主的先决程序。"理性对话"是一种受公共理性所支配的"公共对话"，而且这种对话必须是多元的。唯其是公共的，每一个参与者才能够以明确的立场向其他人"说明其支持某项政策的正当理由"，"在这样的条件（语言交流）下，政治的进程就可以预计到，它可以得到合理性结果，因为在这样的条件下，政治才得以在特别宽泛的广度上在一种协商的模式中实现自己"；④唯其是多元的，各种不同的公共决策才可以共享这种理性对话的范式来谋求其正当性——"语言交往的条件和程序能够赋予业已制度化的意见和意志构成过程以立法的力量"。但是"只有当我们考虑到语言交往形式的多样性，协商政治才可能获得同经验的联系，也就是说，语言交往中，达成共同意志的途径不仅是伦理的相互理解和取得一致，而且也通过利益均衡和妥协，通过为了目的而使用理性的手段进行选择，通过道德性的论证，通过检查法律的合法性等途径，协商政治概念才能获得与经验相联系。"⑤

---

① 江宜桦：《自由民主的理路》，新星出版社 2006 年版，第 27 页。
② ［德］哈贝马斯：《在事实与规范之间》，童世骏译，三联书店 2003 年版，第 371 页。
③ ［德］哈贝马斯：《在事实与规范之间》，童世骏译，三联书店 2003 年版，第 371 页。
④ ［德］哈贝马斯：《民主的三种规范模式：关于协商政治的概念》，靳希平译，载中国社会科学院哲学研究所主编：《哈贝马斯在华演讲集》，人民出版社 2002 年版，第 120～122 页。
⑤ ［德］哈贝马斯：《民主的三种规范模式：关于协商政治的概念》，靳希平译，载中国社会科学院哲学研究所主编：《哈贝马斯在华演讲集》，人民出版社 2002 年版，第 123 页。

因此，协商民主的多元性能够最大限度地扩大公共参与面和政治选择范围，并将政治选择的视角从狭小的"精英圈子"转向平民大众，使得多样性的人民偏好成为左右公共选择的路径依赖，为早已没有"悬念"的自由民主注入至为重要的"内生变量"，萎靡的民主政治有望因此而获得新的活力；协商民主的公共性则将陷入"幽暗"之中的公共决策重新纳入阳光之中，而阳光是政治最好的防腐剂，借助于这种阳光政治，人们对于公共政治懈怠已久的信心或许有望得以重塑。①

二、适用领域之比较

就其适用领域而言，代议民主是有边界的民主模式，它的主要适用场所在立法机关。因为自由社会和平等公民的理想并不要求每个人都花大量的时间参与到政治中来，它也不要求公民亲自参与每一项重大政治决策的制定。而协商民主突破了传统边界的观念，能在更多领域适用——老的民主模式总是认为，应用民主模式的第一个任务就是明确一个政治共同体的边界；与之相对，协商和交往却能够应对流动的边界以及跨界产品的生产。因为，我们现在能够期待民主的政治互动的特征会产生普遍的观点，而不用担心它是否局限于特定的领土实体（Territorial entitles）中。② 因此，协商民主适用于立法领域，而且也适用于包括世界、区域、国家、地区等广泛的事务之中。绿色民主者甚至提出协商民主的适用领域不仅存在于人与人之间，而且还存在于人类与自然界之间——关键是要在人类社会与自然界之间探索更多的平等交换；这种平等交换包括越来越摆脱人类自我中心的方式，要把政治和生态交往更有效地结合在一起。

其一，就其在国家立法领域的适用而言，协商民主是代议民主的有益补充。哈贝马斯在《在事实与规范之间》提到了"双轨"式的协商民主，它既强调了公共领域中的协商，也强调了立法机关中的协商。哈贝马斯的理念是，公共意见产生于公共领域的非正式过程，通过竞选活动传递到立法者手中，然后立法者在立法机关中对此进行协商，并做出对全体都有约束力的决定。因此，在立法机关中，代表进行协商时，代议民主与协商民主存在交叉领域。同时，在立法听证时，也存在公民参与的协商民主和代议民主的交叉领域。

其二，就其在国家政治运行领域的适用而言，协商民主与代议民主相辅相成。以中国人民政治协商会议为例，中国共产党领导的多党合作和政治协商制度，是我国的一项基本政治制度，是中国特色社会主义民主政治制度的重要组成部分。政治协商有利于实现最广泛的政治参与，有利于有效地实现广大人民的民主权利，有利于最大限度地包容和吸纳各种利益诉求。它是党派之间实行协商民主的一种制度安排。它是由一批具有广泛代表性的公民组织和公民直接地、平等地参与的协商民主，是从中国这样一个人口众多的大国的实际情况出发，具有中国特色的协商民主。要把选举民主、谈判民主和协商民主这三种形式有机地结合起来，更多地发挥协商民主的作用。③ 中国人民政治协商会议就是中国实行协

---

① 江国华：《协商民主及其宪政价值——以支持政治协商制度为视角》，载《湖南科技大学学报》2007 年第 1 期。

② ［澳大利亚］约翰·S. 德雷泽克：《协商民主及其超越：自由与批判的视角》，丁开杰等译，中央编译出版社 2006 年版，第 122 页。

③ 李君如：《中国能够实行什么样的民主》，载《北京日报》2005 年 9 月 27 日。

商民主的主渠道和主要形式，在社会主义民主政治建设中发挥着独特的作用和贡献。

其三，就其在国际事务领域的适用而言，代议民主几乎没有适用的空间，但协商民主却游刃有余。以联合国代表大会为例，按照规定，联合国代表大会每年9月中旬召开，它强调各国事先充分的磋商，以此来取得共识（至少是大国一致）。在解决国际争端时，联合国代表大会主要采取谈判和协商两种方法。谈判是解决国际争端的最基本方式。协商在以前被作为谈判的一部分和步骤，而在当代它常常被作为一个独立的方法使用。这两种方法密切相连，如在协商的基础上开始或继续谈判、在谈判中不断进行协商、以协商一致的方式产生谈判结果。

其四，就其在区域性事务领域的适用而言，代议民主的适用亦几无可能，但协商民主却被经常使用。以欧洲理事会为例，按照规定，欧洲理事会（European Council）即欧盟各成员国首脑会议，由各成员国元首或政府首脑及欧委会主席组成，每年至少举行两次会议。许多学者称之为"欧洲共同体的守门员"①，虽然它不属于《欧洲共同体条约》所规定的组织机构的一部分，但它却发挥着重要的作用，可以说是欧盟的最高决策机构。欧盟经验表明，不同行政主体之间的合作，都必须构建一个"特殊体制"，从而模糊地理上的界限和传统的行政边界。这个"特殊体制"是合作者之间形成的自愿组织，其权力来自于各合作伙伴自愿出让的权力，它的行为方式主要是协调，而非统治和控制。

其五，就其在基层事务领域的适用而言，代议民主的适用效果备受质疑，协商民主的适用却方兴未艾。近年来在中国广泛兴起的"民主恳谈会"与社区议事会就是最好的注解。

近年来，"民主恳谈会"开始在台州和浙江全省逐渐推广，成为农村地区民主决策和民主管理的一种治理模式，体现了协商民主的价值和意义。它起源于浙江省的温岭市，通常由乡镇、村或乡镇部门党组织主持，由广大的群体或相关的代表参与，是政府决策的公开听证会，官员和公民的平等对话会，也是不同利益群体之间的协调沟通会。它主要有四种形式：一是乡镇、村、部门以及企业的民主恳谈会；二是乡镇民主听证会；三是村级民主议事制度；四是民情恳谈。其中乡镇的民主听证制度和村的民主议事制度是其重点建设的制度。作为乡村的治理形式，民主恳谈会具有大众性、平等性、多元性、决策性和身份不受限制性等特点，与协商民主的理念相契合。②

社区协商议事会是社区的议事层，主要由在社区内有一定影响，在群众中享有较高威望，热心社会公益事业的辖区内主要单位领导和知名人士、居民代表组成，工作是志愿性的。其主要职责是在社区居民会议或居民代表会议闭会期间行使对社区的协商、议事和民主监督职能。

三、决策模式之比较

一项决策的合法性来源于公民的认可与同意，被公民同意的决策才会被贯彻执行，才

---

① 张亚中：《欧洲统合：政府间主义与超国家主义的互动》，台北扬智文化事业股份有限公司1998年版，第120页。

② 马奔：《协商民主：中国民主政治发展的一种选择》，载《理论学刊》2006年第9期。

不会出现决策的合法性危机。因此，为了避免出现民主合法性危机，民主都会基于自己的理念为自身设计一套决策模式。在民主理论中，通常认为民主的决策模式的差异性，是由"偏好"的差异性所决定的——所谓"偏好"，其最初的含义是消费者对消费品组合的一组排序。在社会生活中，偏好指的是行为者基于自身利益而表现出来的对于特定目标对象的倾向性与选择性。不同时期、不同地域、不同文化背景的行为者，其行为偏好可能会存在巨大的差异。偏好具有多样性特征，偏好影响制度选择，也受制度的约束。在政治生活当中，面对立法机构的议案或者行政机构的决策，每个利益相关者都会有充分的理由表示支持或反对，这种支持或反对的理由和根据就是偏好。因此，一项政策需要获得合法性就必须关注公民或有相关利益的人的偏好，需要通过某种方式获得这些内生性的偏好，作为其决策的来源与基础。

其一，受功利主义哲学影响，代议民主将其决策模式设定为聚合模式，即在公民（或代表）进行投票前，他们的偏好已经固定了，只需将那些偏好集中起来，不需要他们对其偏好进行证明和给出理由。形象地说，此种决策模式将公民表达出来的偏好视为民主决策的优先的或首要的原料。因此，由这些方法产生的集体决策无须超出方法本身的基本原理之外的更进一步的证明。多数主义和功利主义都假设方法本身就潜在地提供了证明。我们只能为决策结果给出理由，而不能为偏好给出理由，这样的理由只能到合并偏好的基本原理中去找——简言之，这种侧重于偏好的聚合，强调公民享有平等的民主权利，强调聚合之后所达成的最终结果，很少去关注聚合的具体过程。

在一个多元化的时代，"差异"是普遍的，"共识"却是弥足珍贵的；这种弥足珍贵的共识只能是参与者自由交换过程中自愿达成的结果，而不是任何暴力或者强制所能催生出来的产物。[①] 协商民主为协商模式，侧重于偏好的变化，关注聚合的具体过程，强调公民在做出选择的过程中的深思熟虑与审慎。协商民主认为偏好从来都不是既定的，它会受到很多因素包括表达偏好时所处的环境、现存的法律规则、过去做出的选择以及通常意义上的文化的影响。在协商过程中，协商主体必须是具有自身偏好的行为者，这种偏好也必然会在协商过程中表达出来，从而在讨论与协商中根据其环境限制和他人的信仰、偏好来调整自己的信仰与偏好，从而奠定实现合法决策、理性立法的基础。

其二，代议民主模式将偏好视为已经给定的逻辑前提，并将其作为集体决策的基础——这显然是有弊端的，因为个人对于善或权利的理解与这种分配之间存在着重要的因果联系，聚合式的决策模式会倾向于从根本上接受甚至强化社会现有的权力分配格局，而这种分配格局既可能是公正的，也可能是不公正的，聚合式民主并不提供任何原则，让人民来判断其是公正还是不公正。更重要的是，它也不提供任何有效的程序，让公民改变他们对这种分配格局的看法。这种对商品或权利的初始性分配给偏好造成的影响通常被描述为"禀赋效应"，它表明任何一种对权利的初始性分配，都将对偏好产生影响。

协商民主则更钟情于"协商"对于"偏好"转变的意义——在规范意义上，协商是一种面对面的交流形式，强调理性的观点和说服，而不是操纵、强迫和欺骗。在协商讨论

---

① 江国华：《宪法哲学导论》，商务印书馆 2007 年版，第 236 页。

中，自由平等的参与者支持一系列程序规范，其目的主要是为了交流而不是策略目标。参与者倾听、响应并接纳他人的观点，他们忠于交流理性与公正价值。① 这样的讨论能够消除有限理性的影响，每个人都能通过讨论而获得最佳的偏好选择。

其三，代议民主制的聚合模式一般分为简单多数主义和成本—收益分析两种形式。简单多数主义最常见的方式就是让人民代表进行决策，然后在立法机构中根据多数原则来决定。人民代表本身是通过选举产生的，而选举被视为"争取人民选票的斗争"。选举过程是按照市场模式来设计的，政治家和政党就像市场上的生产者一样根据选民的要求选择自己的立场、设计自己的战略，而选民则类似于消费者，通过选择相互竞争的产品（候选人及其政党）来表达自己的偏好。竞选过程中也有论辩，但这些论辩的功能更像是广告（告知选民各候选人的比较优势），而不是论证（通过给出理由来改变参与者的看法）。成本—收益分析的形式对选票和公民意见的重视程度相对较少，官员们虽然也关注公民表达出来的偏好，但这些偏好首先必须通过一种分析性过滤——如成本—收益分析以便得到最佳选择。譬如要制定福利最大化的政策和法律，选民说了算并不是最理性的方式，专家可能更有能力制定出较好的法律和政策。

与聚合方式不同的是，协商民主依靠辩论和讨论的程序来确保决策的合理性与合法性。因为在协商过程之后，人们可能会发现，表达每个人可能拥有的正确意见要比按多数原则计算选票困难。所以，协商程序赋予每个公民平等的机会，表达自己的意见，驳斥他人的根据，保证对话是自由、公开的。通过面对面的讨论，参与者会认真地提出并对竞争性观点做出反应，从而能够就公共问题的解决做出深思熟虑的判断。讨论、对话、协商的过程允许人们表达不同的偏好。作为特定社会政治过程的参与者，人们能够在互动过程中根据他人的立场而改变自己的判断、偏好和观点，这种互动依靠说服而不是强制和控制，协商的结果是各种偏好之间的分歧减少，偏好转化并达成共识。

其四，代议民主制的聚合式不是总能给予决策者一些关键问题的答案，它不是同等地适合所有的原始偏好，它适合于那些能够很容易地变化为经济范畴的偏好，而不太适合那些无法测量的价值偏好。譬如有时政府不得不对生命与健康给出一个价格，但他们不得不承认，即使是在公共政策决策中，生命与健康的价值也是不能完全用金钱来衡量的。例如，政府是应该优先考虑那些不会造成生命危险但使大多数人感到很不舒服的问题，还是优先考虑那些会造成生命危险但仅仅影响少数人的问题？②

其五，选票竞争被认为是代议民主聚合式的核心所在，但正是这种选票竞争决定了集合式的不稳定性和模糊性——理性选择理论关注的是将个人利益或偏好聚合成社会结果的方式。作为理性选择理论的一个分支，社会选择理论揭示了投票本身所存在的两个问题：不稳定性和模糊性。投票之所以不稳定，是因为在某些条件下，聚合式产生的可能是循环的社会排序，或者这些社会排序具有不可传递性。由于这种不确定性，选举结果很容易受到策略性投票和议程控制的操纵。并且在任何一个具体的案例中，我们都无法判断决策是否为这种操纵的结果。投票之所以是模糊的，是因为投票结果（至少在部分意义上）是

① ［澳］卡罗琳·亨德里克斯：《公民社会与协商民主》，郝文杰、许星剑译，载陈家刚选编：《协商民主》，上海三联书店2004年版，第129页。

② 谈火生主编：《审议民主》，江苏人民出版社2007年版，第13页。

选票计算过程中人为的结果。根据不同的聚合方式（即不同的计票方法），同样的原初性个人偏好集合会产生出不同的结果，有时是非常不同的结果。①

而协商民主形式是以话语竞争为核心的，其前提条件是有广泛的各式各样有能力的参与者在不受限制的条件下参加到争论中来。话语就其概念而言就是一套以语言为载体的公认的假设和能力，正是通过这些假设和能力，坚持这个话语的信徒才能把零散的感知信息连贯为一个整体。因为话语既是社会的也是个人的，所以作为秩序的源泉，它们是通过协调赞同其主张的个人的行为来起作用的。话语与制度是相互交织的；如果正式的规则构成了制度的硬件，那么，话语则构成了制度的软件。② 譬如，在国际体系中，可持续发展的作用就是给许多参与者提供一个概念上的会谈空间，为他们之间进行交往和采取共同行动提供一套公认的设想。正是这些公认的设想界定了这个话语。可持续发展是以与其他大量话语——生存主义（极限观）、市场自由主义以及绿色极端主义——相互争论的形式存在的。③

博曼说："对话是一种特定的联合性活动，有着协商必需的独特特征"；④ 协商民主正是借助于"对话"这种形式而获得了"看得见的生命"。在这个意义上说，"公共协商是一种带有特定目标的对话"，当然，这种对话必须是理性的，这种对话的过程不过是理性相互交换的过程，"它的目的不一定是要产生理由充足的主张，而是要产生范围足够广泛、论证足够充分并能对非限制性公众负责的主张"。⑤ 正因为对话是理性的，理性交换支配着对话的整个过程，因此，作为协商民主核心要素的理性对话特别强调每个参与的公民（或者团体）都有足够的机会、动力来表达自己的观点，并确保其观点得到其他参与者的尊重。惟其如此，这种理性的"对话过程才能够为公民生活带来许多好处——建设性的交流，摒弃陈词滥调，诚实地传递思想，注意倾听并理解他人"。⑥

协商民主的"协商"本性，不仅有机会使日益为精英政治家自负的理性所左右的公共决策回归于公共理性，而且能够有效地培育公民对于政治过程和公共决策的反省能力和反思意识——正是在这个意义上说，"协商过程的政治合法性不仅仅出于多数意愿，而且还基于集体的理性反思结果，这种反思是通过在政治上平等参与并尊重所有公民道德和实践关怀的政策制定活动而完成的"；⑦协商的过程不仅是一个利益交锋的过程，也是一个展

---

① 谈火生主编：《审议民主》，江苏人民出版社 2007 年版，第 302 页。

② ［澳大利亚］约翰·S. 德雷泽克：《协商民主及其超越：自由与批判的视角》，丁开杰等译，中央编译出版社 2006 年版，第 114 页。

③ ［澳大利亚］约翰·S. 德雷泽克：《协商民主及其超越：自由与批判的视角》，丁开杰等译，中央编译出版社 2006 年版，第 116 页。

④ ［美］詹姆斯·博曼：《公共协商：多元主义、复杂性与民主》，黄相怀译，中央编译出版社 2006 年版，第 51 页。

⑤ ［美］詹姆斯·博曼：《公共协商：多元主义、复杂性与民主》，黄相怀译，中央编译出版社 2006 年版，第 51 页。

⑥ ［美］马莎·麦科伊、帕特里克·斯卡利：《协商对话扩展公民参与：民主需要何种对话?》，林莉译，载陈家刚选编：《协商民主》，上海三联书店 2004 年版，第 104 页。

⑦ Joshua Cohen, Deliberative Democratic Legitimacy, Deliberative Democracy: Essays on Reason and Politics, Edited by James Bobman and William Rehg, The Mit Press, 1997, p. 67.

现公民美德的过程。

四、路径依赖之比较

对国家制度的批判往往来自国家之外，而非国家本身，而且比国家自己的批判来得更客观、更彻底。代议民主依靠自身的批判系统，如司法审查等，勉强维持着稳定的运转。而协商民主不仅要依靠代议民主的自身批判系统，而且它更相信公民的声音——一个来自公民社会底层的批判。代议民主喜欢"在场的政治"，喜欢遵循自己设定的一套游戏规则。而协商民主则要求改变代议民主"致命的自负"，希望它能理解"观念的政治"，养成"广纳忠言"的性格，尊重社会批判的权利，形成有效的反馈机制。因此，首先，国家的性格必须改变，否则对协商民主来说，它将只是一场政治作秀，而非有益的建设，更缺少可行性和必要性。

其一，协商民主通过协商后达成共识的方式构建其政治合法性。政治合法性就是指社会民众对国家权力所维持的统治秩序的接受或赞成。而民意是民主政治合法性的基础，民意的输入对决策的合法性意义重大。卢梭认为，权力的合法性来自人民的同意，来自人民的公共意志。因为真正的权威只有一种，那就是建立在人们同意之上的权威，一个民主的社会，就是要让所有社会成员共同参与政治，按照公共意志的指引，决定公共事务。法国当代思想家让·马克·夸克也指出："合法性是对被统治者与统治者关系的评价。它是政治权力和其遵从证明自身合法性的过程。它是对统治权力的认可。"① 这种认可是建立在认同、价值观及同一性和法律等条件基础之上的。其核心是被统治者的首肯，广泛的社会认同，深厚的社会价值观基础以及法律对这些价值观的认可、保护和升华。② 凭借广泛认可的制度机制，国家权力机构利用所掌握的各种资源对社会施以控制或管理，社会亦利用自己的资源对国家权力的行使进行批评、监督、抵制。这一合法性的确立过程也正是统治秩序的合法化过程。因此可以说，政治合法性源于它的公共理性基础，源于全体民众的广泛认同、真诚信仰和积极参与。

协商民主的政治合法性就必须使它的决策能最大限度地反映人民的意志，既要保证协商过程的合法性，又要保证协商结果的合法性。经过讨论、审议形成政治决策，其政治合法性不是来源于个人意志，而是决策形成的程序，即理想的协商程序使各种分歧最终通过讨论而达成共识。公共协商结果的政治合法性不仅建立在广泛考虑所有人的需求和利益的基础之上，而且还建立在利用公开审察过的理性指导协商这一事实的基础之上。

为了克服代议民主的弊端，协商民主开始使用一种"民主治疗民主"的方式，提出强调决策前和决策后的平等协商，为公共产品的加工过程广开言路，让"话语竞争"来替换权力和金钱的竞争，用"给出理由"来检验政策的质量，用"追求共识"来凝聚民族的信心。因此，协商民主"协商"的品格，有助于将公共决策的合法性依赖从脆弱的简单多数过渡到理性的多元共识，从而使得合理的公共决策真正立基于政治参与者的理性

---

① ［法］让·马克·夸克：《合法性与政治》，佟心平、王远飞译，中央编译出版社 2002 年版，第 1 页。

② ［法］让·马克·夸克：《合法性与政治》，佟心平、王远飞译，中央编译出版社 2002 年版，第 3 页。

共识，而不是多数意志对少数意愿的强制或者变相强制；而协商民主"平等"的秉性，则将自由民主从"权力和资源"控制中拯救出来，恢复"民主固有的平民本色"，从而使民主的公共决策过程对金钱的依赖降至最低限度。①

其二，代议民主通过集合简单多数意见的方式建构其决策的合法性。简单多数代议规则就是指一项决策方案的通过与否，取决于它所获得赞同票是否超过表决票的一半。科恩在《论民主》中剖析了简单多数规则的优点："在可能选择的规则中，只有简单多数的规则有这种特殊的好处；它本身既能防止少数代表整体采取行动，也能防止少数阻碍整体采取行动。包括范围较窄的规则……阻止采取行动的权力，在某种程度上和采取行动的权力是同等重要的。具有此种权力可以迫使社会维持原则，阻止社会采取有重大影响的行动。因此，简单多数规则显示出独一无二的优点，从而在大多数民主社会中都被认为是最简单、最公平也最可行的规则。"②

在聚合模式下，代议民主快速地将收集的原料—民意—聚合加工，完成了其政治合法化的实践，并且自负地认为加工出的成品质量应该是公认的，具有合法性。但是，选举民主尽管强调自由、平等和普遍的选举对实现人民主权的意义，但是由于其程序设置本身对"能力平等"的疏忽，使得西方自由民主陷入了无力自拔的"人民疏离"的困境——被普遍宣扬是以人民主权为基础的现代政治似乎脱离人民越来越远；职业代议士和职业政治家成为国家政治和一切公共决策场合唯一的真正主角，而号称为"人民主权"的所有者的人民反而成为政治游戏的看客。于是，被政治所疏远的越来越多的永远都无力成为主角却又厌倦了做看客角色的人们，在渐生"政治冷淡"的同时，也日渐淡化了自己作为"人民"的责任：在越来越多人拒绝参加选举的同时，越来越多的人也丧失了对于政治决策和政治运行的合法性的反思兴趣和反省能力！③

自由民主所可能导致的民主暴政——这种暴政既包括托克维尔所谓的"多数暴政"，也包括现代西方政治中实际存在的"金钱暴政"。选举民主被认为是自由民主理论最理想的制度化形式。作为自由民主理论的制度化形式，选举民主是多元利益主体，以自身利益为基础，竞争公共权力的机制；它以尊重公民个人权利和个人利益为前提；实行多数决原则，强调利益的聚合与竞争，反映的是多数人而非所有人的意愿。这就意味着，自由民主是一种"成王败寇"式的民主，是一种以牺牲少数人的意愿所成就的一种民主——在缺乏有效的调整多数与少数对比关系机制的条件下，势必导致多数成为恒定的多数，少数则成为永远的少数；于是"多数暴政"便不可避免。同时，在实际运行过程中，选举民主对金钱的依赖日益加深——当这种选举对被金钱所筑成的"竞选程序"产生致命依赖的时候，权力和社会资源的分配和占有状况，将直接左右选举的结果。在这种情势下，选举民主实际上便义无反顾地蜕变为"金钱暴政"了！④

---

① 江国华：《协商民主及其宪政价值——以支持政治协商制度为视角》，载《湖南科技大学学报》2007年第1期。

② ［美］科恩：《论民主》，聂崇信等译，商务印书馆1988年版，第73页。

③ 江国华：《协商民主及其宪政价值——以支持政治协商制度为视角》，载《湖南科技大学学报》2007年第1期。

④ 江国华：《协商民主及其宪政价值——以支持政治协商制度为视角》，载《湖南科技大学学报》2007年第1期。

其三，协商民主需要公共领域"理性的批判"。公民社会是指独立于国家但又受到法律保护的社会生活领域及与之相关联的一系列社会价值或原则。私人领域、公共领域、志愿性社团和社会运动是公民社会的主要构成要素，个体性、多元性、公共性、参与性以及法治原则组成公民社会的基本价值和规范体系。①

哈贝马斯认为，市民社会总的说来是一个与公共权力或政府相对立的私人活动领域，它由两个部分构成，即私人领域和公共领域。私人领域是指以资本主义私人占有制为基础的市场经济系统，亦即"狭义上的市民社会"。公共领域则是由非国家和非经济组织在自愿基础上组成的。这样的组织包括教会、文化团体和学会，还包括了独立的传媒、运动和娱乐协会、辩论俱乐部、市民论坛和市民协会，此外还包括职业团体、政治党派、工会和其他组织等。② 公共领域是市民社会的重要组成部分。

作为一个原则上向所有人开放的社会公共生活空间，它是独立的社会主体以社会组织为存在形式在社会个人和政治国家之间通过在场或不在场的（公众舆论）平等自愿协商而就普遍利益问题达成共识，形成公共理性，从而对国家政治行为进行民主控制的理性沟通活动。这样的公共领域应该是一个具有三重维度的概念，即既是一个实体性概念，又是一个理念性概念，还是一个价值性概念，是实体性、理念性和价值性的统一。③ 理念层面的公共领域既是公共理性的精神源头，又是社会价值观念的核心；而实体层面的公共领域则既是形成公共理性的社会根基，又是公众广泛认同、真诚信仰和积极参与的组织平台、制度支撑和实现途径。

哈贝马斯指出，公共领域具有反映社会问题的信号与对政治系统进行监督和批判两大功能。他认为，公共领域之所以具有反映社会问题的信号，是因为公共领域与私人生活领域之间有着一种密切的纽带关系。这一纽带关系是通过公民的双重身份来建立的，进入公共领域的公民，既是公共领域的承担者又是社会成员的一分子，拥有这种双重身份的公民以一种"生存论语言（即通过自己的生活史来反映社会性痛苦的压力）"不断地将他们对社会生活的体验带入公共领域，公共领域因此就获得了对"人们在生活史中感受其共鸣的那些社会问题"④ 的把握，最终形成关于这些问题的公共意见，从而实现其反映社会问题的信号功能。

从民主理论角度来看，公共领域还必须把问题压力放大，使问题成为讨论议题，提出解决问题的建议，并且造成一定声势，使得议会组织接过这些问题并加以处理。⑤ 哈贝马斯强调，过去几十年的那些重大议题的形成过程是对公共领域的这一信号功能的最好例证。诸如"日益加剧的核军备竞赛；和平利用核能或其他大规模技术项目和像基因研究这样的科学实验所包含的风险；负担过重的自然环境中的生态危机……这些问题几乎没有一个首先是由国家机构、大型组织或社会功能系统的代表者所提出来的"⑥。相反，它们

---

① 何增科：《公民社会与第三部门研究引论》，载《马克思主义与现实》2000 年第 1 期。
② ［德］哈贝马斯：《公共领域的结构转型》，曹卫东等译，学林出版社 1999 年版，第 29 页。
③ 杨仁忠：《论政治哲学视阈中的市民社会概念》，载《河南师范大学学报》2005 年第 3 期。
④ ［德］哈贝马斯：《公共领域的结构转型》，曹卫东等译，学林出版社 1999 年版，第 32 页。
⑤ ［德］哈贝马斯：《公共领域的结构转型》，曹卫东等译，学林出版社 1999 年版，第 445 页。
⑥ ［德］哈贝马斯：《公共领域的结构转型》，曹卫东等译，学林出版社 1999 年版，第 455～470 页。

都是首先通过公共领域提出来，并借助于大众传媒使得这些信号得以扩大，即"使得这些问题得以面对更大范围的公众"，最终进入政治系统的核心领域，并在那里得到正式处理。

同时，哈贝马斯认为通过公共舆论对政治权力进行公共监督和批判，是公共领域的价值和意义所在，批判性是公共领域的精髓。他指出，"公共领域"靠自己来解决问题的能力是有限的，它的功能不在于直接解决问题，而在于对政治系统形成一种批判和监督作用，并促使政治系统去合理解决由公共领域所反映的那些问题。公共领域作为一种交往空间，是一种批判性的个人理性交往过程。人们以批判为目的，进行真诚坦率的商讨，由此对公共事务做出独立于公共权力领域之外的理性判断——即公共舆论或公共意见，要使公共舆论能充分地行使对政治系统的批判功能，就必须确保公共舆论的"高质量"。"高质量"的公共舆论的形成有两个前提条件。其一，公共舆论必须是对"与公众有关的议题的可理解的、具有普遍兴趣的提议"。否则，公共舆论就会失去公众的支持而不复存在，也就更谈不上发挥政治批判功能了。其二，交往实践的规则必须是自由和平等的。哈贝马斯强调："对于一种公共意见的形成来说，一种共同进行的交往实践的规则具有更重要的意义。"因为只有公共舆论是在自由、平等的交往基础上形成的，它才能最大限度地反映最广泛的民意，才能发挥对政治系统的批判功能。

因此，成功的协商都必须依赖于一定的社会和文化条件，而这些决定协商民主成败的社会或者文化条件，都是根植于公民社会这个土壤之中的——只有在公民社会中才可能存在作为协商民主的参与者的公民；只有在公民社会中，公民才可能习得参与公共事务的能力；也只有在公民社会中，公民参与公共领域活动的权利才有可能得到充分的尊重和认可，并认识到尊重他人同等权利和被他人认可的价值所在。因此，公民社会是协商民主的社会基础，它不仅为协商民主培育了参与者，而且也培育了公民参与公共协商的基本技能；缺乏公民社会这个基础，协商民主就不可能存在，即便存在也不可能得到公平与合法的协商结果。①

其四，代议民主需要公共领域"服从的依赖"。在经历自由主义黄金时代的 19 世纪末到 20 世纪末这百年时间中，公共领域结构经历转型，功能逐渐式微，分化为少数精英与大众消费二极结构，缺乏自治传统的社会往往习惯于依赖。

公民社会对国家的依赖来自于国家给它提供了一个大脑，公民社会不需时时刻刻动脑筋思考复杂的事情，历史的力量正在一步一步蚕食着公民社会的脑力，公民社会在自己的领域自在地忘了自己还有一个真实的大脑，国家的脑袋已经取代了公民社会的大脑，就如同现在人脑对电脑的依赖，电脑正想着跃跃欲试地取代人脑。其实，国家如同电脑一般，电脑是人脑发明创造出来的，电脑是无论如何不能取代人脑的；国家是在公民社会的基础上创建的，国家是无论如何也取代不了公民社会的。

但是，当长久的依赖形成顺从之时，人类就理所当然地认为自己的大脑是可以被有强大处理能力的电脑所取代的。公民社会也会认为交由国家来处理自己的事情大可放心。当产生如此想法的时候，我们的思维会慢慢被腐蚀，逐渐让我们丧失反思和批判的能力。然

---

① 江国华：《协商民主及其宪政价值——以支持政治协商制度为视角》，载《湖南科技大学学报》2007 年第 1 期。

而，只有当我们时刻保持清醒——时刻准备用自己真实的大脑去批判"人造"的大脑时，"人造"的大脑才能纠正自身的错误，才不敢松懈自己的责任，才不敢有取代我们的非分之想。

在国家自身膨胀的欲望下，它不知不觉走上了吞噬公民社会的道路。即使是在自治传统的社会，它也不免会丧失反抗的能力，那么更不要谈缺乏自治传统的社会了。协商民主提倡的就是公民社会要勇敢地、清醒地从代议民主下的"服从的依赖"中走出来，要坚定地、智慧地维持自己的"理性的批判"。人类才能从"批判的武器"走向"武器的批判"。

其五，协商民主较之代议民主更依赖于公民参与。公民参与作为现代公民政治生活中的一项重要内容，不仅是政治关系中公民实现政治权利的重要方式，而且反映着公民在国家政治生活中的地位、作用和选择范围，体现着政治关系的本质，涉及民主和公民生活应当如何运作，并影响政治体系的构成、运行方式、运行规则和政策制定过程。

美国学者亨廷顿和纳尔逊认为公民参与的水平包括广度和深度，并且指出广度即指从事某种公民参与活动的人的比例，即有多少人参与政治，又有多少人置身于政治之外；深度即该种参与活动影响政治系统的程度和持续性，以及它对政治系统的重要性。[①] 可以说，协商民主比代议民主的公民参与更加有广度和深度。

协商民主的参与是具体的、现实的，要求参与协商过程的公民承担着一系列特定责任。主要有以下三个责任：一是提供理由说服协商过程中所有其他参与者的责任。按照协商民主的规范概念，协商过程的参与者不仅要提供理由，而且要提供可以说服所有参与者的理由，不存在协商机构中某些成员不重要的假设。正如乔舒亚·科恩所说，协商的目的是寻求"说服所有参与者承诺根据协商结果行动的理由"，协商参与者都有责任"提供他们真诚希望说服其他参与者的理由"。当然，这不是要强加不可能的要求，即某人的观点应当与对话者的所有观念相一致，准确地说是要改变他们的观念，至少是正在讨论问题的观念。二是对其他作为理由和观点的理由和观点做出回应的责任。协商过程中重要的不是讨价还价的权力，而是更好观点的力量：参与者给出理由并期望"是它们而不是权力决定自己提议的命运"。这就在协商过程中发挥着平等化功能。如果参与者不承担这种自由回应其他人讨价还价的责任，那么，那些决策的结果就会妨碍决策过程，就会有助于建立联盟或促进有吸引力的交易，并从牺牲缺少这种讨价还价资源的人中受益。因此，这种责任意味着弱者的各种观点会受到重视，即使不存在弱者本身赋予自己观点和理由以权威的假设。三是根据协商过程提出的观点和理由修正各种建议以实现共同接受建议的责任。这里也有必要将其与不可行要求——参与者力图实现所有人都满意的一致——区分开来。有些理论家将相互同意看做一种规范的理想，尽管其在现实中是不可能的，但它应当表达了实用主义的协商概念。而另一些人则强调，程序本身的公正赋予结果以规范性力量。[②]

而代议民主不像协商民主一样对公民参与具有如此强的依赖。代议民主强调的不是大

---

① ［美］塞缪尔·亨廷顿、琼·纳尔逊：《难以抉择——发展中国家的公民参与》，华夏出版社 1989 年版，第 12～13 页。

② ［英］马修·费斯廷斯泰因：《协商、公民权与认同》，王勇兵编译，载《马克思主义与现实》，2004 年第 3 期。

众参与，而是精英参与。当代表经选举产生后，由他们制定宪法和法律，对国家事务进行管理。因此，代议民主对公民参与的依赖程度就低一些，它主要是依靠自身的国家体制和法律来进行管理。首先，由于代议民主很大程度上取消了人们直接参与和自我管理的权利，因此，公民只是间接的、间断的、被动性的参与。其次，随着官僚体制的扩大，代议民主没有有效地解决自身的难题，因此，行政权力的膨胀和腐败必然会侵蚀公共领域的空间，会削弱公民参与的积极性，又进一步影响代议民主的政治合法性，使代议民主遭遇民主危机。

竞争与合作：以司法为中心的行政裁量控制

■ 徐 晨[*]

　　在美国的政治架构下，立法、行政和司法之间始终保持着竞争性的合作关系，国会、政府与法院在处理国家事务上拥有不同的优势和资源，并以不同的方式和机制来予以相互制衡。美国行政法的历史发展同样证明了这一点，在不同的历史时期，立法、行政和司法机关对于控制行政裁量权的态度有所不一。但是，当某一机关有了放松的迹象，另一个机关则会收紧控制的力度。因此，表面的政治和谐并不能掩盖其潜在的竞争与反制关系。"与其他部门出于职能利益相比，官僚机构出于单纯权力利益而更爱保密……在面对国会时，官僚机构出于权力的本能，试图阻止国会从它自己的专家或从利益集团中获得知识……官僚机构欢迎一个见识不广、没有能力的国会——至少是一个懂得不多因而不反对官僚利益的国会。"[①]

　　对于行政裁量权来说，立法的模糊性是其存在的重要原因之一，行政机关对裁量权的自我控制无法从根本上解决问题，而法院则以其解释法律的特定职能来予以裁量控制。其中，最为主要的是法院通过不同的审查标准来进行司法干预。但是，法院还可以从另外两个方面来控制裁量权：其一，是以禁止授予立法权原则，判定裁量性立法行为无效。即向立法机关施加压力，要求其在授予立法权时设定原则和标准等，以约束和限制行政机关的

---

　　[*] 武汉大学法学院副教授，法学博士。
　　[①] Max Weber, Essays in Sociology, New York: Oxford University Press, 233 (1946). 转引自［美］尼古拉斯·亨利：《公共行政与公共事务》，项龙译，华夏出版社2002年版，第19页。

裁量权。其二，是基于行政事务的日益复杂化，在某些方面对建立在专家知识基础上的行政决定予以司法尊重。但是，这并非放弃法院的司法职能，而是根据不同情况予以不同程度的司法尊重。

因而，从宏观层面来看，行政裁量权的法律控制是一种以司法为中心的裁量控制关系，这种关系以竞争和合作为核心将行政裁量权控制在一个大的框架结构之中。

一、行政裁量权的立法控制

（一）立法性裁量权的授予

在美国政治制度演化过程中的一个重要发展是，对非常复杂、都市化的社会所要求的具体政策予以反应的行政专业知识的增长。在其自身与专业化相对立的方面作出反应，相应的立法表现为不作为或者缺乏意愿，这都使得授予行政机关广泛的裁量权成为必要。实际上，裁量权的立法授权的某些手段（方法）被认为是现代行政过程中的基本原则。[1]

对于立法和司法机关没有能力处理和解决的复杂问题，行政机关为形成解决方案而提供必要的灵活性、专家知识和专门化支持。行政机关获得委任立法权有许多正当理由，例如，能够使用非技术语言和便于规则的理解。使用劝导性语言的可能，产生灵活性和非正式性，能够尝试或者试验；获得无强制要求的一致性和确保自愿同意和尊重的潜能。但是，借助于委任立法并不是万能的，委任立法的使用可能只是反映在那些想要或者不想要立法的人们之间的一种折中。[2] 并且，还潜藏着一个根本矛盾：即委任立法与分权原则的对立和现实社会的需求压力。这一矛盾在 1935 年和 1936 年的最高法院司法判决中得以强化，而法院基于限制政府权力所确立的禁止授予立法权原则，显得非常难以适应当时经济萧条的社会状况。同时，这一问题被以下事实所恶化，即许多州法院在某些情形下认真地运用禁止授予立法权原理，而在其他州则完全被忽视。这部分地归因于无法保持完全的分权，以及在联邦政府和州政府中所体现的一定程度的权力混合的特征。并且，现代政府所面临的问题的复杂性导致禁止授予立法权原则的普遍放松，以此为行政机关应对现代生活的复杂挑战而提供适当的裁量。[3] 这一观念在联邦层级的环保署的职责上被阐明，环保署负责发展和执行有关空气质量、水质和危险废物处理等方面的国家标准。在界定、检测和执行这些环境标准中，环保署履行了国会无时间和专业知识去完成的职能。在这一背景下，有效的立法要求允许行政机关减轻国会提供政策细节的负担。[4]

但是，在裁量权的立法授予上，美国各州的授权标准或者程度有所不同。某些州接受宽泛的政策指南或者陈述来限制行政裁量权，而在许多州，当立法机关提供以下指导，就

---

① William L. Morrow, Legislative Control of Administrative Discretion: The Case of Congress and Foreign Aid, 30 The Journal of Politics 985, 985 (1968).

② Robert Baldwin, Accounting for Discretion, 10 Oxford Journal of Legal Studies 422, 423 (1990).

③ Christopher M. Rosselli, Standards for smart growth: searching for limits on agency discretion and the Georgia regional transportation authority, 36 Georgia Law Review 247, 259 (2001).

④ Martha C. Mann, St. Johns River Water Management District v. Consolidated-Tomoka Land Co.: Defining agency rulemaking authority under the 1996 revisions to the Florida Administrative Procedure Act, 26 Florida State University Law Review 517, 522 (1999).

被认为具有足够的标准：即概括地界定需要做什么，哪一行政机关去完成，以及控制专断行为和限制裁量权滥用的程序保障。① 当然，授权标准的不统一，并不意味着对行政授权无所限制。一般而言，有三个方面的限制因素：①立法权专属国会，故凡宪法明定应由国会制定法律行为规范的事项，原则上不得认为其授权有效；②国会确实无法详细践行宪法上赋予的全部立法权时，得以骨架立法或偶发性事件的立法的方式，将次要及细节部分授权行政部门以命令形式为补充；③授权并非可以漫无止境或过分含混，其应有具体而明确的规定。② 除此之外，在立法性裁量权的授予上，还有一系列的立法控制和法律技术来确保裁量权运用的合法性。

（二）对行政裁量权的立法控制及其法律技术

立法机关对行政裁量权的控制方式往往是多方面的，例如，立法机关对行政官员任命的建议和准许，对行政机关所提交的预算进行审查，以听证和正式报告的形式定期汇报，以及通过非正式沟通获得反馈和进行监督等。其中，正式的控制方式包括法律授权、确定机构的职权范围、设立行政程序以及特别法案的控制等。另外，在整个20世纪八九十年代，国会和政府越来越多地依靠市场激励和市场导向的行政结构来指导行政裁量权的运用。

在行政组织结构上，立法机关设立了各种各样的组织结构来对行政部门的日常活动进行控制。尤其是服务于国会的独立机构，这些机构独立于总统，并以至少三个法律技术来保持其独立性。一个独立机构的委员：①是通过两党制程序选拔出来的；②其服务期限是确定的；③只能在有特定事由的情况下被免职。独立机构的决策过程倾向于双方合意的达成，以及更加关注公平和精确性，而非效率。决策过程通常不是趋向极端的情势，而是达成某种妥协，并有助于在困难的事实情形下获得结果的一致性。独立机构在专业事务上发展专家知识，使其能够以多元信息和成本效益的方式来完成裁决功能。由此，通过政治独立、民主决策和专家知识，国会管控着整个独立机构。当然，无论是否为正式组织，管制机构的态度受到多种因素的影响，包括国会、总统、法院、经济条件、机构成员、私人利益集团和以经验证据支持的公共舆论。除此之外，需要注意的是一个在20世纪80年代和90年代越来越多地被运用的管制改革方法，即去掉公营部门的某些公共职能，而是运用本质上属于私营部门的联邦公司来监管和传送公共服务。作为一种公私结合的行政组织结构，联邦公司通过将行政权予以社会化和市场化来进行政府管制，其在客观效果上减少了行政裁量权的空间和可能性。③

也许国会影响行政机关的最直观和最有效的手段是通过拨款程序，在参众两院的预算听证为拨款委员提供了审查行政执行的机会，并通过改变为某种目的而拨款的资金水平来

① Rosselli, Supra note 1, at 260.

② 罗传贤：《行政程序法论》，台湾五南图书出版公司2001年版，第24页。骨架立法指国会仅就一般原则或基准做出决定，余皆委由行政部门以补充立法的立法方式，另见城仲模：《行政法之基础理论》，台湾三民书局1994年版。

③ Alfred C. Aman, Jr, William T. Mayton, Administrative Law, St. Paul, Minn. West Group, 615 (2001).

影响未来的行政政策。国会可以运用拨款程序来表达对行政决定的不满。它通过制止基于某个目的的支出来限制法定权限，或者奖赏行政机关成功地追寻国会的利益。国会也可以运用拨款程序去修改法律条款。在通过对行政机关的授权立法和对其拨款以后，国会还可以通过国会监督程序来监管行政机关的表现。国会监督是管制的政治可接受性的重要检测。法定标准通常不提供精确的出自行政机关的政策通告，许多没有机会影响规章发布的人可能被其执行所影响。除了正式的监督机制以外，每一个议员都可以运用的方法是在行政机关之前对未决事务的干预，其通常代表委托人的利益而做出。这些由议员及其辅佐人员对行政人员发起的质询种类涵盖了各种情况的报告，即有关个人对行政机关的请求，以及涉及管制规划的实体和程序上的申诉。①

国会制定了大量的法律，并通过执行一般的程序要求来影响行政决定本身。其中，1969 年的国家环境政策法案（NEPA），它规定了程序性要求以确保行政机关在制定和执行政策的过程中能够考虑实质性环境价值。这一法案的核心在于要求行政机关在做出任何重要的行政决定之前必须提供环境影响报告。这个报告必须确认涉及环境决定的可能影响，并评估可能的备选方案。1980 年颁布，1996 修订的弹性管制法案（RFA）要求所有进行规则制定的行政机关考虑小型实体（个人和公司）的特别情况和问题，并且，除了涉及规则制定记录以外，一般排除司法审查。1996 年，修订后的弹性管制法案增加了要求行政机关发布信息收集规则的规定，同时必须提供一项管制弹性分析，以描述对小型实体的可能影响。此外，规定所有违反要求而影响小型实体的行为都可以进行司法审查。1995 年的无经费授权改革法案要求行政机关对私营部门施加成本超过一亿美元的规则制定，必须提供一项管制分析。②

在市场控制方面，立法的放松管制或者私有化的显著特点是以使用市场激励和市场竞争方法来替代所谓的命令和控制的管制。例如，环保署并不精确地强制规定如何降低某一工业的污染水平，而是寻求市场激励来达成这些目标。建立一个市场以便减少污染的企业可以出售其排污许可，这样在规定水平以下排污的企业可以从那些不能满足要求的企业获取经济回报。另一种方法是依靠税收和收费来强加较高的成本给特定的市场主体，以迫使其内部化外部成本，这样政府无需直接制定规章来影响市场。另外，向消费者提供有效信息也是有效而非命令的管制形式。③

立法否决是立法机关控制行政机关规则制定的一般方法，其替代形式还有落日法（Sunset Law）④，以及对行政行为一并运用不批准和预先有条件的批准的解决方案。立法机关的否决权通常见于授予权力的立法中，它规定参议院或者众议院都有权通过一项决议废除机构制定的规则、规定或者标准。自 1932 年以来，国会在近 200 项立法中附加了立

① Alfred C. Aman, Jr, William T. Mayton, Administrative Law, St. Paul, Minn. West Group, 620 (2001).

② Alfred C. Aman, Jr, William T. Mayton, Administrative Law, St. Paul, Minn. West Group, 623 (2001).

③ Id, at 625.

④ 落日法或者日落法指规定要对特定的法律、行政机关或者其他政府职能继续存在的理由进行定期审查的法律规定。立法机关只有采取积极措施承认现存的法律、行政机关或政府职能到特定日期继续有效，否则它们将不再存在。参见薛波主编：《元照英美法词典》，法律出版社 2003 年版。

法否决权，在州立法中的立法否决权也同样普遍。① 同样，立法机关还可以要求行政机关在执行新的规章之前做出报告和等待，以便立法机关在必要时进行立法干预。在 1996 年，新加入的美国法典第 8 章规定了国会对行政机关规则制定的审查。这些法律规定要求行政机关向国会和总审计长提交报告，这些报告包含了评估规则的信息，如成本效益分析、管制弹性分析和依据无经费授权改革法案做出的分析。总之，这些来自立法机关的要求有助于减少行政机关的行政裁量权，并促进了立法控制的规范化。

二、禁止授予立法权原则及其超越

西方国家的限制性授权理论根植于权力分立学说及其宪政实践的基础上，受民主和人权思想的影响，其内容在纷繁复杂的社会变迁过程中得以不断发展和变化。在大陆法系国家中，以德国行政法为代表，形成了以法律保留为核心的限制性授权理论；② 在英美法系国家中，尤其是美国行政法，禁止授予立法权原则及其发展成为对委任立法进行法律限制的重要方法。③ 尽管，两大法系国家在理论表述上有所不同，但都是基于同一目的，即防止政府通过立法手段获得行政扩张的正当性，以此保护私人的自由和财产。另一方面，委任立法的客观存在反映了现代社会急速发展的情况下要求立法的及时性和专业化，同时又面临"去民主化"的风险考量，限制性授权理论正是在这一两难选择中寻求某种立法权力的均衡配置。一个日益明显的趋势是，两大法系国家的限制性授权理论逐渐交叉融合，有如殊途同归，其在思想渊源、政治架构以及社会需求等方面的共通构成理论趋同的基础。

从法哲学的源流上来看，权力分立学说诞生和发展于 17 世纪的英国，对此洛克从自然状态下人们拥有的各种权力中找到了立法权和执行权的源泉。后经 18 世纪中叶，法国的孟德斯鸠进一步提炼，上升为三权分立理论。在这一社会思潮的推动下，"一直到 19 世纪出现于欧陆的自由宪法运动打破君主权力垄断的局面，奠定权力分立后，法律保留的概念始告萌芽"，④ 并以此来限制政府权力。在君主立宪背景下的英国，权力分立意义上的委任立法始于 19 世纪的早期。而在美国，"洛克的自然法理论与孟德斯鸠权力分立原则的结合，构成了美国政府制度的哲学基础"，美国宪法的创制者们以此建立了分权的宪政架构，这些都为限制性授权理论的形成提供了思想基础和现实条件。从三权分立的角度来看，行政机关行使属于立法机关的立法权，可能导致权力的滥用和失衡。同时，还引发了行政立法的正当性问题，即在民主思想下行政立法是否能够充分代表民意的问题。因此，限制性授权理论还可以追溯至霍布斯、洛克和卢梭所阐发的社会契约政治理论，根据

---

① 参见 [美] 史蒂文·J. 卡恩：《行政法：原理与案例》，张梦中等译，中山大学出版社 2004 年版，第 77 页。

② [德] 哈特穆特·毛雷尔：《行政法总论》，高家伟译，法律出版社 2000 年版，第 104~118 页。

③ Stephen G. Breyer, Richard B. Stewart, Cass R. Sunstein, Matthew L. Spitzer, Administrative Law and Regulatory Policy: Problems, Text, and Cases, New York: Aspen Publishers, 43-85 (5th ed, 2002).

④ James Hart, An Introduction to Administrative Law with Selected Cases, New York: F. S. Crafts & Co., 154-155 (1946). 另参见许宗力：《论法律保留原则》，载《法与国家权力》，台湾月旦出版公司 1993 年版，第 121 页。罗传贤：《行政程序法论》，台湾五南图书出版公司 2001 年版，第 23 页。

该理论，行使强制性政府权力的唯一合法基础在于社会合意。①

19 世纪末 20 世纪初，由于福利国家的形成，社会急剧变迁，行政权不断扩张而立法机关的立法职能相对弱化，正如学者哈特所指出，行政立法更具专业性，较之法律更易修改，以适应环境，而立法机关应专注基本政策，以节省时间来监督行政是否切实执行。②西方社会发展的需求使得行政立法更加广泛和普遍，因而，对权力分立和民主立法的思想造成了前所未有的冲击。限制性授权理论实质上是法律理想与社会现实相互作用的产物，其产生并非出自臆想，而是通过司法机制体现出来的。也就是说，司法作为第一推动力使得法院必须回应行政立法的合法性及其授权尺度等法律问题，而司法判例则为限制性授权理论的产生与发展提供持续的养分。只不过，在不同的法律土壤中，两大法系的限制性授权理论有着不同层面的生长。

（一）禁止授予立法权原则与法律保留原则

限制性授权的理论发展有两个阶段，第一阶段是突破传统权力分立的限制，使立法权专属于立法机关的状态得以改变，这一具有结构性的根本转变标志着该理论的产生；第二阶段，即授权范围或者标准的定位。需要说明的是，委任授权虽然关系到立法机关与行政机关的立法权配置，但起核心作用的往往是法院对立法懈怠与行政扩张的司法控制。在德国，联邦宪法法院在 1984 年导弹部署案中主张权力区分与功能配置不同，要求国家决定由具备最佳条件的机关来担当。其间，逐渐形成以功能结构取向解释法律保留的理论，即认为"何种国家事务应由何种机关以何种规范形式加以决定，必须放在各机关的组织与程序结构的关联上观察，据此最后必然能得出特定国家事务仅能由特定国家机关以特定规范形式做出决定的结果"。③ 该理论及其司法实践所确认的法律保留，表明特定的国家事务应保留由立法者以法律规定，行政权的行使必须有法律依据。然而，什么事务必须由代议机关立法？什么事务可以授权行政机关立法？法律保留的范围确定意味着行政立法对传统立法权的解构。此后，德国行政法上，出现全面保留、干预保留以及重要保留等一系列理论。尤其是 20 世纪 70 年代德国联邦宪法法院提出的重要性理论。

尽管法律保留理论不仅仅限于立法权的配置，更扩展至行政活动的法治化，但其核心仍在于立法方面。在此，立法机关的立法权与行政机关的行政权存在一个有关立法权限的交集。所不同的是，大陆法系国家注重法律保留，即除去交集以外的立法权范围；而英美法系国家则偏重于授权标准的具体确定，即讨论交集本身的授权范围、条件或者标准。

（二）禁止授予立法权原则的历史回顾

1887 年美国州际商业委员会的成立为联邦政府机关在立法权上找到了一个广阔的角色。随后，许多联邦政府机关纷纷设立，像联邦电讯委员会、证券与交易委员会、食品药品管理局以及环保署。随着这些机关的纷纷设立，它们的存在与立法权归属于国会的宪法

---

① ［美］理查德·B. 斯图尔特：《美国行政法的重构》，沈岿译，商务印书馆 2002 年版，第 6 页。
② Hart, Supra note 3, at 154-155.
③ 该理论由德国公法学者欧森布尔、冯阿尼倡导，后为学者史道博体系化。参见许宗力：《论法律保留原则》，载《法与国家权力》，台湾月旦出版公司 1993 年第 2 版，第 139～140 页。

原则之间产生了矛盾。因为，本质上这些机关不仅已经具有颁布法规的权力，而且有执行它们的权力。解决这个冲突的一种办法就是禁止授予立法权原则，该原则所依据的理念其实就是国会不可以将宪法授予的立法权授予行政机关。一位法学教授曾写道："禁止授予立法权原则促使一个政治上负责任的国会做出政策决策，而不是将这个担子扔给行政官员们。"① 在联邦层面的授权上，大致可以分为五个阶段：早期阶段、公共利益阶段、严格标准阶段、宽松标准阶段和程序保护阶段。②

1. 1935 年以前的发展

在美国，三权分立并没有严格的划分，政府在某些特定问题上一直获得国会的授权。例如，国会授予总统以其规定的规则，审批与印第安部族进行的贸易活动，以及有关军事养老金等问题，还授权财政部门减轻罚没的决定权力。最早的案例（Brig Aurora）见于1813 年授予总统限制出口权力，而为法院所承认。

在 1892 年的菲尔德诉克拉克（Field v. Clark）案中，法院依靠 Brig Aurora 案的先例判决支持了一项法令，该法令规定对于向美国产品强行收税的国家，总统可以在认为在互惠上存在不平等或者不合理的情况下，有权对进口该国的产品强迫征收报复性关税。法院认为给予总统的不是立法权，因为这一权力限制于有关外国强征不平等或不合理关税的事实认定。在 United States v. Grimaud 案中，菲尔德诉克拉克案中的偶发事件原则（contingency）被证明是不充足的。法院支持了一项法令，即为了保护公共林木和林木保护区不受破坏，授予农业部以广泛权力作出规定，包括适用法律和规章去管制占有使用和防止破坏林木。法院认为法律没有授予立法权，而只是给予行政部门做出具体规定的权力。一个更为宽泛的标准被适用于汉普顿（J. W. Hampton, Jr., & Co v. United States）案中，法院支持一项法令以授予总统在认为有必要平衡美国和竞争国家的产品成本时修订关税义务的权力。法官考虑了上述案例中偶发事件原则和做出具体规定的原则，将这一案例放在更宽泛的基础之上。即认为国会应当根据法律对个人或者组织设定一个"可以理解"的原则（the intelligible principle），授权其依法采取行动，这种立法行为并不是禁止授予立法权。法院认为调整关税去平衡产品成本的主张构成一个"可以理解"的原则。③

总之，在早期的美国法律发展过程中，法院以不同的原则和标准确认了法律授予行政机关的各项权力，但是拒绝承认授予的是立法权。在客观效果上，行政机关却拥有广泛的带有立法性质的裁量权力。

2. 禁止授予立法权原则的确立

在 20 世纪 20 年代和 30 年代，最高法院支持那些使国会授予行政机关实现公共利益的权力的法令。但是，对公共利益的定义受到授权复杂性的限制。这一时期为立法授权的公共利益阶段。而到了 1935 年，巴拿马炼油公司案（Panama Refining Corp. v. Ryan）和

---

① Robert Theuerkauf, An Effort to Revive the Nondelegation Doctrine: D. C. Court of Appeals Makes a Fundamental Mistake and Sets Back Congress and the Environmental Protection Agency's Efforts to Further Protect Human Welfare, 39 Brandeis Law Journal 869, 873 (2001).

② Gary J. Greco, Standards or Safeguards: A Survey of the Delegation Doctrine in the States, 8 Adminstrative Law Journal 567, 567-603 (1994).

③ Stephen G. Breyer, Richard B. Stewart, Cass R. Sunstein, Matthew L. Spitzer, Administrative Law and Regulatory Policy: Problems, Text, and Cases, New York: Aspen Publishers, 44-45 (5th ed, 2002).

舍克特家禽公司案（A. L. A. Schechter Poultry Corp. v. United States）确立了禁止授予立法权原则，即法院认定国会的授权违宪而没有法律效力。在巴拿马炼油公司案中，法院以未提供指导标准认定一项授权无效，这一授权使得总统有权禁止违反生产配额的石油的州际运输。在舍克特家禽案中，法院推翻了一项授权，这项授权使得总统在国家复兴法案下适用公平竞争规范，因为国家复兴法案对于支配所起草的法则缺乏标准。这一时期为立法授权的严格标准阶段。① 以下以舍克特家禽案为例，对禁止授予立法权原则予以说明。

舍克特家禽案的社会背景源自 1933 年的《国家工业复兴法案》（NIRA），其目标是在工业领域使管理和劳工代表符合和发展公平竞争的规范。在政策声明（第一节）上，该法案指出国家紧急状态所产生的大范围的失业和工业解体，对州际和外国商业形成负担，影响着公共福利，而且破坏了美国人民的生活水平。对此，该法案设立多项政策目标。例如，以贸易团体的合作提升工业组织；在足够的政府惩戒和监管下引导和保持统一的劳工和管理行为；消除不公平的竞争活动；提升现有工业生产能力的所有可能的有利条件，去避免不适当的生产限制；通过增加购买力来增加工农业产品的消费；减少或者减缓失业；改善劳工标准；以及其他复兴工业和保护自然资源的措施。该法案第二节规定了总统的权力，包括三个方面：①总统被授权设立这些行政机关，只要他认为有必要，规定了它们的权力、义务、责任和任期。②总统可以授予该法案下的任何一项功能和权力给其官员、机构和其他公务人员。③该计划的时限为两年。尤为重要的是，该法案中公平竞争规范（第三节）规定，在总统收到一个或者多个贸易和工业协会的申请时，有权批准贸易和工业的公平竞争规范。其条件是：①申请的协会或者集团没有在成员准入上强加不平等的限制，而具有代表性；②所申请的规范不是被设计为提高垄断，或者是消除或压制小企业，也不是基于歧视它们的目的。总统在其裁量权的运用中，只要他认为是对所声明的政策更加有效的必要情况，其作为上述规范的条件审批者，有权强加诸如保护消费者、竞争参与者和雇员等条件，以及设立免除责任的例外规定。同时，一旦总统批准了该规范，这些规范中的条款就成为贸易和工业部门公平竞争的标准。②

在该案中，舍克特家禽公司是专门从事家禽屠宰和批发的公司。当家禽运抵屠宰市场后，该公司通常要在 24 小时以内销售给经销商或者商贩。根据法案批准的活家禽规范（Live Poultry Code）的规定，除了某些例外情形，雇员在一个星期内工作不得超过 40 个小时，其每小时的收入不得低于 50 美分。而且，最低雇员数量也是确定的。其中，还规定了禁止各种不公平竞争方法的贸易实务条款。但是，该法案中并没有定义公平竞争，于是就产生了立法权的授予问题。

最高法院认为《国家工业复兴法案》第三节的规定是史无前例的，它没有为任何贸易和工业活动提供标准。从广泛公开的范围和所施加的某些限制的本质来看，总统批准和规定法则的裁量权力，以及全国贸易和工业的法律执行完全是没有约束的。这就属于违宪

---

① Gary J. Greco, Standards or Safeguards: A Survey of the Delegation Doctrine in the States, 8 Adminstrative Law Journal 567, 574 (1994).

② Stephen G. Breyer, Richard B. Stewart, Cass R. Sunstein, Matthew L. Spitzer, Administrative Law and Regulatory Policy: Problems, Text, and Cases, New York: Aspen Publishers, 45-46 (5th ed, 2002).

的立法权授予。① 甚至有的学者认为这里真正的问题并不仅仅是明确标准的缺失，这是将立法权授予了私有商业团体。实际上，这个案件反映了一种传统观念，即在没有足够标准去指导行政机关的权力运用时，立法权不应当被授予其他机关。在这一观念下，国会有责任制定行政机关遵守的指导标准或者原则。这一观念的理由国会不同于未经民选的行政官僚，应当做出强硬的政策决定。因此，严格标准的要求在传统意义上服务于法院权衡授权的主要标准。② 在社会效果上，舍克特家禽公司案反映了法院维护权力分立，控制行政机关立法性的裁量权力的鲜明态度。但是，以违宪否定授权的法律效力，排除政府的干预就间接地保护了资产阶级的契约自由和财产权利，而政府实行的新政主要是基于当时社会救济的萧条，回应社会底层和弱势群体的呼声，反映的是一种社会利益冲突的折中和妥协。从 1935 年以后，最高法院基本上没有做出类似的违宪判决，这两种力量的对比就可见一斑了。由此，授权的发展即从严格标准阶段进入宽松标准阶段。

3. 宽松的司法标准

在亚克斯（Yakus v. United States）案中，最高法院维持了在 1942 年的物价紧急控制法案下，授予行政机关广泛的价格确定权力。在该法案中，国会授予价格行政管理机关设定最高价格的权力，并可根据其判断，认定这一价格是公平和平等的。在法院看来，国会充分地规定了准确的标准。亚克斯案标志着法院在授权原则上转变态度的开始。在该案以后，法院开始支持授予行政机关广泛的立法权。法院认为一般的法定标准是适当的，因为行政首脑需要做出专家判断。因此，与严格标准要求相比较，宽松标准要求给予行政机关更多的权力去设定标准和制定政策。在 1974 年，法官马歇尔（Thurgood Marshall）指出禁止授予立法权实际上已经被抛弃。③ 随之而来的是，体现宽松标准的可以理解的原则。

在 1971 年的联合肉品切割机（Amalgamated Meat Cutters v. Connally）案中，肉食品加工联合会诉称经济稳定法案过度授权。法官莱文索（Leventhal）认为，如果国会以立法行为设立了一个行政机关必须遵守的可以理解的原则（the Intelligible Principle），就不禁止立法权的授予。④ 换言之，从禁止授予立法权原则的严格标准向宽松标准过渡预示着法院司法审查重心的转移，即审查的重点在于以不同程度来控制行政裁量权，而不是根据授权理论宣布行政立法无效。⑤ 在 1980 年的苯案中（Industrial Union Department AFL-CIO v. American Petroleum Institute）中，劳工部长根据《职业安全与健康法案》（1970 年）的规定，为规范对苯（致癌物质）的职业性暴露而颁布了一项标准，该标准对苯暴露问题给予技术上和经济上可行的最严厉的限制。法院认为部长制定了一项针对致癌物的特别政

---

① Stephen G. Breyer, Richard B. Stewart, Cass R. Sunstein, Matthew L. Spitzer, Administrative Law and Regulatory Policy: Problems, Text, and Cases, New York: Aspen Publishers, 50 (5th ed, 2002).

② Gary J. Greco, Standards or Safeguards: A Survey of the Delegation Doctrine in the States, 8 Adminstrative Law Journal 567, 574 (1994).

③ Gary J. Greco, Standards or Safeguards: A Survey of the Delegation Doctrine in the States, 8 Adminstrative Law Journal 567, 575 (1994).

④ Stephen G. Breyer, Richard B. Stewart, Cass R. Sunstein, Matthew L. Spitzer, Administrative Law and Regulatory Policy: Problems, Text, and Cases, New York: Aspen Publishers, 51-54 (5th ed, 2002).

⑤ 参见欧内斯特·盖尔霍恩，罗纳德·M. 利文：《行政法和行政程序概要》，黄列译，中国社会科学出版社 1996 年版，第 32 页。

策，该政策把存在安全暴露水平的证明责任推给企业，而使部长免于确立需要更严格标准的必要性的前提责任。在如此解释其法定权力时，部长超越了他的权力。① 在苯案中，法院并不准备完全放弃授权原则，法官伦奎斯特（William Rehnquist）与其他学者都认为不是行政机关，而是国会应当做出强硬的政策决定，国会不应当在没有可以理解的原则去指导行政机关的情况下进行授权。② 对此，法院并未直接援引禁止授予立法权原则，而是运用了像联合肉品切割机（Amalgamated Meat Cutters）案中的法律解释技术，以此回避了禁止授予立法权的问题。③

美国最高法院放弃了禁止授予立法权，转而采取宽松的司法标准。除了有来自政府的压力和与之合作的需要，我们还可以从行政机关运用立法权制定规范的性质来看待这一变化的原因。学者圣布偌德（David Schoenbrod）在目标性规范和规则性规范之间做了有益的区分。规则性规范规定了行为规则，对所允许的与不允许的行为划分界线。决定这些规则在特定情形下有何意义的工作就是解释。目标性规范规定了许多相互冲突的目标，并将协调这些冲突的工作委任给其他机关，被委任的机关在必要时可以公布行为规则来实现这些目标。目标性规范伴随着授予行政机关立法权，反映了立法机关不愿接受责任去承担由此引起的成本。正如劳森（Lawson）教授所言，作为一种"不流血的革命"，授予立法权实际上是客观存在的。④ 但是，在国会授权上的明显危险在于过多的行政裁量权，而不受审查的授权将切断立法机关对选民的责任，使得人民受制于特别命令的规则，而不是由民主产生的普通法律。在这一意义上，禁止授予立法权原则似乎是一束潜藏的火种，它在特定的社会条件下又会复燃。

4. 一个偶然的反复：美国货运联合会案（American Trucking Ass'ns, Inc. v. EPA）

在 1970 年，国会颁布了《空气净化法》（the Clean Air Act），还成立了联邦环保署来完成改善环境空气质量的使命。在 1977 年和 1990 年，《空气净化法》经历了两次较大的修订，这增加了它的有效性。然而，随着社会的发展，这些修正案都没能成功地使城市区域和特定的其他区域空气中臭氧的含量符合国家环境空气质量标准（the National Ambient Air Quality Standards，简称为 NAAQS）中的臭氧标准。

《空气净化法》第 108 条规定，环保署应当公布并依其判断引起或导致可以逻辑推测出会对公共卫生造成危险的空气污染的污染物名单，还要求环保署在公布污染物名单之后不久必须发布所有上榜污染物对应的"空气质量标准"。"这些标准要能正确地在反映有助于显示公共卫生所受影响的最新科学知识。"依第一款公布标准的同时，环保署还应发布"有关空气污染控制技术的信息，这种信息应包括安装和操作所需花费、能源需求费

---

① ［美］史蒂文·J·卡恩：《行政法：原理与案例》，张梦中等译，中山大学出版社 2004 年版，第 101~108 页。

② Gary J. Greco, Standards or Safeguards: A Survey of the Delegation Doctrine in the States, 8 Adminstrative Law Journal 567, 577 (1994).

③ Stephen G. Breyer, Richard B. Stewart, Cass R. Sunstein, Matthew L. Spitzer, Administrative Law and Regulatory Policy: Problems, Text, and Cases, New York: Aspen Publishers, 72 (5th ed, 2002).

④ Michael J. Mortimer, The Delegation of Law-Making Authority to the United States Forest Service: Implications in the Struggle for National Forest Management, 54 Administrative Law Review 907, 910 (2002).

用、减少污染物排放的好处以及控制污染物排放技术对环境的影响。"同时，《空气净化法》第 109 条规定，环保署应当依据第 108 条，在列出污染物名单的同时公布一级、二级环境空气质量标准。一级标准的制定必须以"允许适当的安全幅度，并为保护公共健康所必需"为基准。对于"安全的幅度"，国会解释说是考虑到和弥补在预测有毒污染物影响方面的不确定性和精确预测的不可能性。二级标准的制定必须以"为保护公众福利免于任何已知或预测到的不利影响所必需"为基准。

1997 年 7 月，环保署根据《空气净化法》第 108 条和第 109 条的规定，对国家环境空气质量标准中有关臭氧和颗粒物的标准作了重大修改。对臭氧标准修改的理由在于调查结果显示当时臭氧标准的制定基准"不利于卫生健康和公众福利"。① 然而，原告美国货运联合会（American Trucking Association）和俄亥俄等州提起诉讼控告环保署，认为《空气净化法》第 108 和条第 109 条是违宪的授权立法。1999 年 5 月，哥伦比亚特区巡回法院对此作出判决，即判定环保署在颁布国家环境空气质量标准时，所依据的《空气净化法》第 108 条和第 109 条造成了违宪的授权立法。

尽管这是自 1935 年以来，禁止授予立法权原则的重新复活，但是，该判决遭到了广泛的批评。学者卓尔卡弗（Robert Theuerkauf）认为法院的判决歪曲了国会和环保署的意思，挫伤了他们在控制空气污染方面的不懈努力，并威胁到环保署运用专业知识促进保护公民健康的权力。在该案中，法院指出："虽然环保署在确定有关不同层面的臭氧与颗粒物的公共健康关注指数时所参考的因素是合理的，但是环保署似乎没有做出任何可以理解的原则以规范引导其应用这些因素。"法院还认为环保署确定环境空气质量标准的行为是专断和反复无常的。卓尔卡弗则指出法院的观点在适用禁止授予立法权原则时犯了一个基本的错误。法院本来应该遵循上面讨论的惯例分析国会在《空气净化法》第 108 条和第 109 条上是否制定了指导环保署执法的"可以理解"的原则。然而，法院并没有遵循先例的分析方法，而是混淆了"任意的和不反复无常的"司法审查标准与"可以理解"的原则。因为"可以理解"原则的审查标准是针对国会的行为，而"任意的和不反复无常的"审查标准则是针对行政机关行为的行为。

最高法院于 2001 年 2 月 27 日判决了这个案子，并在法院意见的第三部分涉及禁止授予立法权原则。法官塞内亚（Scalia）写道："在授权问题上，牵涉到的宪法问题是法律是否授予立法权给行政机关。"又写道："法院从未认为行政机关可以通过在有限的法律

---

① Robert Theuerkauf, An Effort to Revive the Nondelegation Doctrine: D. C. Court of Appeals Makes a Fundamental Mistake and Sets Back Congress and the Environmental Protection Agency's Efforts to Further Protect Human Welfare, 39 Brandeis Law Journal 869, 871-872 (2001). 臭氧一级标准的修改将会促进保护人们免于臭氧导致的有害影响。新的标准会有助于保护人们远离这些有害影响，诸如"降低肺功能，增加呼吸系统综合征，以及可能性的长期肺损害等"。原先的二级标准也作了修改，新的标准"将对公众福利提供更强有力的保护，以防止臭氧引起的植物伤害，像农作物减产，森林和生态系统的破坏以及对敏感物叶片的显著损伤"。对颗粒物标准的修改使得该污染物的一级标准和二级标准同一。新的标准将会加强对公共卫生健康的保护，比如"早夭、呼吸系统疾病、降低肺功能、改变肺组织和呼吸系统的防护机制等"。新的二级标准连同一项薄雾计划，将会防止公众福利免于"泥泞、物质毁损和能见度损害"等影响。

框架下运用裁量权，去防范不合法的立法权授予。"相反，他强调："行政机关应该在一个可以理解的原则指导下依法行使其权力。"① 为了矫正这种行为，我们应该把授权限制在只能由立法机关授予的范围内。但是，行政机关是没有权力去矫正这种违宪授权的，而真正的职责在于立法机关的授权控制。因此，哥伦比亚特区巡回法院在美国货运联合会案中错误地适用了禁止授予立法权的原则。

（三）对禁止授予立法权原则的评论

美国法院创立并推行的禁止授予立法权原则具有三个功能。首先，它在与有序的政府行政管理一致的范围内确保社会政策的重要选择由最关心人民的国会做出。其次，在国会认为有必要授权时，该授权确保它向接受者提供"明确的原则"以指导被授予的自由裁量权的行使。最后，该授权原则确保负责对被授予的立法性裁量权的行使进行审查的法院，能够根据可确定的准则审查该权力的行使。② 在一系列授权原则中，禁止授予立法权是最为严格的司法审查标准。

但是，在联邦政府和大多数州政府中，行政机关仍然拥有大量的裁量权。从以上所论证的内容看，联邦和州法院都不愿运用禁止授予立法权原则去限制这种权力。实际上，禁止授予立法权原则并不是美国最高法院审判史上一个重要部分。如果只有两个可供选择的选项——无原则的实用主义和严格原则的形式主义，那就不存在异议了。当然情况不是这样的。③ 从哲学层面来看待禁止授予立法权原则，其在严格意义上来理解权力分立，确保立法权归属国会的形式要求，从而回复到洛克提出的分权理念上来。但是，随着美国社会的变迁，权力的严格区分已经不能满足社会发展的需要了。同时，我们应当看到美国法律哲学的实用主义转向，使得最高法院在处理类似授权问题时，似乎在寻找一个较为缓和的中间立场，以此避免形成法院与国会之间的对立。

这一最近出现的授权原则要求行政机关发布规则时，以对行政裁量的合理限制换取广泛授予管制的权力。因此，新授权原则支持国会授予立法权给行政机关，但要对权力运用施加限制。它并非要求来自国会的可理解原则，而是允许行政机关挑选它们自己的标准，并与法定设计的广泛目的保持一致性。这些行政限制标准一旦发布，其功能与国会将其写进原来的法律里面没有什么不一样。也就是说，它们在执行所适用的法律条款上限制行政机关。这样，标准服务于限制行政裁量权和防止专断的行政决定。④

总之，从美国司法判决中我们无法找到不变的规律，而只能获得知识上的经验。在立法权的授予上，人们往往容易找到极端的处理方法，例如，以禁止授予立法权原则直接宣布立法违宪。但是，我们却很难找到适当的方法来解决问题，这种适当的程度需要法院运

---

① Tracey L. Cloutier, Joined At The Hip: The Nondelegation Doctrine And The Principle Of Deference - The Struggle For Power Has The Epa Caught In The Middle, 7 Texas Wesleyan Law Review 63, 87 (2000).

② Stephen G. Breyer, Richard B. Stewart, Cass R. Sunstein, Matthew L. Spitzer, Administrative Law and Regulatory Policy: Problems, Text, and Cases, New York: Aspen Publishers, 68 (5th ed, 2002).

③ Thomas J. Byrne, the Continuing Confusion Over Chevron: Can the Nondelegation Doctrine Provide a (Partial) Solution? 30 Suffolk University Law Review 715, 736 (1997).

④ Lisa Schultz Bressman, Schechter Poultry at the Millennium: A Delegation Doctrine for the Administrative State, 109 Yale Law Journal 1399, 1416 (2000).

用司法智慧去解决授权问题中的矛盾，达成利益各方的共识。不过，禁止授予立法权原则仍然可以作为法院向立法机关施加司法压力的一种手段，从而确保行政裁量权归于立法机关所设定的范围之内。

三、以行政机关的视角来看待行政裁量权

在美国行政法上，其传统核心在于通过确保行政机关遵循公平和公正的决定程序，确保行政机关在立法机关授予的法定权限范围内行事，确保行政机关尊重私人权利，从而保障法治、维护自由。在此，行政法的作用主要是消极地防止行政机关对私人违法行使或独断滥用强制性权力。① 然而，不同历史时期的行政法作用会随着社会的发展产生相应的变化，从而呈现出满足时代需求的各种模式。

学者斯图尔特归纳了五种发展模式：①普通法模式，即主要依靠公民针对管制官员提起的普通法诉讼，作为对行政行为合法性进行司法审查的方式；②行政法传统模式，即基于降低诉讼成本的需要，行政机关在进行管制之前，必须举行司法性的裁决听证；③新政时期的专家管理模式，即授予行政机关广泛的裁量权力，专家知识成为行政管制的合法性基础；④利益代表模式，即行政机关根据国会的指令，从一个个的个案裁决，转向更有效率的、明显遵循立法式程序的规则制定，来实施新的、调整范围极为广阔的管制计划，该模式力图确保行政机关基于充分信息理性地行使其裁量权，从而回应所有受影响的利益；⑤行政管制的分析管理模式，即要求行政机关对准备采取的新的重大管制措施和可能的替代方案进行成本—效益分析，或者提供可供评估的相关分析报告和信息资料。② 从上述五种行政法模式可以看出，对行政裁量权的控制重心由司法审查转向准司法的听证，由法官判断变为专家治理；而新政以后，又由专家治理转变为大众的民主参与，同时，对裁量权的控制越来越精细化，即在分析技术支持下的量化控制。目前，一个新的发展趋势是引入政府—利害关系人的互动网络结构（government-stakeholder network structures）和经济激励制度，即借助于利益相关者的自治和市场激励的方法，弱化过去对命令和控制方式的依赖，以此进一步扩展控制行政裁量权的多元路径。

（一）作为行政价值的合理性与反应性

在做出决定中的实质合理性意味着对不同的人和事区别对待。至少，它意味着在达成目标上适当手段和行为的选择。更具有挑战性的定义则包括考虑所有与决定相关的因素和比较所有可行的方案。③ 这一行政价值一直为行政法传统模式和专家管理模式所强调，即认为法律应当界定明确的目标，而行政决定程序应当以这样的方式来建构，即对既定案件或者某类案件提升其精确性、公平性和合理适用法律指示。也就是说，可以通过科学地推导出合理管理的原则，以及实质性专家知识来实现价值选择。行政法传统模式和专家管理

① Richard B. Stewart, Administrative Law in the Twenty-First Century, 78 New York University Law Review 437, 438 (2003).

② Id, at 438-443.

③ William F. West, Structuring Administrative Discretion: The Pursuit of Rationality and Responsiveness, 28 American Journal of Political Science 340, 343 (1984).

模式分别从准司法听证的中立性和科学的专家知识两个方面来促使行政决定合理性的实现。因此，在行政裁量权的控制上，合理性价值强调的是裁量运用的过程中各种证据和记录与行政目的及其行为选择之间的实质性联系。

从哲学层面来理解，合理性的追求实质上代表了通过某种社会控制技术来实现行政目的的一种理性主义思路。在新政时期以后，这种哲学思路越来越受到实用主义的挤压，而受到广泛的质疑。学者弗瑞蒙（Freeman）曾指出对行政专家知识持有怀疑态度的来源，包括美国人的反理性主义、行政人员并不垄断有用信息的认知，以及行政选择通常依靠价值判断的认识。① 这种变化同样也反映在行政学理论上，美国学者威尔逊（Woodrow Wilson）和古德诺（Frank J. Goodnow）所提出的政治和行政两分法，曾在 20 世纪初期一度被广为接受。即认为公共行政关注的是含有某种事实与科学事务的合法性，而公共政策的制定和相关事务则由政治家来完成。到了 20 世纪 40 年代则受到怀疑和批评，越来越多的学者认为公共行政是立法过程的一种连续，立法机关和政治家无法解决的社会冲突问题，会通过委任授权等方式传递给行政机关。而在行政法领域，这一变化集中体现在由合理性的价值追求转向反应性的民主参与上。

反应性的民主参与要求能够对利益相关者的需求做出及时的反馈，将政治性的立法过程延续到行政决定之中，以此达到价值选择的妥协平衡。行政程序法的颁布标志着这一思路的发展，其中，规则制定过程的正式听证、通告评议程序以及裁决听证程序都极大地扩展了当事人的参与权利。在 1965 年以后，改革行政程序法的建议包括涉及要求行政机关在非正式行动中制定更严格的正当程序型程式的规定，其立意在于：①增加在规则制定中的公共参与；②在行政机关面前，回应一方的更多的商议权利；③非正式行为中利益各方的同意；④检查人员具有新的和明确的权力；⑤除了为国会所排除的，在所有行政机关设立申诉委员会；⑥扩大司法审查的范围和有效性。② 反应性与合理性不同，它从做出行政决定的公众参与中获得正当性的基础，利益代表模式正是通过这种反应性机制来实现参与者的利益和意志。然而，尽管利益代表模式体现了反应性的行政价值，通过法律程序为利益代表和政策辩论提供了场所，从而取代了政治过程。这一解决行政裁量合法性问题的方案，仍有很大的局限。例如，利益代表们是自我指定的，而不是民选的，他们只对其支持者负责。此外，通过利益代表模式形成的管制措施，往往是在利害关系人激烈竞争的利益中达成妥协，而不能维护公共利益，甚至不能保证是合法的。③ 到了 20 世纪 70 年代以后，为了提升做出行政决定的合理性，一个重要的发展是增加成本效益分析和相关机制的运用，即强调政策效果的识别、量化和比较。④

在行政裁量权的控制上，合理性是通过控制裁量决定本身的逻辑或者因果关系体现出

① William F. West, Structuring Administrative Discretion: The Pursuit of Rationality and Responsiveness, 28 American Journal of Political Science 340, 341 (1984).

② Peter Woll, Administrative Law in the Seventies, 32 Public Administration Review 557, 559-560 (1972).

③ Richard B. Stewart, Administrative Law in the Twenty-First Century, 78 New York University Law Review 437, 440 (2003).

④ William F. West, Structuring Administrative Discretion: The Pursuit of Rationality and Responsiveness, 28 American Journal of Political Science 340, 343 (1984).

来的，而反应性则以外部意志的介入来影响裁量决定的性质和方向。从标准和过程来看，这两种行政价值实际上蕴涵着不同的假设前提。合理性预示着价值和偏好是既定的，对设定目标的技术性追求只存在精确与否的区别；而反应性则假设目标是没有完全界定的，只有通过利益各方的民主参与，才能达成共识。因此，合理性和反应性作为控制行政裁量权的方法，是不能互为替代的，而只能以不同程度和形式融合在不同时期的行政治理需求之中。

（二）从专家知识到分析管理

由于社会分工的作用，人类对未知世界的探索总是由各类专家来完成。社会分工从整体上使人们获得更深入的知识和信息，但是，同样使得知识和信息在不同群体之间产生分布的差异，并衍生信息成本、暗箱操作以及话语霸权等复杂问题。在行政过程中，行政专家的引入促使行政决定的做出更加规范，并朝着技术理性的方向延伸，而专家知识则成为政府和公众之间信息沟通的基础。

技术性知识的首要价值在于确认做出管制决定的潜在效果，这些效果往往与我们所期望的不同，而这种表明实质性利益或者成本的差异会说服持不同意见的人们在特定管制问题上达成共识。① 行政专家以其特有的科学知识背景赢得公众的信任，从而促进了政府与公众之间的沟通，并使得行政决定更加具有可接受性。在新政时期，学者詹姆斯·兰迪斯（James Landis），在《行政过程》一书中，极力主张管制机关的专家管理观念，即将管制机关的官员等同于企业管理人员，其核心任务在于对经济领域进行新的管制，以期恢复经济活力和维护公众利益。② 兰迪斯是从行政管理的视角来看待专家知识，其关注的是专家知识对管理效率的促进作用。换到行政法视角，研究者则更加关心专家知识的司法影响。学者埃德利（Christopher F. Edley, Jr.）在《行政法：司法控制行政权的再思考》一书中指出了做出行政决定的三种范式：裁决公正、科学的专家知识和政治策略。其中，科学的专家知识范式意味着对技术性问题进行客观和理性的分析。它将政策科学视为对用经验可证实的命题的不懈追求，这些命题可以被对与某些预期决定相关的事实进行调查的测试所证实。与正式的法律论证或者受影响各方利益或观点的政治平衡相反，这一模式强调的是理性分析。当然，科学的专家知识范式也存在一些缺陷，如对未经技术训练的人是难以理解的，以技术术语表达的政治价值的混乱，以及使法律限制变得困难等。③

专家管理模式与后来的分析管理模式并没有本质的区别，它们都重视技术性知识的作用，并强调合理性的行政价值。甚至可以说，分析管理模式是专家管理模式的一种衍生态。"通过一些新的、严格的政策分析，包括成本—效益分析和量化的风险评估，兰迪斯的管制行政思想，在新的管制分析管理体系中，改头换面地得到了重新利用。"④ 有所不

---

① Cass R. Sunstein, Factions, Self-interest, and the APA: Four lessons since 1946, 72 Virginia Law Review 271, 282 (1986).

② Richard B. Stewart, Administrative Law in the Twenty-First Century, 78 New York University Law Review 437, 441 (2003).

③ Thomas O. Sargentich, Book Review: The Future of Administrative Law, 104 Harvard Law Review 769, 773 (1991).

④ Richard B. Stewart, Administrative Law in the Twenty-First Century, 78 New York University Law Review 437, 444 (2003).

同的是，专家管理侧重于管理主体的技术性知识背景，而分析管理则由粗放式管理发展为精细式管理，并且融入了利益代表模式的元素。分析管理模式适用于里根总统签署的第12291号行政命令（1981年），它要求行政机关在将它们关于规章制定的建议和最终方案公之于众之前，先行提交给预算和管理局（OMB）以供审核，并要求行政机关对所采取的管制措施和可行性替代方案进行成本—效益分析。① 同时，其发布的12498号行政命令（1985年）规定，行政机关必须每年向预算和管理局提交管制计划。与以前的专家知识一样，成本效益分析倾向于技术性，它可能在难以接近的分析层面上，掩盖那些很难予以政治反应的管制矛盾。而同利益代表模式比较来看，成本效益分析将以前通过行政程序或诉讼表现出来的不同利益转化为管制问题的正反两个方面，即技术性地表达为成本和效益。"这一思路暗含着对利益平衡观念的规避，而这些利益和观点的权衡是要达成在政治组织中不同的相矛盾的价值的妥协。"②

结合行政裁量权的控制来说，专家知识偏向于行政官员的自我控制，而分析管理将裁量控制延伸到更加可以量化的程度。在新政时期，受到政治、经济以及理性主义思潮的影响，专家知识构成了某种带有封闭色彩的自治体系。法院在1935年以禁止授权为由予以积极的司法介入以后，就一直保持了对行政专家知识的不同程度的司法尊重。到了20世纪80年代，以成本效益分析为主的各种分析管理开始影响行政机关的决定。对于裁量控制来说，技术性要求的进一步深化就意味着裁量空间的透明和某种程度的缩小。而在司法审查上，法院除了有更多的证据去解决法律问题以外，司法审查的重心也有所变化，即"以一个目的所设计的，当公共官员被任命为代理人去完成他们负责的任务时，将由此产生的行政成本减少到最佳水平"。③ 更为重要的是，法院对行政裁量中所涉及的专家知识的司法尊重得以延续。在玛什诉俄勒冈州自然资源委员会（Marsh v. Oregon Natural Resources Council）一案中，最高法院明确表示了对行政行为的高度尊重，法院指出相关文件的分析需要高度的技术性专家知识，这就必须对负责的联邦机构的知识性裁量予以司法尊重。④

（三）两个方向的变化与发展

在分析管理模式之后，美国行政法似乎进入了一个多元发展的阶段，即民主参与、分析管理以及其他因素的共存。但是，其中有两个方向的变化和发展：分析管理的细化和市场路径的依赖。

由于在行政决定过程中，科学信息的不确定性使得分析管理并不具有完全的合理性和

---

① Steven T. Kargman, OMB Intervention in Agency Rulemaking: The Case for Broadened Record Review, 95 Yale Law Journal 1789, 1790 (1986).

② Thomas O. Sargentich, Book Review: The Future of Administrative Law, 104 Harvard Law Review 769, 786 (1991).

③ William Bishop, A Theory of Administrative Law, 19 The Journal of Legal Studies 489, 490 (1990).

④ Kristen Potter, Judicial Review of Forest Service Decisions Made Pursuant to the National Forest Management Act's Substantive Requirements: Time for a Science Court? 20 Journal of the National Association of Administrative Law Judges 241, 250 (2000).

有效性，① 因而，分析管理的方法随着不同领域所存在的问题而不断发展变化。以环境保护的分析技术发展为例，环境质量委员会（the Council on Environmental Quality，CEQ）在1978 年发布规章，通过设定提交必需文件和确保必要分析的程序，来帮助联邦机构遵守国家环境政策法案（NEPA）。② 这些规章规定行政机关在信息和效果不完备或不可靠时，如何讨论环境影响评价中重要的负面效果。它要求行政机关在所作行政行为的环境效果不确定时，就有关可能发生的负面环境效果，提供最坏的情况分析。这一要求体现了对合理选择提供必要信息的责任，同时，表明在做出最坏情况分析之前，存在一些极端的可能性。到了1986 年，环境质量委员会废除了最坏情况分析规章，并发布新的规章来控制科学的不确定性。现在，当信息获取无须昂贵的成本或者其关系到完全可能预见的重要负面信息时，规章要求行政机关应在环境影响评价中获取不完备的信息。如果信息无法获取是因为成本过高或者无法知晓获取方法，环境质量委员会的规章要求行政机关，连同相关信息和有关问题的现有可靠证据的概要一起表明这种事实。由此，以说理规则替代最坏情况分析，在行政机关分析问题之前，斟酌某些极端的可能性。说理规则以更好的方式来处理环境影响评价中信息不完备和不可靠的问题，而使危言耸听变得更少，并且不会以过分强调高度推测的危害来扭曲决策过程。③

　　另一方面，政府治理从对专家知识和技术分析的依赖，同时引入了市场竞争的机制。最为重要的改革是，克林顿总统在其发布的第12866 号行政命令（1993 年）废除了里根总统的命令，但是依然坚持以前的改革方向，并提出了12 项指导原则。④ 在此，政府的目标是寻求一个能和美国民众订立新的服务契约的，能确保效能、效率、回应能力的全新政府。其执行要点包括：顾客导向，提升服务机关的竞争力，创造动态的市场机制，借助市场机制解决问题，授权员工追求结果，分散决策权力，简化预算流程，人事管理的分权

---

　　① Carla Mattix and Kathleen Becker, Recent developments department of the interior: scientific uncertainty under the national environmental policy act, 54 Administrative Law Review 1125, 1126（2002）．第一，对于联邦机构，并非所有的问题都有获取科学信息的背景。通常，直到管理者想尽办法去研究该问题，才能真正确定该问题和找到解决方案。第二，科学并不提供所有答案。科学模式自身是基于理论的持续修正和验证。第三，在短期内收集的科学信息很少具有价值。第四，科学信息总是受制于解释。

　　② Id, at 1126. 国家环境政策法案（The National Environmental Policy Act, NEPA）要求联邦机构对其所作出的决定进行环境效果评价。NEPA 的目的在于防止环境损害和使决策者了解其行政决定的环境效果。在调查机制上，行政机关需要提供环境文件，其所采取的形式是更简便的环境评估（Environmental Assessment, EA），或者是更长和更详细的环境影响评价（Environmental Impact Statement, EIS）。

　　③ See, Carla Mattix and Kathleen Becker, Recent developments department of the interior: scientific uncertainty under the national environmental policy act, 54 Administrative Law Review 1125, 1127-32（2002）．

　　④ 指导原则包括：①界定需要解决的问题；②评估现存管制方式对解决问题的贡献；③确认备选的管制方案；④考虑风险；⑤评估成本效果；⑥权衡成本与效益；⑦基于所获得的最佳信息做出决策；⑧评价各种管制的可能方案；⑨考虑州、地方政府和部族的意见；⑩避免不一致性；⑪最小的社会成本；⑫用最简单、容易理解的语言来描述管制行为。参见［美］戴维·H. 罗森布鲁姆、罗伯特·S. 克拉夫丘克、德博拉·戈德曼·罗森布鲁姆：《公共行政学：管理、政治和法律的途径》，张成福等译，中国人民大学出版社2002 年版，第448 页。

化等。① 这一转变的社会背景是，以前过于依赖命令和控制的行政法模式越来越不能适应社会的需要，利益代表模式，导致了管制过程的严重拖沓，而分析管理及其效果审查，也因为信息过剩或者不确定而降低行政效能。行政机关日益通过非正式的、不透明的以及对公众较少负责的方法来制定管制政策。② 对此，行政机关的反应就是倾向于利用市场力量来改善行政治理的状况。从宏观上来看，这种反应的一个方面是将行政治理融入市场结构中，例如，建立政府—利害关系人的互动网络结构，促使参与者的相互激励，以及通过不同的制度安排召集他们参与的方式，或者以"保持一定距离的治理"策略来实现行业的自我管制。从微观上来看，在具体的治理过程中引入市场竞争的激励因素，来间接影响治理对象的行为选择。例如，排污许可的转售。③

这两种发展趋势对控制行政裁量权的影响是不同的，分析管理的细化进一步使得专家知识更加精确，这一方面为法院的司法介入提供了客观的证据资料，但同时也增加了司法审查的专业性难度。因此，对涉及技术性分析的裁量运用是否给予足够的司法尊重，需要视法院介入的决心和能力而定。在市场路径的依赖上，行政裁量权的控制实际上是控制主体的转换，或者说是某种意义上行政裁量权的社会化，即由过去政府的主导变为市场的无形之手来进行控制。控制裁量权的方法之一就是去除不必要的行政裁量，但是，去除不必要的行政裁量并不意味着不去控制它，而是将裁量控制转移到其他社会主体上去。

四、对行政决定的司法尊重

如上所述，禁止授予立法权原则体现了法院将控制立法性的行政裁量的责任划归立法机关来承担；而接下来要讨论的司法尊重则是将这种压力释放于行政机关的自我控制，即法院对行政机关的专业性决定给予不同程度的司法尊重。

对给予行政机关司法尊重的理由，一般可以从三个方面来理解：①专家知识的技术优势。对于需要处理的问题，行政人员拥有技术性专业知识和经验；同时，对于以现代工业社会为特征的制度运行，行政机关有资源持续地予以监管。④ 反过来看，法院在处理涉及技术性的问题上缺乏充分的知识背景和科学论证的能力。在此，给予司法尊重实际上是社会分工，或者是福柯所说的知识分工的一种体现。②对社会发展变化的反应性。我们在做出决定时，除了需要运用科学的技术方法来达成某种合理性以外，还存在着时间压力。这种时间压力一般转化为对事物不断变化做出调整的速度——反应性。在给予司法尊重问题

---

① 指导原则包括：①界定需要解决的问题；②评估现存管制方式对解决问题的贡献；③确认备选的管制方案；④考虑风险；⑤评估成本效果；⑥权衡成本与效益；⑦基于所获得的最佳信息做出决策；⑧评价各种管制的可能方案；⑨考虑州、地方政府和部族的意见；⑩避免不一致性；⑪最小的社会成本；⑫用最简单、容易理解的语言来描述管制行为。参见［美］戴维·H.罗森布鲁姆、罗伯特·S.克拉夫丘克、德博拉·戈德曼·罗森布鲁姆：《公共行政学：管理、政治和法律的途径》，张成福等译，中国人民大学出版社2002年版，第24页。

② Richard B. Stewart, Administrative Law in the Twenty-First Century, 78 New York University Law Review 437, 446 (2003).

③ Id, at 445-48.

④ 杨伟东：《行政行为司法审查强度研究——行政审判权纵向范围分析》，中国人民大学出版社2003年版，第65页。

上，法院并非发展其专家知识的可能性，只不过要达到行政机关的反应性，法院需要一定的制度安排和担负极大的人力和时间成本。因此，法院基于其消极被动的法律地位，是不可能对社会发展中出现的各种问题做出及时有效的反应的。当然，这一问题也可以理解为行政机关的效率优势。③民主化决策的程度。尽管立法机关最能够反映民意，但在法院和行政机关之间作比较，行政机关民主化决策的程度要高于法院。特别是，法院在某些案件中必须协调相互竞争的政治利益，法官既不是民选产生也不需要对选民负责，又不能在法官个人的政策偏好基础上做出判断。相反，国会授权制定政策的行政机构，在委托权限内，可以适当地依赖在职行政人员对明智政策的观点来充实他的判断。虽然行政机构不直接对人民负责，但行政首长却直接对人民负责，政府的这一政治部门完全适合于做出这样的政策选择——解决相互竞争的利益。① 基于此，最高法院明显开始从对行政裁量权予以积极的司法审查，转向更多地限制法院的司法角色和对行政机关的尊重，即表现为司法克制的倾向、对公法的怀疑主义和委任总统进行监督等。②

对行政行为给予司法尊重，往往是法院基于不同行政行为的类型和情况进行不同程度的司法审查。美国《联邦行政程序法》将行政行为分为规则制定、听证裁决和其他行为。其中，规则可以分为：①立法性规则或实体规则（legislative or substantive rules）；②解释性规则（interpretive rules），对法院不具有拘束力；③程序性规则（procedural rules），旨在规范机关内部的作业流程；④一般性政策声明（general policy statement），不具有法律效力。③ 在《司法部长关于行政程序法的指南》中，根据"法律拘束效果"（legal binding effect）的标准，将实体规则与解释性规则、政策声明区分开来。"实体性规则"属于立法性规则，有法律拘束效果，而解释性规则和政策声明仅仅是指南。学者威廉·芬克提出了一个实用的划分标准，即"通告评论标准"，简单地说，任何没有经过通告评论就颁布的规则是解释性规则或政策声明，除非它是基于一些其他规定而免于通告评论的规则。④ 而遵循通告评论程序的，则为立法性规则。

（一）对解释性规则的司法尊重

在谢弗朗判例（Chevron）之前，对行政机关在解释法律规定上的适当作用，存在两种相反的有争议的司法标准。司法态度的不确定导致了行政机关不明确的有争议的行为。许多评论家已经认识到了这个问题，认为当前还没有一个确切的解决办法。在法律实践中，行政机关和法院之间实际上形成了某种合作关系。⑤

① ［美］史蒂文·J. 卡恩：《行政法：原理与案例》，张梦中等译，中山大学出版社 2004 年版，第 360 页。

② Thomas O. Sargentich, The Supreme Court's Administrative Law Jurisprudence, 7 Adminstrative Law Journal 273, 286（1993）.

③ ［美］史蒂文·J. 卡恩：《行政法：原理与案例》，张梦中等译，中山大学出版社 2004 年版，第 356 页。另参见翁岳生：《行政法》，中国法制出版社 2002 年版，第 965～966 页。

④ ［美］威廉·芬克：《"规则"何时构成一个规制？——划清非立法性规则与立法性规则的界限》，宋华琳译，载《法大评论》第 3 卷，中国政法大学出版社 2004 年版，第 56 页。

⑤ Thomas J. Byrne, the Continuing Confusion Over Chevron: Can the Nondelegation Doctrine Provide a（Partial）Solution? 30 Suffolk University Law Review 715, 725（1997）.

在谢弗朗案中，法院认为环境保护署为了执行 1977 年《空气净化法》修正案而发布规章。这些规章允许各州将包含在同一个工厂中的所有的污染排放装置视为一个"保护罩"（bubble）。自然资源保护委员会（The Natural Resources Defense Council, NRDC）认为"保护罩"不是对法律术语"固定来源"（stationary source）的合理解释。美国哥伦比亚巡回上诉法院认为环境保护署的解释是不可接受的。因为它使工厂能够规避 1977 年《空气净化法》修正案中要求降低污染的管制。很显然，在对"保护罩"概念的合法性做出决定前，上诉法院认为无法从法律语言和立法史上找到信息来确定"固定来源"的含义。① 随后，最高法院撤销了上诉法院的判决，其批评上诉法院在审查行政法规解释时，对自身所担任的角色有错误的认识。法官史蒂文（Steven）认为，当法院审查某机构对它所执行的法律的解释时，它面对的第一个问题为是否国会已直接论及争议中的这一问题。如果国会的意图清楚，那么事情就解决了；因为法院及机构都必须使国会所清晰表达的意图得到实施。但是，如果法院确定，国会没有直接论及争议中的这一问题，法院不是简单地自己解释法律，而这在没有行政解释的情况下是必要的，相反，如果法律对这个具体问题没有言明或者模棱两可，对法院来说，问题就是机构的回答是否建立在对法律的可容许的解释基础之上。"行政管理机构实施国会创制的计划的权力，必定需要制定政策和规章来填补国会默示或明示留下的一些空缺。"如果国会明确地留下一个空缺让机构来填补，那就是明确授权机构通过规章来阐明法律的某一具体规定。这种立法性规章应予维持，除非这些规章是任意的、反复无常的或明显地与法律相冲突。有时，就某一特别问题向机构的立法授权是含蓄的而非明确的。在这样的情况下，法院不能用自己对法律条款的解释来取代机构行政官员所做的合理解释。②

总之，法院的司法尊重即意味着将对法律的解释权让渡给行政机关。而在谢弗朗案之后，法院仍然保持对行政机关做出解释的尊重，只不过司法尊重的程度有所不同罢了。

（二）予以不同程度的司法尊重的内在根源

最高法院转变判决模式，对行政机关予以适当程度的尊重，对此学者科恩（Linda Cohen）和斯必特塞（Matthew Spitzer）提出了简单而出色的政治解释。他们的理论基于合理选择的方法论，并对司法行为作了三个关键的假设。第一，假定最高法院的下级法院的法官们存在意识形态上的偏好，即在传统意义上被称为自由的或者保守的，而这些偏好影响着法官的判决。第二，下级法院的法官在某种程度上受制于最高法院的判决，也许这是因为真正遵从法院先例的努力，或者是为了避免判决在上诉中被推翻。第三，最高法院首先关注的是所宣布的尊重原则如何影响下级法院对大多数案件的判决。③ 如前所述，法院在作出判决时需要考虑行政机关的职业优势，而在司法系统的视角上，各级法院本身还存

---

① Thomas J. Byrne, the Continuing Confusion Over Chevron: Can the Nondelegation Doctrine Provide a (Partial) Solution? 30 Suffolk University Law Review 715, 725 (1997). at 730-732.

② ［美］史蒂文·J. 卡恩：《行政法：原理与案例》，张梦中等译，中山大学出版社 2004 年版，第 358 页。

③ Matthew C. Stephenson, Mixed signals: reconsidering the political economy of judicial deference to administrative agencies, 56 Administrative Law Review 657, 662 (2004).

在政治偏好和司法层级等因素的限制。这些综合因素都从不同侧面影响或者左右着司法判决的方向，而反映在司法尊重上，就形成了强弱不同的程度区分。

从 1977 年到 2002 年美国法院的司法态度来看，相关弱尊重标志出现在 20 世纪 70 年代后期，从 80 年代早期到中期为支持尊重的态度，接着是在 80 年代后期的下滑。最高法院通过发布一系列强烈支持尊重的裁决来控制更为自由主义倾向的上诉法院，一旦这种平衡被恢复，整体上尊重的水平多多少少会回复到它以前的状态。"强尊重"（strong deference）的拥护者强调行政机关和法院在法律和政策上，尤其是在法律不确定性的情况下角色区分。① 而"弱尊重"（weak deference）则要求法院根据实际情况给予不同的尊重。学者科恩和斯必特塞的研究表明，最高法院在给予司法尊重的程度上往往考虑到其与上诉法院以及行政机关之间的某种平衡。保守的最高法院面对着上诉法院的自由主义要求和政府的共和主义传统，更加趋于强尊重，然而，如果面对的是保守的下级法院和政府的自由民主的倾向，则趋于较低程度的弱尊重。换言之，在上诉法院的自由主义倾向超过了行政机关的情况下，最高法院会以强尊重支持行政机关，而在上诉法院的保守主义对抗行政机关的自由主义倾向的情况下，最高法院则给予弱尊重，以此形成司法体系中各种力量的均衡。

五、一种比较的视角：中国的行政裁量控制及其评论

（一）我国行政法上行政立法权的法律控制

授予立法权的法律控制是英美法系和大陆法系国家共同面临的法律问题，只不过，两种不同法系在处理这一问题上的思路不同。如前所述，英美法系国家试图通过不同程度的司法审查标准来加以控制；而大陆法系国家则通过法律保留原则，确定立法机关的立法领地。因而，前者更具有灵活性，后者则具有确定性的优势。

深受大陆法系影响的我国行政法，授予立法权的法律控制集中体现在行政控制上，如行政立法的备案审核和上级机关的撤销等。在立法控制方面，我国《立法法》第 8 条规定，有关国家主权、国家机关的产生、组织和职权、犯罪和刑罚、对公民政治权利的剥夺、限制人身自由的强制措施和处罚以及对非国有财产的征收等事项只能制定法律。同时，还规定上述事项尚未制定法律的，全国人大及其常委会可授权国务院先制定行政法规，但是有关犯罪和刑罚、对公民政治权利的剥夺和限制人身自由的强制措施和处罚、司法制度等事项除外。此外，授权决定应当明确授权的目的、范围。被授权机关应当严格按照授权目的和范围行使该项权力，并不得将该项权力转授给其他机关。这意味着上述规定为立法机关所"保留"，由此产生行政立法的限制范围。客观地说，由于我国并没有三权分立的法律架构，《立法法》的规定虽有限制行政立法权的作用，但是，这种法律控制不同于英美法系国家中立法机关与行政机关的竞争关系，而更多地体现了权力分工所产生的合作关系。因此，其限制作用的形式意义大于实际意义。

在司法控制上，我国法院对立法权授予问题无审查权力，而只有某种间接的司法影

---

① Kimberly Dee, Delegation, Deference, and Deregulation: A 3-D Look at Video Dialtone, 9 Administrative Law Journal 817, 835 （1995）.

响。这种对司法审查的限制表现在两个方面：①对法律和行政法规、地方性法规没有司法评判的权力。根据《行政诉讼法》第52条的规定，人民法院审理行政案件，以法律和行政法规、地方性法规为依据。一方面，对于立法机关的立法行为并无审查权。《法院组织法》第17条规定，地方各级人民法院对地方各级人民代表大会及其常委会负责并报告工作。可以看出，法院作为一个向人大负责的国家机关，和立法机关不是相互平等的监督关系。例如，在甘肃省酒泉地区技术监督局上诉案中，① 甘肃省人大专门召开主任会议听取案件情况，认为中院严重侵犯了宪法中地方组织法赋予人大及常委会的立法权，超越了审判权限。甘肃省高院经再审认为中院在判决理由部分以《甘肃省产品质量监督管理条例》第13条和第30条中有关维修质量的规定违背了《行政处罚法》的规定为由，直接对地方性法规的效力加以评判是错误的，最终做出撤销判决。另一方面，对于国务院制定的行政法规，由于行政化的权力结构、经济关系以及惯例的影响，法院也无法审查行政机关立法裁量的合法性。②根据《行政诉讼法》第53条的规定，法院对于行政规章仅有参照适用的权力。法院认为地方政府规章与部门规章不一致的，以及部门规章之间不一致的，由最高人民法院送请国务院做出解释或者裁决。例如，在最高人民法院《关于人民法院审理行政案件对缺乏法律和法规依据的规章的规定应如何参照的问题的答复》中，②可以看出法院的司法审查仅限于"排除性"适用来间接否认某一立法在个案上的法律效力。在法律实践中，政府实际上拥有大量的立法性裁量权，对其的法律控制往往是形式层面的，而质疑其法律效力的实质性的法律控制还相当薄弱。特别是这些裁量权在强势政府的推动下，显现出立法机关监督的虚化和法院处于被动的消极地位的迹象，甚至可以说，我国宪法直接规定了政府的立法权，即不存在类似美国行政法上基于三权分立的立法权授予问题。

（二）我国行政法上的司法尊重

在美国行政法上，司法尊重反映的是一种法院与行政机关之间的合作关系，或者说在

---

① 参见甘肃省酒泉市人民法院做出1998酒法行初字第58号《行政判决书》。案情：1998年，甘肃省酒泉地区技术监督局接到马某投诉，该局经调查后认为惠宝公司的行为违反了《甘肃省产品质量监督管理条例》的规定，并要求该公司免费修好冰柜并赔偿马某经济损失3000元。惠宝公司不服，遂向酒泉市法院提起行政诉讼，经审判一审做出撤销处罚决定的判决。技术监督局后向酒泉地区中院提起上诉。中院认为《产品质量法》并未赋予产品质量监督管理部门对维修者的行政处罚权，上诉人对被上诉人实施行政处罚所依据的《甘肃省产品质量监督管理条例》第13条和第30条有关产品质量监督管理部门对维修者的行政处罚的规定有悖于《行政处罚法》第11条中"法律、行政法规对违法行为已经做出行政处罚规定的，地方性法规需要做出具体规定的，必须在法律、行政法规规定的给予行政处罚的行为、种类和幅度的范围内规定"的规定，不能作为行政处罚的依据。故该行政处罚超越职权，后做出撤销一审的判决。

② 辽宁省高级人民法院：你院（1993）行疑字第3号《关于刘淑华不服公路费征稽行政处罚一案如何参照规章问题的请示》收悉。经研究并征求国务院法制局的意见，答复如下：国务院发布的《中华人民共和国公路管理条例》没有规定公路行政管理部门对拖缴、逃缴公路规费的单位和个人可以采取扣留驾驶证、行车证、车辆等强制措施。而辽宁省人民政府发布的《关于加强公路养路费征收稽查工作的通告》第六条"可以采取扣留驾驶证、行车证、车辆等强制措施"的规定，缺乏法律和法规依据，人民法院在审理具体案件时应适用国务院发布的《中华人民共和国公路管理条例》的有关规定。

相互制约的过程中某种缓和冲突矛盾的一种表现。对于行政裁量权的控制来说，法院给予行政机关司法尊重的程度越高，行政裁量权的控制力度就越弱，而行政机关则在缺乏法律约束下行使其裁量权。在我国行政法上，这种司法尊重同样也存在，只不过表现出来的方式和特点有所不同。需要说明的是，这里所说的司法尊重不是指我国法院在法律明确规定的情况下，对行政机关的不法行为的纵容，也不是法院和行政机关在法律机制以外所形成的"合作关系"，而是在行政化的社会结构中以不可诉或者较弱的司法审查强度等形式表现出来的对行政机关的裁量的某种容忍和不作为。

1. 偏重于权力色彩的司法尊重

从宏观的政治架构的视角来看，美国法院对行政机关予以司法尊重是建立在三权分立的政治基础之上的，法院始终保持着对行政行为的法律控制，这种尊重并不意味着其放弃对行政行为的司法监督，而是予以不同程度法律控制的策略和表现。在我国行政法上，由于不存在三权分立的法律框架，法院与行政机关之间的关系更多地表现为一种相互合作和协调发展的关系。无论是制度的建构还是法律的运作，两者都凸显意见的一致性，而缺少控制行政权的对抗性。从中华人民共和国成立以来，我国法院和行政机关之间的关系发展，基本上是以政府为中心，而呈现出行政化的特点。

在这种社会背景下，法院对行政机关表现出某种克制和合作的态度，例如，行政诉讼中相对人的败诉率较大，还有行政判决得不到有效执行等。这些现实问题其实反映了在法院与行政机关之间并非以法律制度为媒介的控制关系，而是一种行政管理关系，在某些情况下，法院甚至相当于政府的一个工作部门，甚至法院的内部运作模式也带有行政管理的色彩。由此，与美国行政法上的司法尊重不同，我国法院所给予的司法尊重更加偏重于权力的色彩，即不是法院运用法律去控制行政权的滥用，而实际上是基于政府对法院的管理压力。两种国家权力冲突往往不是通过宪政机制来加以解决，而是以政府相比于法院的资源优势以及某些类似于工作惯例的潜规则来予以化解。在司法实践中，形成司法尊重的根本原因主要来自两个方面：其一，法院的人事任免权力受到政府以及人大的决定性影响。在我国许多地方法院，法官的来源和构成比较复杂，其中军人的比例较大，有的地方法院的院长和庭长同其他行政机关的首长以及相应级别的职位是可以轮换的。法院人事任免权的政府介入就间接地对司法监督产生潜移默化的影响。其二，法院的办公经费、法官的工资和福利保障都极大地依赖于地方政府，法院缺乏经济上的独立性。

从形式层面来看，我国法院的司法尊重一般不表现为正式的司法判决，而是通过不可诉、不予书面说明等默示或者不作为的方法来实现。受到这一影响，法院的司法判决更多地注重法律规定的机械适用，而排斥行政案件中政策性因素的适当的法律表达。

2. 缺乏法律弹性

与美国法院的司法尊重的强弱程度相比较，我国法院在给予司法尊重上并无程度之分。如上所述，这种司法尊重不是通过正式的法律机制，而是依靠权力机制的内部运作，并且以不成文的方式表现出来。因而，司法尊重的强弱是权力意义上的，而非法律意义上的控制程度。更为重要的是，我国法院和行政机关的相互关系集中体现在有明确法律规定下的合法性的控制层面，对于法律没有规定或者规定模糊不清的，即属于行政裁量的空间，法院的司法审查力度较为薄弱，而表现为无程度区分的高度的司法尊重。

由于缺乏必要的法律弹性，加之法官没有能动主义的空间，在实践中就容易出现

"一管就死，一放就乱"的现象。而经过长期的权力博弈之后，就形成了这种无程度区分的司法尊重，从而行政机关实质上拥有大量的不受司法干预的行政裁量权。

3. 对专家知识的司法态度

在美国行政法上，法院的司法尊重的一个重要原因就是专家知识的存在构成司法的信息成本和实际障碍。在我国，对专家知识的司法态度集中反映在行政机关所做出的认定和最终裁决上。法院对此予以了高度的司法尊重，严格意义上讲，这种司法尊重是以不可诉的方式表现出来的。在行政认定上，例如交通事故责任认定、火灾事故责任认定等，其中，公安部发布的《火灾事故调查规定》第31条规定，火灾原因、火灾事故责任的重新认定为最终决定，即排除在司法审查的范围之外。在最终裁决上，例如《行政复议法》中第30条规定，省级政府确认自然资源的所有权或者使用权的行政复议决定为最终裁决。但是，值得注意的是，在司法审查的过程中，法院给予行政机关的司法尊重则表现不一，并因无法在书面判决中直接表达出来，就转化为对行政机关所提供的证据的司法采信问题。当然，受到行政管理水平的影响，我国行政机关在技术层面的理性程度还不高，例如成本效益分析等管理技术的滞后，使得缺乏说服力的专家知识未能受到法院真正的重视和尊重。

惩罚性赔偿在国家赔偿法中引入的质疑

■　胡　芬*

《中华人民共和国国家赔偿法》自 1995 年实施至今已逾 14 年之久，虽然起到了一定的功效，但存在的问题也十分突出，主要表现在归责原则不合理、赔偿程序的设置不利于受害人取得赔偿以及赔偿范围过窄、标准过低等方面。对于国家赔偿在理论和实践方面存在的问题，理论界和实务界提出了一些改良性建议。针对国家赔偿标准问题，众多学者提出对于恶性违法侵权行为应采用惩罚性赔偿，理由主要集中在两个方面：一是受害人因此而受到的无辜伤害，需要更多的抚慰，而精神损害赔偿并不能完全适用，采用惩罚性赔偿可以表明法律的态度并使违法者负担更重的赔偿责任，从而更好地保护受害人的权益。[1]二是认为可以遏制和预防国家机关及其工作人员的违法侵权行为。[2]

针对这两方面的理由，反对者认为：一是尽管惩罚性赔偿能充分弥补受害人损失，对于保护受害人权益极为有利，但填补损害不是惩罚性赔偿的主要功能，现行法律对受害人保护不充分的缺陷可以通过改进现行制度的途径来解决；二是惩罚性赔偿不能有效制裁和预防违法行使公权力的行为，因为国家赔偿是由法定的赔偿义务机关代表国家承担赔偿义务，实施违法行为的公务人员并不直接向受害人承担任何责任。

---

* 武汉大学法学院讲师，法学博士。

① 应松年、杨小君：《国家赔偿若干理论与实践问题》，载《中国法学》2005 年第 1 期。

② 赔偿本质上当然是对受害人损失的弥补，但是也不可否认其遏制和预防违法侵权的作用，这种作用在惩罚性赔偿标准中能够得到明确的体现。杨小君：《国家赔偿法律问题研究》，北京大学出版社2005 年版，第 181 页。

反对者还提出：增设惩罚性赔偿与公法的平衡理念不符。国家赔偿制度的设计应当在国家的财政支付能力与保护公民权益二者之间保持平衡，不能想当然地增设新的制度，加大国家的赔偿负担。①

笔者认为，国家赔偿中是否引入惩罚性赔偿的问题直接取决于国家赔偿责任的性质，进而关系到国家赔偿制度的科学定位与功能的有效发挥。本文拟从惩罚性赔偿的发展演进入手，结合国家作为赔偿责任主体的特性，论证国家赔偿责任的性质（自己责任、集体和补偿性责任）对惩罚性赔偿的必然排斥，国家赔偿的制度目的拒绝惩罚性赔偿。

一、惩罚性赔偿：从民事侵权领域到国家赔偿领域

惩罚性赔偿是指赔偿数额超出实际损害数额的赔偿。惩罚性赔偿最早是在民事侵权损害赔偿中出现的。对民事侵权损害的赔偿，首先是要求侵权行为人给予补偿性赔偿金以完全弥补受害人的牺牲，其次，要求侵权行为人对受害人给予惩罚性赔偿金，以制裁侵权行为人违反法律准则的行为，并警戒其他社会成员，以制止可能发生的类似不法行为。

一般认为，惩罚性赔偿具有如下三方面的功能：①弥补受害人损失的功能。加害人的不法行为可能给受害人造成财产损失、精神痛苦或人身伤害。就这些损害的救济而言，惩罚性赔偿可以发挥一定的功能。补偿性赔偿往往不能弥补受害人的精神痛苦。②制裁功能。惩罚性赔偿主要是针对那些恶意的不法行为实施惩罚。③遏制功能。通过惩罚性赔偿对加害人以及社会一般人产生遏制作用。

（一）惩罚性赔偿的起源及其在民事赔偿领域的运用

现代惩罚性赔偿制度源于 18 世纪英国的"警戒性赔偿"（Exemplary damages）。早期警戒性赔偿有双重功能，一是为了补偿受害人的无法估量的实际损失，但仍然被严格限制在实际损失上；二是为了惩罚不法行为人。在 1763 年 Wilkes v. Wood 一案中，Wilkes 出版了一个诽谤国王的小册子，在 Wilkes 的财产被没收后，他提出侵权诉讼，要求给予警戒性赔偿，法庭认为给予警戒性赔偿的目的不仅仅是为了补偿受害人的无形损失，而且还是为了惩罚被告的不正当行为。发生在同一时期的 Huckle v. Money 一案进一步发展了这一观点。

在英国 1964 年的 Rookes v. Barnard 一案中，贵族院确立惩戒性赔偿只在如下案件中适用：政府雇员而"不是"私人或者公司之压迫的、专横的或违宪的行为；被告故意的侵权行为干涉了原告的贸易，而且，被告由此所获得的不当利益超过了他对原告所支付的赔偿；成文法明确规定的惩戒性赔偿。上述这些原则被贵族院在 1972 年的 Cassell&Co. Ltd. v. Broome 一案中再次确立。②

美国最高法院在 1818 年首次正式公认了惩罚性赔偿，但是，只是到了近些年，惩罚

① 杨建华：《国家赔偿法中引入惩罚性赔偿探究》，载《山西大学学报（哲学社会科学版）》2005年第 6 期。

② 徐爱国编著：《英美侵权行为法》，法律出版社 1999 年版，第 275～276 页。

性赔偿才比较多见。① 惩罚性赔偿多出现在侵权行为是故意且残暴的，并造成重大后果的情形中。然而，这些因素在 20 世纪 50 年代后期和 60 年代早期发生了变化。由于消费者运动增强，在民事侵权赔偿诉讼中，公司在没有就质量和安全存在隐患的产品预先警告消费者等问题上造成消费者的损失时，陪审团往往会根据不同公司的财力来决定惩罚性赔偿的数目。并且，最初在警戒性赔偿中的惩罚性功能（因为当时缺乏对无形损害的正确估量，而不得不算成警戒性赔偿，以充分补偿受害人的实际牺牲）已经被加在了现代赔偿中属于补偿原告实际损失的补偿部分中去了。因此，早期警戒性赔偿双重功能中的惩罚功能，到现代已没意义了。从早期警戒性赔偿中分流出的现代惩罚性赔偿，主要用做惩罚不法行为人而不再是用做补偿受害人的牺牲。②

英美的惩罚性赔偿制度对大陆法系国家的学理和判例也不无影响。在德国也出现了有关民事判例，但法官的判例也招致了批评。在日本，惩罚性赔偿限于学理争论。③ 大陆法系认为赔偿只具有补偿性，即赔偿是以补偿受害人的实际损失为目的，如果承认惩罚性赔偿，可能导致道德风险，因为有人可能会因此而故意让他人对其造成损害从而得到比损失更多的赔偿，从而以实际赔偿原则为支柱建构整个民事赔偿制度，不承认惩罚性赔偿。

（二）惩罚性赔偿在他国国家赔偿中的运用及其制度限制

在英美法系国家，受"国王不能为非"观念的影响，对公务员的不法行为造成的损害，是以公务员个人的民事责任来处理的，并不是由国家来承担赔偿责任的。直到在 20世纪中叶以后才建立了国家赔偿制度。1946 年的《美国联邦侵权赔偿法》是美国政府对联邦政府官员的过失或不法行为承担赔偿责任时适用的主要法律。联邦政府机构包括司法部门和立法部门。美国对其职员过失或不法行为的责任，限于"美国"作为一个私人时，依行为地或不行为地法应向请求人负责的情况。《美国联邦侵权赔偿法》中规定赔偿请求人不得要求陪审团参与诉讼，不得向联邦申请惩罚性赔偿金。"当事人不能由于政府职员的侵权行为而得到利益，要求超过实际损害的赔偿。"④ 州和地方政府职员执行职务时违反联邦的宪法和法律时的赔偿责任，规定在《美国法典》第 42 编第 21 章第 1983 节中，受害人可依据这一节对州或地方政府职员提起赔偿诉讼。因为联邦宪法修正案第 11 条的规定："合众国的司法权，不得被解释为适用于由他州公民或任何外国公民或国民对合众国一州提出的或起诉的任何普通法或衡平法的诉讼。"因此，私人不能控诉州政府，第1983 节的规定实际上只限于地方政府的责任了。"地方政府依照第 1983 节承担的赔偿责任享有不受处罚性赔偿的绝对特免……处罚性赔偿对于官员有恐吓作用，产生心理上的抑制效果。对地方政府而言，处罚性的赔偿不起作用，地方政府赔偿责任的最后负担者是纳

---

① Edward B Ruff III, Michael A Hayes, Punitive Damages: A National Trend, FDCC Qarterly, winter 2005, Vol. 55, 241. 在《大宪章》第 20 条中规定，应该根据违法行为的轻重决定对自由人的罚款，但对商人则不能没收其货物，对农民不能没收其农具。美国宪法第八修正案规定：不得要求过多的保释金，不得处以过重的罚金，不得施加残酷和非常的惩罚。

② Martin H Redish, Andrew L Mathews, Why Punitive Damages Are Unconstitutional, Emory Law Journal, Winter 2005, Vol. 53/1, 53.

③ 王利明：《惩罚性赔偿研究》，载《中国社会科学》2000 年第 4 期。

④ 王名扬：《美国行政法》，中国法制出版社 1995 年版，第 774 页。

税居民。纳税居民没有过错，不应当受到恐吓，一切恐吓对他们不发生效果。"① 所以，美国国家赔偿中并没有惩罚性赔偿。

在英国传统观念中，国家赔偿责任与一般的民事赔偿责任在性质上没有差异。在当代英国，行政侵权案件与民事侵权案件依然没什么区别，惩罚性赔偿金同样运用在国家赔偿案件中，② 但在刑事赔偿中不采取惩罚性赔偿标准。③

法国和德国的国家赔偿中不适用惩罚性赔偿标准。在法国，"行政主体的赔偿金额是实际发生的全部损失"。④ 国家立法职能和司法职能致使公民受到损害，在国家承担赔偿责任时，如没有法律的特别规定，也适用行政赔偿责任的一般原则。可见，法国国家赔偿中不适用惩罚性赔偿。在德国，对合法的征收侵害予以公平补偿，对违法、无过错的征收予以补偿，对违法的、有过错的侵害予以损害赔偿。"补偿着眼于被剥夺的财物，予以公平弥补。与此不同，赔偿是指以损害事件没有发生时的受害人的现状为根据对受害人所作的补救。这种区分的关键在于可得的收益，在赔偿时应当给付，而在补偿时则不用给付。"⑤ 可见，德国国家赔偿中也不适用惩罚性赔偿。

（三）惩罚性赔偿在我国民事赔偿领域中的运用

惩罚性赔偿制度目前在我国还未得到广泛的承认，只在民事赔偿领域得到了有限的承认，如我国《中华人民共和国消费者权益保护法》第49条规定："经营者提供商品或服务有欺诈行为的，应当按照消费者的要求增加赔偿其受到的损失，增加赔偿的金额为消费者购买商品的价款或者接受服务的费用的一倍。"这增加一倍的赔偿，便是惩罚性的赔偿。随后，在《中华人民共和国合同法》第113条第2款中规定："经营者对消费者提供商品或者服务有欺诈行为的，依照《中华人民共和国消费者权益保护法》的规定承担损害赔偿责任。"2003年6月1日最高人民法院颁布实施的《关于审理商品房买卖纠纷案件适用法律若干问题的解释》第8条和第9条规定了买受人可以请求返还已付购房款及利息、赔偿损失，并可以请求出卖人承担不超过已付购房款一倍的赔偿责任。但是，我国民法学界对是否应在我国民事赔偿制度中引入惩罚性赔偿依然存在较大争议，较普遍的看法为：惩罚性赔偿主要应适用于侵权行为责任而不是合同责任。针对殴打他人而又未构成犯罪的侵权行为而采用惩罚性赔偿是非常必要的。中国的市场经济尚处于发展阶段，在产品责任中不宜广泛适用惩罚性赔偿。在某些情况下采用惩罚性赔偿以替代精神损害赔偿的办法是可行的。在合同责任领域，它主要应当适用于《中华人民共和国消费者权益保护法》第49条规定的情况。⑥

二、制度定性：作为法律责任的国家赔偿

笔者认为，从法学的角度研究国家赔偿，应当将国家赔偿作为一种法律责任来思考。

---

① 王名扬：《美国行政法》，中国法制出版社1995年版，第847页。

② 张越编：《英国行政法》，中国政法大学出版社2004年版，第756页。

③ 《英国刑事赔偿方案》（1990）第14条第2款。

④ 王名扬：《法国行政法》，中国法制出版社1998年版，第735页。

⑤ ［德］哈特穆特·毛雷尔：《行政法学总论》，高家伟译，法律出版社2000年版，第695页。

⑥ 王利明：《惩罚性赔偿研究》，载《中国社会科学》2000年第4期。

现行《中华人民共和国国家赔偿法》中并没有规定惩罚性赔偿。对国家赔偿的研究，涉及国家赔偿的概念、性质、范围、程序以及赔偿标准等诸多方面。探讨在民事赔偿责任中能够适用的惩罚性赔偿是否能同样适用于国家赔偿，应了解国家赔偿责任与民事赔偿责任有无区别以及有什么区别。国家赔偿责任的性质正是国家赔偿责任区别于其他形式赔偿责任的根本特征，因此，探究在我国国家赔偿中是否引入惩罚性赔偿的问题应从国家赔偿责任的性质入手，应分析惩罚性赔偿的运用是否符合国家赔偿责任的性质。

（一）国家赔偿法律责任

我们都知道权利与义务的一致性，没有无权利的义务，亦没有无义务的权利。享有权利能力则必然能承担相应的义务。而责任不等同于义务。有学者认为界定责任的概念应从语义分析着手，在日常大众语境中，责任一词在三种意义上被使用，即"义务"、"过错、谴责"、"处罚、后果"。日常生活中责任一词的含义具有包容性，根据场合，"责任"可能仅指"义务"或"谴责"或"后果"，也可能包括"义务"和"谴责"双重意义，甚至包括"义务"、"谴责"和"后果"三重意义。法律责任语义被确定在"应该承担的过失"、"过错、谴责"、"处罚、后果"之上。① 由于法律责任本身的复杂性，法学家们关于法律责任的概念有各种不同的论述，不管是部门法学还是法哲学都未能形成统一的概念解释。如"法律责任是由特定法律事实所引起的对损害予以赔偿、补偿或接受惩罚的特殊义务，亦即由于违法第一性义务而引起的第二性义务"②。又如沈宗灵教授认为，法律责任大体上指以下两个密切联系的含义：第一，相当于义务；第二，指有违法行为或违约行为，也即未履行合同义务或法定义务，或仅因法律规定，而应承受某种不利后果。③ 孙笑侠教授认为，法律责任包含两层语义，法律责任首先表示一种关系的存在；其次表示责任形式。法律责任所表示的责任关系实质上是一种法律义务关系。④ 笔者认为，如果离开了社会实践，是不会涉及主体、客体的问题的。责任的承担者之所以必须承担责任，是由于法律规则的预先存在，产生了法律事实，形成了法律关系，才有了法律的主体和客体，有了主体间的权利和义务，由于义务没能实现，才产生了需要由国家强制力干预的责任。所以，将法律责任理解为违反第一性法律义务而引起的新的特定义务、第二性义务是较为直观的描述。

《中华人民共和国国家赔偿法》第1条规定：为保障公民、法人和其他组织享有依法取得国家赔偿的权利，促进国家机关依法行使职权，根据宪法，制定本法。该法第2条规定：国家机关和国家机关工作人员违法行使职权侵犯公民、法人和其他组织的合法权益造成损害的，受害人有依照本法取得国家赔偿的权利。国家赔偿由本法规定的赔偿义务机关履行赔偿义务。该法第29条规定：赔偿费用，列入各级财政预算，具体办法由国务院规定。国务院制定的《国家赔偿费用管理办法》第6条规定：国家赔偿费用，列入各级财

---

① 冯军：《刑事责任论》，法律出版社1996年版，第11～16页。

② 张文显主编：《法理学》，北京大学出版社1999年版，第122页。

③ 沈宗灵主编：《法理学》，高等教育出版社1994年版，第404页。

④ 孙笑侠：《公、私法责任分析——论功利性补偿与道义性惩罚》，载《法学研究》1994年第6期。

政预算，由各级财政按照财政管理体制分级负担。从以上法律和行政法规的规定来看，国家赔偿责任是由于国家机关及其工作人员的行为违反了法律规定的义务，而由国家以财政资金承担的义务。可见，国家赔偿的实质就是由于国家机关及其工作人员的行为违反了法律规定的第一性义务，而由国家以财政资金承担的第二性义务。可见，在国家赔偿制度中，违反第一性法律义务的侵权行为主体与承担第二性义务的侵权责任主体并不一致，并由此导致了对国家赔偿责任性质的不同认识。

（二）国家赔偿的性质之争

国家赔偿责任的性质是指国家赔偿区别于其他形式赔偿责任的根本特征。在国家赔偿制度中，由于侵权行为主体与侵权责任主体往往并不一致，导致了对国家赔偿责任性质的不同认识。总体而言，对国家赔偿责任的性质主要存在着"代位责任"与"自己责任"两种不同的看法。所谓代位责任是指，国家承担的赔偿责任并不是自己本身的责任，而是代替公务员承担的责任。也就是说，公务员的侵权行为所造成的损害，本应由其自己承担赔偿责任，但因其财力有限，为确保受害人能够获得实际赔偿，才改由国家代替公务员对受害人承担赔偿责任。这一学说以公务员具有故意或过失的侵权行为为存在前提，以公务员所应负赔偿责任由国家代为赔偿为必要条件。所谓自己责任是指国家承担的赔偿责任是就其自己的行为承担责任，而并不是代替公务员承担责任。该学说认为，国家授予公务员执行公务的权限，本身就包含着被公务员违法执行的可能。也就是说，权限本身已具有危险，所以国家自己应当负担危险责任，而与工作人员个人是否对该加害行为有无故意或过失以及应否负责无关。无论公务员有无主观过错，只要损害发生在国家权力运作过程中，由违法行为所引起，国家都要负赔偿责任。

（三）国家赔偿责任中"国家"的含义

国家赔偿责任的性质取决于国家（侵权责任主体）为什么要成为违反第一性法律义务的侵权行为主体引起的第二性义务的承担者？要回答这一点，首先必须界定国家赔偿责任中的"国家"的含义。

有学者将"国家"在国家赔偿中的意义总结为：①法律人格体。国家是法律上的一种独立人格体，具有私法人和公法人（公权力主体）双重身份。国家赔偿法的调整范围限于国家作为公法人的赔偿责任；②法律约束性。就法律的约束性而言，有法制国家和专制国家之分。在专制国家，皇权等于主权，人治超越法治；在法治国家，主权来自人权并且为人权服务，法治优于人治。国家赔偿法是人权保障法，这个属性与专制国家冲突，与法治国家一致。因此，专制国家可能有国家赔偿法规范，而不可能有国家赔偿法制度。法律约束性意味着，国家违法同样要承担法律责任。这与公民违法时要承担法律责任并无二致。③原始公权力主体。国家是原始公权力主体，其他公权力主体是由国家根据法律设立，并且根据法律让与公权力，属于派生的公权力主体。派生的公权力主体作为独立法律人格，具有与国家平等的法律地位，与国家一样受法律约束。① 就法律人格体而言，这一总结中的"人格体"到底指代什么共同体，是指的所有国家机关组成的集合体，还是全

---

① 高家伟：《国家赔偿法》，商务印书馆 2004 年版，第 174 页。

体公民组成的社会集合体？就原始公权力主体而言，"国家是原始公权力主体"这一总结中的"国家"指向的是国家机关组成的集合体，还是全体公民组成的社会集合体？"法律约束性"这一总结似乎是专门强调"国家"这一"法律人格体"是否有守法的义务，与国家的含义并无关系。

在汉语的语境中，"国家"至少有四种含义：①领土意义上的"国家"（Country）；②民族意义上的"国家"（Nation）；③政权意义上的"国家"（State）；④社会共同体意义上的"国家"，即国内全体公民的集合体（Commonwealth）。①

作为国家赔偿责任主体的"国家"的含义到底是什么呢？我国是单一制国家，国家是国家赔偿责任的唯一主体。② 国家机关作为赔偿义务机关，代国家履行赔偿义务。这是因为国家赔偿费用一律由国库支出，列入各级财政预算。显然，作为赔偿责任主体的"国家"是全体公民组成的集合体，是社会共同体意义上的"国家"。公共财政资金并不属于国家机关组成的共同体，而是属于全体公民创造的财富。在此意义上的"国家"含义为：①是拟制的法律人格体，由所有公民组成，国家机关组成的集合体和其他社会组织是共同体中的不同组织形态；②国库财产是共同体的财富；③国家的一切权力属于人民，人民行使权力的机关是全国人民代表大会和地方各级人民代表大会，国家机关都由人民代表大会产生，对它负责，受它监督。国家机关的行为都受到法律的制约，以保证公民的合法权益不受国家机关的损害。

（四）国家赔偿责任性质的具体界定

根据上述国家赔偿中"国家"的含义，我们可以将国家赔偿的性质具体界定为自己责任、集体责任和补救性责任三个方面。

第一，自己责任。《中华人民共和国国家赔偿法》第2条规定："国家机关和国家机关工作人员违法行使职权侵犯公民、法人和其他组织的合法权益造成损害的，受害人有依照本法取得国家赔偿的权利。"可见，《中华人民共和国国家赔偿法》采取了"自己责任说"。从理论上来讲，代位责任说与自己责任说之间的差异，实质在于如何认识公务员侵权行为的性质，即公务员的侵权行为（无论其主观状态如何）是个人行为还是国家行为，其所涉及的是公务员与国家的关系。关于这一问题，学者们认为国家与国家机关工作人员

---

① 西塞罗说：国家是一个民族的财产。但人民不是人们某种随意聚合的集合体，而是许多人基于法的一致和利益共同而结合起来的集合体。英文"国家"（Commonwealth）也是由"普通人"（Common）和"财产"（Wealth）组成。参见西塞罗：《国家篇·法律篇》，沈叔平、苏力译，商务印书馆2004年版，第35页。

② 有学者提出我国近年来的政府改革造成了公权力主体多元化的格局，从而国家赔偿责任的主体也就多元化了。地方分权改革扩大了地方人民政府的人事权和机构设置权以及通过垂直领导、领导和指导等上下级关系分类及范围调整，使得中央行政机关和地方行政机关逐步分离，加上地方分税使得各级政府获得了财政上的独立，地方政府已成为实际上的公权力主体；社会分权改革使得越来越多的社会组织得到了法律的主体确认和资格授予，参与公共管理的范围越来越大，这些社会组织也成为公权力主体。参见高家伟：《国家赔偿法》，商务印书馆2004年版，第176～177页。我们认为，国家行政机构的管理改革和分税改革是存在的，但地方政府的治理权是国家的配置，是国家权力的延伸，财政分级不是国库的分立。

的关系是一种特别权力关系，并以此为基础，提出了被普遍接受的"公务员与国家机关一体化"和"国家机关代表国家"的观点。按照这一观点，国家机关工作人员在代表国家管理公务的过程中，与国家具有同一性，即在行使职权时，国家机关工作人员不是以个人的身份出现的，而是以国家机关的身份出现的，其行为是一种国家行为，一切后果都归属于国家；而且，国家机关工作人员在行使职权时，因主观故意或过失而为之行为也应属国家行为，后果应由国家承担。这是因为，行为人的主观过错程度只能说明其应受惩戒的轻重，而不影响行为的性质，即国家机关工作人员虽然因过错实施了职权违法行为，但这并未改变该行为的性质，它仍是一种国家行为。①

笔者认为，在国内法上，国家是一个集合国家机关及其工作人员和其他社会成员在内的团体，如同法人一样，对其团体成员完成团体任务的行为，应视为团体自身的行为。因此，国家机关工作人员在行使职权时的不法行为属于国家行为，后果应由国家承担，国家赔偿责任是自己责任，而不是代位责任。

第二，集体责任。按照凯尔森的观点，法律是人的行为的一种秩序（Order），责任是一种制裁。并将责任分为集体责任和个人责任。在不法行为人同时也是被制裁的对象时，不法行为人承担的责任就是个人责任。也就是说，当制裁针对直接不法行为人时，法律责任的主体与法律义务的主体是一致的。集体责任的承担责任者不是不法行为人，而是与其有某种联系的人（这种联系是由法律秩序确定的），制裁并不是或不只是针对不法行为人。当制裁不针对或不只是针对不法行为人，而是针对在法律上与他有联系的人时，就必须区分法律义务与法律责任。责任与义务都涉及不法行为，但义务总涉及一个人本人的不法行为，责任却可能涉及别人所犯的不法行为。社团和国家是人格化了的作为权利义务主体的法人，那么法律义务的主体和制裁的客体是等同的；如果消除了人格化并且不用法人的概念来说明有关人之间的法律关系的话，对于社团和国家，不法行为是由某一个人——社团的机关或国家的机关所犯的；制裁针对社团的全体成员和国家的全体国民。责任是基于不法行为人的过错的一种责任；但由于不法行为人并不是或不单独是要负责任的人，就其他要负责任的人来说，就成了一种绝对责任，它不以负责任的人的过错为基础。所以集体责任是绝对责任。②

由于国家赔偿责任首先是自己责任，国家机关工作人员在行使职权时的不法行为属于国家行为。国家承担赔偿责任的经济来源是国库，国库资源是全体公民的共同财富，所以，实质责任承担者并不是仅包括国家机关在内的国家共同体，而是全体公民（包括国家机关工作人员在内）。可见，不法行为是由国家机关所犯，实质责任承担者却是全体公民，不法行为人并不是单独责任承担者。全体公民之所以以国库财富承担最终的责任，是由于公民与国家共同体有关联，公民通过民主选举组成国家机关（形成国家机关共同体），授权国家机关代表公民管理国家事务，对国家机关的不法行为承担责任，而并不是全体公民授权国家机关从事不法行为，因此，国家赔偿责任是集体责任。

第三，补救性责任。肯定了国家赔偿责任是集体责任后，对于国家赔偿责任是补救性

——————

① 房绍坤等：《国家赔偿法原理与实务》，北京大学出版社1998年版，第54页。

② ［奥］凯尔森：《法与国家的一般理论》，沈宗灵译，中国大百科全书出版社1996年版，第71~79页。

责任还是赔偿性责任的回答就是清晰的：国家赔偿责任是补救性责任。

从国家承担赔偿责任的目的来看，国家赔偿的目的不是为了惩罚那些有不法行为的机关，而是为了弥补公民一方受损的权益。从国家承担赔偿责任的资金来源看，国家是以国库资金承担国家赔偿责任的，如果论及惩罚，岂不是由包括受害人在内的全体公民一起接受惩罚？所以，国家赔偿责任是一种补救性责任而不是惩罚性责任。

三、国家赔偿责任与惩罚性赔偿的引入问题

（一）国家赔偿责任的性质与惩罚性赔偿

国家赔偿责任是自己责任、集体责任、补偿性责任，直接决定了国家赔偿领域中不应适用惩罚性赔偿。

第一，作为自己责任的国家赔偿排斥惩罚性赔偿。国家承担的赔偿责任是自己的责任，而不是代国家机关或国家机关工作人员承担的责任。作为社会共同体的国家，必须完成共同体的任务——为全体公民提供服务，服务的任务通过法律授权国家机关履行，国家机关的工作人员只有在其行为是为完成其所在的国家机关的任务时，其行为才被认为是国家的行为，行为的后果才归属于其所在的国家机关，进而归属于国家。

凯尔森主张国内法与国际法的一元论，国际法优于国内法，认为国家在国际法上才能成为制裁的对象，责任就是制裁，制裁的对象才是责任主体，制裁是国家的行为。国家不能有两个相对立的目的，所以他不认为国家的赔偿行为是一种国家的责任。笔者认为他的看法有失偏颇。国家通过法律授权国家机关行使国家权力的目的是为公民提供良好的服务，如同国家机关及其工作人员的不法行为并不是国家的目的一样，制裁哪个机关也不是国家的目的。某一个机关的不法行为确实是由团体内的另一个机关加以制裁的，但这时，那施加制裁的机关不仅是为了完成国家的任务，制裁的直接目的更是为了救济国家共同体内的公民受损的权益。

自己责任说明了承担赔偿责任的主体指向了国家。作为社会共同体的国家设立国家机关为共同体提供服务，优质服务的有利后果归属于国家，瑕疵服务不是共同体所希望的，但其后果同样归属于国家。惩罚性赔偿是一种制裁，受害人是国家的一员，并没有脱离国家之外。如果作为社会共同体的国家对受害人的损失给予惩罚性赔偿、给予受害人超过损失的补偿，而受害人本身同国家的其他成员一样接受制裁，可制裁的结果是使受害人获得超过损失的赔偿，这如何能体现受害人得到同国家其他成员一样的制裁？

所以，在国内法中无法使国家得到制裁，根本原因在于国家作为法律拟制的人格体是由全体社会成员组成的。国家赔偿责任是自己责任决定了惩罚性赔偿不能进入国家赔偿之中。

第二，作为集体责任与补偿性责任的国家赔偿责任排斥惩罚性赔偿。从国家承担赔偿责任的目的和国家承担赔偿责任的资金来源来看，国家赔偿责任是集体责任、补偿性责任。国家赔偿是集体责任决定了国家赔偿是补救性责任。

民事责任是典型的补偿性责任，而英美国家却在民事责任中运用了惩罚性赔偿，但是，惩罚性赔偿在当今英美国家的民事侵权责任中的运用也是不断受到质疑和限制的。对民事侵权损害赔偿的批评集中在惩罚性赔偿金的不断扩大上，改革民事侵权损害赔偿体系

的呼声从 20 世纪 90 年代一直延续到今天。美国一些州开始为惩罚性赔偿金确定最高上限，如 Alabama 州确定的上限为 $ 250000，其他州如 Florida 州等将上限定为补偿性赔偿金的二至三倍，Nevada 州同时用了以上两种方式确定上限，另有一些州，如 Nebraska，New Hampshire，Louisiana，Washington 等州不允许陪审团给予原告人任何惩罚性赔偿金。从美国最高法院近年来对 State Farm v. Campbell 一案的判决以及一些州按照此案所做的其他判决来看，美国最高法院已经提供了一个框架以限制陪审团裁决惩罚性赔偿的扩张趋势。①这些限制惩罚性赔偿的措施是否有效呢？有学者调查了这些措施对陪审团裁决民事赔偿的影响，调查的数据显示：在案件中没有机会给予惩罚性赔偿裁决的陪审团会扩大补偿性赔偿金的数额以达到惩罚的目的。实际上，他们给予的补偿性赔偿金的数目与其他陪审团给予的补偿金加上惩罚赔偿金的数目在总数上是相当的。②显然，陪审团用了另一种方式回应对惩罚性赔偿金的限制——扩大补偿性赔偿的数目以达到惩罚被告人的目的。

为什么国家赔偿责任作为补偿性责任就一定要拒绝惩罚性赔偿呢？理由如下：①惩罚性赔偿的弥补功能无法在国家赔偿责任中得以体现。惩罚性赔偿的弥补功能，是为了完全弥补受害人的损失，特别是对难以计算的精神损失的弥补。国家赔偿旨在弥补受害人损失，但弥补受害人损失这一目标完全可以从赔偿标准的设立、赔偿范围的扩大上得以实现。如果在立法技术上无法设立准确的赔偿标准，同样也无法准确确定惩罚金的标准。在美国出现的对惩罚性赔偿的质疑便有这方面的考虑，陪审团在不同案件中所做出的惩罚性赔偿金不尽一致，导致对惩罚性赔偿的无法预测。②惩罚性赔偿的制裁功能无法在国家赔偿责任中得以体现。在公民、法人和社会组织承担惩罚性赔偿金时，资金的来源是该公民、法人和社会组织的自有资金。而在国家赔偿中，国家作为一个法律人格体，其成员是包括受害人在内的全体公民，国家的财政资金也是属于包括受害人在内的全体公民。所以，惩罚性赔偿的功能能够在公民、法人和社会组织承担的民事责任中体现，而无法在国家赔偿责任中体现。从域外的经验来看，即使在民事侵权责任中已适用惩罚性赔偿的普通法国家，惩罚性赔偿在国家赔偿中的适用也是有限的。英国《王权诉讼法》第 2 条第 2 款规定，中央政府承担赔偿责任的方式与私人一致，除非法律另有规定。但英国《刑事伤害赔偿方案》规定，刑事赔偿不采取惩罚性标准。美国《联邦侵权赔偿法》第 1674 条也规定不使用惩罚性标准。

（二）国家赔偿的法律目的与惩罚性赔偿

现行国家赔偿法的立法目的包括两方面内容，一是保障公民、法人和其他组织享有依法取得国家赔偿的权利，二是促进国家机关依法行使职权。国家赔偿的法律目的是在社会成员间平均分配社会负担和风险，以实现实质意义上的平等。国家赔偿制度是实现实质平等的制度手段。国家给予赔偿的根本原因不在于国家机关及其工作人员的违法或过错，而是由于他们的行为给公民权益造成的后果具有法律上的不平等性，承受该不利后果的应当

---

① Edward B Ruff III, Michael A Hayes, Punitive Damages: A National Trend, FDCC Qarterly, winter 2005, Vol. 55, 241.

② Edith Greene, David Coon, and Brian Bornstein, The Effects of Limiting Punitive Damage Awards, Law and Human Behavior, Vol. 25, No. 3, 2001.

是受益的全体国民，而不是受害的公民自己。只有将特定的公民遭受的特别牺牲平均分配给全体社会成员时，有关权利义务配置的实质平等性才能实现。这也是国家赔偿制度的法治国家标志和人权保障功能的手段。① 笔者认为：国家赔偿的法律目的不是为了惩戒国家机关及其工作人员，而只是为了填补受害人的特别牺牲。通过国家赔偿制度是无法达成促进国家机关依法行使职权的目的的；受害人获得惩罚性赔偿金明显违背了国家赔偿的法律目的。

第一，通过惩罚性赔偿遏制国家机关及其工作人员不法行为以促进国家机关依法行使职权的目的是无法实现的。

理性的经济人会在承担损害赔偿责任与违法成本付出间进行选择。要求不法行为人给付惩罚性赔偿金，是为了展示更高的违法成本，从而能对加害人以及社会公众产生遏制的作用。但是，国家机关工作人员在代表国家管理公务的过程中不是以个人身份而是以国家机关的身份出现的，其因主观故意或过失而为之的行为应属国家行为，后果应由国家承担。因此，国家赔偿中的赔偿金是由国库中的公共财政资金支付，国家只可以对致害的国家工作人员追偿部分或者全部赔偿费用以示惩戒。即使从国家可以对致害的国家工作人员追偿部分或者全部赔偿费用来看，将惩罚性赔偿引入国家赔偿也只能微弱地部分实现遏制国家机关工作人员不法行为的目的。② 因为追偿部分或者全部赔偿费用虽然实际上起到弥补国家支出的赔偿费用的作用，但是追偿必须考虑到公务人员的收入水平和实际的支付能力。此外，如果按照公务人员的过错程度由其承担部分或全部的公务风险，③ 从公务人员权益保障的角度观察，公务员是代表国家进行管理，合法行为的后果归属于国家，但如果其在执行职务中的违法侵权行为引起的责任由其个人承担，明显有违公平。

第二，由受害人获得惩罚性赔偿金违背了国家赔偿在社会成员间平均分配社会负担和风险以实现实质意义上平等的法律目的，不利于公共利益的维护。

惩罚性赔偿与补偿性赔偿的重要区别就在于惩罚性赔偿的制裁功能上。法律制裁不法行为人的目的是为了维护公共利益，是对不法行为违反法律、进而损害社会公共利益的制裁，作为制裁，要求不法行为人给付惩罚性赔偿金。从当前的制度设计来看，刑事制裁中的惩罚性赔偿金归属于国家，民事制裁中的惩罚性赔偿金属于受害人。刑事犯罪人所给予的罚金是交给国库，而不是交给受害人的，国家收取罚金后再将其作为公共资金用于公共事务，最终有利于公共利益。在民事赔偿中，受害人自己获得惩罚性赔偿金也是受到质疑的。如有学者认为：陪审团裁决惩罚性赔偿运用公共惩罚性权力时，完全不考虑增进公共利益而是考虑他们自己的狭隘兴趣。过分的惩罚性赔偿违法了美国宪法第十四条修正案规定的正当程序。并且，他比较了现代的惩罚性赔偿和传统的惩罚性赔偿的区别，认为赔偿有两个效果，一是补偿受害人的全部财产损失，二是同时、附带地通过补偿增加违法行为

---

① 高家伟：《国家赔偿法》，商务印书馆2004年版，第37页。

② 按照《国家赔偿法》第24条的规定，赔偿义务机关赔偿损失后，向有下列情形之一的工作人员追偿部分或者全部赔偿费用：（一）刑讯逼供或者以殴打等暴力行为或者唆使他人以殴打等暴力行为造成公民身体伤害或者死亡的；（二）违法使用武器、警械造成公民身体伤害或者死亡的；（三）在处理案件中有贪污受贿，徇私舞弊，枉法裁判行为的。

③ 在部分省现行的国家赔偿费用管理办法中，区分工作人员的过错是重大过失还是故意，分别承担不同比例的国家赔偿费用。

人的经济负担，惩罚其非法行为。通过寻求损失和伤害赔偿，原告不仅增进了其个人利益，并且促进了公共利益。原告私人的利益得到经济补偿时，惩罚和制止了有害社会的行为，从而增进了公共利益。然而，当作为私人的原告通过获得惩罚金的方式增进公共利益时，该原告不仅是在追求个人利益，并且是在作为国家的代理人从事国家的行为。而这有违宪法理论和政治理论。在自由民主的理论上，私人和公共领域是两分的，私人手上被授予公共权力是有疑问的。① 美国部分州已经注意到这一问题，正着手准备相应的完善方案。"在民事侵权损害赔偿中大量运用惩罚性赔偿的美国，州立法机关也开始考虑是否应将被告人支付给受害人的惩罚性赔偿金部分地支付给公共资金。"②

四、结　语

对公民权益的保护始终是法律的目的，国家赔偿制度无疑是保护公民权益的有力武器之一。在《中华人民共和国国家赔偿法》实施的过程中，尽管存在国家赔偿标准过低、受害人获得的赔偿难以填补损失的问题，但将惩罚性赔偿引入国家赔偿这一方案却不是一剂良药。在国家赔偿中，作为赔偿责任承担者的"国家"具有法律人格体的特殊性，将惩罚性赔偿引入国家赔偿不能起到制裁作用，不能有效遏止国家的侵权行为；国家赔偿责任是自己责任、集体责任的责任性质决定了惩罚性赔偿无法适用于国家赔偿领域；国家赔偿的法律目的是在社会成员间平均分配社会负担和风险，以实现实质意义上的平等，如果受害人获得惩罚性赔偿金，反而是由全体公民承担不利的经济后果。对于当前国家赔偿法施行过程中表现出的受害人损失难以填补的问题，应当通过修改赔偿范围、完善补偿性赔偿标准解决。此外，还应当从完善公务人员岗位责任着手，促使国家公务人员谨慎对待公务行为。

---

① Martin H Redish, Andrew L Mathews, Why Punitive Damages Are Unconstitutional, Emory Law Journal, winter 2005, Vol. 53/1, 53.

② Edward B Ruff III, Michael A Hayes, Punitive Damages: A National Trend FDCC Quarterly, Winter 2005, Vol. 55, 241.

受 贿 罪 研 究

■ 许发民[*]

一、受贿罪的概念及特征

（一）受贿罪的概念

现行《刑法》第 385 条规定："国家工作人员利用职务上的便利，索取他人财物的，或者非法收受他人财物，为他人谋利益的，是受贿罪。"这是立法对受贿罪概念所作的明确界定，目前在理论研究和司法实务中认定受贿罪要以上述规定为准。

（二）受贿罪的特征

1. 受贿罪的客体要件

受贿罪侵犯的客体是国家工作人员职务行为的廉洁性。多年以来关于受贿罪的客体，中外理论都聚讼不休，观点纷呈。

从世界范围看，对于受贿罪客体的认识，可大体分为以下两派：

一为来自罗马法的思想，认为贿赂系职务行为的对价，无论行为人执行公务是否正当公平，只要收受贿赂，都应以受贿罪论处。所以对于不违反义务的职务行为而收取贿赂的，也应以受贿罪论处。受贿罪侵害的是职务行为的无偿性即职务行为的不可收买性。

另一是来源于日耳曼法的思想，认为贿赂系违背职务行为的对价，它值得惩罚的违法性在于侵害了职务行为的公正性，故受贿罪的客体应该是职务行为的纯粹性即行为的不可

＊ 武汉大学法学院教授，博士生导师，法学博士。

侵犯性。并由此认为违背职务是成立受贿罪的一个必要要素，而不违背职务的收受贿赂行为则不构成受贿罪。

多数国家的立法对上述两种观点是兼容的。如《联邦德国刑法》第 331 条、《意大利刑法》第 318 条、《瑞士刑法》第 315 条、《日本刑法》第 197 条等。

在这两种思想的基础上，后来又分化出下列四种不同的观点：①国家意志的阻挠与篡改，即由于受贿人与行贿人彼此之间的违法交付与收受贿赂的不法行为，使受贿人在执行公务期间，自然不能依法公平而正确地执行其公务行为，这等于篡改了国家的意志，最起码是使国家意志的实施受到了阻挠。②公众对公务人员及其执行公务行为的信赖的破坏。持这种观点的学者认为公务人员执行公务，必须就事论事，公正无私，从而才能获得社会大众的信赖，但因为存在着贿赂的行为，此种信赖就会消失，并进而损害国家的威信。③公务行为的无酬性。持此说的学者认为公职人员除其固有的薪金之外，对其执行公务的行为不能再收取任何酬劳，而贿赂正是对这一原则的破坏。④也有学者认为受贿罪侵犯的客体是复杂客体，具体包括：公务行为的纯洁与真实性；公务行为的不可收买性；确保社会大众对公务人员及其执行公务行为不可收买的信赖；以及使"国家意志"不因公务人员的图利渎职行为而受到阻挠或篡改。

在我国刑法理论上，原来传统的通说观点认为，受贿罪侵犯的客体是国家机关的正常管理活动。① 近来有些人挑战传统观点，又提出了许多新观点，归纳起来有新简单客体说、复杂客体说、基本客体与选择客体结合说三大类。譬如，有人说受贿罪的客体不是传统的单一客体，而是复杂客体。但是在持复杂客体说的观点当中，则在受贿罪侵犯的另一个客体上，存在许多不同的说法。这里就牵涉了对复杂客体的理解问题。

我们认为，在我国刑法理论上对单一客体和复杂客体的研究还有待向深度开掘。有些人对复杂客体的理解可以说并不符合复杂客体的基本理论。从刑法理论上分析，有些罪是单一客体，有些是复杂客体，对于这两个概念，首先应当明确的是，所谓单一客体、复杂客体均指直接客体。有的罪的直接客体是单一的，有的罪的直接客体是复杂的。所谓复杂客体是指某一罪本身的构成就必然侵犯刑法所保护的两种直接客体。这样的罪，才能称为复杂客体的犯罪。比如，抢劫罪就是学理上公认的复杂客体的犯罪。因为抢劫罪的构成要件是以暴力、胁迫或者其他方法抢劫公私财物。这种构成一是表现为抢劫对象是财物，二是其所采用的方法即法律规定的暴力、胁迫和其他方法，都是直接危害到人身安全的方法，也即侵犯人身权利的方法。如果采取与人身安全无关的方法侵犯财产的，就不是抢劫罪。因此，只要实施抢劫行为，就必然侵犯到财产权利和人身权利，所以才称其为双重客体的犯罪。而受贿罪所采取的方法则是多种多样的。它可以发生在许多不同的部门，凭借不同的职权，因此，除了必然侵犯国家工作人员职务行为的廉洁性之外，很难确定它还必然侵犯到哪一种直接客体。有人说，受贿罪必然侵犯经济秩序。② 我们认为受贿罪有时确实会危害正常的经济秩序，比如在商品流通中的受贿就是这样。但是，公安人员为他人办理出国护照而受贿；政工干部为他人落实政策而向他人索贿，却同经济秩序没有直接的、必然的联系。硬要说经济秩序是受贿罪的另一个客体，也只能说它是一部分受贿罪（经

①　高铭暄主编：《刑法学》，北京大学出版社 1989 年版，第 703 页。

②　刘立宪、硅娜：《对当前受贿罪若干问题的再认识》，载《法学》1985 年第 4 期。

济受贿罪）侵犯的客体。有的人说，受贿罪除了侵犯国家机关的正常活动外，还侵犯公私财物的所有权，① 这种观点更难令人信服。实践中大量的行贿受贿都是双方自愿的，行贿人自动把贿赂交给国家工作人员，决不能说受贿人侵犯了行贿人的财产权利，即使是在索贿的情况下，被勒索者的财产权被侵犯了，这也只是个别案件，不能由此以偏概全，得出一个普遍结论：受贿罪侵犯了公私财物的所有权。如果不是这样来理解，仅因为这个案件中受贿侵犯了公私财物所有权，那个案件侵犯了经济秩序，就认为这种犯罪是复杂客体的犯罪，那么，就可以说刑法上就没有什么单一客体的犯罪而都是复杂客体的犯罪，比如张三杀了李四，李四死亡，生命权利受到了侵犯，同时他的家庭经济受到很大损失，那么杀人罪也成了复杂客体的犯罪了。如果遇害者是干部，也可以说妨害了国家机关的正常活动。当然，不能这样来理解复杂客体。我们认识问题，使用概念，应当讲究些科学性，不能把一个案件可能危害什么利益，都看成是这个罪的直接客体。至于有人所说的受贿罪的客体是综合性客体，即除包括国家机关、企业、事业单位和集体经济组织的正常活动之外，还可能包括公私财产的所有权以及社会主义经济的正常发展，而就具体的受贿罪而言，对上述客体的侵犯又是选择性的，并非每一个受贿行为都必然同时侵害多方面的客体，因此也可以称受贿罪的客体为"选择客体"的观点② 更是背离了刑法理论中关于犯罪客体的基本理论。

我们认为，受贿罪是腐败的一种主要表现形式。我国是社会主义国家，人民是国家的主人，一切权力属于人民。国家工作人员的职权是国家和人民赋予的，负有代表国家依法管理经济、政治、文化及其他社会各方面事务的重大职责。与此同时，他们也必须接受相应的监督和约束，履行相应的义务。廉洁奉公，禁止受贿是我国廉政制度建设的一项主要内容，也是国家和人民对国家工作人员的基本要求。而受贿行为不仅背离了为政清廉的义务，而且其行为严重腐蚀了国家肌体，妨害国家机关对内对外职能的正常履行，损害了党和政府在人民群众中严明公正的形象，败坏了社会风气，危害了社会主义经济的发展和国家的长治久安。由此可见贿赂犯罪的本质是对国家工作人员职务行为廉洁性的侵犯。受贿罪的直接客体是国家工作人员职务行为的廉洁性。原来传统通说观点将受贿罪的客体定义为侵犯了国家机关的正常活动，不具体、不准确。这是因为：首先，对那些接受贿赂并未为他人谋取什么利益的，很难说侵犯了国家机关的正常活动。其次，有的受贿犯罪也属于一种经济犯罪，但传统观点对受贿罪客体的定义不能明确地显示出这一属性。而将受贿罪的客体界定为国家工作人员职务行为的廉洁性，则符合受贿罪构成的各种实际情况，有利于揭示受贿罪的本质特征。

2. 受贿罪的客观方面

受贿罪在客观上表现为，利用职务上的便利，索取他人财物，或者非法收受他人财物，为他人谋取利益的行为。

受贿罪在客观上的表现，可拆解为下列三个方面的要素：

（1）受贿必须是利用了职务上的便利，这是构成受贿罪的必要条件。那么，何谓利

---

① 高宏：《论受贿罪的犯罪构成》，载《法律科学》1984 年第 3 期。

② 黄海龙：《当前我国刑法中受贿罪若干问题的研究》，载中国法学会刑法学研究会组织编写：《全国刑法硕士论文荟萃》，中国人民公安大学出版社 1989 年版，第 787 页。

用职务上的便利呢？有人认为，利用职务上的便利是指利用其职务上主管、经管、经手某种公务的便利条件。有的人说，是指利用本人职务范围内权力造成的方便条件，不包括职务范围之外的方便条件和那些利用他人职务所造成的有利时机和条件。有的人的理解是，利用自己的职务或者利用他人职务所造成的有利时机和条件，而对于凭借自己职位的影响或者人事、人情关系去利用他人的职务之便的，也应视为利用职务上的便利。还有一种理解是，所谓利用职务上的便利，是指利用职权或者工作便利。这个提法是"两高"在1985年的司法解释中提出的。对此，有人指出，利用职权，指利用本人职务范围所造成的方便条件，也就是自身的职务所赋予的在一定范围内直接起作用的条件；利用工作便利，是指与工作相关联的方便条件。有人解释，利用职权是指利用依法履行公务所拥有的条件；利用工作便利，是指利用其担任职务时有联系的工作方便或机会。还有一些提法，大同小异，不再一一列举。由此可见，对利用职务上的便利的理解，范围宽窄不同，差异很大。这便直接影响着受贿罪的认定问题。

我们认为，对利用职务之便不能解释为包括工作之便。受贿罪是渎职行为。受贿是一种滥用职权的渎职行为，即滥用人民所赋予的权力和地位来谋取私利。具体地说，利用职权可以理解为利用自己职务上的地位或者职务范围内的权力来谋取私利。利用职务上的地位，比如县委书记，他并不负责基本建设的承包事项或者其他具体事项，按职务范围，他并不管这些事情。但是他可以用县委书记的身份来命令、影响基建部门的负责人把某项工程承包给某个工程队，而从工程队获取财物。他之所以能够做到这一点，完全是他的职务上的地位给他带来的便利条件。而主管基建的干部利用主管基建的机会、方便条件，与包工队相互勾结，把工程包给某个工程队，而获取财物，就是利用职务范围内的权力。掌握物资的干部利用物资批准权，来谋取私利，公安局管户籍的干部，利用户口的审批权来谋取私利等，都属于利用职务范围内的职权。上述两种情况都是利用职务之便，都可以构成受贿罪。因为这两种情况都同行为人的职务有着密切的关系，他们之所以能为行贿人谋利益，都源自于他们的职务，以他们的职务为依据。而所谓"利用工作上的便利"，同他们职权本身的行使，并没有必然的直接联系，更重要的是利用职务上的便利的范围是可以确定的，根据每个干部所担任的职务，就可以知道他们享有什么样的权力，哪些权力被他们所利用。然而，所谓"利用工作上的便利"，就没有一个确定的标志。就是主张利用工作之便可以构成受贿罪的同志，有的也承认这种工作便利，不像职务上的便利的范围、内容那么确定、具体。既然内容不确定、不具体，那么就无法防止在实务工作中造成扩大化，把不该定为受贿罪的定为受贿罪，完全混淆了罪与非罪的界限。从实践中看，有些工作人员确实在工作过程中取得了某些利益，这些便利被他们用来谋取私利，这种现象是客观存在的，比如在工作当中得到某些信息，他可以利用这些信息为他人谋利益，而收受财物。但毕竟不是利用职务上的地位、权力，才可以得到这个信息，既然他不是利用职务上的权力、地位为他人谋利益，那就不应定为受贿罪。这就像贪污案件中，学界公认的提法，利用职务上的便利贪污不能等同于利用工作时对环境的熟悉等条件来盗窃一样。所谓"利用工作上的便利"，有可能被解释扩张至很大的范围。比较难以确定的解释，就包含着扩大打击面的危险性，从而可能混淆罪与非罪的界限。有的人说，作为国家工作人员，在工作劳动报酬之外，利用提供信息、帮助等方法，获取酬劳，得到的这笔钱款是否有问题。我们认为，即使不该拿，但错误归错误，罪归罪，不可以予以混淆。不当做犯罪处理，不等于支持这种做法，错误和犯罪应该严格区别，对一般违法行为和犯罪应加以区分。如果认为不论是否利用职务之便，凡是借为他人谋利益而索取不正当财物的，都应该制裁，我们认为应由立法解决。立法者可以考虑在一般受贿罪之外，规定任何人为他人谋取利益而索收不正当财物的，都要定罪判刑。但是，那就需要制定另外一种罪名，而不是用解释的方法把现在的法律扩大到没有边的范围。

有的人认为把利用工作之便作为受贿罪的条件，符合廉政建设的精神。我们觉得这也值得考虑。廉政建设，按我们的理解是为政清廉，指为政当中或执行公务当中要保持廉洁，不能滥用职权谋取私利，否则就是为政不廉，就是整顿之列。那么上面所说的有关情况下收受财物，是不是利用为政来谋取私利呢？我们认为都是些职务之外的事情，也就无所谓为政不清廉的问题。如果说，我们对国家工作人员提出更高更严格的要求，那么宁可在法律上做出另外的规定，即国家工作人员不管是否利用职务上的便利，凡是谋取了不正当利益即定罪，而普通公民这样做，则不予追究。但是这种做法是否必要、妥当和有效，应由立法者做出决定。

利用职权之便是否包括利用第三者职务的便利呢？上述介绍的观点中就有这样的提法：利用自己的职务或者利用他人的职务造成的有利时机和条件都是利用职务之便。这句话的后半段，即利用他人的职务所造成的有利时机和条件的提法，太笼统，不妥帖。用以处理案件，会造成打击面过大，可能把不该定受贿罪的人也按受贿罪论处。因为这种观点没有对利用他人的职权附设任何限制条件。比如，作为教师，职责就是教书育人，如果他在法院有一个亲戚，别人打官司，找到他让其说情，他就找到办案人员，结果官司打赢了，别人送给他 8000 元，这种利用亲戚关系，通过亲戚的职务行为为他人谋取利益，从而收受他人财物的行为，是否认定为受贿罪呢？我们认为，像这样的案子不能定为受贿罪。因为行为人的行为和其教师的职务毫无关系，不能因为他是国家工作人员，因此在任何情况下替别人办事后得到了不正当的收入，就是受贿罪。如果收入不正当，可以按照党纪、政纪处理，定受贿罪是不符合刑法规定的。

但是，我们也并非否认利用第三者职务可以定受贿罪。问题在于怎么界定。现行《刑法》第 388 条规定："国家工作人员利用本人职权或者地位形成的便利条件，通过其他国家工作人员职务上的行为，为请托人谋取不正当利益，索取请托人财物或者收受请托人财物的，以受贿论处。"把握利用第三者职务上的便利为他人谋取不正当利益构成受贿罪，可以从下列几点入手：首先，行为人必须是利用了自己职务上的权力或地位，这是个前提。如前所述，法律规定利用职务之便是必备要件，而这个职务之便是指自己的职务之便。受贿是渎职行为，渎职只能是指亵渎了自己的职务，而不是渎他人之职，也不是指使他人渎职；滥用职权是指滥用自己的职权，而不是滥用别人的职权。所以，如果行为人没有利用自己的职权，而是单纯利用第三者的职权，定受贿罪是不合法的。这种情况不是他渎职，而是被他利用的人可能渎职。因而，定受贿罪，首先要看行为人是否利用自己职务上的权力、地位，即是否依靠自己职务上的权力、地位来利用第三者的职权，或者说通过第三者的职权为他人谋取了不正当利益。其次，行为人同被利用的第三者之间有一定的职务上的制约关系，这种制约关系可以表现为两种情况：一是纵向的职务上的上下级领导和被领导关系，也就是职务上的从属关系。比如县委书记批一个条子，让县物资局局长利用其职权，为他人套购物资提供方便，然后该书记向他人索取财物的行为，就应认定为受贿罪。因为县委书记虽然在职务上不直接掌握物资审批权，而要通过物资局局长的职务行为，才能为他人谋取不正当利益，但他之所以能够利用物资局局长的职务行为，在于他凭借了县委书记职务上的对物资局局长的上下级制约关系。二是横向的单位与单位之间，有关工作人员在执行职务当中存在着的业务上的制约关系。如在新的婚姻登记办法施行之前，一个工人在农村已成了家，但他在城市中又谈了一个对象，想结婚，找到工厂办公室要求开介绍信证明他未婚。厂办主任明知他已有妻子，为了贪得该工人送来的大量财物，就开了个假证明，盖上了公章，证明该工人没有配偶，从而使那个工人骗得了结婚登记。该工人骗得结婚证，厂办主任获取了财物，但是该主任并不掌握结婚登记，只有通过婚姻登记机关的有关工作人员审核，才能拿到结婚证。可以说办公室主任是利用了第三者的职务行为，为他人谋取了不正当利益，并且得到了财物，该主任显然构成了受贿罪，因为他的行为与婚姻登记机关有业务上的制约关系。没有他开出的证明，婚姻登记机关就不会给该工人发放结婚证。以上所讲的这两个条件实质上仍然是行为人利用了自己的职务之便，只不过在表现形式上，不是他自己直接地而是通过第三者执行职务为他人谋取不正当利益。除此之外，所谓的通过人情、人事关系利用第三者职之便为他人谋利益的，都不能认定为受贿罪。

（2）利用职务上的便利，为行贿人谋取利益，这是收受贿赂的人与行贿人的交换条件，并被形象化为"钱权交易"或"以权换钱"。索贿是否要求以为他人谋利益作为成立受贿罪的要件？一直存在争议。1985 年"两高"司法解释指出："受贿罪是指国家工作人员利用职务上的便利为他人谋取利益而索取或者收受他人财物的行为。"这种提法把"为他人谋取利益"写在索取或者收受贿赂的前面，显见是将为他人谋取利益作为索取或者收受贿赂的共通的要件。而 1988 年《关于惩治贪污罪贿赂罪的补充规定》指出"……人员，利用职务上的便利，索取他人财物的，或者非法收受财物为他人谋取利益的，是受贿罪。"在这里，索取他人财物后面跟有"的"字，并用"或者"一词，把"为他人谋取利益"从索贿与受贿之间隔开了，因此从形式逻辑和语言学角度分析，"索取他人财物的"是一种独立的受贿行为方式，"非法收受他人财物为他人谋利益的"，是又一种受贿行为方式。因此，对利用职务之便索取贿赂的，只要存在索贿的行为，不管他是否明示或暗示为他人谋利益，或者没有要为他人谋利益的意思，也构成受贿罪。现行《刑法》第385 条也采用的是上述补充规定的写法，所以仍以上述理解为准。而所谓为他人谋取利益，是指受贿人为他人谋求取得某种特定利益。这种利益，可以是物质性的利益，也可以是非物质性利益。一般认为，为他人谋取利益包括四种情况：其一，已经许诺为他人谋取利益，但尚未实际进行；其二，正在实施为他人谋取利益的行为，但尚未取得成果；其三，为他人谋取利益已经取得一定进展，但尚未完全实现；其四，为他人谋取利益，已经全部实现了他人的要求。显然，为他人谋取利益，不限于为他人谋取到了利益，而是只要许诺为他人谋取利益即可，而且不问这种许诺是明示的还是默许的。

为他人谋取利益是主观要件还是客观要件呢？对此学界存在主观要件说与客观要件说之争。通行观点认为，为他人谋利益，始自许诺，终至实现，是一种行为，因而是受贿罪的客观构成要件。①

---

① 参见高铭暄、马克昌主编：《刑法学》（下编），中国法制出版社 1999 年版，第 1140 页。

此外，根据现行《刑法》第 388 条的规定，对于国家工作人员利用本人职权或者地位形成的便利条件，通过其他国家工作人员职务上的行为，索取请托人财物或者收受请托人财物的行为，构成受贿罪，必须具备"为请托人谋取不正当利益"的条件。在此所说的不正当利益如何界定，理论上还未达成共识，通行的意见是，"所谓不正当利益，是指根据法律、法规和有关政策不应当得到的利益。利益的正当与否取决于其性质本身，而不决定于取得利益的手段。如果是请托人依法应当或者可能得到，但限于一定的条件而无法得到，或者暂时未能得到的利益，不属于不正当利益。即使采用送钱送物的手段得到了，也不应当视为不正当利益。"① 根据 1999 年 9 月 16 日最高人民检察院《关于人民检察院直接受理立案侦查案件立案标准的规定（试行）》的解释，"本规定中有关贿赂罪中的'谋取不正当利益'是指谋取违反法律、法规、国家政策和国务院各部门规章规定的利益，以及谋取违反法律、法规、国家政策和国务院各部门规定的帮助或方便条件"。这是当前司法实务中，认定"谋取不正当利益"直接、有效的法律依据。

在司法实务中有时会发生这种案子，有的干部利用职权谎称要为他人谋利益而索取财物，而事实上他根本就不打算也没有为他人谋利益，应该如何处理呢？对此，存在两种意见。一种观点认为，受贿罪中为他人谋利益，是指他想为对方谋利益或有这样的真实表示，对于根本不想为对方谋利益，其表示为虚假谎言时，完全符合诈骗罪的特征，应认定诈骗罪。另一种观点认为，应定受贿罪。理由是：如果定诈骗罪，那么，行贿人就成了被害者，其被骗的钱财是否应当发还给他，便成了问题。而且，接受行贿的人虽然不想为对方谋利益，但毕竟他利用了自己的职权来谋取财物，因而不同于一般的诈骗取财行为。在这类案件中，行为本身不管主观意图如何，客观上都损害了政府的威信和职务行为的廉洁性，因此应该定受贿罪为宜。我们认为后一种主张是比较可取的。

另外，在实务中还出现了这种案件，行为人利用自己的职务便利，向对方勒索贿赂。如何定性呢？有人主张定敲诈勒索罪，有人主张定受贿罪。我们认为受贿罪与敲诈勒索罪除了主体、客体不同外，关键在于客观上的区别。敲诈勒索表现为行为人单纯使用威胁要挟的手段，迫使被害人交付财物；而受贿罪则表现为行为人利用职务上的便利，主动向请托人索要或者勒索财物。从理论上说索取贿赂中之"索"既可以是索要，也可以是勒索。因此，国家工作人员使用威胁要挟手段向请托人敲诈勒索财物的，宜按照受贿罪追究刑事责任。

（3）非法索取、非法收受贿赂。什么是贿赂？人们的看法分歧较大。第一种观点认为，贿赂就是财物，即金钱和物品，除此以外其他非法利益不能视为贿赂，根据是我国法律历来所说贿赂都指财物。首先，1952 年《惩治贪污条例》中所言的贿赂就是指财物。1988 年《关于惩治贪污罪贿赂罪的补充规定》也说的是索受财物，没有谈到其他利益，如果利用职务之便为他人谋利益而得到其他利益的，只要不是财物，就不算受贿，属于不正之风，应按党纪政纪处理。其次，如果贿赂扩大到其他利益，比如提供住房权、提供旅游权，或帮助调动工作，为子女招工招干等，那么在实践中就不好掌握定罪量刑的标准，因为法律规定对受贿罪的处罚是以受贿数额的大小作为主要标准的，其他利益无法用数额来计算。最后，如果用非物质利益作为贿赂进行交换的话，那么，有时则难以区分清楚谁

---

① 高铭暄、马克昌主编：《刑法学》（下编），中国法制出版社 1999 年版，第 1141 页。

是行贿者谁是受贿者。

第二种观点认为，贿赂应该包括财物和其他非法利益，不能仅限于财物。理由是，对贿赂的理解在我国古代确实是指财物，中华人民共和国成立以来的法律也是这样规定的。但是，现在情况已经发生了很大的变化，现实中大量存在着用其他非法利益作为交换的现象。掌握房管的，可以提供住房权，掌握招工指标的，可以提供招工指标，等等。这些都可以用以作为贿赂，而且这种现象的危害性并不比收受财物的危害性小，都是拿原则做交易，为什么只处罚用财物作为贿赂的行为呢？故主张对贿赂的范围不要拘泥于传统的理解，而应该加以扩张。

第三种观点认为，贿赂应该指财物和其他财产性利益。这种观点也主张对贿赂的范围加以扩大，但是不同意上述第二种观点，认为将贿赂的范围扩大至"非法利益"外延过大，而宜扩大至"财产性利益"，诸如提供住房权、提供公款旅游权等。

我们认为，从理论上说，扩大贿赂的范围是必要的，适当的。但是，要在立法上做出改变，就必须改变传统的"计赃论罪"的观点，建立以具体情节为主的处罚标准体系，使司法工作人员能够根据每个案件的各种事实情节，综合衡量案件的危害程度，决定处理方法。现行刑法第 385 条将受贿罪的对象明确规定为财物，因此，在司法实务中只有财物才能作为受贿罪的犯罪对象。但是，在符合立法宗旨的前提下，对财物的理解不要过于机械僵化，应当进行适度的扩大性解释。这样做，也并不违背罪刑法定原则。

接受贿赂，可以在为对方谋利益之前，即先接受贿赂，然后为行贿人办事；也可以是先替他人办事，然后才接受贿赂；还可以是一边办事，一边接受贿赂。无论哪种情况，都对构成受贿罪没有影响。

关于受贿的方式，我国法律明确规定了两种基本方式，但在写法上前后有一些变化。1982 年《关于严惩严重破坏经济的罪犯的决定》表述为"索取、收受贿赂"；1988 年《关于惩治贪污罪贿赂罪的补充规定》则表述为"索取他人财物的，或者非法收受他人财物的"。现行刑法第 385 条也写为"索取他人财物的，或者非法收受他人财物"。对上述决定、规定和刑法条文，人们的理解不完全一致。

有人从这种表达方式出发，认为索取贿赂的，应独立成罪，即构成索贿罪，认为索贿罪的构成与受贿罪（收受贿赂构成的受贿罪）有所不同。但是，这种意见不能得到普遍赞同，并为新刑法及其颁行后的司法解释所否定。其实，当初之所以把索贿和收受贿赂在决定中予以并列，主要是因为索贿案件比较突出，但真正的目的在于提高受贿罪的法定刑，并非在创制新的犯罪构成。索贿和收受贿赂，只有受贿人主动索要与被动接受之分，并无本质上的差别。当然，二者的情节又有一些不同，在量刑时可以适当加以考虑，但不能改变受贿的本质。1988 年的《关于惩治贪污罪贿赂罪的补充规定》，现行刑法第 385 条的规定，已为索贿作为受贿罪的一种行为方式提供了明确的法律根据。

同时，我们注意到在上述《关于惩治贪污罪贿赂罪的补充规定》和现行刑法中，在"收受他人财物"之前加上了"非法"两字的修饰语，但在"索取他人财物"之前却并未加"非法"两字，那么，是否任何利用职务之便向他人索取任何财物的，都构成受贿罪呢？例如，律师通过出庭辩护，向当事人索取报酬，能否认定为受贿罪呢？如果对上述规定作字面解释，是可以得出肯定的结论的。然而，这样理解显然是不符合立法精神的。我们认为，上述规定应理解为，利用职务上的便利，违反有关规定，非法索取他人财物。在索贿案件中，如前已述，有这样的情况，即从事公务的人员，当他人有求于己时，利用职权，要挟胁迫他人向自己提供贿赂，并且为他人谋取利益，对此应认定为受贿罪。现行《刑法》第389条第2款规定："因被勒索给予国家工作人员以财物，没有获得不正当利益的，不是行贿。"这表明，在这种案件中，虽然对勒索财物的国家工作人员可定为受贿罪。但是，对因受敲诈勒索而给予从事公务的工作人员财物，没有谋取不法利益的，不能定为行贿罪。

现行《刑法》第385条第2款规定："国家工作人员在经济往来中，违反国家规定，收受各种名义的回扣、手续费，归个人所有的，以受贿论处。"这就是说对于在经济活动中，违反国家规定而收受了不应当收受的回扣、手续费等归个人所有的，构成受贿罪。但是，对于按照有关规定收受应当由个人收取的回扣、手续费的，则不能定为受贿罪。而如果把应当归公的财物（回扣、手续费），利用职务之便非法侵吞的，则应认定为贪污。

在理论上，目前对回扣、手续费、佣金概念的使用还不太一致。有不少人把回扣和佣金混为一谈。我们认为这是两个不同的概念。回扣一般是指卖方为了促进推销产品，从货款中返还一部分给买方的经手人或者他的代理人。回扣来源于卖方，是卖方为了推销产品而支付的。而买方为了买到紧俏物资，也可以给卖方提供额外的好处，这不是回扣。因为回扣是买方给卖方货款后，又从卖方返回来的。佣金是买卖双方之间的牵线人，也即经纪人所得的报酬，它可以来自买方和卖方，这也不是回扣。这两个概念应加以区分。目前我国政府对回扣的态度是明确的，就是不允许个人在经济来往中违法收取回扣。1989年、1990年财政部召开的全国财政工作会议就提出：在商品交易中，如果需要给买方优惠，应尽量采用价格折扣的办法，不要采取回扣的方式；如果要采用回扣的办法，应当在单位之间以合同或协议的方式公开进行，不允许暗中进行，对交易双方支付或收取的回扣，都必须如数入账，列入单位的支出或收入，任何单位都不得以任何名义或方法给个人回扣。任何人也不得以任何名义或方式索取或收取回扣，否则，以行贿受贿从严惩处。

我们认为收受回扣、佣金、手续费构成受贿罪的条件如下：

其一，接受回扣、佣金、手续费的人，必须是国家工作人员。

其二，收取的回扣、佣金、手续费没有归公，而是归个人非法占有。

其三，收受回扣、佣金、手续费者必须利用了职务上的便利。如果没有利用职务上的便利，不能定为受贿罪。

其四，行为人所收取的回扣、佣金、手续费，不是按规定属于应得的合理的报酬和奖励。1985年"两高"的司法解释明确指出，如经本单位领导批准，为外单位提供业务，按规定得到合理的奖励的；为本单位推销产品，承揽业务做出成绩，按规定取得的合理报酬的；经国家有关部门批准，成立专门机构，从事提供信息、介绍业务、咨询服务等工作，提取手续费的，都属于正当的劳动报酬。1982年国务院科技干部局规定，科技人员可以兼职取得合法收入，但应经领导批准，并且不得影响本职工作，不侵犯本单位的技术利益。

3. 受贿罪的主体要件

受贿罪的主体，按照现行刑法的规定是特殊主体，即国家工作人员。"这里所说的国家工作人员与《刑法》总则第93条关于国家工作人员界定的范围是相同的。"① 而《刑法》第93条规定："本法所称国家工作人员，是指国家机关中从事公务的人员。""国有公司、企业、事业单位、人民团体中从事公务的人员和国家机关、国有公司、企业、事业单位委派到非国有公司、企业、事业单位、社会团体从事公务的人员，以及其他依照法律从事公务的人员，以国家工作人员论。"当前认定受贿罪时对该罪主体要件的把握，必须遵守法律的规定，这是罪刑法定主义的必然要求。

从理论上看，受贿罪是"身份犯"，即以行为人具有法定的特殊身份作为成立犯罪的主体方面的要求。此即，没有法定身份的人，即使可能构成受贿罪的共犯，也不可能独立构成受贿罪，不会成为受贿罪的直接实行犯（直接正犯），而只能成为本罪共犯。

关于本罪主体，有下列问题值得特别探讨：

（1）国家工作人员的家属能否独立构成受贿罪？对此，理论上存在争议。有的人认为，国家工作人员的家属背着国家工作人员索取、收受他人财物，然后又让国家工作人员利用职务之便为他人谋利益，对其家属应以受贿罪论处。

我们认为这种看法不合法也不合理。因为刑法明确规定受贿罪的主体是国家工作人员，非国家工作人员只能作为受贿罪的共犯，才得以承受受贿罪的刑事追究，这也是同通行的处理特殊主体犯罪的一般原则相一致的。有人说，国家工作人员的家属虽然没有职务，但他们利用了国家工作人员的职务，也可以构成受贿罪。但是，受贿罪是亵渎职责的犯罪，刑法对渎职罪的犯罪主体均限定为国家工作人员，而所谓渎职是指国家工作人员滥用自己的职权或不尽职责的行为。没有职务的人，有何职可渎呢？我们认为，国家工作人员的家属背着国家工作人员收受财物，确实是不正当的。但是，不能因此就一定要按受贿罪处理。国家对其工作人员的要求，毕竟与对非国家工作人员的要求是有所差异的。反映在法律上，对某类行为的处理方法亦应该有所不同。实践表明，受贿案件往往与国家工作人员的家属有关联，其中有的属于共同犯罪，有的不属于共同犯罪，有必要严明罪与非罪间的界限。对于教唆国家工作人员索贿、受贿，事先与国家工作人员积极策划进行索取、收受贿赂，或者家属先向他人索取和收受贿赂，然后告知国家工作人员，并且双方共同策划如何利用职权为行为人谋利益的，在这种情况下，国家工作人员的家属即成为受贿罪的共犯。但是，如果家属在事先不知情的情况下，替国家工作人员接受了行贿人送来的贿赂，或者国家工作人员将贿赂的财物带到家中，家属知道是贿赂而不加以制止，并共同享用的，在这种情况下，国家工作人员的家属不能作为受贿罪的共犯。2003年11月13日最高人民法院《全国法院审理经济犯罪案件工作座谈会纪要》之"（五）共同受贿罪的认定"指出："根据刑法关于共同犯罪的规定，非国家工作人员与国家工作人员勾结，伙同受贿的，应当以受贿罪的共犯追究刑事责任。非国家工作人员是否构成受贿罪的共犯，取决于双方有无共同受贿的故意和行为，国家工作人员的近亲属向国家工作人员代为转达请托事项，收受请托人财物并告知该国家工作人员，或者国家工作人员明知其近亲属收受了财物，仍然按照近亲属的要求利用职权为他人谋利益的，对该国家工作人员应认定为受贿

---

① 高铭暄、马克昌主编：《刑法学》（下编），中国法制出版社1999年版，第1141页。

罪，其近亲属以受贿罪共犯论处。"这个认识无疑是科学的。

（2）离退休的国家工作人员利用"过去的职务上的便利和影响"，通过现职人员为他人谋利益，而收受他人财物，能否构成受贿罪呢？对此，理论上也有不同的意见。

有的人认为，离退休的国家工作人员虽然已不在职，然而所谓利用职务之便，本身就包括利用过去的职务之便，虽然这些人现在离退休了，但过去的职务、过去的权力实际上仍然在起作用，并仍然可为他们所利用，有的人还将之称为"余权"。利用"余权"，发挥"余热"，也可以受贿，从而构成受贿罪。

我们认为，这种观点是欠妥的。因为受贿罪是以国家工作人员利用职务上的便利为构成要件的。所谓利用职务之便应指行为时的职务和权力，收受贿赂同职务行为有着直接的、必然的联系，这也是刑法利用职务上的便利的真正含义。也只有这样，才能表明他们的行为是渎职。而离退休人员，已离开了原来的岗位，从法律上讲，他们就是普通公民了，谈不上什么"余权"问题。另外，离退休人员为他人办事，方式是很多的。有一些案件欲断明他是否利用了过去职务的影响是比较困难的。比如，一个县委书记，离退休后，仍然能为别人办事，在位时他接触了很多人、很多机关和部门的领导，他可以利用这种熟悉关系去有关部门替人办事。但是这些部门、单位当中的干部，究竟哪一些是因为他过去是县委书记而替他办事，哪些是由于私人感情的作用，很难分得清楚。因为毕竟所谓的影响很大程度上是感情用事，这种感情因素有些是因为他曾是县委书记，有的则可能掺杂其他因素。这样，因他过去曾是县委书记，离退休后替别人办事收受财物就定受贿罪，则可能会把一些正当的收入甚至馈赠当做受贿罪来处理，也可能把一些错误行为当成犯罪来打击。所以，对这类问题的处理需要全面、慎重地加以考虑。当然，如果国家对离退休干部提出严格要求，有必要对上述行为加以惩罚的话，比较妥当的办法是制定法律，做出专门的规定。在国外，有的对受贿罪的规定比我国详细得多，对各种不同的行为分别加以处理，这种作法既明确也合法，可资这方面借鉴。1992 年监察部发布了《关于国家行政机关工作人员贪污、贿赂行政处分暂行规定实施细则》，其第 3 条对利用职务上的便利做出了解释，规定为包括"利用本人现任或曾任职务地位形成的便利条件"。这一解释既把离退休人员利用过去的职务地位形成的便利条件看做是利用职务之便，那么，利用这样的条件非法收受他人财物，当然就可以认定为受贿行为。但是这个解释系政府一个部门对行政法规的解释，从法理上说，对司法机关并无像刑法一样的约束力。为了解决这个问题，最高人民法院、最高人民检察院曾进行了司法解释，此即："已离退休的国家工作人员，利用本人原任职务或地位形成的便利条件，使在职的国家工作人员通过职务上的行为，为请托人谋利益，而本人从中向请托人索取或非法收受财物的，以受贿论处。"这个司法解释发布于现行刑法之前，此前一直具有其法律效力，但是对其合理性我们一直持怀疑态度。

现行刑法颁行后，"两高"的司法解释则规定，与请托人事先约定，在其离退休后收受请托人财物构成犯罪的，才以受贿罪定罪处罚。这便使该问题得到了科学的解决，因为这样解释完全符合受贿罪的本质和犯罪构成。2007 年 7 月 8 日"两高"《关于办理受贿刑事案件适用法律若干问题的意见》第 10 条、2000 年 7 月 13 日最高人民法院《关于国家工作人员利用职务上的便利谋取利益离退休后收受财物行为如何处理问题的批复》，2003年 11 月 13 日最高人民法院《全国法院审理经济犯罪案件工作座谈会纪要》之"（四）离职国家工作人员收受财物行为的处理"，都是本此精神解决这个问题的。

（3）中外合资企业、中外合作企业的工作人员能否作为受贿罪的主体呢？有人认为，这两种企业既不是全民所有性质，也不是集体经济组织，而是股份式的企业，其工作人员既不能归为国家工作人员，也不能归为集体经济组织工作人员，他们的活动不是从事公务，而是从事企业的事务，故不能作为受贿罪的主体。我们认为中外合资企业、中外合作企业中从事管理性质的公务的中方人员，事实上是代表国家维护国家利益而参与企业的管理活动的。因为在这种企业中有国家投资，他们管理企业活动的目的是为了防止国有资产流失以及其他损害国家利益的行为发生，故应视为从事公务的人员。现行《刑法》第163条第3款也规定："国有公司、企业中从事公务的人员和国有公司、企业委派到非国有公司、企业从事公务的人员有前两款行为的，依照本法第385条、第386条的规定处罚。"

4. 受贿罪的主观方面

受贿罪在主观上表现为犯罪的故意。即行为人明知其利用职务上的便利，索取他人财物，或者非法收受他人财物，为他人谋利益的行为会损害国家工作人员职务行为的廉洁性，仍然决意而为。如果国家工作人员为他人谋利益，没有受贿的意图，后者以"酬谢"的名义把财物送到他的家中，而前者并不知情的，不能以受贿罪论处。但是，在实践中也应警惕有些狡猾的犯罪分子，制造假象来掩盖其受贿的罪行。例如，有的国家工作人员利用职务上的便利，为他人谋利益，收受物品，只象征性地支付少量现金，以遮掩真正的受贿罪行，对此，仍应以受贿罪论处。不过对于这类案件中受贿数额的计算，应扣除受贿人支付的现金。

二、受贿罪认定中应注意的问题

（一）受贿罪与非罪的界限

这是一个极为复杂的问题。2007年7月8日"两高"《关于办理受贿刑事案件适用法律若干问题的意见》（以下简称"两高"《意见》），涉及该罪与非罪在若干方面的界限，下面仅对此分别予以简析。

1. 以交易形式收受贿赂问题

"两高"《意见》指出：国家工作人员利用职务上的便利为请托人谋取利益，以下列交易形式收受请托人财物的，以受贿论处：①以明显低于市场的价格向请托人购买房屋、汽车等物品；②以明显高于市场的价格向请托人出售房屋、汽车等物品的；③以其他交易形式非法收受请托人财物的。这里，受贿数额按照交易时当地市场价格与实际支付的差额计算，市场价格包括商品经营者事先设定的不针对特定人的最低优惠价格。而根据商品经营者事先设定的各种优惠交易条件，以优惠价格购买商品的，不属于受贿。

2. 收受干股问题

"两高"《意见》指出：干股是指未出资而获得的股份。国家工作人员利用职务上的便利为请托人谋取利益，收受请托人提供的干股的，以受贿论处。进行了股权转让登记，或者相关证据证明股份发生了实际转让的，受贿数额按转让行为发生时的股份计算，所分红利按受贿孳息处理。股份未实际转让，以股份分红名义获取利益的，实际获利数额应当认定为受贿。

3. 以开办公司等合作投资名义收受贿赂问题

"两高"《意见》指出：国家工作人员利用职务上的便利为请托人谋取利益，由请托人出资，"合作"开办公司或者进行其他"合作"投资的，以受贿论处。受贿数额为请托人给国家工作人员的出资额；国家工作人员利用职务上的便利为请托人谋取利益，以"合作"开办公司或者其他"合作"投资的名义获取"利润"，没有实际出资和参与管理、经营的，以受贿论处。

4. 以委托请托人投资证券、期货或者其他委托理财的名义收受贿赂问题

"两高"《意见》指出：国家工作人员利用职务上的便利为请托人谋取利益，以委托请托人投资证券、期货或者其他委托理财的名义，未实际出资而获取"收益"，或者虽然实际出资，但获取"收益"明显高于出资人应得收益的，以受贿论处。受贿数额，前一情形，以"收益"额计算；后一情形，以"收益"额与出资应得收益的差额计算。

5. 以赌博形式收受贿赂问题

"两高"《意见》指出，根据"两高"《关于办理赌博刑事案件具体应用法律若干问题的解释》第7条规定，国家工作人员利用职务上的便利为请托人谋取利益，通过赌博方式收受请托人财物的，构成受贿。实践中应注意区分贿赂与赌博活动、娱乐活动的界限。具体认定时，主要应当结合以下因素进行判断：①赌博的背景、场合、时间、次数；②赌资来源；③其他赌博参与者有无事先通谋；④输赢钱物的具体情况和金额大小。

6. 特定关系人"挂名"领取薪酬问题

"两高"《意见》指出：国家工作人员利用职务上的便利为请托人谋取利益，要求或者接受请托人以给特定关系人安排工作为名，使特定关系人不实际工作却获得所谓薪酬的，以受贿论处。所谓"特定关系人"是指与国家工作人员有近亲属、情妇（夫）以及其他共同利益关系的人。

7. 由特定关系人收受贿赂问题

"两高"《意见》指出：国家工作人员利用职务上的便利为请托人谋取利益，授意请托人以本意见所列形式，将有关财物给予特定关系人的，以受贿论处。

8. 收受贿赂物品未办理权属变更问题

"两高"《意见》指出：国家工作人员利用职务上的便利为请托人谋取利益，收受请托人房屋、汽车等物品，未变更权属登记或者借用他人名义办理权属变更登记的，不影响受贿的认定。认定以房屋、汽车等物品为对象的受贿，应当注意与借用的区分。具体认定时，除双方交代或者书面协议之外，主要应当结合以下因素进行判断：①有无借用的合理事由；②是否实际使用；③借用时间长短；④有无归还的条件；⑤有无归还的意思表示及行为。

9. 收受财物后退还或者上交问题

"两高"《意见》指出：国家工作人员收受请托人财物后及时退还或者上交的，不是受贿。国家工作人员受贿后，因自身或者与受贿有关联的人、事被查处，为掩饰犯罪而退还或上交的，不影响认定受贿罪。

10. 在职时为请托人谋利，离职后收受财物问题

"两高"《意见》指出：国家工作人员利用职务上的便利为请托人谋取利益之前或者之后，约定在其离职后收受请托人财物，并在离职后收受的，以受贿论处。国家工作人员

利用职务上的便利为请托人谋取利益，离职前后连续收受请托人财物的，离职前后收受部分均应计入受贿数额。

同时该意见还强调指出，依照上述意见办理受贿刑事案件，要根据刑法关于受贿罪的有关规定和受贿罪权钱交易的本质特征，准确区分罪与非罪的界限，惩处少数，教育多数。

（二）受贿罪与相关犯罪的界限

1. 受贿罪与非国家工作人员受贿罪的界限

受贿罪与非国家工作人员受贿罪存在许多相同之处：主观方面都表现为犯罪的故意；客观方面都表现为利用职务上的便利索取或者非法收受他人财物，但是两罪也存在明显的区别：①犯罪客体不同。受贿罪的客体是国家工作人员职务行为的廉洁性；而非国家工作人员受贿罪的客体则是公司、企业或者其他单位工作人员职务行为的廉洁性和公司、企业或者其他单位的正常管理秩序。②客观方面有所不同。对于受贿罪的客观方面来说，在索取贿赂的情况下不以为他人谋取利益为要件，只有收受贿赂时才以为他人谋取利益为要件；而非国家工作人员受贿罪无论是索贿抑或是收受贿赂，均以为他人谋取利益为要件。此外，从法条文字表述上来看，对于非国家工作人员受贿的，刑法明文规定数额较大才能构成犯罪。③犯罪主体不同。受贿罪的主体是国家工作人员，而非国家工作人员受贿罪的主体是公司、企业或者其他单位的工作人员。根据《刑法》第 163 条第 3 款的规定，国有公司、企业或者其他国有单位中从事公务的人员和国有公司、企业或者其他国有单位委派到非国有公司、企业以及其他单位从事公务的人员实施第 163 条第 1 款和第 2 款的行为的，要以受贿罪定罪处罚。因此，非国家工作人员受贿罪的主体为非国有公司、企业或者其他单位中没有国家工作人员身份的人员，即国家工作人员以外的公司、企业或者其他单位的工作人员。

2. 受贿罪与贪污罪的界限

受贿罪与贪污罪在犯罪主体上都是特殊主体，主观方面都表现为犯罪的故意，但是两罪也存在明显的区别：①犯罪客体和对象不同。受贿罪的客体是国家工作人员职务行为的廉洁性，犯罪对象是财物，这种财物可以是私人财物，也可以是公共财物；而贪污罪的客体则是国家工作人员职务行为的廉洁性和公共财物的所有权，犯罪对象仅限于公共财物。②客观方面的表现不同。受贿罪在客观方面表现为利用职务上的便利，索取他人财物，或者非法收受他人财物并为他人谋取利益的行为；而贪污罪则表现为行为人利用职务上的便利，直接侵吞、窃取、骗取或者使用其他手段非法占有公共财物的行为。③犯罪主体有所不同。受贿罪的主体仅限于国家工作人员，而贪污罪的主体既包括国家工作人员，还包括非国家工作人员中受国家机关、国有公司、企业、事业单位、人民团体委托管理、经营国有财产的人员。此外，两罪的利用职务上的便利的含义也不尽相同。在受贿罪中，"利用职务上的便利"既包括利用本人职务上主管、负责、承办某项公共事务的职权，也包括利用职务上有隶属制约关系的其他国家工作人员的职权。在斡旋受贿犯罪的情况下，"利用本人职权或者地位形成的便利条件"，是指行为人与被利用的国家工作人员之间在职务上虽然没有隶属、制约关系，但行为人利用了本人职权或者地位产生的影响和一定的工作关系，如单位内不同部门的国家工作人员之间、上下级单位没有职务上隶属、制约关系的国家工作人员之间、有工作关系的不同单位的国家工作人员之间等。而在贪污罪中，"利用职务上的便利"，则指利用职务上主管、管理、经手公共财物的权力及方便条件。

受贿罪与贪污罪一般是较易区别的，但是，有时区分起来也有一定的复杂性，实践中所发生的所谓"迂回贪污"，即其适例。例如，刘某原系贵州省遵义县某服务中心业务员，与某市种子公司业务员商谈买卖玉米种子时，种子公司原定卖给服务中心玉米每公斤以0.46元计价，后刘某提出每公斤加价0.025元作为回扣，种子公司为做成生意表示同意。于是按每公斤0.46元加0.025元的价格签订20万公斤的合同。由此刘某经种子公司提得回扣6000余元，据为己有。本案中，具有经管财物权力的刘某利用职务之便先将其经管的财产（应付种子款每公斤0.46元之外的0.025元）交由对方非法占有，然后接受对方的所谓"回扣"，表面上好像是经济往来中的行贿受贿，但是这里所谓的"回扣"并不符合回扣特征，回扣是卖方为了"推销产品"，主动让利的行为，"回扣款的所有权为卖方"。而本案中刘某的行为，实际上是将本单位的财产骗出然后占为己有的行为，因此，应认定为贪污罪。

3. 受贿罪与诈骗罪的界限

受贿罪与诈骗罪一般情况下较易区分。但是，在司法实践中，有的国家工作人员谎称要利用职务上的便利为他人谋利益，而索取或者非法收受他人数额较大的财物，但实际上，却并无为他人谋利益的打算，对此如何予以认定，则存在定诈骗罪与受贿罪两种不同的意见。① 我们认为这种情况应以受贿罪论处。因为这种情况实质上更符合受贿罪的钱权交易本质特征，而与一般的虚构事实、隐瞒真相、骗取财物数额较大而构成的诈骗罪有所区别。理由前文已述，兹不再赘。

4. 受贿罪与敲诈勒索罪的界限

受贿罪与敲诈勒索罪区分的难点主要是索贿行为与敲诈勒索的区别，因为"索"是索取、索要，也可以表现为勒索，从《刑法》第389条第2款的文字表述即可明知这种含义，因而有一定的相似之处。但是，两罪的本质特征是截然不同的。①犯罪主体不同。受贿罪的主体必须是国家工作人员，而敲诈勒索罪的主体是一般主体；②客观方面的表现不同。受贿罪必须利用职务上的便利，而敲诈勒索罪则不要求利用职务上的便利。这一点在实践中正是两罪区分的关键所在。③犯罪客体不同。受贿罪侵犯的客体是国家工作人员职务行为的廉洁性，而敲诈勒索罪侵犯的客体是公私财物的所有权。

三、受贿罪的处罚

根据《刑法》第386条的规定，犯受贿罪的，根据受贿所得数额及其情节，依照贪污罪的处罚规定予以处罚。索贿的从重处罚。具体处罚标准如下：

① 个人受贿数额在10万元以上的，处10年以上有期徒刑或者无期徒刑，可以并处没收财产；情节特别严重的，处死刑，并处没收财产。

② 个人受贿数额在5万元以上不满10万元的，处5年以上有期徒刑，可以并处没收财产；情节特别严重的，处无期徒刑，并处没收财产。

③ 个人受贿数额在5000元以上不满5万元的，处1年以上7年以下有期徒刑；情节

---

① 刘佑生主编：《职务犯罪研究综述》，法律出版社1996年版，第97～98页。

严重的，处 7 年以上 10 年以下有期徒刑。个人受贿数额在 5000 元以上不满 1 万元的，犯罪后有悔改表现、积极退赃的，可以减轻处罚或者免予刑事处罚，由其所在单位或者上级主管机关给予行政处分。

④ 个人受贿不满 5000 元，情节较重的，处 2 年以下有期徒刑或者拘役；情节较轻的，由其所在单位或者上级主管机关给予行政处分。

对多次受贿未经处理的，按照累计数额处罚。

诉讼时效存在理由探微

■ 张里安* 梅瑞琦**

诉讼时效是指因权利不行使所造成的无权利状态继续达到一定期间，致其请求权消灭的法律事实。关于诉讼时效的称谓，有学者提出质疑，认为将来的立法应采用消灭时效概念①；亦有学者基于义务人发生抗辩权的观点，认为消灭时效的称谓亦不妥当，应称为"变更时效"②，或径直改称为"抗辩时效"，以符合我国民法上消灭时效制度的性质③；另有学者依据时效援用的不确定效果说④，认为援用属于实体法的问题，允许在法庭外援用，⑤从而称为诉讼时效，未尽达意。本文仍使用诉讼时效概念的理由，一是沿用我国

　＊　法学博士，武汉大学法学院教授、博士生导师。
　＊＊　杭州师范大学法学院讲师。
　①　柳经纬：《关于时效制度的若干理论问题》，载《比较法研究》2004 年第 5 期，第 14～30 页。
　②　倪江表：《论我民法上消灭时效之概念及其名称之当否》，载郑玉波主编：《民法总则论文选辑（下）》，台湾五南图书出版公司 1984 年版，第 750 页。
　③　朱岩：《消灭时效制度中的基本问题——比较法上的分析—兼评我国时效立法》，载《中外法学》2005 年第 2 期，第 156～180 页。
　④　我国学者李永军赞成"不确定效果及良心说"，认为日本采取的是权利消灭主义，但在说明理由方面完全可以适用于"抗辩权发生主义"的国家，因为抗辩分为需要主张的抗辩与不需要主张的抗辩。李永军：《民法总论》，法律出版社 2006 年版，第 742 页。
　⑤　[日] 山本敬三：《民法讲义Ⅰ　总则》，解亘译，北京大学出版社 2004 年版，第 387 页。

《民法通则》实行以来的立法与司法解释使用的称谓，更主要的是要凸显诉讼时效所具有的程序法性质，理由后述。

一、问题的提出

通说认为，诉讼时效制度的存在，并非当然，且难免牺牲权利人的利益，因此必须有合理的根据。①

（1）保护永续的事实状态，以维持社会秩序的安定。即借着保护永续的事实状态，来维持在该事实上所筑的各种信赖关系，以求社会秩序的安定。

（2）避免举证的困难。足以证明事实的证据，会因岁月的流逝而逐渐丧失，裁判事实须依证据认定，证据的健全与否对于裁判的正确性有密切关系，故为避免因日久举证困难而产生裁判上的弊害起见，有此时效制度。而且在另一方面，永续的事实状态与真实的法律关系，相为一致的盖然性很高，就此也有时效制度的根据。

（3）在权利上永眠者不需要加以保护。法的目的在于保护权利人，但权利人并不想行使其权利，而在权利上睡眠，不值得保护。

上述三种主要理由中，有人认为取得时效重视（1），消灭时效重视（2），而（3）对二者相等的重视；亦有主张取得时效以（1）、（3），消灭时效以（2）为根据的；还有人采取一元论，以（3）为共通的根据。② 新近我国有学者认为，不论是取得时效还是消灭时效，其存在理由都是出于维护社会秩序的需要，方便法院审理案件不足以构成时效制度的存在理由。③

但就诉讼时效制度而言，上述三种存在理由都有难以圆满之处。

（一）维护社会秩序的问题

时效制度允许时效受益人抛弃已完成时效的利益，若认可维护社会秩序是时效制度的存在理由，基于社会公益的考虑，应不容时效受益人单凭一己之念抛弃已完成时效的利益。时效利益不得事前放弃，这是由于债务人通常出于弱小的地位，所以如果允许这样的特别约定，债权人方面有可能迫使债务人放弃时效利益。④ 在时效受益人不援用时效进行抗辩时，法庭不得凭职权主动援引时效届满的抗辩。从谋求社会法律关系的安定这种观点出发，很难理解法庭为何不能主动援引时效届满的抗辩。日本有学者认为，要求时效的援用是民事诉讼法上的辩论主义——"构成裁判基础的事实的提出属于当事人的责任"——的体现。但是既然辩论主义是民事诉讼法的基本原则，那么即使没有日本民法第145条结果也是一样。特意规定这种理所当然的事项，其理由也并不明确。⑤ 又有日本

---

① 王泽鉴：《民法总则》，中国政法大学出版社2001年版，第516页。

② 刘得宽：《民法总则》，中国政法大学出版社2006年版，第325～326页。

③ 柳经纬：《关于时效制度的若干理论问题》，载《比较法研究》2004年第5期。据朱岩介绍，德国民法典中的时效旨在保持法律活动安全及保持权利和平、避免争议，这尤其表现在合同的请求权中。但是新法不再区分合同请求权和非合同请求权。参见朱岩编译：《德国新债法——条文及官方解释》，法律出版社2003年版，第13、17页。

④ ［日］山本敬三：《民法讲义 I 　总则》，解亘译，北京大学出版社2004年版，第388页。

⑤ ［日］山本敬三：《民法讲义 I 　总则》，解亘译，北京大学出版社2004年版，第380页。

学者认为要求援用的理由在于良心规定和禁止强加利益。因时效非权利人取得权利、义务人被免除义务，是违反道德的，把是否享受这种时效利益交由当事人的良心决定的，便是援用。即使对于当事人来说是利益，但实际上是否获取由自己决定。①

（二）避免举证之困难的问题

德国民法典编撰委员会曾专门就原民法典第196条规定的短期时效说明理由，指出其所以规定短期时效，是因为日常生活中的行为很容易被人们忘记，而且对这些行为一般都没有书面记载，或者虽然作了记载也难以长期保存这些书面材料。然而在实践中，即使某项行为涉及的金额较大，并且也有丰富的书面证据，该行为仍旧适用短促的消灭时效期间。② 我国亦有学者指出，所谓案件因年代久远而证据灭失导致查证的困难，只是一种理论假设。它可能符合某些案件的实际情况，但并非所有的案件都因年代久远而证据灭失，即便证据灭失也并非都无法查明事实。在诸多使用消灭时效尤其短期消灭时效的案件中，年代并非久远，也并非事实不清，权利人只是因为超过时效期间行使权利就导致败诉。③

对于"避免举证之困难"尚有一种理解，认为时效制度是当真地拥有权利、不负担义务的人在经过较长时间后无法证明自己权利之时而给予保护的制度。④ 例如债务人早已在十五年前将债务还清，唯保有的收据经长久年月未知收藏何处，一道去还债的人亦已死亡无法为之作证，这时债权人若拿着债务人所开出未收回的老借据向法院诉求债务人履行时，因债权人一方有足以证明债权的证据，而债务人一方虽已清偿，但提不出已清偿证据，此时法院只有依既有的证据谕知债务人为给付判决。此时债务人若能以消灭时效为抗辩时，法院便能援此予债权人以败诉判决。⑤

但是，无论诉讼时效保护的是权利人或者非权利人的利益，"避免举证之困难"都难以摆脱前提假设的嫌疑。此外，"避免举证之困难"也难以解释为何业经公法机关确认的请求权仍然适用时效（如德国民法典第197条第1款3、4、5的规定）的原因，也难以解释时效完成后的自认行为所引起的诉讼时效适用的问题。如果债务人于时效完成之时实施了债务自认行为，此时或者推定债务人放弃时效利益，或者基于诚信原则而不允许债务人又主张时效届满的抗辩。⑥ 在此情形，债权人举证的困难因债务人的承认而不存在了。

---

① ［日］山本敬三：《民法讲义 I　总则》，解亘译，北京大学出版社2004年版，第381页。

② ［德］迪特尔·梅迪库斯：《德国民法总论》，法律出版社2000年版，第98页。

③ 柳经纬：《关于时效制度的若干理论问题》，载《比较法研究》2004年第5期。

④ ［日］山本敬三：《民法讲义 I　总则》，解亘译，北京大学出版社2004年版，第347页。

⑤ 此假设案例引自刘得宽：《民法总则》，中国政法大学出版社2006年版，第326页。

⑥ 日本旧判例持时效利益放弃推定的立场，现行判例则基于诚信原则持援用权丧失的立场。参见［日］山本敬三：《民法讲义 I　总则》，解亘译，北京大学出版社2004年版，第389页。富井政章认为"如债务者之自白，以前述之推定说为基，除有特别规定外，于时效效力之发生无妨。盖自白于时效完成前，可以谓为承认，既完成后，不可视为抛弃时效者也"。参见［日］富井政章：《民法原论》（第一卷），陈海瀛、陈海超译，中国政法大学出版社2003年版，第401页。尽管富井政章提及推定说，但就其结论"不可视为抛弃时效者也"而言，其所持立场似更接近于日本现行判例所持的援用权丧失的立场。

（三）在权利上永眠者不需保护的问题

1. 请求

权利人向债务人请求履行债务，正是权利的行使。在德国，用挂号信向债务人发出催告的方式是不起任何作用的。① 在我国台湾地区，"若于请求后六个月内不起诉，视为不中断"。若基于德国和我国台湾地区的此种做法，难以贯彻"在权利上永眠者不需保护"这一存在理由。

2. 承认

权利既然经债务人承认，则真相已然明了，应属"避免举证之困难"存在理由，而非"在权利上永眠者不需保护"存在理由。但是也有学者认为，权利既经债务人加以承认，则债权人虽不行使其权利，亦无懈怠可言。②

3. 时效溯及力

日本民法第 144 条规定，时效溯及于其起算日。因诉讼时效而免除债务的，无支给完成日以前利息的义务，③ 日本有学者认为这是因为时效照原样保护一直持续的事实状态，或者将其作为与符合真实的状态来对待的制度。④ 但是，如依"在权利上永眠者不需保护"的逻辑，似乎在时效完成后免除了债务人的义务。

4. 不援用时效和时效利益抛弃

时效完成后，债务人不援用时效时，富井政章认为，若裁判所强使其受时效之保护，则违立法之本旨，且将生效力于设此制度之范围以外，此本条之所以特设此规定也。⑤ 当债务人不援用时效，裁判者不得主动援用时效保护债务人利益，这样的结果与"在权利上永眠者不需保护"的存在理由难以相容。此外，债务人于时效完成后抛弃时效利益的情形，也难以贯彻"在权利上永眠者不需保护"的存在理由。

5. 客观法定期间

计算诉讼时效的开始同时采纳客观标准和主观标准是时效立法中的国际趋势。⑥ 基于"在权利上永眠者不需保护"的理由，债权人怠于行使权利是诉讼时效制度产生效力的前提，诉讼时效期间应当从当事人知道或者应当知道发生请求权之时起开始起算。但是，当事人不知道或者因重大过失而不知道其享有请求权的，根据最长时效期间的规定，也仍开

---

① ［德］迪特尔·梅迪库斯：《德国民法总论》，法律出版社 2000 年版，第 100 页。

② 林诚二：《民法总则》（下册），法律出版社 2008 年版，第 530 页。据梅迪库斯介绍，"联邦法院的另一项判决对承认作了狭义的理解：债务人的行为必须使债权人产生了信任，即债权人相信债务人不会主张消灭时效"。参见［德］迪特尔·梅迪库斯：《德国民法总论》，法律出版社 2000 年版，第 99页。

③ ［日］富井政章：《民法原论》（第一卷），陈海瀛、陈海超译，中国政法大学出版社 2003 年版，第 375～376 页。

④ ［日］山本敬三：《民法讲义Ⅰ　总则》，解亘译，北京大学出版社 2004 年版，第 389 页。

⑤ ［日］富井政章：《民法原论》（第一卷），陈海瀛、陈海超译，中国政法大学出版社 2003 年版，第 376 页。

⑥ 朱岩：《消灭时效制度中的基本问题——比较法上的分析—兼评我国时效立法》，载《中外法学》2005 年第 2 期。

始计算时效期间。

6. 诉讼时效的客体

所有权物上请求权①是否为诉讼时效的客体，存有肯定说、否定说和折中说。折中说认为，由已登记的不动产物权所生的物权请求权，不因时效而消灭。但是由未登记的不动产物权所生的物权请求权，以及由动产物权所生的物权请求权，则应罹于消灭时效。有学者认为折中说为现今的通说。② 日本判例及通说，认为所有权所生之物上请求权，在所有权存续期间内，不断发生，应不因时效而消灭。③ 另有观点则认为，若许已登记不动产所有人的返还请求权因时效期间届满而消灭，将动摇不动产登记制度的效力，④ 已登记不动产所有人的返还请求权不适用诉讼时效的真正原因在于登记的特殊证明力，它使得消灭时效成为多余。⑤

此外，德国民法第 194 条第 2 款规定，对亲属法上旨在恢复符合亲属法状态的请求权，不适用消灭时效。这样规定，是为了避免出现这种情形：当事人因错过了消灭时效期间，而"因时效取得"某种违法状态，即如取得与第三人共同生活的权限。第 758 条和第 2042 条第 2 款规定，对取消共有关系的请求权不适用消灭时效。因为当事人不应受消灭时效的压力而被迫取消共有关系。⑥ 这些请求权不适用诉讼时效似乎并非是基于"在权利上永眠者不需保护"这样的存在理由而进行考虑的。

二、不同理论的阐释与分析

（一）实体法说

实体法说认为时效制度的目的在于保护非权利人，是令真正的权利人的权利消灭、令无权利人取得权利的制度。由于时效制度是调整权利的得失的制度，因此定位为实体法的问题。令真正的权利人的权利消灭、令无权利人取得权利的制度的正当化理由如下：⑦

1. 社会的法律关系的安定

在一定的事实状态长时间存续后，社会生活会在此基础上展开。为了谋求这样建筑起来的社会法律关系的稳定，就需要时效制度。它又进一步包含以下两层含义：①对当事人

---

① 关于物上请求权、物权请求权，及所有物返还请求权三者用语所指摄制内容，以及对于其他物权是否准用台湾"民法"第 767 条，我国台湾地区学者李太正有深入详细的分析，参见李太正：《物上请求权与物权请求权名称之辨正》，载苏永钦主编：《民法物权争议问题研究》，清华大学出版社 2004 年版，第 39～47 页。

② 梁慧星、陈华彬：《物权法》（第四版），法律出版社 2007 年版，第 63 页。

③ 詹世文：《消灭时效与物上请求权问题》，载郑玉波主编：《民法总则论文选辑（下）》，台湾五南图书出版公司 1984 年版，第 769 页。

④ 梁慧星持此种观点，但是其同时认为物权法第 33 条规定的确认物权请求权、第 35 条规定的排除妨碍请求权和消除危险请求权，依其性质应不适用诉讼时效，此种观点是不准确的。参见梁慧星：《民法总论》（第三版），法律出版社 2007 年版，第 244 页。

⑤ ［德］迪特尔·梅迪库斯：《德国民法总论》，法律出版社 2000 年版，第 91 页。

⑥ ［德］迪特尔·梅迪库斯：《德国民法总论》，法律出版社 2000 年版，第 90～91 页。

⑦ ［日］山本敬三：《民法讲义Ⅰ　总则》，解亘译，北京大学出版社 2004 年版，第 346 页。

生活关系的保护。一定的事实状态长期存续后，当事人的生活也建立在这个基础上。为了原封不动地保护这样形成的新的生活关系，就需要时效制度。②对第三人的保护。在一定的事实状态存在的情形下，为了使相信其真实性而参与其中的第三人，不至于蒙受意想不到的损失，也需要时效制度。

2. 权利行使的懈怠，即躺在权利上睡觉的人不值得保护

既然明明随时都可以行使权利、保护自己的权利，却长期怠于行使，那么丧失权利也是不得已的。

在立法上，依据比例原则，应当充分考虑立法目的的实现，需要牺牲相对人的合法权益的，也仍需要考虑采取合适的手段，尽可能地将相对人权益的侵害降至最低程度。时效制度令真实权利人的权利消灭，令无权利人取得权利，此时被充分考虑的立法目的是在于维护社会法律生活的安定，而此立法目的的实现需要牺牲权利人的利益，也仍需设法将其受侵害程度减至最低限度，但是时效制度中却没有发现这样的制度设置，时效发生的结果就是权利人丧失权利。

诉讼时效的构成要件有二，一是权利的不行使，二是不行使的事实继续一定期间。即使没有新的生活关系积极地建立，或者即使第三人根本不出现，时效也被认可。①权利人长期怠于行使权利，并无法直接构成剥夺其权利的正当理由，不能因为权利人不长期行使权利，就推定其已经抛弃权利了，至少权利人可以主张其享有将来的利益。另外，时效制度并不完全依照"权利人长期怠于行使权利"来进行制度安排，已如上所述。

主张保护实体法说的人，多把对证明困难的救济作为时效制度的另一个根据。它本来是出于这样的考虑，即为了防止由于真正权利人不能证明过去的事实而丧失权利。因此在论据上缺乏一贯性。②我国亦有学者认为，一种事实状态长期持续存在，必致证据湮灭，证人死亡，此事实状态是否合法，殊难证明。实行时效制度，凡时效期间届满，即认为不行使权利的人丧失权利，此系以时效作为证据之代用，可避免当事人举证及法庭调查证据的困难。③ 但是真正权利人即使举出证据，亦将因时效已完成而丧失权利，于此情形时效制度运用的结果，与其说是防止其丧失权利，还不如说是剥夺其权利。

真正权利人因时隔久远，无法备证以证明其权利，那么其是否就是"真实权利人"本身已有可疑。当原告证明自己的真实权利所需证据不易获得，或难辨真假之时，如何就能认为原告就是真实权利人。时效受益人，是否就是"无权利人"本身就有可疑之处。如果享有合法权利的人，因为时隔久远，无法随时备证或者无法无限期备证，以证明其为真实权利人，那么此时时效所保护的就是真实权利人，而非无权利人。实体法说认为时效受益人为无权利人，不免有先入为主的嫌疑。

（二）诉讼法说

诉讼法说认为时效制度的目的在于保护权利人，所谓时效就是这样一种制度，真的拥有权利、不负担义务的人在经过较长时间后无法证明这一点，为了使其免遭损失而给予保

---

① ［日］山本敬三：《民法讲义Ⅰ　总则》，解亘译，北京大学出版社 2004 年版，第 347 页。

② ［日］山本敬三：《民法讲义Ⅰ　总则》，解亘译，北京大学出版社 2004 年版，第 346、347 页。

③ 梁慧星：《民法总论》（第三版），法律出版社 2007 年版，第 238 页。

护的制度。按照诉讼法说的观点，时效以真实的权利状态的存在为前提，作为证明该事实的手段发挥机能。在这个意义上，可以将它定位为证明的问题。围绕在作这种证明时在多大程度上认可时效的意义，存在法定证据说与法律上的推定说。法定证据说认为，如果能显示一定事实状态持续了规定的期间，那么与其相对应的法律关系的存在，在法律上就得到了当然的证明。即使通过其他的证据证明了与其相抵触的事实，也不能推翻。在这一点上，它不同于通常的证据，称为法定证据。法律上的推定说认为，如果能显示一定事实状态持续了规定的期间，那么与其相对应的法律关系的存在，在法律上将得到推定。在此情形，如果相对人证明了与其相反的事实，则推定不再成立。支撑诉讼法说对时效制度的这种理解，来源于这样一种观念："一定事实的持续，增大了反映真实的盖然性。"①

关于时效的性质，有学者认为是法律上的推定，凡久占他人之物，即推定为正当取得其所有权，又不行使债权者，推定为即丧失其债权。日本旧民法，即基于此观念，以时效作为证据的一种，规定于证据篇中，但是推定说并无沿革上的根据。② 永续的事实状态，究竟是否与真实的法律关系相符合，因岁月流逝，权利人欲举出于己有利之免责事由并获致成功，纵然并非全然不能，亦属难矣。因此不如对此永续的事实状态加以承认，反较妥当。此种事实状态，虽未必与真实的法律关系相合致，但亦未必不与真实的法律关系相合致，易言之，总有其盖然性也。③ 但是，虽说"一定事实的持续，增大了反映真实的盖然性"，但该事实也完全有可能没有反映真实。因此，一定存在本不是权利人的人因为时效而得到保护的情形。纯粹的诉讼法说难以解释这种情况。④

如果债权人证明了与存续事实相反的事实，在债务人援用时效时，法院也仍将判决保护债务人的利益，而非提出丰富证据的债权人，这说明了时效制度并不都如诉讼法所说的保护真实权利人的利益，另一方面也没有如法律上的推定说所认为的，在相对人证明了相反的事实则推定不再成立。在诸多使用消灭时效尤其短期消灭时效的案件中，年代并非久远，也并非事实不清，法律关系不能确定，纵使债权人提出丰富的证据，也将因超过时效期间行使权利就导致败诉。这样的结果与诉讼法说保护真正权利人的出发点并不一致。实际上，诉讼法说所保护的真实权利人仅限于以"债务人"出现的真实权利人，而非以"债权人"出现的真实权利人。

作为原告的债权人证明自己的权利所需证据不易获得，或难辨真假之时，此时债务人无需随时备证或者无限期备证，证明其为真实权利人，即可因时效制度获得法律的保护。但是，此时债务人是否就是真实权利人，并不能获得确实的证明，他只不过是基于证据负担规则在诉讼中胜出。另外，即使债权人提出充分证据证明自己的权利，也因时效已完成而丧失权利，债务人并非基于其为真实的权利人，而是基于时效制度保护其利益。诉讼法说认为债务人为真实权利人，亦不免有先入为主的嫌疑。

诉讼法说能够说明债务人承认作为时效中断事由的原因，但却不能说明在请求、申请

①　［日］山本敬三：《民法讲义Ⅰ　总则》，解亘译，北京大学出版社 2004 年版，第 347、348 页。

②　［日］富井政章：《民法原论》（第一卷），陈海瀛、陈海超译，中国政法大学出版社 2003 年版，第 370 页。

③　郑玉波：《民法总则》，中国政法大学出版社 2003 年版，第 491 页。

④　［日］山本敬三：《民法讲义Ⅰ　总则》，解亘译，北京大学出版社 2004 年版，第 348 页。

扣押、临时扣押、临时处分的时刻时效已经中断。① 另外，诉讼法说也难以解释客观法定期间的规定，以及债务人不援用时效或者抛弃时效利益的情形。债务人不援用时效或者抛弃已完成时效的利益，债权人将因此在诉讼中胜出，但是债务人不援用时效或者抛弃已完成时效的利益，并不能等同于债务人承认债权的存在。

（三）多元说（通说）

多元说，是保护权利人说与保护非权利人说的统合。由于无论采取保护权利说，还是保护非权利说，都难以正当化时效制度，因此，一般的立场是对各自的立场所强调的侧面都予以承认。许多文献都并列社会关系的稳定、对证明困难的救济、行使权利的懈怠三个根据，这意味着同时承认保护权利人与非权利人两个侧面。按照多元说的观点，所谓时效制度，可以理解为："在一定的事实状态长时间持续后，以真正的权利人怠于行使权利为前提，保护虽然本不是权利人但以该事实状态为前提生活的人的制度；同时也是保护不能证明真正权利关系的权利人的制度。"另外，一般认为，以时效制度中包含着多种制度为理由，所以应当分别就各个具体的制度思考其存在的理由。主要的个别制度为长期取得时效、短期取得时效、债权的消灭时效、债权所有权以外的财产权的消灭时效以及短期消灭时效。不过，至于如何理解各个制度的宗旨，因主张者的不同而各异。② 刘得宽先生亦曾言，时效制度存在之理由，实以永续事实所具之推定力为主要根据；但其具有多元性的意义，其效力亦得解之为实体法上的效力；援用上具有实体法上及诉讼法上之二面性，在诉外诉内均可被援用，在诉讼法上的当事人进行主义之立场言，此亦无可非议。③ 我国学者多主张时效制度的存在理由包括维护现存社会秩序、避免据证困难以及在权利上睡眠者不需保护。④

居于通说地位的多元说，无非就是实体法说与诉讼法说的简单结合，实体法说或者诉讼法说分别就其无法解释之处，借用对方的立场和观点进行解释。这样的混合虽然能在表面上解决一些各自无法解释的问题，但是实体法说与诉讼法说两种立场基本上是对立的，缺乏协调的基础，必会存在因各自立场观点简单混合导致的矛盾。

时效本为公益而设之制度，此学者所通倡。⑤ 至于时效制度所为之公益，学者论述多有语焉不详的嫌疑。但据多元说的观点，此时效制度所为之公益，应指维护社会现存秩序之公益。多元说似乎以维护社会现存秩序之存在理由统领举证困难之存在理由与怠于行使权利之存在理由。维护社会秩序，保障群众安宁，是法律的终极目的，为达此目的，其所采取的手段虽不一而足，但是"保护个人的权利"是其重要一环。多元说仅是实体法说与诉讼法说的简单混合，从实体法说的角度出发，时效制度保护的是非权利人，因此时效

① ［日］山本敬三：《民法讲义Ⅰ　总则》，解亘译，北京大学出版社 2004 年版，第 368 页。

② ［日］山本敬三：《民法讲义Ⅰ　总则》，解亘译，北京大学出版社 2004 年版，第 348～349 页。

③ 刘得宽：《民法总则》，中国政法大学出版社 2006 年版，第 329 页。

④ 参见王泽鉴：《民法总则》，中国政法大学出版社 2001 年版，第 517 页；刘得宽：《民法总则》，中国政法大学出版社 2006 年版，第 325～326 页；黄立：《民法总则》，中国政法大学出版社 2002 年版，第 452 页；梁慧星：《民法总论》（第三版），法律出版社 2007 年版，第 238 页。

⑤ ［日］富井政章：《民法原论》（第一卷），陈海瀛、陈海超译，中国政法大学出版社 2003 年版，第 370 页。

发生效力的结果导致真实权利人丧失权利，与通过"保护个人的权利"达致维护社会秩序的目的恰恰相反。从诉讼法说的角度出发，时效制度虽然保护的是真实权利人，但是其所保护的仅仅是出于"债务人"地位的真实权利人，换言之，也就是享受时效利益的真实权利人。当真实权利人以"债权人"出现时，即使其能提出有力证据证明其权利，也将因时效发生效力而丧失权利。就此而言，诉讼法说与实体法说，如果存在区别，也只是五十步与一百步的区别。

即使时效制度系在尊重已成立一种新秩序的事实状态，然而至于旧秩序达于何种程度始不足以维持，多元说则结合举证之困难之存在理由与权利人怠于行使权利之存在理由进行说明，以充分时效制度维护社会秩序之公益的存在理由。① 但是，一方面，从时效的构成出发，时效并不要求以该事实为基础有新的生活关系积极地建立，已如上述。另一方面，举证之困难与权利人怠于行使权利，即使混合作为说明的理由，也难以解释债务人不援用时效、抛弃已完成时效的利益之时时效发生效力，客观法定期间届满之时时效发生效力，也难以解释请求权已罹于时效而债权人仍得实现其担保物权，② 时效发生效力而债权人仍得以抗辩的方式主张权利。

有学者将通过时效减轻法院受理案件的负担称为一种公共利益，因为法院在受理这种久远的案件时，工作难度很大，而且对这类案件的处理或多或少地受偶然性的支配。③ 但是，在短期时效期间中，即使债权人提出有力证据证明其权利的存在，也将因时效的完成而丧失权利。即使承认减轻法院受理案件的负担是时效制度需要维护的公共利益，问题也将回到诉讼法说的举证困难之存在理由，或者回到经实体法说改造过的举证困难之存在理由。实体法说与诉讼法虽皆认为时效制度是对真正权利人经年代久远发生证明困难时的一种救济，但诉讼法说中发生举证困难的真正权利人为债务人，而实体法说中发生举证困难的真正权利人则为债权人。诉讼法说与实体法说简单混合的多元说，造成了具体制度的宗旨以及具体解释，因主张者的立场不同而各有差异。

（四）免于备证说

曾世雄先生认为，法律上主体享有权利之情形，有依法律关系（即于法有据）享有与依事实关系（即于法无据）享有之别。依法律关系享有之情形，占绝大多数，依事实关系享有之情形，乃少数例外。民法本乎维护社会生活中绝大多数人共通之利益，而设计时效制度。因有消灭时效之制度，权利人得免于随时备证消灭防御他人之请求，依然可以长时继续享有不被干扰的权利。随着消灭时效之运作，真正请求权人因消灭时效期间之经过，请求权难以伸张，反使少数例外义务人逍遥于义务之外。消灭时效之如此反射效果，乃例外非原则。传统法学以例外解释消灭时效存在之理由。④

---

① 郑玉波先生认为，唯旧秩序达于何种程度，始不足以维持？言之如下：①举证之困难；②权利人之不值得保护。参见郑玉波：《民法总则》，中国政法大学出版社 2003 年版，第 491 页。

② 我国《物权法》第 202 条规定，抵押权人应当在主债权诉讼时效期间行使抵押权；未行使的，人民法院不予保护。在此立法下，不存在请求权虽已罹于时效而债权人仍得实现其担保物权的可能性。

③ ［德］卡尔·拉伦茨：《德国民法通论》（上册），法律出版社 2003 年版，第 334 ~ 335 页。

④ 曾世雄：《民法总则之现在与未来》，中国政法大学出版社 2001 年版，第 211 ~ 213 页。

有学者认为，该说主张取得时效与消灭时效制度存在的理由皆为"权利人长时间继续享有权利得免于随时备证"。例如：甲对乙有一笔金钱债权返还请求权，因十五年未行使，而使得甲此一原有权利消灭，然乙并未因之获得一新权利，而建立另一新秩序。此例中的甲不再享有完整的权利（债务人得抗辩），想备证以护权利亦不可得，而此例中的乙，其仅是债务的消灭抗辩，既非长时间行使权利之人，亦无须备证以作抗辩。因此"权利人长时间继续享有权利得免于随时备证"，应仅限于时效取得。①

既然依法律关系享有的情形为绝大多数，则可以认为存在这样的一种权利表征，即债务人不负有义务。债权人若欲推翻此权利表征，需提出充分有力的证据证明其权利的存在。当债权人没有能够提出成分有力证据之时，债务人并不能被要求提出证据积极证明自己不负有义务。换言之，此时即使债务人没有提出证据积极证明自己不负有义务，无须通过时效制度，基于证据规则的负担原则，其利益也将受到法律的保护。这也是诉讼辩论主义的当然之义。免于备证说认为，民法本乎维护社会生活中绝大多数人共通之利益，而设计时效制度。然而就上述推论而言，于大多数情形时效制度设计已成多余，而时效制度的实际功能仅余其衍生的反射效果。基于时效制度的正面效果，免于备证说方才无奈地接受这衍生的反射效果。既然时效制度的正面效果纯属多余，那么如此反射效果也自可抛弃。据免于备证说的逻辑推演，其结果自然应完全废弃时效制度。这样的结论自然已经完全背离免于备证说的初衷。

免予备证说的前提在于区分绝大多数情形与少数例外情形，认为依法律关系享有之情形，为绝大多数，依事实关系享有之情形，为少数例外，并且认为传统法学以例外解释时效制度。虽然"一定事实的持续，增大了反映真实的盖然性"，但该事实也完全有可能没有反映真实。另外，判断债务人原为"无权利人"抑或"权利人"，似乎已经先决定了谁无权利谁有权利，但是对于判断依据何在，则加以省略。假定裁判者知道原告权利的性质是怎样的，并且知道被告是不是真实权利人，而这些问题可能恰恰是需要在诉讼中加以解决的。②

三、制度构建及其副产品

德国民法典《立法理由书》第 1 卷第 291 页写到了消灭时效的立法理由，③ 其基本立场是，就常规而言，债务人往往是不负有债务的，主张一方的要求或自身并不成立，或已具结完案；同时并不否认真正权利人——债权人因时效而丧失权利，此为公共利益维护的代价，亦属债权人不积极行使权利的代价。此《立法理由书》采取多元说的立场甚为明显，其中可寻见诉讼法说与实体法说的踪迹。就《立法理由书》上述理由的行文来看，其所阐述的诉讼时效存在理由至少包含三个方面的内容：基于举证困难而保护真正权利人

---

① 李太正：《取得时效与消灭时效》，载苏永钦主编：《民法物权争议问题研究》，清华大学出版社 2004 年版，第 76 页。

② 参见［英］巴里·尼古拉斯：《罗马法概论》，黄风译，法律出版社 2000 年版，第 132 页。原文为："假定裁判者知道原告权利的性质是怎样的，并且知道被告是不是所有主，而这些问题可能恰恰是需要在诉讼中加以解决的。"

③ ［德］迪特尔·梅迪库斯：《德国民法总论》，法律出版社 2000 年版，第 91 ~ 92 页。

的债务人；长期怠于行使权利的债权人（真正权利人）的利益不值得保护；维护社会公益。

梅迪库斯认为，如果在消灭时效届满之前的很长时间里，债权人本来可以行使其请求权却不行使之，则《立法理由书》中的上述理由是能够令人信服的。① 该论断中所指的能够令人信服的理由究竟为何种理由，未见明确。然而，结合其所说的"债权人本来可以行使其请求权却不行使之"以及下文中所言"然而在第 477 条和第 638 条规定的两种重要情形中，这一条件并不存在"与灭火器之例，该理由应为"债权人长期怠于行使权利"。

对于时效存在理由的总体理解，客观上似乎一方面完成了债务人举证困难到债权人举证困难的转变，另一方面也同时完成了时效制度保护权利人到保护非权利人的转变。台湾"民法"立法理由认为："规定请求权经若干年不行使而消灭，盖期确保交易之安全，维持社会秩序耳。盖以请求权永久存在，足以碍社会经济之发展。"② 中国台湾有学者在论述时效制度之时，虽也包含诉讼法说立场，③ 认为随着时间的流逝，债务人举证困难，时效往往保护其真正权利，但是上述台湾"民法"立法理由并未涉及诉讼法说的观点。中国台湾"民法"第 125 条关于消灭时效一般期间的规定（请求权因十五年间不行使而消灭；但法律规定期间较短者，依其规定）更给人以实在法说的感观（此条规定的立法例有④法国民法第 2262 条、德国民法第 194、195 条⑤、瑞士债法第 127 条、日本民法第 167、168 条、泰国民法第 425、450、451、452 条）。

德国民法典《立法理由书》谓规定短期时效的理由，是因为日常生活中的行为很容易被人们忘记，而且对这些行为一般都没有书面记载，或者虽然作了记载也难以长期保存这些书面材料。但从上述立法理由中，尚难以判断短期时效究竟是因为债务人举证困难而设置，以短期时效保护真正权利人的利益，抑或是因为债权人举证困难而设置，以短期时效促使债权人及早行使权利。富井政章认为："所以设此短期时效者，因上列各项债权，皆于短期间所应支给，如历年经月，依次堆积，他日必有不堪负担者。故对于债权者之怠慢，而特别保护债务者。又有附属之理由，当事者因自己之便利，而怠其债权之取索或清偿，又久保受取证书者甚鲜。故以短缩时效期间，为至当之事也。"⑥ 虽然富井政章的论述包含了债权人怠于行使权利方面的考虑，但其重心仍在于保护债务人免于久保受取证书。然而，时效制度中的短期时效制度是被作为特殊期间来处理的。债务人举证困难因素的考虑虽从未离开民法的视野，但此项存在理由很大程度上却是隐而不显的。就时效制度总体而言，占据强势地位的仍是"债权人怠于行使权利"之存在理由。曾世雄先生认为传统学说认为时效制度之设计在于保护非权利人，以例外解释消灭时效存在之理由，⑦ 并

---

① ［德］迪特尔·梅迪库斯：《德国民法总论》，法律出版社 2000 年版，第 92 页。

② 王泽鉴：《民法总则》，中国政法大学出版社 2001 年版，第 516 页。

③ 刘得宽：《民法总则》，中国政法大学出版社 2006 年版，第 325～326 页。

④ 郑玉波：《民法总则》，中国政法大学出版社 2003 年版，第 496 页。

⑤ 德国民法第 195 条是关于普通消灭时效的规定，其期间规定现已修改为 3 年。

⑥ ［日］富井政章：《民法原论》（第一卷），陈海瀛、陈海超译，中国政法大学出版社 2003 年版，第 407 页。

⑦ 曾世雄：《民法总则之现在与未来》，中国政法大学出版社 2001 年版，第 213 页。

非无由。但是，现代社会法律生活的效率和节奏普遍得以提高和加快，普通时效呈现缩短的趋势。实际上，时效期间的历史就是时效期间不断缩短的历史。① 当较短的时效期间成为时效制度的普遍发展趋势和普遍适用时，自不能将其仅仅列为例外处理。

所有权物上请求权是否为消灭时效的客体，德国学者解释德国民法典第194条，采取肯定说，德国民法理由书亦同。② 我国学界，对此问题多有争论，可谓百家争鸣。有持肯定说者，有持否定说者，③ 亦有持折中说者，各有所据。谢在全先生认为应从消灭时效制度存在目的上加以考虑。④ 所有权物上请求权适用诉讼时效与否，与诉讼时效的目的或存在理由相关，甚至有助于对后者存在理由的理解，然而可惜的是谢在全先生的声音似乎被淹没在嘈杂的纷纷争论之中。所有权物上请求权背后隐藏着的证据问题，始终游离在制度与学说的边缘。

时效制度大体上沿着"债权人怠于行使权利"进行制度上的构建，由此存在理由无法解释的情形，则作为例外解释。此种制度构建在诉讼时效的定义，期间的起算以及中止中断事由上获得佐证。我国学者对消灭时效的定义，虽不尽相同，但基本上大同小异：消灭时效者，指因一定期间不行使权利，致其请求权消灭的事实。⑤ 诉讼时效期间的起算点的一般基准为"可以行使权利之时"。梅迪库斯指出，从法律政策上看，最佳的方案或许是规定一项短期的消灭时效期间，但起算点应该是在债权人事实上能够利用该期间时开始计算。⑥ 2002年修改后的德国民法典基本上采用了梅迪库斯的观点，具体体现在该法典的第199条。我国《民法通则》第137条规定了诉讼时效期间的起算自债权人知道或者应当知道权利被侵害之日起计算。正如有学者指出，只有存在权利人享有请求权而怠于行使的事实，方可适用消灭时效，也只有具备这种事实状态时，时效期间才开始计算。⑦

时效期间的中止，在时效期间行将完成之际，出现了请求权行使的障碍，诉讼时效期间暂停计算，待障碍事由消灭后继续计算。中止的制度价值在于保护权利人的利益，起到真正惩罚不行使权利的人的作用。诉讼时效制度的设置在于惩罚长期怠于行使权利的债权人，如果存在与债权人不行使权利相反的事由，则不应当实施这种惩罚，中断就是这种解除惩罚的方法。诉讼时效中断事由有请求、起诉、债务人承认以及与起诉具有同等效力的事项。我国《民法通则》及学理、司法实践对于请求做宽泛的规定和解释，一旦通过口

---

① 朱岩：《消灭时效制度中的基本问题——比较法上的分析—兼评我国时效立法》，载《中外法学》2005年第2期。

② 刘得宽：《民法总则》，中国政法大学出版社2006年版，第331页。

③ 刘得宽：《民法总则》，中国政法大学出版社2006年版，第331页。

④ 谢在全：《民法物权论》（上册），中国政法大学出版社1999年版，第142页。

⑤ 王泽鉴：《民法总则》，中国政法大学出版社2001年版，第516页；郑玉波：《民法总则》，中国政法大学出版社2003年版，第493页；刘得宽：《民法总则》，中国政法大学出版社2006年版，第323~324页；林诚二：《民法总则》（下册），法律出版社2008年版，第506页；黄立：《民法总则》，中国政法大学出版社2002年版，第451页；杨与龄编著：《民法概要——债编及亲属编再修正》，中国政法大学出版社2002年版，第77页。

⑥ ［德］迪特尔·梅迪库斯：《德国民法总论》，法律出版社2000年版，第95页。

⑦ 柳经纬：《关于时效制度的若干理论问题》，载《比较法研究》2004年第5期。

头形式（只要能证明）、书面形式向对方主张权利，即可发生中断时效期间的效果，① 更加彻底地贯彻了"债权人怠于行使权利不值得保护"之存在理由。债务人承认债权人的权利，应属"避免举证之困难"存在理由，但有学者努力将其纳入"债权人怠于行使权利"的范围，认为权利既经债务人加以承认，则债权人虽不行使其权利，亦无懈怠可言，已如上述。

诉讼法说的立场在制度中逐渐隐退，而其中突显出来的是实体法说中的"债权人怠于行使权利不值得保护"之存在理由。在制度的构建方面，客观上完成了从多元说的立场迈向实体法说的立场的过程。至于"债权人怠于行使权利"所不能圆满解释的方面，如时效的援用、时效利益的抛弃、短期时效期间、客观法定期间、时效的溯及力，或者作为时效制度忽略个人伦理道德之时的限制，② 或者作为例外处理。至于所有权物上请求权是否适用诉讼时效的问题，虽备受重视，但几乎没有进入诉讼时效存在理由的视野之中。

罗马法上的诉讼时效，除期间经过之外，并无其他成立要件。其后教会法认为时效制度属于一种罪恶，要求须以善意为要件，并且设有广泛的停止事由，以阻止时效的完成。③ 但是，"实际上，无论当教会是权利人或者义务人，俗世或教会请求权的时效消灭对寺院法学而论，都有实务上的意义"。④ 生活在现代社会的人们发现自己也陷入了这样一种罪恶制度与现实需要之间的矛盾中。

四、双轨运行思想

弗朗茨·维亚克尔在其《近代私法史》中写道："纯粹的作为有时也可以是一种表示（这就是今天所谓的默示），有时甚至不作为（直言之，沉默）也可以是一种表示：只要它出于自由意志、已经充分认识到对方就此将有的评价，并且这种沉默客观上具有特定意义；格劳秀斯提出这些观点，所凭据的是一些——即使对今天实际发生的解释问题而言，也是经得起考验的——现象与法伦理上的分析。从长期的默然（沉默、闲坐、任时效经过），完全可以推论出抛弃的意思，于此，他不是以维持法律状态的和平之类的实证考量为依据。正是这种伦理性的论证方式，对现代的失权理论提供了一些观点。"⑤ 债权人长期怠于行使权利，可推论出其抛弃权利，因此时效的完成对其而言，难以认为就是剥夺其权利。但是，推论仅仅是对债权人意思的一种拟制，是可以通过相反的事实来推翻的。另一方面也导致了时效制度与失权制度之间的关系困境。权利人长期怠于行使权利，则不必等到适用消灭时效或除斥期间，就不再允许其行使权利的见解，称为权利失效原则。但是问题在于，如果承认权利失效原则，法律特意规定消灭时效和除斥期间的旨趣就被埋没了。⑥

---

① 李永军：《民法总论》，法律出版社 2006 年版，第 736 页。

② 刘得宽：《民法总则》，中国政法大学出版社 2006 年版，第 327 页。

③ 郑玉波：《民法总则》，中国政法大学出版社 2003 年版，第 543 页。

④ ［德］弗朗茨·维亚克尔：《近代私法史——以德意志的发展为观察重点》（上），陈爱娥、黄建辉译，上海三联书店 2006 年版，第 284 页。

⑤ ［德］弗朗茨·维亚克尔：《近代私法史——以德意志的发展为观察重点》（上），陈爱娥、黄建辉译，上海三联书店 2006 年版，第 284～285 页。

⑥ ［日］山本敬三：《民法讲义 I　总则》，解亘译，北京大学出版社 2004 年版，第 396 页。

（一）真相不明时不得拒绝裁判

债权人提出丰富的证据，而债务人无法提出丰富的相反证据，虽然从表面上看来似乎债权人就是真实权利人，债务人对债权人负有债务，但是随着时间的流逝，事实的真相实际上难以通过表面的证据直接认定。事实的真相有可能是债务人之前就已经清偿了债务，但是并未保全其清偿债务的证据。例如债务人早已在十五年前将债务还清，唯保有的收据经长久年月未知收藏何处，一道去还债的人亦已死亡无法为之作证，这时债权人若拿着债务人所开出未收回的老借据向法院诉求债务人履行，因债权人一方有足以证明债权之证据，而债务人一方虽已清偿，但提不出已清偿证据。

债权人提出丰富证据之时，既然事实的真相在现实上存在两种可能性，而至于事实的真相如何，可能只有"你知、我知、天知、地知"了。但是作为第三人的裁判者，面对这样的情形，实际上是无法判断事实的真相究竟属于何种情形。虽然事实与权利在某种程度上存在一定的盖然性，但是此种盖然性的程度是无法了解的，此种盖然性与具体案件之间的联系程度也是难以了解的。面对裁判上的困难，法官无论是根据表面证据裁判，还是根据表面证据下隐藏的可能真相进行裁判，都需要冒一种很大的裁判风险。债权人向法院提出诉讼时，当其满足法律对起诉所规定的特定要求的情况下，即可获得法官对其请求的裁判。通过诉讼程序，在法官与当事人之间建立起一种法律关系，即"诉讼审理关系"。基于这一关系，法官必须进行裁判。如果法官拒绝裁判，则构成刑法上的拒绝裁判罪，会受到追究。① 于是，法官就陷入了人类的有限理性与法官不得拒绝裁判的困境之中，而时效制度就是这样一种试图帮助法官从此种困境摆脱出来的制度设计。

在时效制度规定下，债权人可以预期其行使权利的期间，并且从理性的角度在此规定期间内行使其权利。同样，债务人也可以预期其保全清偿证据的期间，并且在此期间内保存该证据。作为裁判者的法官，在无法明了事实的真相时，可以依赖时效制度做出裁判。虽然这是一种无奈之举，但是并不能因此认为没有其合理的依据。债权人与债务人可以进行理性选择和制度博弈，这应该有助于提高依赖时效制度所做出的裁判的正确性。虽不中，亦不远矣。

关于所有权物上请求权是否适用诉讼时效的讨论，可以作为上述分析的佐证。如上所述，所有权物上请求权是否适用诉讼时效，我国学界存在众多争议。本文赞成已登记不动产所有权所生的物上请求权适用诉讼时效的观点，理由在于"土地登记簿具有特殊证明力，它使得消灭时效成为多余"。② 在适用诉讼时效与否的问题上，关键的是特殊的证明力所导致的事实真相清晰，土地登记簿仅仅是获取此种清晰真相的工具与途径。未登记的所有权所生的物上请求权，或者相邻法上的请求权等，只要有获取如此清晰的事实真相的手段与依据，使其不适用诉讼时效，有何不可。在我国内地实施不动产登记者，仅限于

---

① 法国学者认为"由此引申出了确立诉权的一项规则：当某人向法院提出某一诉讼请求时，如果其请求符合程序规定，也符合其他所有条件（包括诉权的存在），该当事人有权要求法官就其请求的实体内容进行裁判。"参见雅克·盖斯旦、吉勒·古博，陈鹏、张丽娟、石佳友、杨燕妮、谢汉琪译，法律出版社 2004 年版，第 522 页。

② ［德］迪特尔·梅迪库斯：《德国民法总论》，法律出版社 2000 年版，第 91 页。

城市，广大农村并未实施，即使在我国台湾地区，"但就建筑物一项而言，亦多未登记"，"故如以登记为条件，则仅能解决小部分，对于大部分之不动产仍难获解决。是'司法院'第 107 号解释，论其效果，不无欠佳之感"。①

（二）隐藏在程序中的真相问题

随着时间的逐渐流逝，事实的真相逐渐地被掩盖起来，时间经过越是久远，事实的真相越是模糊（事实真相的模糊也有可能是突然地，而不是渐进式发生的，债务人放弃保全清偿债务的证据的事实，有可能是在非常短暂的时间之内发生的。但是这并不妨碍本文的论述）。法官无法确切知晓事实的真相，但不得因此拒绝裁判，因此有时效制度之设。法官也无法确切知晓事实真相的模糊何时发生，以及如何发生，因此只能假设随着时间的流逝，事实的真相"逐渐"地模糊，并以此为依据设计时效制度的期间起算点和中止中断事由。尽管时效期间完成时点的"质变"对于当事人更为关键，但期间起算点和中止中断事由的安排，使得当事人对于时效期间经过的预期得以稳定。

时效期间的起算，自权利人"得以行使权利"或者"知道或者应当知道权利受侵害"之时开始。从此时点开始，权利人就有可能已经开始行使其权利，而债务人亦有已经应债权人的请求履行债务。只是时间越是久远，依据上述渐进式模糊的理论假设，债务人保全已经清偿债务的证据的可能性越小。随着时间的流逝，事实真相逐渐模糊，但是当债务人对债权的存在做出承认之时，诉讼时效期间重新开始计算，因为在这个时点，事实的真相又马上变得清晰起来，但是从这个时点开始，事实的真相又趋于模糊。就"请求"与"起诉"而言，事情显得要复杂一些。广义的请求，包括诉讼上及诉讼外请求，狭义的请求专指诉讼外的请求。当将"请求"与"起诉"并列作为时效中断的事由时，"请求"应理解为专指诉讼外的请求。诉讼外的请求，并不能有助于事实真相的清晰，不应是时效中断的事由。"起诉"本身并不会马上有助于事实真相的清晰，最多只能说明在起诉引起的诉讼程序这段时间内债权人没有从债务人那里获得清偿，这只能作为时效中止的事由。但是通过起诉，法官就必须做出裁判，无论裁判的结果如何，事实的真相又将随着裁判确定而被"固定"下来。因此，结合起诉导致的裁判确定的结果，"起诉"应当被作为时效中断的事由来考虑，尽管这样处理有便宜或者简化的色彩。时效因起诉而中断者，若撤回起诉，或因不合法而受驳回之裁判，其裁判确定，视为不中断。② 因不合法而被驳回者，如其诉状已达于相对人时，亦不应发生时效中断的效力。③ "与起诉有同一效力的事项"导致时效中断的情形，应作与"起诉"相同的理解。

《德国民法典》原第 209 条规定了提起诉讼和有效主张自己的请求权将使得该请求权的时效中断，但是 2002 年修改后的《德国民法典》第 204 条规定了消灭时效因权利追及

---

① 詹世文：《消灭时效与物上请求权问题》，载郑玉波主编：《民法总则论文选辑（下）》，台湾五南图书出版公司 1984 年版，第 771 页。

② 台湾"民事诉讼法"第 249 条规定："诉之驳回者，系因其程序之不合法，并非因其起诉为无理由而受实质的驳回。"

③ 我国台湾地区有学者认为："因不合法而被驳回者，如其诉状已达于相对人时，则不妨解为从诉状送达于相对人时，有因请求而中断时效之效力。而按前述请求之规定处理之。"参见刘得宽：《民法总则》，中国政法大学出版社 2006 年版，第 349 页。

而停止，而非中断。第 204 条第 1 款第一句中规定，提起诉讼为时效中止的原因。在修改之前，Peter 和 Zimmermann 认为："通过诉讼引起时效中断的规定十分不系统。在诉讼造成一个具有法律效力的裁决或事实上驳回诉讼的情况下，该程序结束之后重新开始计算的原来时效期间并没有什么意义，因为要么新裁决的请求权的时效较长，要么法庭有效判决不存在此种请求权。现行的规定只有在诉讼陷入悬而未决的情况时方有意义。现行第 212 条规定，当债权人在撤回诉讼或驳回起诉之后重新提起诉讼的，原来的时效中断的法律效果不予存在并具有回溯力的效果；同时重新计算时效期间，但事实上这仅仅具有时效中止的效果。"因此，Peter 和 Zimmermann 建议："在现行第 209 条和第 210 条所规定的情况下，应当规定时效中止以代替时效中断，但第 209 条第 2 款第 5 项除外。"① 债权人在撤回诉讼或驳回起诉之后重新提起诉讼的情形，确如 Peter 和 Zimmermann 所言，事实上仅仅具有时效中止的效果。但是，债权人不撤回诉讼或者没有驳回起诉的情形，与后来发生的确定裁判结合在一起，随着事实的真相因裁判确定而被"固定"下来，可以作为时效中断的事由。

发生不可抗力之时；或者权利被侵害的无民事行为能力人、限制民事行为能力人没有法定代理人，或者法定代理人死亡、丧失代理权、丧失行为能力；或者继承开始后未确定继承人或者遗产管理人；或者权利人被义务人或者其他人控制无法主张权利；或者其他导致权利人不能主张权利的客观情形，时效发生中止或不完成。② 一般认为时效中止或不完成，是因为时效期间终止之际，有不能或难以行使权利的事由发生，而使时效停止计算，待障碍事由消失后重新连续计算，或者使时效暂不完成。发生时效中止或不完成事由之时，构成了权利人行使权利的障碍或困难，但是也反映了事实真相的问题。事实的真相，随着时间的流逝而逐渐模糊，这种模糊的程度随着时间的流逝而得以增强。法官无法确切知晓事实真相的模糊何时发生，以及如何发生，当发生不能或难以行使权利的障碍时，法官同样无法知晓障碍发生之前债务人有否清偿债务，但是在障碍存续期间，由于权利行使障碍的存在，可以排除在障碍存续期间内债权人行使权利或者债务人清偿债务的可能性，因此这段时间应当从时效期间中排除出去，就如同这些障碍没有发生过，这段时间也没有流逝过。换言之，这段障碍存续期间的停止计算或者时效不完成，就是要阻止一切当事人预期之外的因素介入事情真相的模糊过程之中。在时效期间长短的设计中，对这些当事人难以预期的因素加以考虑，是非常困难的。比较妥当的解决办法是，当发生权利行使障碍时，将障碍存续期间从时效期间中排除出去。让这些在设计时效期间的长短时本没有，也难以考虑的种种当事人预期之外的因素介入进来，很可能造成对债权人或债务人一方不公平的结果。

（三）当事人之间的利益平衡

在人类的每一种追求中，在我们穿越完全失败的深渊和人类卓越成就的巅峰之间的狭

---

① 朱岩编译：《德国新债法——条文及官方解释》，法律出版社 2003 年版，第 35 页。

② 梅迪库斯认为《德国民法典》（原）第 202 条至第 205 条为消灭时效的停止进行，而（原）第 206 条、第 207 条为消灭时效的不完成。参见 [德] 迪特尔·梅迪库斯：《德国民法总论》，法律出版社 2000 年版，第 100～101 页。郑冲、贾红梅将《德国民法典》原第 202 条至第 207 条都翻译成"中止"。参见《德国民法典》，郑冲、贾红梅译，法律出版社 2001 年版，第 40～41 页。

长山径的时候，我们总是会遭遇平衡的难题。① 诉讼时效制度的利益平衡，并非在于公共利益与私人利益的平衡。时效制度使得参与社会法律关系的所有人都得以免于时效期间之外保全清偿债务的负担（债权人在另一种法律关系中也扮演着债务人的角色）。这或许是时效制度所直接导致的一种"公共利益"，但如果论及维护社会法律关系稳定这样一种公共利益的实现，那是债权人债务人之间利益平衡所导致的结果。

时效期间长短的设计，必须考虑债权人与债务人之间的利益平衡，一方面需要考虑债权人行使权利一般所需的时间，另一方面也需要考虑债务人清偿债务之后保全证据期间的负担。如果时效期间过于长久，债务人可能在清偿债务之后，需要长久地保存清偿的证据，这样时效无疑将增加其负担，甚至导致不公平的结果。如果时效期间过于短暂，债权人可能往往没有充分的时间行使权利，时效的完成将使其陷入不利境地。过短的时效期间不符合债权人的利益，但是也并不一定就符合债务人的利益。如果没有充裕的期间预留给债权人行使权利，可能会逼迫债权人采取更为有效的手段（如起诉），这对于债权人和债务人都不见得是最好的选择。合适的时效期间应该给予债权人和债务人磋商的可能性。客观法定期间也同样反映了债权人与债务人之间的利益平衡。时效期间的开始一方面依赖于成立请求权，另一方面依赖于主观状态，此种双重规定将会造成时效期间进展的不稳定性。此种双重规定虽然对于债权人的利益是必要的，但是，另一方面，债务人也必须在一个确定的时刻确切知道债权人是否对其真正享有请求权。这就是规定绝对时效期间的目的。②

已登记的不动产物权，由于登记簿的特殊证明力而使事实真相清晰，此时如果考虑到债务人生活较之于债权人的请求权更需要法律的保护，则可以规定一个较长的时效期间。但是不动产是至为重要的生活资料，如果债权人的不动产物权所生的物上请求权适用诉讼时效，其很有可能陷入生活的困境。此种情形不应适用诉讼时效，因为难以认为债务人生活可以凌驾于债权的生活之上，可以得到更多的法律保护。但是在动产物权发生的物上请求权，由于不存在像不动产一样的特殊证明力，则可按照普通时效期间来对待。

时效制度是平衡债权人与债务人之间利益的法律设计，于时效完成之时，债务人基于良心或者其他原因，不援用时效或者抛弃时效利益的，应当为法律所允许，虽然债务人的不援用时效或者抛弃时效利益并不能当然地说明事实的真相。于时效完成之时，债务人实施以债务的存在为前提的自认行为的情形，日本法上有两种见解，一为放弃推定的构成，二为援用权丧失的构成。放弃推定的构成为日本旧判例的立场，认为在时效完成后实施自认行为时，推定为明知时效已经完成。援用权丧失的构成为日本现行判例的立场，认为债务人实施的自认行为，并非是时效利益的放弃，而是根据信义不认可援用权，因为时效完成后债务人一方面承认债务，另一方面又主张债务因时效而消灭，自相矛盾。在此情形，以为债务人不会援用时效的相对人的信赖需要保护。③ 债务人于时效完成后做出自认行为，虽然使得事实的真相得以清晰，但是排除债务人时效援用权的理由并不在此，而是基于诚实信用原则排除债务人的时效援用权，因为在债务人做出自认行为之后，债权人的利

---

① ［美］富勒：《法律的道德性》，郑戈译，商务印书馆2005年版，第55页。
② 朱岩编译：《德国新债法——条文及官方解释》，法律出版社2003年版，第26页。
③ ［日］山本敬三：《民法讲义Ⅰ　总则》，解亘译，北京大学出版社2004年版，第365页。

益显得更加值得法律保护。请求权时效届满之后债权人仍然得以抗辩的方式主张该权利的情形，以及请求权罹于时效后权利人仍得实现其担保物权的情形，都可以认为是债权人与债务人之间利益平衡的体现，只是必须以债务人对于债权的存在没有争议为前提。

有学者认为："民法关于时效的规定，属于强行性规定，不得由当事人依自由意思予以排除，时效期间不得由当事人协议予以加长或缩短，时效利益不得由当事人预先予以抛弃。当事人关于排除时效适用、变更时效期间或预先抛弃时效利益的约定，依法当然无效。然而，一律强调时效规定的强制性，可能产生妨碍交易效率的结果。"① 从各国消灭时效制度的立法来看，合意变更法定时效期间有三种模式：绝对禁止，单方加重禁止，原则上允许通过合意的方式约定时效期间。② 国际统一私法协会国际商事合同通则（PICC）（2004 年新版）第 10.3 条第 1 款规定了当事人可以变更时效期间。欧洲合同法通则（PECL）第 14 章第 601 条第 1 款规定，当事人可通过协议变更时效的规定，特别是缩短或者延长时效期间。时效是平衡债权人与债务人之间利益的制度，因此当事人另作时效约定不违反此种利益平衡，原则上就应当允许，如对此合同自由有所限制，则应另有理由。法定的时效期间长短并不总是与当事人的利益相符，因此存在这样的问题，即合同当事人是否可以改变及在多大的范围内可以改变法定的时效期间，以及法典是否应规定强制性的事由以禁止改变法定时效期间。③《德国民法典》原第 225 条规定了当事人可以约定减轻时效，但是禁止通过法律行为排除和加重时效。此处所规定的禁止首先包括明确延长时效期间的约定，另外也包括法律并未规定的时效中止及中断的事由。④《德国民法典》第 202 条规定："在因故意而造成的责任时禁止通过法律行为事先减弱时效。禁止通过法律行为加重时效期间至从法定时效开始起算超过 30 年。"新规定去掉了原第 225 条第 2 款所规定的原则上准许减轻时效的内容，因为这是一般的合同自由的组成部分，所以无需着重规定。新规定准许了加重时效的约定，只是禁止通过法律行为加重时效期间至从法定时效开始起算超过 30 年。其他符合一般合同自由的加重时效的约定原则上是准许的。时效本质是平衡债权人债务人之间的利益，因此，时效期间的规定并非当然是强行性的，当事人应该可以通过自己的自由意思另作约定。如果对于当事人另作约定的合同自由做出限制甚至强制性禁止，那么可以从合同自由限制的角度考虑。在考虑合同自由限制时，需结合普遍的实际交易情形，以防止居有优势的交易一方将自己的意志强加于对方之上。在市场经济尚不发达，信用体系尚未构建起来的我国，允许当事人进行自由约定是需要特别慎重的。

五、我国现行法的修正

最高人民法院就《关于审理民事案件适用诉讼时效制度若干问题的规定》答记者问时重申了诉讼时效的立法目的："诉讼时效制度虽具有督促权利人行使权利的立法目的，

---

① 梁慧星：《民法总论》（第三版），法律出版社 2007 年版，第 237 页。

② 朱岩：《消灭时效制度中的基本问题——比较法上的分析—兼评我国时效立法》，载《中外法学》2005 年第 2 期。

③ 朱岩编译：《德国新债法——条文及官方解释》，法律出版社 2003 年版，第 27 页。

④ 朱岩编译：《德国新债法——条文及官方解释》，法律出版社 2003 年版，第 28 页。

但其实质并非否定权利的合法存在和行使，而是禁止权利的滥用，以维护社会交易秩序的稳定，进而保护社会公共利益。维护社会交易秩序，保护社会公共利益是诉讼时效制度的根本立法目的，世界两大法系的诉讼时效立法均体现了这一点。基于这一根本立法目的，诉讼时效制度对权利人的权利进行了限制，这是权利人为保护社会公共利益做出的牺牲和让渡；但应注意的是，通过对权利人的权利进行限制的方式对社会公共利益进行保护应有合理的边界，该边界就是应在保护社会公共利益的基础上进行利益衡量，不能滥用诉讼制度，使诉讼时效制度成为义务人逃避债务的工具，随意否定权利本身，违反依法依约履行义务的诚实信用原则。"

由于上述立法目的对诉讼时效制度的本质存在认识偏差，因此依据此立法目的制定的《中华人民共和国民法通则》（以下简称《民法通则》）、最高人民法院关于贯彻执行《中华人民共和国民法通则若干问题的意见（试行）》（以下简称《民法通则意见》）、《最高人民法院关于审理民事案件适用诉讼时效制度若干问题的规定》（以下简称《适用诉讼时效制度若干问题规定》）以及《中华人民共和国物权法》（以下简称（《物权法》）中的一些规定需要做一些修正或解释。

（一）诉讼时效的适用对象

《物权法》第 33 条规定："因物权的归属、内容发生争议的，利害关系人可以请求确认权利。"第 34 条规定："无权占有不动产或者动产的，权利人可以请求返还原物。"第 35 条规定："妨害物权或者可能妨害物权的，权利人可以请求排除妨害或者消除危险。"上述规定并未明确确认物权请求权、返还原物请求权、排除妨害请求权与消除危险请求权是否适用诉讼时效。如属于《民法通则意见》第 170 条中规定的未授权给公民、法人经营管理的国家财产的情形，则不受诉讼时效期间的限制。至于《适用诉讼时效制度若干问题规定》第 1 条的规定，只适用于债权请求权，不涉及物上请求权。《民法通则》第 135 条的规定，向人民法院请求保护民事权利的诉讼时效期间为两年，法律另有规定的除外。该条规定也并未涉及物上请求权是否适用诉讼时效问题。关于物上请求权是否适用诉讼时效的问题，我国立法和司法解释似乎并未做出任何明确规定。已登记的不动产物权所生的物上请求权不适用诉讼时效，广大农村未登记的不动产物权所生的物上请求权也不适用诉讼时效。理由为：①此时事实真相清晰；②不存在为了特别照顾债务人的生活而牺牲债权人利益的情形，因为不动产对于权利人的生活至为重要。为了解决物上请求权适用诉讼时效的问题，可以将《适用诉讼时效制度若干问题规定》第 1 条规定的适用范围扩大为"请求权"，另外以上述两个衡量标准解释该条第 4 款规定"其他依法不适用诉讼时效规定的债权请求权"。

（二）中断

《民法通则》第 140 条规定："诉讼时效因提起诉讼、当事人一方提出要求或者同意履行义务而中断。从中断时起，诉讼时效期间重新计算。"从中断时起，诉讼时效期间重新计算，对于"请求"或者"承认"这样的中断事由是没有问题的，但是提起诉讼导致中断时，因为诉讼程序结束之前，该新的时效期间也可能已经届满。较为妥当的规定为"从中断事由结束之日起，诉讼时效期间重新计算"。

《民法通则意见》第 173 条、第 174 条规定，权利人在新的诉讼时效期间内，再次主张权利；或者权利人向债务保证人、债务人的代理人或者财产代管人主张权利的，或者权利人向人民调解委员会或者有关单位提出保护民事权利的请求的，诉讼时效因此而中断。《适用诉讼时效制度若干问题规定》第 10 条、第 14 条、第 19 条更是对《民法通则》第 140 条规定的"当事人一方提出要求产生诉讼时效中断"的情形做了大量的细化规定。但是，纯粹的"请求"并不应导致诉讼时效的中断，因为即使债权人提出履行债务的请求，并不能使得事实的真相清晰明了，债务人可能在此之前就已经清偿债务。

起诉或者与起诉具有同一效力的事由皆可导致诉讼时效中断，因为起诉与后来发生的确定裁判结合在一起，事实的真相又将随着裁判确定而被"固定"下来，因此应作为时效中断的事由。《适用诉讼时效制度若干问题规定》第 12 条规定，当事人一方向人民法院提交起诉状或者口头起诉的，诉讼时效从提交起诉状或者口头起诉之日起中断。规定诉讼时效"从提交起诉状或者口头起诉之日起中断"而非"法院依法受理之日中断"，更符合诉讼时效中断制度的立法目的。债权人撤诉或者受到驳回的裁判，由于未有事实的真相随着裁判确定而发生的事实，应视为不中断。但是，我国立法和司法解释并未规定"时效因起诉而中断者，若撤回其诉，或因不合法而受驳回的裁判，其裁判确定，视为不中断"。

（三）中止

《民法通则》第 139 条规定，在诉讼时效期间的最后六个月内，因不可抗力或者其他障碍不能行使请求权的，诉讼时效中止。从中止时效的原因消除之日起，诉讼时效期间继续计算。依据该条规定，诉讼时效中止事由只能是不可抗力或者其他障碍导致权利人不能行使请求权的情形，而且中止只能发生在诉讼时效期间的最后六个月。《适用诉讼时效制度若干问题规定》第 20 条对《民法通则》第 139 条规定的"其他障碍"作了更为详尽的规定。该条规定的情形有：①权利被侵害的无民事行为能力人、限制民事行为能力人没有法定代理人，或者法定代理人死亡、丧失代理权、丧失行为能力；②继承开始后未确定继承人或者遗产管理人；③权利人被义务人或者其他人控制无法主张权利；④其他导致权利人不能主张权利的客观情形。双方当事人就所争议的或所疑问的请求权及可能产生请求权的情况加以磋商的情形，是否属于"其他导致权利人不能主张权利的客观情形"，不无疑问。磋商过程其实意味着在此时间段内债务人没有清偿债务，因此磋商时所花费的时间就不应该计算在事实真相的模糊过程之中，也就是说，这段时间应该从时效期间中剔除出去，也就是诉讼时效中止。但是，从文义上来说，磋商很难说是"其他导致权利人不能主张权利的客观情形"，尤其在债权人主动参加的情形。因此，应对"其他导致权利人不能主张权利的客观情形"加以扩大解释，以包括磋商这类为了避免产生法律上的争议而暂时不行使权利的情形。

《民法通则意见》第 174 条规定："权利人向人民调解委员会或者有关单位提出保护民事权利的请求，从提出请求时起，诉讼时效中断。经调处达不成协议的，诉讼时效期间即重新起算；如调处达成协议，义务人未按协议所定期限履行义务的，诉讼时效期间应从期限届满时重新起算。"经调处达不成协议的，诉讼时效期间即重新起算，这样的规定是可疑的。正如纯粹的请求不能导致诉讼时效中断一样，经调处达不成协议的，也不能导致诉讼时效的中断。但是在调处期间，当事人之间的关系如同磋商时的一样，可导致诉讼时效的中止。

（四）时效期间延长

《民法通则》第 137 条第 3 句规定，有特殊情况的，人民法院可以延长诉讼时效期间。能够延长的诉讼时效期间是指何种期间，学者间存在争议。有的学者主张仅仅适用于 20 年期间，其他的适用中断与中止。① 有学者认为，从《民法通则意见》第 175 条规定（《民法通则》第 137 条规定的 “20 年” 诉讼时效期间，可以适用《民法通则》有关延长的规定，不适用中止、中断的规定）看，适用于所有的期间。②《民法通则意见》第 169 条规定，权利人由于客观的障碍在法定诉讼时效期间不能行使请求权的，属于《民法通则》第 137 条规定的 “特殊情况”。依据《民法通则》第 139 条与《适用诉讼时效制度若干问题规定》第 20 条规定，诉讼时效中止的事由有：①不可抗力；②权利被侵害的无民事行为能力人、限制民事行为能力人没有法定代理人，或者法定代理人死亡、丧失代理权、丧失行为能力；③继承开始后未确定继承人或者遗产管理人；④权利人被义务人或者其他人控制无法主张权利；⑤其他导致权利人不能主张权利的客观情形。如此之多的 “特殊情况”，而且没有限制延长的时效期间，使得诉讼时效制度充满了极大的不确定性。诉讼时效期间长短的设置是债权人与债务人之间利益平衡的体现，如果赋予法官根据 “特殊情况” 决定延长诉讼时效期间，将可能打破债权人与债务人之间的利益平衡，与诉讼时效制度的本质不符。实际上，“特殊情况” 与 “客观障碍” 的重合，说明了延长时效期间的做法可以通过完善诉讼时效中止制度来替代。③

（五）特殊时效期间

《民法通则》第 136 条所规定的 1 年特殊时效过短。在身体受到伤害的情形，或者产品质量不合格造成加害给付的情形，虽然《民法通则意见》第 175 条规定了特殊诉讼时效期间可以适用《民法通则》有关中止、中断和延长的规定，但是被侵害人知道或者应当知道其权利受到侵害之时起 1 年的期间可能也过短。此外，20 年的客观法定期间是否足够长也是值得怀疑的。

六、结束语

“时效制度之结果，或至保护不法之占有者，及恶意之债务者，学者或痛诋之，谓为法律上之夺掠，然欲达立法之目的，其弊成不可免，保持法律生存之安全……故自罗马法

---

① 梁慧星：《民法总论》（第三版），法律出版社 2007 年版，第 250 页。

② 李永军：《民法总论》，法律出版社 2006 年版，第 740～741 页。

③ 李永军认为，诉讼时效的延长是因为我国《民法通则》没有规定诉讼时效不完成及中止的事由过窄而规定的。参见李永军：《民法总论》，法律出版社 2006 年版，第 741 页。有学者认为 “有特殊情况的，人民法院可以延长诉讼时效期间” 的规定内容是特定历史条件的产物，该规定调整内地和台湾地区两岸关系民事法律问题，并无普遍法律基础。参见梁慧星：《民法总论》，法律出版社 2001 年版，第 249 页。

以来，咸以时效为私法制度中，必不可缺之一，学者所同认也。"① 对于时效制度的矛盾心态跃然纸上，这种矛盾心态也可以说是"学者所同认也"。我国有学者引古时类似诉讼时效的零星踪迹，如唐穆宗长庆四年制："百姓所经台府州县，论理远年债负，事在三十年以前，而立保经逃亡无证据，空有契书者，一切不需为理"，强调诉讼时效与中国"欠债者还钱"，"今生不还来生还"之旧观念不合，因此未建立此种制度，仅零星的有其踪迹而已。② 时效在中国未普遍适用，未形成一种制度的缘由，不敢妄断。但是上述之零星踪迹中"一切不需为理"的原因，未尝不可以理解为，事经三十年，空有契书，官府已无法辨明事实的真相。与现代社会法官不得拒绝裁判不同，古时官府可以有选择地"不理"，从而可以不陷入有限理性与不得拒绝裁判的困境之中。③ 富勒曾言：在人类的每一种追求中，在我们穿越完全失败的深渊和人类卓越成就的巅峰之间的狭长山径的时候，我们总是会遭遇平衡的难题。其实，在制度的路上，我们又何尝不会遭遇有限理性的难题？时效制度，正是帮助我们摆脱有限理性与不得拒绝裁判的困境的制度设计，而其中平衡的难题仍有待进一步解决。

---

① ［日］富井政章：《民法原论》（第一卷），陈海瀛、陈海超译，中国政法大学出版社 2003 年版，第 368 页。

② 郑玉波：《民法总则》，中国政法大学出版社 2003 年版，第 492～493 页。

③ 清律典卖田宅条附例："其自乾隆十八年定例以前典卖契载不明之产，如在三十年以内，契无绝卖字样者，听其照例，分别找赎，若远在三十年以外，契内虽无绝卖字样，但未注明回赎者，即以绝产论，概不许找赎。"系类似取得时效之一例。参见郑玉波：《民法总则》，中国政法大学出版社 2003 年版，第 493 页。该例与唐穆宗长庆四年制例中的界限均为三十年，与罗马法以来的时效制度期间有惊人的相似之处，也实在耐人寻味。

诉讼时效制度价值的理论重构

■ 杨 巍[*]

诉讼时效制度的价值，是指诉讼时效作为一项法律制度，其存在的理论依据以及对整个法律体系的意义。也有学者以"诉讼时效制度的功能"[①]、"诉讼时效制度的功能或目的"[②]、"诉讼时效制度的作用"[③] 或"诉讼时效制度的正当化理由"[④] 等命题来讨论相关问题。笔者认为，这些命题虽然表述不同，但其探讨的实质问题，就是诉讼时效制度存在于民法体系中的理论依据。本文以"诉讼时效制度的价值"概念来表述。

不可否认，依据普通人的常识和价值观，理解和接受诉讼时效制度是存在障碍的。日本学者山本敬三指出："如果认可时效，那么他人的物就会成为自己的物、本来应当履行的债务就没有必要履行了。不用说，这是反道德的，但还不仅如此，因为真正的权利人的权利被剥夺了。财产权也是宪法保障的基本权。法律认可剥夺这种权利的制度，行吗？不得不追寻时效制度存在的理由——更准确地说是时效制度的正当化理由——，便是出于这样的原因。"[⑤] 因此，对诉讼时效制度的理论依据做出合理解释，是构建该制度的基础。

---

* 武汉大学法学院讲师。

① 王利明：《民法总则研究》，中国人民大学出版社 2003 年版，第 703 页。马俊驹、余延满：《民法原论》，法律出版社 2005 年版，第 242 页。

② 龙卫球：《民法总论》，中国法制出版社 2002 年版，第 613 页。

③ 魏振瀛主编：《民法》，北京大学出版社、高等教育出版社 2000 年版，第 190 页。

④ 徐发明：《民事诉讼时效制度的正当化理由探析》，载《政法学刊》2007 年第 1 期。

⑤ ［日］山本敬三：《民法讲义Ⅰ 总则》，解亘译，北京大学出版社 2004 年版，第 345～346 页。

一、诉讼时效制度价值的通说"三目的说"及质疑

我国内地民法学界对诉讼时效制度价值问题的认识，深受我国台湾地区学者的影响；内地民法学者对诉讼时效制度价值的论述，基本上没有超出我国台湾地区学者通说的观点。大多数民法学者对"诉讼时效制度的价值"这一问题的基本看法是一致的，即认为诉讼时效制度的价值或目的主要有：一、督促权利人及时行使权利；二、作为证据的代用，有利于法院及时正确地处理民事纠纷；三、维护社会关系的稳定。① 笔者将这种观点概括为"三目的说"。"三目的说"一方面是受我国台湾地区"民法"的影响，另一方面，这种观点的具体内容基本上也没有超出日本民法中"保护非权利人（实体法说）"观点的范畴。②

笔者认为，看似合情合理的"三目的说"实际上经不起仔细推敲，其基本立足点，都是不能成立的。

（一）对目的一"督促权利人及时行使权利"的质疑

不可否认，诉讼时效制度的存在确实能产生促使权利人及时行使权利的客观效果。但有疑问的是，法律为什么要促使权利人及时行使权利呢？换言之，所谓的"督促权利人及时行使权利"的正当性何在呢？法律真的是为了追求"督促权利人及时行使权利"的客观效果才建立诉讼时效制度的吗？笔者认为，诉讼时效制度固然能使权利人产生心理压力，使其积极地行使权利，但这并非诉讼时效制度刻意追求的结果，更不应将其当成诉讼时效制度的价值和目的。

首先，依通说对权利的理解，权利从本质而言，是指依法律的担保，得贯彻主张某利益的可能性。③ 依法理，权利人享有权利与义务人负有义务的最大差别，在于权利人有权依自己的意思在法律允许的限度内行使甚至放弃自己的权利，任何人包括国家都不得非法干涉；而义务人则必须根据所负义务的性质和内容适当地、完全地、按时地履行义务，否则产生相应的法律责任。法律制度的目的应当是一方面尽最大可能地保护权利人的合法权利，使其行使权利尽可能地方便、有效、符合其真实意思；另一方面通过制度的构建促使义务人正确、适时地履行义务，使权利人的权利得以实现。法律制度应当督促的是义务人及时履行义务，而对权利人而言，其所享有的权利本身就隐含有如何行使权利、何时行使权利和是否行使权利的当然内容，法律没有必要、也根本不可能去督促权利人"及时"行使本应当由他自己决定如何行使的权利。当然，诉讼时效制度的存在在客观上会对权利人造成一定的心理压力，促使其尽快地去行使自己的权利，但这只是诉讼时效制度产生的一项客观效果，而并非诉讼时效制度刻意追求的目的。如果将诉讼时效制度的初始目的理

---

① 佟柔主编：《中国民法学·民法总则》，中国人民公安大学出版社 1990 年版，第 314 页。梁慧星：《民法总论》，法律出版社 2001 年版，第 265～266 页。魏振瀛主编：《民法》，北京大学出版社、高等教育出版社 2000 年版，第 190 页。王利明：《民法总则研究》，中国人民大学出版社 2003 年版，第 703～704 页。马俊驹、余延满：《民法原论》，法律出版社 2005 年版，第 242～243 页。龙卫球：《民法总论》，中国法制出版社 2002 年版，第 613 页。

② ［日］山本敬三：《民法讲义Ⅰ 总则》，解亘译，北京大学出版社 2004 年版，第 346 页。

③ 史尚宽：《民法总论》，中国政法大学出版社 2000 年版，第 18 页。

解为"督促权利人及时行使权利"，则将使诉讼时效制度与整个法律体系赋予权利人权利、保护权利人权利的基本宗旨相违背。"目的一"的主要错误在于，误将诉讼时效制度所产生的客观效果，（有学者称其为反射效果）当成了诉讼时效制度的设立目的。

其次，在民法制度中对权利行使的各项限制制度，也不能适用于在诉讼时效期间内不行使权利的权利人。在民法上，对权利行使的限制主要有：违反公共利益之禁止；权利滥用之禁止；诚信原则之限制。① 这几项制度均不能适用于在诉讼时效期间内不行使权利的权利人。第一，违反公共利益之禁止，是指权利人在法律限制内，虽可自由行使其权利，但不得违反公共利益。此项制度的产生，乃是社会本位的法律思想对所有权绝对原则加以修正的结果。其限制的对象，主要是所有权人行使所有权的场合，而适用于诉讼时效制度的权利，则主要是各种债权人的有关权利。第二，权利滥用之禁止是要求权利人行使权利不得以损害他人为主要目的，否则构成权利滥用，为法律所禁止。其客观要件要求权利人有行使权利之行为；主观要件要求权利人行使权利以损害他人为主要目的。权利人在诉讼时效期间不行使权利既无行使权利的客观行为，更无损害他人的主观目的，当然不构成权利滥用。第三，诚信原则要求权利人行使权利、义务人履行义务必须依诚实及信用的方法。权利人如果连行使权利的行为都还没有，自然谈不上行使权利的方法的问题。

再次，权利人不行使权利对义务人并非不利，法律为何要促使权利人去行使权利，而如果权利人不及时行使权利，却反而要给义务人好处呢？这在逻辑上是说不通的。解决这个问题的答案只有一个，那就是诉讼时效制度的目的并非是要促使权利人尽快行使权利，也不是为了保护义务人的利益，而是另有其他目的。

最后，传统学说常以"躺在权利上睡觉的人不值得保护"来解释说明诉讼时效制度的存在理由。该理由如果用来解释较长的诉讼时效期间（如国外规定的 15 年、30 年等）尚可成立，但一方面我国对普通诉讼时效期间本来就规定得很短；另一方面我国在大量情况下适用 1 年的最短诉讼时效期间，在这么短的时间内没有行使权利，实在很难将其称为"躺在权利上睡觉"。

因此，笔者认为，虽然诉讼时效制度在客观上会对权利人造成一定的心理压力，促使其尽快地行使自己的权利，但这只是诉讼时效制度的一项客观效果，而并非诉讼时效制度刻意追求的目的。传统学说将诉讼时效制度的目的解释为"督促权利人及时行使权利"是不正确的。

（二）对目的二"作为证据的代用，有利于法院及时正确地处理民事纠纷"的质疑

对于已过诉讼时效的权利，由于产生确定的法律效果，有利于法院及时正确地处理民事纠纷，这是事实。但笔者要反问，如果没有时效制度，法院就不能及时正确地处理民事纠纷了吗？当然不是，依民事诉讼法中"谁主张，谁举证"的一般举证规则，权利人如果不能有效提供应当由其提供的证据支持其诉讼请求，就由他承担败诉的不利后果，法院一样能及时有效地处理民事纠纷。可见，真正使法院能够及时有效判案的不是诉讼时效制度，而是举证责任制度。笔者认为，"目的二"的错误主要表现如下：

首先，传统学说误把举证责任制度的作用当成了诉讼时效制度的价值和目的。将

---

① 黄立：《民法总则》，中国政法大学出版社 2002 年版，第 502～516 页。

"有利于法院及时正确地处理民事纠纷"作为诉讼时效制度的价值和目的，实有越俎代庖之嫌。其实，"目的二"的提出，与我国过去曾长期存在的法院必须查明案件一切有关事实的思想以及民诉法学界对举证责任的研究程度有关的。随着我国民诉法学界对举证责任研究的不断深入，举证责任不再被理解为是当事人提出证据的行为责任，而是指当法律要件事实在诉讼上处于真伪不明状态时，负有证实法律要件事实责任的当事人一方所承受的法官不利判断的危险。① 那么，如果权利人（原告）因诉讼时效或其他客观原因不能证明其权利的有效性时，则由他承担法官不利判断的危险，从而使民事纠纷得以解决。因此，在年代久远导致不易取证的情形下，使法院能够及时、正确②处理民事纠纷实为诉讼法上的举证责任制度，而非诉讼时效制度。值得注意的是，当民诉法学界对举证责任已经有了更深入的研究，得出了更合理的结论时，民法学界不应再抱残守缺，仍然将其作为诉讼时效制度的价值和目的。

其次，诉讼时效制度的最初目的确实是与举证问题有关的，但是传统学说却颠倒了主次关系。诉讼时效制度在举证方面所具有的意义，并非仅对债务人有利，对债权人也有重要意义。日本学者山本敬三指出："它（诉讼时效制度）本来是出于这样的考虑，即为了防止由于真正的权利人不能证明过去的事实而丧失权利。"③ 曾世雄先生认为："消灭时效原为绝大多数主体免于随时备证抗御干扰之利益而开发，运用之结果，却成少数例外主体摆脱义务之工具。真正请求权人因消灭时效期间之经过，请求权难以伸张，反使义务人逍遥于义务之外。消灭时效之如此反射效果，乃例外非原则。时至今日已喧宾夺主，传统法学以例外解释消灭时效存在理由。"④诉讼时效制度最初产生于罗马法时，由于实体法和程序法尚未完全分离，时效制度确实承载着方便举证的价值。但随着民法与民诉法在近现代的分离，方便举证的价值已经丧失了其依托的基础。罗马法产生诉讼时效制度的初始目的，即将该制度作为诉讼的消灭原因之一而解决诉讼上的有关问题，在现代民法中已经不复存在。因为这一目的随着民事实体法与民事程序法的充分分离，已经由民事程序法的举证责任制度来完成了。

因此，笔者认为，传统学说将诉讼时效制度的目的解释为"作为证据的代用，有利于法院及时正确地处理民事纠纷"也是不正确的。

（三）对目的三"维护社会经济关系的稳定"的质疑

应当说，我国民法学界一方面长期坚持认为诉讼时效制度具有"维护社会经济关系"的功能，而另一方面又坚持反对（至少是包括立法机关在内的大部分人坚决反对）建立同样能维护社会经济关系稳定的取得时效制度，这本身就是一个很奇怪的现象。笔者认为，"目的三"存在以下问题：

首先，"目的三"中所要维护的"社会经济关系"究竟是一种什么样的关系？这里可以作两种可能的理解：第一种理解，需要维护的"社会经济关系"是权利人和义务人之

---

① 江伟主编：《民事诉讼法学原理》，中国人民大学出版社 2000 年版，第 494 页。

② 是否完全正确，只能是经验上的判断，无论是诉讼时效制度还是举证责任制度，都是如此。

③ ［日］山本敬三：《民法讲义Ⅰ　总则》，北京大学出版社 2004 年版，第 347 页。

④ 曾世雄：《民法总则之现在与未来》，中国政法大学出版社 2001 年版，第 212～213 页。

间的法律关系；第二种理解，需要维护的"社会经济关系"是权利人或义务人与第三人形成的新的法律关系。如果采取第一种理解，那么显然与诉讼时效制度的实际作用不符，因为如果要继续维护权利人和义务人的法律关系，那就应当由义务人继续履行义务，而不应因诉讼时效制度使义务人的义务得以免除，但实际情况却恰恰相反。因此，"目的三"中所要维护的"社会经济关系"显然不是原权利人和原义务人之间的法律关系。那么，"目的三"中所要维护的"社会经济关系"是不是按照第二种理解所说的"权利人或义务人与第三人形成的新的法律关系"呢？笔者认为，采取这种理解也是不能成立的。因为诉讼时效制度的适用，并不要求有新的法律关系的产生，即使根本没有第三人出现、没有新的法律关系产生，也能够适用诉讼时效制度。而且，适用诉讼时效制度通常是因债的法律关系而产生的请求权，而债的法律关系是相对法律关系，权利人和义务人都是特定的主体，该法律关系的变动对第三人并无影响。即使第三人与义务人形成的新的法律关系与原法律关系的客体冲突（如一物二卖），依据债权平等原则，第三人也能够获得有效的清偿，而没有必要适用诉讼时效制度。所以，如果说取得时效制度的目的是"维护社会经济关系"，还能够成立，因为取得时效制度的适用引起物权法律关系的变动，这是一种绝对法律关系，对第三人均有影响；但将诉讼时效制度的目的说成是"维护社会经济关系"，则是难以成立的。

其次，按照传统学说的观点，"实行时效制度，因法定期间的经过而使原权利人丧失权利，使长期存在的事实状态合法化，有利于稳定法律秩序"。[①] 这就犯了一个逻辑上的错误。目的三"维护社会经济关系"实际上是与目的一"督促权利人及时行使权利"有紧密联系的，这两项所谓的目的都建立在一个逻辑基础上，即将诉讼时效制度当做惩罚不及时行使权利的权利人的一种手段。如果权利人不"及时"行使权利，法律则剥夺其权利，转而保护义务人，维持法律关系的既有状态，以惩罚不及时行使权利的权利人。这种逻辑显然是错误的。如前所述，诉讼时效制度最主要的目的，并不是为了促使权利人及时行使权利，更不是为了惩罚权利人。法律秩序的稳定，也不可能通过惩罚权利人的手段来实现。

因此，笔者认为，传统学说将诉讼时效制度的目的解释为"维护社会经济关系的稳定"也是不正确的。

二、诉讼时效制度价值的新近观点

近年来，有学者认识到"三目的说"的不合理性，而试图从另外的角度对诉讼时效制度的价值做出合理解释。

1. 多元价值说——安全、效率、公平

有学者认为："时效本是西方民法的一项传统制度，是为了节约法院检索实质证据的成本而设置的一个形式推论的法律装置，但它的价值只有在高度重视交易安全与效率的现代市场经济社会才能得到合理的解释。①时效制度的根本价值在于其安全性和效率性。②时效制度有助于提高诉讼效率，维护司法公正。③时效制度有助于塑造现代交易人格。通过对时效制度价值的分析我们可以看到，'安全'与'效率'无疑是时效制度的核心价值

---

① 魏振瀛主编：《民法》，北京大学出版社、高等教育出版社 2000 年版，第 191 页。

取向。"① 还有学者认为："效率、秩序和公平是时效的三个价值。由于这三个价值的定位不同，因此在时效构建中当三个时效价值发生冲突时也有一定的选择顺序。第一，效率价值的首要地位决定了其适用的优先。第二，当公平价值与秩序价值产生对抗时，时效的秩序价值优先于公平价值。因为秩序价值保障的是社会的整体利益，而公平价值保障的是当事人个人的利益，整体利益与个人利益互相冲突，自然会以保障社会整体利益为先。"② 还有学者认为："诉讼时效制度价值的二元性可以分别从民法个人本位和社会本位、权利本位和义务本位、社会利益和个人利益三个侧面进行阐释。不同的侧面都具有共同的内容。①体现社会本位、义务本位和社会利益的价值——效益安全价值。②体现个人本位、权利本位和个人利益价值——公平正义。"③ 还有学者认为："维护法律安全和避免权利纷争构成了时效制度（包括诉讼时效和取得时效）最重要的价值目标。另外，公平原则亦渗透在时效制度中。诉讼时效制度还体现了民法基本原则——诚实信用原则的要求。"④ 还有学者认为："诉讼时效中的价值冲突主要表现为两个方面：公平、正义价值和秩序价值的冲突。正义价值和效率价值的冲突。因此，立法者必须在衡量现有的事实状态予以维护的必要性与保护所有人利益之间进行权衡。因此确定诉讼时效期间实际上也是在效率与公平之间寻求一个最佳平衡点。"⑤

这些观点虽表述各异，但都具有一些共同点：首先，认为诉讼时效制度的价值是多元的而非单一的。但其中又有二元、三元之争。其次，各价值之间是存在顺序关系的。但具体顺序的排定，学者意见并不一致。再次，各价值之间存在冲突，应合理平衡各价值之间的关系。最后，有学者引入公平原则、诚实信用原则来解释诉讼时效制度的价值。

2. 动态价值说

持该观点的学者认为："即使在同一个制度中，其所蕴涵的价值要素也是不断发展变化的，并且随着法律文化背景的不同而有所取舍。因此对诉讼时效制度的价值构成的考察，应当放到不同历史、不同国家的社会形态中具体分析。在罗马法时期、中世纪时期、资本主义社会时期及我国近现代时期和当代，诉讼时效制度的价值是并不相同的。对诉讼时效的历史进路予以分析的意义在于，同样是对一种制度的接受，由于不同历史阶段的法文化与社会需要，被接受的程度及价值趋向会有所不同。以经济形态为例，西方国家历经了从绝对所有权到限制所有权、从原始资本到垄断资本的过程，因此效率与秩序的要求压倒了对私权利的全面保护，从而正当的私权利在一定空间作了让渡，这使诉讼时效制度得以滥觞。观察我国的现状，尽管商品经济已得到相当发展，但私权利尚刚刚在宪法中得以确定，很难说我国已经进入所有权限制的大阶段。因此，我国是否适合将大陆法系的诉讼时效制度经验全盘接受？问题的答案是，至少在现有状态下，对某些具体的诉讼时效规定

① 孙学致：《论时效制度的价值》，载《长春市委党校学报》2002年第3期。
② 黄娅琴、蒋万庚：《时效价值取向之重构》，载《广西大学学报》（哲学社会科学版）2005年第6期。
③ 刘俊：《诉讼时效制度的二元价值——兼评我国诉讼时效制度的缺失》，载《河北法学》2007年第10期。
④ 朱岩：《诉讼时效制度基本问题研究》，载王利明主编：《中国民法年刊》（2005），法律出版社2006年版，第157~158页。
⑤ 颜勇等：《诉讼时效制度中的价值冲突》，载中国民商法律网。

进行技术上的重新设定是极为必要的，然而必须将诉讼时效制度在我国现实社会中的价值取向与其他国家区分开来，从而能够在更深层的价值层面上提供技术设计的根据。"①

该观点的要点是：首先，诉讼时效制度的价值是动态的，而非静态的；是可变的，而非不变的。其次，诉讼时效制度的价值主要受不同历史阶段的法文化与社会需要的影响。最后，我国诉讼时效制度的价值，应结合我国现实社会作具体分析。

3. 诉讼时效否定说

有学者通过对"诉讼时效的效力质疑、诉讼时效制度的客体质疑、诉讼时效具体制度的质疑以及诉讼时效的功能质疑"的分析，得出结论，否定诉讼时效的制度价值，认为："诉讼时效既没有其适用的客体也不能适应社会的发展需要，而其产生的效力和作用又与除斥期间一致，都是通过期间的完成，使权利消灭，尽快消除权利带给当事人法律利益的不定状态，稳定彼此的法律关系。故笔者认为，诉讼时效制度已没有存在的必要，如果完善我国现有的除斥期间制度和证据制度完全可以替代时效的作用。"② 还有学者认为："消灭时效和除斥期间两者的具体目的虽然不同，根本目的是相同的：都是通过消灭某项在足够长的时间内不行使的权利，保护因不行使该权利而存在的事实状态。产生时间上的先后，适用对象的差异，具体目的的不同，都不能否定消灭时效和除斥期间本质上的共性。总之，无论时效还是除斥期间，均不能简单地定义为法定的权利存续期间，但两者是同一类法定的权利存续期间。因此，消灭时效和除斥期间可统一于消灭时效。消灭时效应包括原消灭时效和除斥期间。原消灭时效为阻却时效抗辩请求权消灭时效；除斥期间为形成权消灭时效，例外为担保物权消灭时效。"③ 这些观点的实质，是以除斥期间制度代替诉讼时效制度，或将诉讼时效与除斥期间合并为一种制度，而否认既有诉讼时效制度作为一种独立制度的价值。

三、诉讼时效制度价值的理论重构

（一）对几个基本问题的澄清

问题一："诉讼时效制度的价值"是否等同于"诉讼时效制度的功能"？

大多数学者认为，"诉讼时效制度的价值"与"诉讼时效制度的功能"是同一个命题，因此有学者在"诉讼时效制度的功能"的标题下，讨论"诉讼时效制度的价值"。但也有学者认为："时效制度的正当化理由与时效制度的功能作用是有区别的，前者回答的是民法为什么要规定时效制度，或者说时效制度的必然性何在；后者回答的是时效制度建立后客观上会有哪些积极作用。二者虽有一定联系，但前者更为根本。通说中列举的促使权利人积极行使权利、方便法院审理案件、降低诉讼成本等都只能作为时效制度的功能作用。但维护社会秩序稳定及交易安全、有利于物尽其用则并非时效制度的客观功用，更不

---

① 冯恺：《诉讼时效制度研究》，山东人民出版社 2007 年版，第 39～44 页。
② 杨洁、黄娅琴：《诉讼时效质疑》，载《广西政法管理干部学院学报》2003 年第 2 期。
③ 李锡鹤：《重构民法时效理论体系》，载《法学》2005 年第 6 期。

是时效制度的正当化理由。"① 还有学者认为："时效制度首要和基本的价值在于维护法律安全，减少权利纠纷。与此同时，公平原则在既定情况下起到修正和击破法律安全价值的作用。另外，时效制度也渗透着诚实信用原则。时效制度的功能则体现为：第一，对非债务人的保护。第二，保护债务人。第三，债权人利益的保护。第四，减少诉讼成本。第五，保护债之关系之外的第三人。第六，市场调节功能。"②

笔者认为，"诉讼时效制度的价值"与"诉讼时效制度的功能"是两个不同的问题，虽然两个问题存在着很密切的联系。"诉讼时效制度的价值"解决的是诉讼时效制度得以存在的理论依据，即在民法体系中规定诉讼时效制度的理由是什么。对"诉讼时效制度的价值"做出合理解释，是构建诉讼时效具体制度的理论前提。"诉讼时效制度的功能"是指诉讼时效制度在客观上所产生的功效和作用，即诉讼时效制度在实践中具体能发挥何种作用及产生何种效果。"诉讼时效制度的功能"不涉及为什么要建立诉讼时效制度的问题，而仅着眼于诉讼时效制度所产生的客观效果。这些具体的客观效果，未必是建立诉讼时效制度所刻意追求的目标，也不宜将这些客观效果的存在作为诉讼时效制度得以存在的理论依据，否则，就犯了以果为因的逻辑错误。前文所述"三目的说"的诸多不合理之处，大多与此错误有关。

问题二：诉讼时效制度的价值是静态的？还是动态的？

多数学者在讨论诉讼时效制度的价值时，作静态地考察，即在一般意义上抽象地讨论诉讼时效制度的价值，而没有考虑到一国的历史、现实因素对该问题的影响。但也有少数学者注意到这种研究方法的不当，而改从动态的角度研究诉讼时效制度的价值。有学者在论述诉讼时效制度的目的时，不是作统一的讨论，而是区分罗马法、法国民法、德国民法、日本民法、英美法系、苏联民法等作不同的讨论。③ 还有学者认为："即使在同一个制度中，其所蕴涵的价值要素也是不断发展变化的，并且随着法律文化背景的不同而有所取舍。因此对诉讼时效制度的价值构成的考察，应当放到不同历史、不同国家的社会形态中具体分析。"④

笔者同意后一种观点。一国对民事权利时间限制的法律态度，受多种因素的影响，如经济因素、政治传统、司法传统、社会现实、民族习惯等。而这些因素，在不同国家之间并不相同，同一国家的不同历史时期亦不相同。诉讼时效制度最初产生于裁判官法时，其直接动因是裁判官任期有限，诉讼时效制度在当时的主要价值和目的是使有限的司法资源能够现实地被当事人有效利用。欧洲资产阶级革命胜利后，法官终身制逐渐被确立，诉讼时效制度在罗马法上的原始产生基础已不存在，立法和学说则转而从举证、安全、效率等方面来解释诉讼时效制度的价值。因此，一国决定和评判对诉讼时效制度价值的法律态度，就必须要结合本国的各项因素作具体地判断，而不宜简单、机械地照搬别国或地区对

① 徐发明：《民事诉讼时效制度的正当化理由探析》，载《政法学刊》2007 年第 1 期。
② 朱岩：《诉讼时效制度基本问题研究》，载王利明主编：《中国民法年刊》（2005），法律出版社 2006 年版，第 159～161 页。
③ 参见李求轶：《消灭时效的历史与展开》，中国法制出版社 2008 年版，第 36～45 页。
④ 冯恺：《诉讼时效制度研究》，山东人民出版社 2007 年版，第 39 页。

诉讼时效制度价值的评判来解释诉讼时效制度在本国的价值。但令人遗憾的是，现有学界对诉讼时效制度价值的研究，大多采取一种静态的、放之四海而皆准的标准来进行。诚然，诉讼时效制度无论在哪个国家和地区，也确实存在着一些具有普遍意义的共同价值，这也正是我们研究、借鉴国外经验的重要意义所在。但是我们不能仅看到诉讼时效制度在各国和地区的共同价值，而忽略了本国各项复杂的现实因素对该问题的影响，"求同"更应"查异"。正确的态度是，承认诉讼时效制度的价值是动态的而非静态的、是可变的而非不变的，应将诉讼时效制度置于具体国家、具体历史阶段，对该制度的价值作辩证的、具体的考察。

问题三：诉讼时效制度的价值是一元的？还是多元的？

一元说认为，诉讼时效的价值和目的是单一的，但其具体功能可以体现为多个方面。但对于诉讼时效制度具有何种单一价值，学者又有不同解释。日本学界的"保护非权利人（实体法说）"认为："时效制度的目的是保护非权利人，时效制度是令真正的权利人的权利消灭、令无权利人取得权利的制度。""保护权利人（诉讼法说）"认为："时效制度的目的是保护权利人。所谓时效是这样一种制度：真的拥有权利、不负担义务的人在经过较长时间后无法证明这一点，为了使其免遭损失而给予保护的制度。"① 我国有学者认为："不论是取得时效还是消灭时效，其存在的理由都是出于维护社会秩序的需要。"② 还有学者认为："从诉讼时效的历史变迁可知，诉讼时效是伴随着工商业文明而产生、发展的。这说明诉讼时效与近代工商业文明存在某种共生关系，有其内在的必然联系。作为经济利益调整手段的诉讼时效制度，有深厚的经济背景，反映了不可能存在于农耕文明的工商业文明的经济要求。这种要求就是为交易关系中的信用提供保障。"③ 这些观点都是一元说的具体体现。多元说认为，诉讼时效制度的价值和目的不是一元的，而是多元的。大多数学者主张的传统"三目的说"即属多元说，近年来从安全、效率、公平等角度来解释诉讼时效制度价值的二元说、三元说等也属多元说。

笔者赞同多元说。如前文所述，诉讼时效制度的价值是随着经济、社会等因素变化而动态发展的。诉讼时效制度的价值在最初产生时确有可能是单一的，即提高有限司法资源的利用效率。但随着人类社会的发展演变，一方面，罗马法的裁判官任期制已被法官终身制所取代，诉讼时效制度原始单一价值的基础已经丧失；另一方面，成文法国家的法典体系要求各制度之间应相互协调、配合，诉讼时效制度必然要在一定程度上承载其他制度的价值和理念。而且，由义务本位到权利本位、由权利本位到社会本位，这种权利保护观念的变迁，也必然会对诉讼时效制度的价值有所影响。新近立法一般均从多元角度来解释诉讼时效制度的价值。例如，《欧洲合同法原则》认为诉讼时效在本质上乃出于三个方面的政策性考虑：①对因受时间的干扰而难以维护诉讼权利的被告以保护的必要；②时间的流逝显示了权利人对其请求权的淡漠态度，并可能因此致使债务人对于其不再行使权利的事

----

① ［日］山本敬三：《民法讲义Ⅰ　总则》，解亘译，北京大学出版社 2004 年版，第 346～347 页。
② 柳经纬：《关于时效制度的若干理论问题》，载《比较法研究》2004 年第 5 期。
③ 魏盛礼：《诉讼时效在保障工商业文明社会信用体系中的核心价值》，载《河北法学》2006 年第 4 期。

实产生合理信赖；③时效杜绝搁置已久的诉讼的进行，在此意义上，其目的在于追求法律的确定性，因此甚至具有良好存在基础的诉权也可能会丧失支持，但这是法律所付出的必要的代价。①

问题四：诉讼时效制度的价值是否包含公平原则、诚实信用原则？

近年来，有学者用公平原则、诚实信用原则来解释诉讼时效制度的价值。有学者认为："公平原则亦渗透在时效制度中。实际上，公平原则起到了修正乃至击破时效制度的法律安全价值的作用，这集中体现在有关时效期间中止、中断和其具体期间长短的规定内容上，因为时效期间的中止和中断原则上并不必然改变权利模糊的状态，其更多的是考虑债权人的利益。"② 还有学者认为："时效的公平价值不仅是对权利人利益的保障，同时也是对效率和秩序的保障。"③ 还有学者认为，诉讼时效制度"体现个人本位、权利本位和个人利益价值——公平正义"。④ 但也有学者持反对意见，认为"时效制度的根本价值在于其安全性和效率性"。⑤ 还有学者认为："诉讼时效制度还体现了民法基本原则——诚实信用原则的要求。虽然原则上债权人怠于行使其债权的时间因素就简单决定了诉讼时效的适用，但时效制度能够促使债权人及时主张自己的债权，这其中隐含了诚实信用原则的要求，即债权人对债务人负担照顾义务和法律保护债务人的合理信赖（债权人在长期怠于行使其权利后不再主张其债权）。"⑥ 还有学者认为："诉讼时效制度是一项民事法律制度。它的制定、援用、认定都必须遵循民法的诚实信用原则。两者相比，诚实信用是更为抽象的概念，指导着诉讼时效制度的适用，诉讼时效的本旨要在司法实践中实现，必须遵循诚实信用原则。"⑦ 对此，也有学者持反对意见，认为"不应当为了宣传需要牵强地与诚信原则相联系"。⑧

笔者认为，"诉讼时效制度的价值体现为公平原则"与"诉讼时效具体制度应体现公平原则"是两个不同的命题。前者是指诉讼时效制度是基于公平原则的价值要求所建立的；后者是指诉讼时效制度被确立后，构建其具体制度时应符合公平原则。笔者不否认诉讼时效制度在一定程度上反映了公平原则的要求，但仅仅是笼统、抽象地说诉讼时效制度的价值是公平原则，则并无特别的实际意义，因为公平、正义是一切法律的基本价值，任

① Principles of European Contract Law（Ⅲ），Prepared by the Commission on European Contract Law, Edited by Ole Lando, Eric Clive, 2003, p. 159. 转引自冯恺：《诉讼时效制度研究》，山东人民出版社2007年版，第55页。

② 朱岩：《诉讼时效制度基本问题研究》，载王利明主编：《中国民法年刊》（2005），法律出版社2006年版，第158页。

③ 黄娅琴、蒋万庚：《时效价值取向之重构》，载《广西大学学报》（哲学社会科学版）2005年第6期。

④ 刘俊：《诉讼时效制度的二元价值——兼评我国诉讼时效制度的缺失》，载《河北法学》2007年第10期。

⑤ 孙学致：《论时效制度的价值》，载《长春市委党校学报》2002年第3期。

⑥ 朱岩：《诉讼时效制度基本问题研究》，载王利明主编：《中国民法年刊》（2005），法律出版社2006年版，第158页。

⑦ 高永周、陈科：《论诚实信用与诉讼时效》，载《昌吉学院学报》2005年第1期。

⑧ 徐发明：《民事诉讼时效制度的正当化理由探析》，载《政法学刊》2007年第1期。

何制度的价值都应与其相符合。重要的是，应当揭示诉讼时效制度究竟反映了公平原则的何种具体要求，或者说公平原则的何种具体内容决定了诉讼时效制度的必要性。有学者以中止、中断等制度来解释作为诉讼时效制度价值的公平原则，这实在有文不对题之嫌，是以结果来解释原因。因为中止、中断等制度的具体构建，只能说明诉讼时效具体制度在内容上贯彻了公平原则，但不能以此来解释公平原则决定了诉讼时效制度的必要性。

同样的道理，"诉讼时效制度的价值体现为诚实信用原则"也不等于"诉讼时效制度应体现诚实信用原则"。但与公平原则不同的是，笔者认为，不宜将诚实信用原则解释为诉讼时效制度的价值。依据学界一般的理解，诚实信用原则是指民事主体在从事民事活动、行使民事权利和履行民事义务时，应本着善意、诚实的态度，即讲究信誉、恪守信用、意思表示真实、行为合法、不规避法律和曲解合同条款。① 梁慧星先生认为："所谓诚实信用，是市场经济活动中形成的道德准则。它要求人们在市场活动中讲究信用，恪守诺言，诚实不欺，在不损害他人利益和社会利益的前提下追求自己的利益。"② 徐国栋先生认为："诚信原则就是要求民事主体在民事活动中维持双方的利益平衡，以及当事人利益与社会利益的平衡。"③ 无论采用哪种理解，都不宜将诚实信用原则解释为诉讼时效制度的价值，理由在于：首先，诚实信用原则主要是对当事人行为的要求，其实质是一种在动态场合下行为模式的准则。而诉讼时效制度的本质是在静态场合下确立当事人权利义务的界限。以前者解释后者，实属牵强。其次，诚实信用原则的基本要求是义务人要履行义务，而诉讼时效制度的直观表现是时效届满后，义务人可不必履行义务。生活实践中也确实有不少人把诉讼时效制度理解成一种保护"赖账"债务人的制度。以诚实信用原则来解释诉讼时效制度的价值，实在难以产生积极的社会评价。最后，诚实信用原则被确立为民法基本原则后，对包括诉讼时效在内的诸多制度不可避免地会产生一定程度的影响，并在具体制度的设计上有所反映，但这与诚实信用原则是否构成诉讼时效制度的价值是不同层面的两个问题。

问题五：诉讼时效制度的目的是保护债权人、债务人还是第三人？

第一种观点认为，诉讼时效制度的目的是保护债权人。曾世雄先生认为："民法创设权利，保护权利人享有权利，此一理念在时效之设计中，应该依然如故。取得时效及消灭时效之设计，均以绝大多数法律主体之社会生活情形为对象，保护权利人享有其权利。"④ 日本学界的"保护权利人（诉讼法说）"认为："时效制度的目的是保护权利人。所谓时效是这样一种制度：真的拥有权利、不负担义务的人在经过较长时间后无法证明这一点，为了使其免遭不利益而给予保护的制度。"⑤

第二种观点认为，诉讼时效制度的目的是保护债务人。王利明先生认为："时效期限届满体现了义务人的利益。所谓时效利益，是指诉讼时效期间届满后，权利人丧失了请求法院依诉讼程序强制义务人履行义务的权利，义务人因此可以不履行义务，继而获得其本

---

① 马俊驹、余延满：《民法原论》，法律出版社 2005 年版，第 39 页。

② 梁慧星：《民法解释学》，中国政法大学出版社 1995 年版，第 301 页。

③ 徐国栋：《民法基本原则解释》，中国政法大学出版社 1992 年版，第 78 ~ 79 页。

④ 曾世雄：《民法总则之现在与未来》，中国政法大学出版社 2001 年版，第 213 页。

⑤ ［日］山本敬三：《民法讲义Ⅰ　总则》，解亘译，北京大学出版社 2004 年版，第 346 ~ 347 页。

来不应该获得的利益。"① 陈卫佐先生认为："在请求权人主张消灭时效期间已届满的请求权的情况下，消灭时效制度保护债务人，使之仍可拒绝履行给付。"② 还有学者认为："时效制度的正当化理由仅在于保护不应再履行义务的债务人。除保护本不应再履行义务的债务人外，时效制度不应当有其他的存在理由。"③

第三种观点认为，诉讼时效制度的目的是保护第三人。刘俊先生认为："权利不行使状态长期存在，权利归属外观逐渐演变为正常秩序中的一部分，会被第三人作为决策的依据。实际上呈现出义务人享有权利的外观，善意第三人可能基于这样的外观而与义务人进行交易，显然通过设立诉讼时效规则既尊重了现存秩序，确保第三人交易安全，并避免了行为后果上的法律冲突，维护了法律和平。"④ 日本学界的"保护非权利人（实体法说）"认为，时效制度的目的是保护非权利人，其中包含对第三人的保护。⑤

第四种观点认为，诉讼时效制度的目的并非仅保护某一方主体，而是保护多方主体。朱岩先生认为："诚实信用原则在时效制度中并不单方面地保护债务人的利益，其同样保护债权人的利益。"⑥ 日本学界的"多元说"统合了保护权利人说和非权利人说，认为："由于无论采取哪一种单方的立场，都难以正当化时效制度，因此，一般的立场是对各自的立场所强调的侧面都予以承认。"⑦

笔者认为，以上几种观点皆有不妥当之处。首先，在不同的场合下，诉讼时效制度确实可以具有保护不同主体的功能，包括债权人、债务人及第三人。但是，诉讼时效制度的价值不等于诉讼时效制度的功能。保护特定主体是诉讼时效制度适用所产生的客观效果，而不宜当做该制度所刻意追求的基本价值。其次，民法的基本任务是确认权利、保护权利，其具体制度，概莫能外。民法体系以民事权利为线索展开，诉讼时效制度的本质仍属于确认权利界限的一种具体制度。再次，虽然在特定场合下，诉讼时效制度可产生使债务人受益的效果，但不宜将此作为诉讼时效制度的基本价值取向。尤其是在我国信用缺失的社会现实下，强调诉讼时效制度的价值是保护债务人，难以获得公众观念的普遍认同，也可能因降低不履约债务人的道德负罪感而使信用状况进一步恶化。最后，将诉讼时效制度的价值抽象地概括为维护交易安全或保护第三人，并无特别的实际意义。因为整个民法制度即以维护交易安全为基本任务，况且在适用诉讼时效的多数情况下，仅发生在特定的债权人与债务人之间，并无第三人保护的问题。

问题六：我国民法是否需要诉讼时效制度？

近年来，有学者通过分析诉讼时效制度的缺陷及时效制度的价值，提出了取消或部分取消诉讼时效制度的观点。有学者认为应当以除斥期间制度代替诉讼时效制度，或者将诉

---

① 王利明：《民法总则研究》，中国人民大学出版社 2003 年版，第 712 页。

② 陈卫佐：《德国民法总论》，法律出版社 2007 年版，第 73 页。

③ 徐发明：《民事诉讼时效制度的正当化理由探析》，载《政法学刊》2007 年第 1 期。

④ 刘俊：《诉讼时效制度的二元价值——兼评我国诉讼时效制度的缺失》，载《河北法学》2007 年第 10 期。

⑤ ［日］山本敬三：《民法讲义Ⅰ 总则》，解亘译，北京大学出版社 2004 年版，第 346 页。

⑥ 朱岩：《诉讼时效制度基本问题研究》，载王利明主编：《中国民法年刊》(2005)，法律出版社 2006 年版，第 158～159 页。

⑦ ［日］山本敬三：《民法讲义Ⅰ 总则》，解亘译，北京大学出版社 2004 年版，第 348～349 页。

讼时效与除斥期间合并为一种制度。① 这种观点否认诉讼时效作为一项独立制度存在的必要性。笔者认为，虽然我国的诉讼时效制度在理论上和制度设计上确实存在着诸多不尽如人意之处，但这并不足以否认该制度存在于民法体系中的独立价值。我们现在需要做的是，如何在理论上和制度设计上尽量完善已普遍存在于各国的诉讼时效制度，使之能够最大化地适应我国的现实需要，而不是空洞地谈论我们是否需要该制度。有学者认为："有三个因素使我们对最终形成时效制度价值的普遍认同具有信心。第一个因素是时效制度历史和现实的实践施行。第二个因素是中国社会主义市场经济的现实不可逆转。第三个因素是对时效价值讨论本身的意义。"②

　　笔者认为，下列原因决定了诉讼时效制度应当作为一项独立制度存在于我国民法体系中。第一，诉讼时效制度所承载的价值，是其他制度不能替代或不能完全替代的。关于诉讼时效制度的具体价值，后文将作详述。第二，民法体系的逻辑性和完整性，要求诉讼时效制度的存在。现有民法体系，依据民事权利为线索展开，包括权利的种类、权利的内容、权利的保护、权利的限制等内容。诉讼时效作为一种重要的民事权利时间限制制度，在该体系中占有不可或缺的地位。第三，自民法通则正式规定诉讼时效制度以来，距今已有二十余年。在这二十余年里，在理论研究、司法实践、法学教育及普法宣传等领域，诉讼时效都作为一项常识性制度被运用和宣传，如果现在废除该制度或另起炉灶，则这些社会成本都将浪费，而且还需要花费新的社会成本去使公众接受。第四，诉讼时效作为各国普遍存在的一项制度，如果在我国被废除，不利于我国法院与国外司法机关展开司法协作，也不利于对外学术交流。第五，诉讼时效与除斥期间承载着不同的法律价值，制度设计上也存在着显著差异，不宜勉强地将其糅合成一种制度。

　　综上所述，笔者认为：应当区分"诉讼时效制度的价值"与"诉讼时效制度的功能"，不能将该制度产生的客观效果直接解释为其价值取向。诉讼时效制度的价值是动态的、可变的，应将诉讼时效制度置于具体国家、具体历史阶段，对该制度的价值作辩证的、具体的考察。随着民法体系的扩张与完善，诉讼时效制度的价值应当是多元的，该制度承载着多种目标和价值取向。诉讼时效制度在一定程度上体现了公平原则的要求，但不宜将诚实信用原则界定为诉讼时效制度的价值。诉讼时效制度并非专为保护债权人、债务人或第三人而设，其本质仍属确认权利界限的制度，不宜将保护债务人或第三人解释为该制度的价值。无论是在理论上、立法上还是在实践上，诉讼时效制度在我国现有民法体系中，都是一项不可或缺的制度。

（二）本文观点——对诉讼时效制度价值的具体分析

　　笔者认为，诉讼时效制度的价值主要有以下几个方面：

　　第一，合理配置、有效利用有限的司法资源。

　　诉讼时效制度的基本价值在于使有限的司法资源得到合理配置，从而使司法资源得到最有效地利用。

　　首先，从诉讼时效在历史上的产生原因来看，裁判官任期的限制直接催化了诉讼时效

---

① 参见前文对"诉讼时效否定说"的介绍。

② 孙学致：《论时效制度的价值》，载《长春市委党校学报》2002 年第 3 期。

制度的产生。在裁判官制度之前，罗马法的基本理念是权利保护不受时间限制，有权利必有救济。裁判官制度建立后，由于当时裁判官的任期只有 1 年，受害人如果要寻求裁判官法的救济，就必须要在该裁判官的任期内起诉才能获得公力救济。这虽然违反了罗马法"有权利必有救济"的基本理念，但却是在当时所做出的一种基于现实考虑的无奈选择。这表明诉讼时效制度产生的直接原因，是为了使受侵害的权利人能够有效利用司法资源以获得公力救济。

其次，司法资源的有限性，决定了不可能对所有民事纠纷提供救济。民事诉讼的基本目的是解决纠纷。① 日本学者棚濑孝雄指出："为了使法官能够做出正确的判断以达到纠纷的妥善解决，法律学的任务在于对作为决定基准的法律规范和判例等进行解释、研究。也就是说，如何通过审判妥善解决纠纷是法解释学的中心课题。"② 但我国的社会现实是，随着市场经济规模不断扩大，各类民商事纠纷的数量逐年递增，而司法系统由于各种原因，无论是在质量上还是数量上都无法满足经济发展的需要。这种社会现实决定了，现有的司法资源不可能对所有的民事纠纷提供公力救济。③ 由于有限的司法资源无法对所有民事纠纷提供救济，使得法律在提供救济时必须要具有一定的选择性，诉讼时效制度正是这种选择性要求的具体体现。

再次，正在发生的纠纷应当优先于年代久远的纠纷得到救济。司法资源的有限性，使得只有一部分民事纠纷能够通过公力救济得到有效解决。而在数量庞大的全部民事纠纷中，正在发生或刚发生不久的纠纷应当优先于那些年代久远的纠纷得到救济。这主要有两方面的原因：一方面，正在发生或刚发生不久的纠纷中，权利人由于其权利受侵害的事实表现为现实性、直观性的特点，权利人往往更迫切地需要得到救济。如果权利人在权利受侵害的事实发生后，立即或不久后即在时效期间内寻求公力救济，则正是权利人这种迫切需要的外在反映。而在年代久远的纠纷中，权利人在权利受侵害的事实发生后，长期④不寻求救济，以至于时效期间届满，这表明权利人对公力救济的需求并不迫切。诉讼时效制度并不是为了要惩罚时效届满的权利人而不对其提供救济，而是因为前一种权利人更需要得到救济。另一方面，正在发生或刚发生不久的纠纷优先于年代久远的纠纷得到救济，能够产生更好的社会效果。在权利受侵害的事实正在发生或刚发生不久的场合下，权利人及社会公众对这一侵害事实具有现实的、直观的感受，对这种权利人提供救济，往往能够产

---

① 民事诉讼目的论大致经历了三个阶段：第一阶段是保护私权说，第二阶段是维护私法秩序说，第三阶段是解决纠纷说。参见江伟主编：《中国民事诉讼法专论》，中国政法大学出版社 1998 年版，第 15 页。

② ［日］棚濑孝雄：《纠纷的解决与审判制度》，王亚新译，中国政法大学出版社 1994 年版，第 1 页。

③ 依据最高人民法院 2005 年在十届全国人大上的工作报告，地方各级人民法院在 2004 年全年共审结婚姻家庭、继承、合同、侵权等各类民事一审案件 4 303 744 件，诉讼标的金额 6 390 亿元。而且，民事审判一个重要特点是，集团诉讼和群体性诉讼呈上升趋势，全年共审结 538 941 件，上升 9.5%；劳动争议案件 163 151 件，上升 18.4%；知识产权案件 8 332 件，上升 21.5%。《法制日报》报道称，与案件数量上升较快不相适应的是，基层法院大多数面对着案件在不断地增长，法官人员却增长缓慢的现实。在中国的中西部地区甚至出现了法院法官"断层"现象。中华网新闻"媒体称中国法官太少难以适应案件数量上升势头"：http://news.china.com/zh_cn/domestic/945/20060404/13219526.html

④ 需要说明的是，在我国诉讼时效期间过短的立法模式下，这种"长期"只能是相对意义上的。

生更好的救济效果，对社会公众也能起到更及时的、更有效果的教育宣传作用。

最后，诉讼时效制度的基本价值在于合理配置司法资源，使有限的司法资源能够得到最有效的利用。日本学者棚濑孝雄指出："何种纠纷被置于法院管辖下依时间和空间而有所不同。但无论在什么样的审判制度下，总以某种形式将'适合于审判的纠纷'和不适合审判的纠纷区别开来。被审判制度关在门外的纠纷或者就此消失，或者通过其他各种可能利用的手段——有时是通过诉诸暴力——在诉讼外得到解决。"① 诉讼时效制度将时效期间届满的纠纷，排除出公力救济的范围，是基于司法资源的有限性做出的理性选择，其目的是使司法资源得到合理的配置，从而使有限的司法资源能够得到最有效的利用。此外，民事诉讼的局限性也要求避免司法资源的浪费，将有限的司法资源用于立法政策认为更值得救济的民事纠纷。日本学者谷口安平在论述民事诉讼的局限性时指出："首先，民事诉讼是一种成本相当高的制度。其次，民事诉讼还相当地花时间。最后必须注意的是，所谓通过诉讼达到的判决使纠纷得到解决，指的只是以既判力为基础的强制性解决。"② 笔者认为，诉讼时效制度的本质是这样一种制度：由于司法资源的有限性以及民事诉讼高成本等原因，为了使有限的司法资源得到最大化的有效利用并节约诉讼成本，基于立法政策的判断，法律对于时效期间届满的纠纷拒绝提供救济。③

第二，确立公权力对私权利提供救济的界限。

首先，时效期间届满的基本效力是权利人丧失公力救济，或者因义务人行使抗辩权而丧失公力救济。虽然学界一般认为各国或地区在诉讼时效效力问题上，有实体权利消灭说、抗辩权发生说、胜诉权消灭说等不同的立法体例，但无论哪种立法模式，时效期间届满的效力实际上是基本相同的，即权利人无法得到公力救济，各立法体例的区别仅在于发生时效期间届满的效力的具体条件不同。因此，诉讼时效制度的本质仍然是确定权利内容和边界的一种制度，所以一般认为该制度属于实体法而非程序法的范畴。

其次，民法本位④思想的演变在一定程度上影响了诉讼时效具体制度的内容，公权力对私权利提供救济的界限反映了民法本位的基本价值取向。诞生《法国民法典》、《德国

---

① ［日］棚濑孝雄：《纠纷的解决与审判制度》，王亚新译，中国政法大学出版社 1994 年版，第 2 页。

② ［日］谷口安平：《程序的正义与诉讼》，王亚新等译，中国政法大学出版社 2002 年版，第 45 ~ 46 页。

③ 在采取"抗辩权发生说"的立法模式下，时效期间届满并非当然导致权利人丧失公力救济，而是以义务人主张抗辩权作为权利丧失强制执行力的条件。

④ 关于民法的本位，学界存在着两种对立的观点。一种观点认为：民法本位经历了义务本位、权利本位、社会本位等三个阶段。"中国民法典的制定，应当贯彻权利本位与社会本位的结合，以权利本位为主，社会本位为辅的立法思想。"参见梁慧星：《民法总论》，法律出版社 2001 年版，第 46 页。另一种观点认为："民法只可能以权利为本位，无所谓义务本位或社会本位的民法，也不可能有权利本位与社会本位相结合的民法。"参见马俊驹、余延满：《民法原论》，法律出版社 2005 年版，第 8 页。笔者认为，民法的私法本质决定了民法的根本任务是确认和保护权利，保护权利是民法的基本价值取向。虽然人类历史上确实存在过以义务体系建立的法典（1794 年《普鲁士一般邦法》），但能否就因此认为存在独立的义务本位历史阶段，尤其是认为罗马法属于义务本位的观点，是值得商榷的。但不可否认的是，现代民法在坚持保护权利的基本理念的前提下，更加注重维护交易安全及保护社会公共利益。至于对这种现象应当表述为"权利本位为主、社会本位为辅"、还是表述为"民法的社会化"，则实在是一个见仁见智的问题。

民法典》的 19 世纪，由于当时封建制度被推翻不久，为巩固资产阶级革命胜利的成果，在极端的权利保护理念的指导下，产生了近代民法三大原则：契约自由、所有权绝对、过失责任。而在诉讼时效制度上，则反映为长期时效期间的确立，例如《法国民法典》和《德国民法典》均将普通时效期间规定为 30 年，这在人均寿命远远短于现代的 19 世纪，实在不可谓不长。这表明，权利绝对保护的民法本位思想决定了时效期间的长期性，在这一时期，公权力对私权利提供的救济至少在时间方面是足够充分的。而随着时代的发展，现代民法在坚持权利本位的前提下，更加注重维护交易安全和保护社会公共利益，这使得现代民法的权利本位具有新的内涵和特征。民法本位思想的这种变化，在诉讼时效制度上的反映，就是时效期间有普遍缩短的趋势，例如 2002 年德国债法改革将普通时效期间由 30 年改为 3 年。时效期间的缩短，使公权力对私权利提供的救济，至少从表面上看保护时间不如以前充分了。时效期间由长变短的这种变化，是现代民法对权利绝对保护理念进行修正的结果，这反映了人类社会的不同历史时期，公权力对私权利提供救济的程度的差异性。

最后，诉讼时效具体制度的演变反映了公权力和私权利关系的消长。公权力与私权利的关系，是法理学上永恒的重要命题。在不同的国家、不同的历史时期、不同的具体制度领域中，公权力和私权利关系的消长，具有不同的表现形式。在诉讼时效制度的领域中，有许多大陆法系国家的民法典坚持诉讼时效的法定性，不允许当事人协议变更诉讼时效制度的有关规则，或者不允许当事人依自己的意思预先放弃时效利益。① 这种立法模式，排斥意思自治原则在诉讼时效领域中的适用，以法律规定的内容作为解决时效问题的唯一标准，这反映了公权力对诉讼时效领域较重的干预，而民事主体的意思自治则在诉讼时效领域内受到严格的限制。我国学界也一般认为："民事时效具有强制性。关于民事时效的规定为强行法，除法律另有规定外，当事人不得通过约定延长或缩短时效期间；时效期间的利益，不得预先抛弃。"② 这种严格坚持时效法定性的做法，在新近立法中有所改变。2002 年德国债法改革后，允许当事人约定延长时效期间，但最长不得超过 30 年，③《荷兰民法典》、《奥地利民法典》亦有与此类似的规定。④ 1974 年《联合国国际货物买卖时效期限公约》则允许当事人依约定排除该公约所规定的时效规则。⑤ 这些立法承认意思自治原则可在诉讼时效领域适用，弱化了时效规则的法定性，更加尊重当事人在诉讼时效问题上的自主意思，这反映了公权力对诉讼时效领域干预的适度减轻，以及当事人意思对时效规则作用的强化。⑥

第三，在我国的现实条件下，应在兼顾请求权法律关系中的权利人、义务人双方利益大致平衡的前提下，将保护权利人作为首要价值目标。

---

① 参见《法国民法典》第 2220 条、《日本民法典》第 146 条、《意大利民法典》第 2936 条、《俄罗斯民法典》第 198 条。

② 马俊驹、余延满：《民法原论》，法律出版社 2005 年版，第 242 页。

③ 参见《德国民法典》第 202 条。

④ 参见《荷兰民法典》第 322 条、《奥地利民法典》第 1520 条。

⑤ 参见《联合国国际货物买卖时效期限公约》第 3 条。

⑥ 需要说明的是，笔者并非认为新近立法就一定优于传统的坚持时效法定性的立法。对于意思自治原则是否应适用于诉讼时效领域，笔者认为，应结合该国的法制环境等因素作具体的判断。

　　首先，在请求权法律关系中，义务人的义务性质决定了，义务人作为或不作为义务不宜永久存在。依据学界公认的观点，诉讼时效主要适用于请求权。请求权是要求特定人为特定行为（作为、不作为）的权利，在权利体系中居于枢纽的地位，因为任何权利，无论是相对权或绝对权，为发挥其功能，或回复不受侵害的圆满状态，均须借助于请求权的行使。① 在请求权法律关系中，义务人须向特定的请求权人履行作为或不作为的义务，这区别于支配权法律关系中的不特定义务人只需履行不侵害支配权的不作为义务。从这个角度来说，请求权法律关系的义务人负担的义务更重。一方面，请求权人与其义务人是特定人与特定人之间的关系，特定义务人与特定权利人形成了特定的约束关系；另一方面，请求权人通过行使权利能够给义务人造成更大的影响，义务人通常负有作为义务，即使是不作为义务，也不同于支配权关系中那种单纯的不侵害他人权利的不作为义务，而是表现为保密、竞业禁止等义务。由于义务人的义务较重，出于公平原则的考虑，各国一般都不承认永久存在的请求权（基于立法政策也存在一些例外），而主要通过诉讼时效制度来限制请求权，以避免对义务人过于苛刻而造成不公平的结果。

　　其次，诉讼时效制度作为一种时间限制的工具，可以使请求权法律关系中的权利人、义务人双方利益大致得到平衡。利益衡量是现代民法学中研究问题的一种基本方法。日本学者加藤一郎在论述民法解释与利益衡量的关系时指出："这样的价值评价或者价值判断（指以利益衡量的方法进行民法解释。笔者注），即使是极端赤裸的，在解释论上属于过分粗糙的议论，也不能说必定是坏事。我认为与其将这种价值判断掩盖起来，含糊过去，不如展开公开的讨论，应当在裁判中反映各个时代的社会状况和占支配地位的价值观。"② 笔者认为，诉讼时效制度在一定程度上就是利益衡量的结果，其基本目的之一是追求请求权法律关系中的权利人、义务人双方利益大致得到平衡这一理想目的。一方面，权利人的权利能够得到充分保护，实现民法作为权利法的基本价值目标；另一方面，对负有较重义务的义务人不至过于苛刻，以体现公平原则的价值要求。诉讼时效制度以时间限制权利作为手段，实现权利人、义务人双方利益的大致平衡。任何一种诉讼时效制度，实际上都反映了该国在一定历史时期对权利人与义务人双方利益平衡关系的一种判断。这种判断应当是建立在社会现实状况和主流价值观基础之上的，诉讼时效制度的具体内容，则应当是这种判断的具体体现。例如，如果社会现实将权利保护作为占绝对主导地位的价值观，利益衡量的天平就会向权利人一方倾斜，体现为较长的时效期间，19 世纪颁布的《法国民法典》与《德国民法典》规定的 30 年时效期间，就是这种价值观的集中体现。又例如，如果主流价值观强调社会公共利益，而权利保护退居次要地位，则利益衡量的天平就会向义务人一方倾斜，体现为较短的时效期间，《苏俄民法典》规定的 3 年时效期间即为典型。

　　最后，在我国现实条件下，应将保护权利人作为首要价值目标。诉讼时效制度作为一种平衡权利人、义务人双方利益的工具，应当立足于社会现实，通过对具体制度内容的调整，实现实质意义上的公平。首先，我国历史上的主流价值观，从来就不缺少社会公共利益的内容，而极度缺乏的正是权利保护观念。权利保护观念的缺乏，在"文化大革命"

---

① 王泽鉴：《民法总则》，中国政法大学出版社 2001 年版，第 92 页。

② ［日］加藤一郎：《民法的解释与利益衡量》，载梁慧星主编：《民商法论丛》（第 2 卷），法律出版社 1994 年版，第 80 页。

期间达到了登峰造极的程度。但是，即使在改革开放已逾 30 年的今天，维权之艰难、维权之痛苦，亦是公认的事实。建立具有科学意义的现代民法体系，其中重要的任务之一，就是要在立法上、司法上及民事活动中，树立权利保护的基本观念。其次，社会生活中诚信丧失、信用缺位的现实，要求诉讼时效制度作为一种利益平衡的工具，其天平应向权利人一方倾斜。在交易活动中缺乏信用的社会现实，使义务人一方成为事实上的强势一方，而权利人反而成为"弱势群体"。诉讼时效制度应立足于这种社会现实，通过调整制度安排，平衡双方的利益，防止和遏制义务人将该制度作为一种合法的赖账工具。但是，现行法关于时效期间最大的缺陷在于，2 年普通时效期间没有体现对权利人的倾斜，对信用缺乏这一社会现实，没有做出应有的调整和反映。最后，"欠债还钱"、"父债子偿"等传统观念，也要求将权利保护作为诉讼时效制度的首要价值目标。这些固有的传统观念，使普通民众更加关注的是履行义务的正当性，而非债权人"怠于"行使权利的懒惰性。诉讼时效具体制度所反映出来的价值取向，应当与民众的这些固有观念在一定程度上保持一致。

请求权与债权的关系及请求权体系的重构[*]

■ 张素华^{**}

一般认为，债权与请求权之间不存在本质的差别，债权的有关规定可以准用于请求权。正是基于这个理由，将形成请求权的法律关系都归入债的范畴，无形之中成为债法体系的理论基础。本文将从请求权和债权的本质与功能角度出发，剖析债权与请求权的关系，以实现民法典中请求权体系的重构。

一、请求权的本质与功能

众所周知，请求权是德国民法上的重要概念。《德国民法典》在总则部分第 194 条第 1 款明文规定了请求权的概念。请求权是由德国潘德克顿学派的代表人物温德沙伊德（windscheid）从罗马法和普通法中的诉（action）的概念发展而来的。① 因此为了寻求对请求权概念的正确理解，有必要了解温德沙伊德的相关理论。② 温德沙伊德是从罗马法上的诉的概念出发而提出请求权这一概念的，因此我们有必要看看他对罗马法上的诉的论述。他认为，罗马法上"诉"这一概念具有六种依次变窄的含义：行为；（与他人）协商；法庭的审理；争议性的法庭审理；特别是涉及侵害人的争议性的法庭审理；并非某种事实、而是被认做合法权利的法庭起诉或诉讼。从中可以发现，前五种诉的含义都是对诉讼这一事实的描述，唯有第六种含义与权利相连。对于这一种意义上的诉，温德沙伊德引

＊ 本文是武汉大学社科项目"债权法总则研究"的阶段性成果。

＊＊ 法学博士，武汉大学法学院副教授。

① ［德］迪特尔·梅迪库思：《德国民法总论》，邵建东译，法律出版社 2000 年版，第 67 页。

② 本文有关温德沙伊德的请求权概念的论述资料来源于金可可《论温德沙伊德的请求权概念》，载《比较法研究》2005 年第 3 期。

用了《学说汇纂》的一段话："诉不过是通过审判要求获得自己应得之物的权利。"① 正是在这种权利意义上的诉的概念，被用来意指请求权的概念。但是，即使是权利意义上的诉与我们现在所说的请求权，还是有差别的。在诉的概念中，我们将发现某种在请求权概念中未能包含的要素，也就是法庭的要素，即法庭审理和法庭保护的要素。可见，温德沙伊德是通过剥离罗马法上的诉所内含的诉权或可诉请性的因素，得出了实体法的纯粹的请求权概念。请求权是指法律上有权提出的请求，也即请求的权利，某人向他人要求一些东西的权利。温德沙伊德还认为，主观意义上的权利往往具有双重含义，一种是针对他人的意思力，一种是无涉于他人的意思支配。这样一来他就把权利划分为两个基本类型，一种是要求他人行为的权利，一种则是自己行为的权利。由此可见，在温德沙伊德看来，请求权一方面是内在于一切权利的强制因素。另一方面，其本身还构成了一种独立的权利类型，并且是权利的两种基本类型之一。该概念在德国法上确立后，随着德国民法的传播，在受德国民法影响的国家比如日本、瑞士等国都产生了重大影响。在日本法上，虽然没有对请求权如同德国那样予以明确的定义，但通说认为，请求权是指对特定人请求一定行为的权利，是相对于支配权、形成权的概念。②

尽管请求权的概念自创立以来得到了广泛的认同，但对于请求权的本质，学者之间展开了热烈的讨论。然而，经过多年的论证，学者们在使用请求权这一概念时，其含义并不统一。在一般的学术著作中，作为实体法上的请求权存在以下三种含义：一是作为民事权利的一种基本类型。许多著作在根据民事权利的性质或者作用对其进行分类时，几乎都提到了请求权，并将其与支配权、抗辩权、形成权并列在一起，并认为物权为典型的支配权，债权为典型的请求权。二是作为民事权利的一种权能或者效力的请求权，如在谈到债权的权能时，必然将请求权列为其中之一，并将其与受领权、保护权、处分权等相提并论；还有一些著作在论及物权请求权时认为物权请求权是根据物权作用产生的权利，是物权效力的具体体现。三是从对实体权利进行救济的意义上使用请求权，又称其为救济性请求权。即把请求权当做一种救济性权利。正因为请求权含义的多样性，以至于不少著作在论及请求权时，时而在权能意义上使用，时而在权利类型意义上使用，时而在救济意义上使用。温德沙伊德（windscheid）创造这个概念时并没有料到会有目前如此混乱的局面。那么，请求权本体上到底应该在何种意义上存在呢？或者说请求权本来应该是一种什么样的权利？

首先，请求权不是实体权利的一项必然权能。民法理论上权能概念的产生，是基于阐述权利的需要。权利只是一个抽象的存在，只有主体实施了特定的行为，权利方可成为一种具体的存在，才能产生实际的利益。权利必须以某一特定行为作为载体以表现和实现自己，这就有了权能的提法。所以权能是用以指称权利的具体表现形式而存在的。权利一般是从可能的角度出发，权能则是从特定行为的角度出发，权利是抽象的，权能则是具体的，权利与权能实为一体，这或许就是法学中经常互用权利权能概念的原因。由此看来，权利与权能并不是整体与部分的关系，而是本质与表现形式的关系，任何一种权能都应该

---

① ［意］彼德罗·彭梵得：《罗马法教科书》，中国政法大学出版社1992年版，第85页。

② 《法律用语词典》，自由国民社，1996年版，第205页。转引自辜明安：《请求权在民事权利结构中的性质与地位》，载《西南政法大学学报》2007年第5期。

具有独立存在的价值。权能意义上的请求权，无论从何种角度讲都不具有实际价值。除了作为救济手段外，从来无人感受到作为权能意义请求权的存在及其作用。作为权能意义存在的请求权主要是指债权。我们说债权主要表现为请求权，但债权并不因为债权人请求权的行使而得以实现，债权是否能够实现，取决于债务人的履行行为，而债务人是否愿意或者能够履行，则与债务人本身的信誉和能力紧密相连。况且，债权虽然表现为请求权，债权人的请求权也不是随时都能够行使的，如果债权人在债务履行期限届满之前行使，还可能遭到债务人的抗辩；虽然债权主要表现为请求权，但债权人的请求权行使的目的一般也是为了满足自己的债权，一般也是在债务人到期仍然不履行债务的情形下行使的，此时的请求权仍然没有摆脱救济的功能。如果说请求权在债权中的行使对债权而言有何特殊意义，仅在于请求权的行使可以使债权免受时效之累，可以通过证明请求权的行使而使得债权永久存续下去。但这种功能并不是请求权作为债权的权能所导致的结果，而是诉讼时效制度本身的目的所在。如果将请求权看做一项具有独立价值的实质性权利，这与权利的结构有重大逻辑矛盾。① 他认为，权利乃保护特定利益的法律上之力，法律上之力即权利的权能或作用，请求权正是从基础权利中的请求力和请求作用转化而来，故请求权与基础权利都为同一的特定利益，基础权利只有具备诸多权能方可实现此特定利益；请求权仅具有请求的权能就可以实现，显然这种认识是将请求权的权利结构简单化了。而请求权作为一项独立的权利，仅仅具有一项权能是不够的，请求之后总要受领，否则请求权的行使失去归属。

其次，请求权并非实体民事权利。② 在传统民事理论中，根据权利的作用，将民事权利分为支配权、抗辩权、请求权、形成权，但这也只是对民事权利所作的一种技术性分类，并非一种独立的、实体意义上民事权利。请求权并不符合独立民事权利的基本特征。这主要表现在：第一，请求权不具有独立性。请求权必须依附于一定的实体权利。就算是债权，请求权也并非其全部内涵，必须有债权才有请求权，并非所有的请求权都是债权，比如身份法上的同居请求权等就不是债权；其余的救济性请求权据更不用说了，必须在原权利有损害或者损害之虞时才产生。而且，任何请求权均不能离开实体权利而单独行使和转让。所以请求权根本不具有独立性，只是民事权利的一种救济方式和手段。第二，请求权本身不具有法益性。权利的本质在于利益，请求权本身没有任何利益而言，它只是实现民事权利法益性的一种手段，是民事权利具有法律之力的一种表现。第三，请求权不具有可侵害性。请求权只存在行使与不行使之分，任何人均无法侵害他人的请求权，除非公权利。第四，请求权不具有可救济性。因为请求权本身就是一种救济手段，而且这种救济手段的行使完全取决于当事人的意愿，其本身不具有可侵害性，自然也就不需要救济。

最后，请求权与诉权也不是同一的。尽管请求权概念源自诉权，但随着法律理论的发展，请求权与诉权也逐渐分离。在罗马法中，只有诉的概念而没有请求权的概念，罗马法对实体权利的保护是通过不断创设各种有名之诉来实现的。正如学者所言，"action"是权利的表现，而非权利的结果。《法国民事诉讼法》中第一次抽象地规定了诉权，使得诉

---

① 翟云鹏：《请求权性质之我见》，载《山西省政法管理干部学院学报》2007 年第 3 期。
② 此处所指的实体权利，是指具有实质利益内容的权利类型，比如物权、债权、知识产权等，即后文所说的实质性权利。

权体现为一种诉讼法上的请求，与这一种请求相对应的不再是实体法上的某一项具体权利，而是实体权利的整体。请求权概念在德国法时期得以产生，但法国法中对诉权概念的抽象为请求权从诉权中分离出来奠定了基础。在德国，随着社会生活的复杂，诉权大量增加并呈现出实体法趋势，萨维尼根据诉权原理创设了私法诉权说。他认为，诉权是一种实体法上的权利，是在实体权利遭受侵害时用以保护实体权利的一项权能。显然这里所说的诉权与温德沙伊德所创设的请求权概念具有极大的相似性。温德沙伊德在其《从现代法的立场看罗马法的诉权》一书中指出，（实体）请求权是本体，而诉权是本体的影子。即人们按照实体法的构成要件向某人要求某物的权利（请求权），而当要求无法满足时就可以向国家提起诉讼。他认为请求权不同于诉权，当权利未受侵害时，人们享有实体法上的请求权，当该请求权不被认可时，就产生一个诉权。由于他坚持诉权是私法上的权利，所以请求权与诉权之间并没有真正区分开来。直到后来公法诉权的产生，诉权与请求权之间的界限才得以明晰。①

请求权概念既然来源于历史，我们在探寻其含义时既不能拘泥于历史的渊源，也不能脱离历史的发展轨迹。综上所述，请求权在本质上应该是一种救济性权利，是权利人实现私法自治的工具，是进行自力救济的方式，请求权不管是作为权利还是作为权能，对权利本身而言都没有任何实际意义。它只能作为实体权利的救济手段而存在，即便是我们通常所认为的债权请求权也是在救济意义上而言的。救济意义上的请求权不是某一个具体的权利，而是一种思维模式中的理念存在。但请求权作为救济权，与诉权在性质上也是截然不同的。如上所述，程序意义上的诉权是民事诉讼法赋予当事人进行诉讼，进行公力救济的基本权利。诉权人人享有，实体法上的请求权则必须以法律规范的构成要件为基础，请求权的实现不一定选择诉讼的方式，也可以选择私力救济的方式得以实现。以上分析说明，请求权既不是实体意义上的实质性民事权利，也不是民事权利的必然权能，亦不能等同于程序意义上的诉权。请求权只是实体法赋予权利人当其民事权利受到侵害或有侵害之虞时而对民事权利进行救济的一种技术性权利。此种请求权作为一种技术性权利与实质性权利是不一样的，② 所以请求权是不能与实质性权利处于同一序列进行分类的。因此，请求权是实体法上的权利，但不是实体法上的实质性权利，即不是基本类型的权利，而是基本权利实现的技术性手段。请求权与债权不是一回事，一个属于基本权利，一个属于技术性权利，有关债权与请求权的区别将在下文详述。

将程序意义上的诉权引入请求权，是温德沙伊德对民法的一大贡献，其功能主要表现在：第一，拓展了权利的功能，为权利实现提供了有力的保障。③ 正如学者所言，若非请求权概念的创建，人们真不知于诉权之外，尚有私人间的请求关系，"迨经温氏始予辨明，而认于诉权（公权）之外，尚有请求权（私权）之存在"，"惟请求权系由基础权利

---

① 李丽娟：《论请求权与诉权之间的关系》，载《河南理工大学学报》2006年第4期。

② 北川善太郎对权利的划分在此值得借鉴。北川善太郎将权利划分为实质权利与技术权利，即将静态的借以确定实质生活利益内容的权利称为实质性权利，比如债权、物权即属此类；而将作为法律关系变动原因等具有技术性手段的权利则称为即属权利，比如形成权、抗辩权、请求权则属此列。

③ 辜明安：《请求权在民事权利结构中的性质与地位》，载《西南政法大学学报》2007年第5期。

（如物权、债权等）而发生，必先有基础权利之存在，而后始有请求权之可言"。① 在请求权产生之前，权利的功能未能充分展现，限制了私力救济的发挥，诉讼成为权利实现和权利救济的常规手段。然而，由诉讼本身的程序性可知其成本与难度之大，使权利的实现与保障徒生烦恼，形成诸多困难。而请求权的发现，使权利人之于义务人为请求乃权利本身所具备的基本功能。② 因此，权利的实现不仅依赖义务人的自觉行为，而且权利人可以凭借请求权行使权利，既可以在诉讼之外直接请求，也可以依诉讼的强制力量通过公权力予以实现，使得权利的"法律之力"得以彰显。这不仅使得权利本身的功能得到了强化，而且为权利的实现提供了有效途径，也使权利具有自我实现与自我保障的功能，构筑了对公权侵入私人社会的防御体系。第二，请求权给权利所提供的权利实现机制，也体现了私法自治的目的，填补了权利在诉讼之前无法得到救济的空白状态，使得权利人的私力救济有法可依，使得私法自治不仅表现在权利义务的创设上，在权利的救济中同样可以发挥功能，全面体现私法自治的价值，强化了私法自治的理念。第三，避免了裁判官独断专行所导致的权利救济的不周延，一方面弥补了诉讼形式的不足给权利救济所带来的漏洞，另一方面也给裁判官的权利进行了实质性限制，必须以实体权利作为救济的基础，符合罗马法从注重形式主义到追求实质正义的观念的转变。同时，请求权概念的创立还实现了义务与责任的分离。实体法上请求权的创立，使得义务与责任的界限更加分明，请求权行使的基础是义务，而只有在请求权得到支持时才表现为责任。第四，请求权概念的创设，也为法学研究的条理化以及法律思维提供了重要的分析工具。在大陆法系国家，体系化一向是法律人所追求的目标，体系化不仅是法律发展的重要目标，更是法学研究的重要方法。因为体系化可以使人们遵循一定的条理而循序渐进地认识和了解法律，而且可以借助体系化所形成的规范整合效果，促成统一法秩序的形成与维持。③ 而在体系化的过程中，概念的作用不容忽视，而且概念越抽象，体系化的目标越能实现，《德国民法典》之所以能够取得如此辉煌的地位，与其所创设的诸如法律行为、债等抽象概念密不可分。请求权概念就能够起到使权利体系化的基石作用。正如王泽鉴先生所言，请求权在权利体系中居于枢纽的地位，因为任何权利，无论是相对权，还是绝对权，为发挥其功能，或恢复不受侵害的圆满状态，均需借助于请求权的行使。请求权因此也成为法律思维中一个非常重要的分析工具，任何一项权利的行使或者救济，首先必须考虑权利的请求权基础是什么，只有找到请求权基础，权利的行使或救济才有依据，我们现在所进行的法律思维的训练都是从请求权基础的寻找开始。因此，请求权成为沟通公法与私法的桥梁，成为公权力与私权利的中介。请求权概念的发现是法学上的一大贡献，④ 其具有合理存在的必要性。

二、请求权与债权的关系

要理清请求权与债权的关系，必须先弄明白债权的本质与功能。谈到债权的本质与功能，必然要涉及债的本质与内涵。债，这个源自罗马法的古老概念，来自于拉丁文 ligare，

---

① 郑玉波：《民法总则》，中国政法大学出版社 2003 年版，第 67 页。
② 朱岩：《论请求权》，载王利明主编：《判解研究》2003 年第 4 期。
③ 黄茂荣：《法学方法与现代民法》，中国政法大学出版社 2001 年版，第 405～406 页。
④ 王泽鉴：《民法总则》，中国政法大学出版社 2001 年版，第 92 页。

其基本含义是约束与纽带。在法律意义上，就是指具有法律强制力的约束和纽带，它产生于一方当事人应向另一方当事人承担的法律义务。① 因此，查士丁尼在《法学阶梯》中将债界定为：债为法锁，据之我们有必要被强迫根据我们城邦的法偿付某物。② 债是两人或多人之间的各种法律关系的集合，其中，有债务，即一方当事人对于另一方当事人负有提供某种给付的义务，也有债权，即另一方当事人要求提供给付的权利。③ 因此，债的关系中通常包括债权和债务两个方面的内容，哪一个更能反映债的本质呢？有学者认为债权的本质是请求权，一方面民法是私法，自然以权利为本位；另一方面与物权相区别的典型特点为债权是请求权而物权是支配权。有学者则从法律秩序的角度认为债的本质应以债务为起点，权利本位在债法领域发生了异化。④ 受此启发，笔者进而认为，债权实现的根本在于债务人的给付行为，而非债权人的请求，债权是重要的，但是其重要性仅仅在于它是在积极促进债务履行的意义上所设置的，即"债务人提供的给付将构成债权人所真正获得的利益，而作为权利实质的请求权不过是达到这一目的的手段"。⑤ 债权的核心在于给付而非请求。这一认识与传统债法所描述的债权主要表现为请求权的观点相去甚远。但正是这一观点，不仅混淆了债权与请求权之间的关系，而且使得请求权本身的体系发生紊乱。

通说认为，债权表现为以下几种权能：①给付请求权。债权人有请求债务人实施给付行为的权利。②给付受领权。当债务人根据法律规定或者当事人约定履行债务时，债权人有权接受并永久保持因履行所得的利益。即使债权罹于诉讼时效，债权人仍享有给付受领权。③保护请求权。债务人不履行债务时，债权人有权依此事实请求国家机关予以保护，强制债务人履行债务。④处分权能。债权人对其享有的债权，除法律另有规定或者合同另有约定外，债权人得对其免除、抵消、让与及设质等。⑥ 但我们认为，债权的本质在于受领权，并非请求权。理由如下：第一，从历史渊源来看，债即是法锁，意味着约束和纽带。而这种约束意义一般是针对债务人而言的。罗马法作为现代债法的发源地，拥有非常发达的债的制度，是民法法系债法的共同起源。在公元 6 世纪《国法大全》文献中，罗马法有两个关于"债"的权威定义，这两个定义大同小异，均是从债务人所应履行的义务来定义债的；查士丁尼《法学阶梯》在第 3 卷第 13 篇对债进行了一般性界定，认为债是法律关系，基于这种关系，我们受到约束而必须依照我们城邦的法律履行某种给付。⑦ 《法学汇纂》对债的本质定义得更加明确，认为债的本质不在于我们取得某物的所有权或者获得役权，而在于其他人必须给我们某物或者做或履行某事。其对待债也是从义务出发的。《法国民法典》没有关于债的一般规则，而是分别针对各种具体的债做出界定，其关于债的定义也是从债务人应为给付的角度入手。《德国民法典》关于债的界定从字面来看

① 黄风：《罗马私法导论》，中国政法大学出版社 2003 年版，第 251 页。

② [罗马] 查士丁尼：《法学阶梯》，张企泰译，商务印书馆 1989 年版，第 158 页。

③ [德] 拉伦茨：《德国民法通论》（上）王晓晔、邵建东、程建英、徐国建译，谢怀栻校，法律出版社 2003 年版，第 40 页。

④ 龙卫球《债的本质研究：以债务人关系为起点》，载《中国法学》2005 年第 6 期。

⑤ [法] 雅克·盖斯坦等：《法国民法总论》，陈鹏等译，法律出版社 2004 年版，第 147 页。

⑥ 马俊驹、余延满：《民法原论》，（第三版）法律出版社 2007 年版，第 510 页。

⑦ [古罗马] 查士丁尼：《法学阶梯》，张企泰译，商务印书馆 1989 年版，第 158 页。

似乎发生了变化，但有学者通过对词的深化认识，以及从债的外部性与内部性分析入手，认为债仍然是以义务为起点的，并没有引起债法领域的根本改变，并没有将债从义务本位发展为权利本位。① 第二，债权的本质在于给付受领权，是由债的标的所决定的。这是因为标的不同使得各种法律关系得以进行本质区分。而在私法领域中，由于受到人文主义和伦理学的深刻影响，使得个人自由与尊严受到特别的关注。在某种意义上说，债的关系的建立，是由于债务人积极的追求或者消极的驱动而产生的，即是由债务人通过自己的意志而建立的，在债的实现过程中，必然要充分体现债务人的自由与尊严。所以债的标的的确定对于自由与尊严有着特殊的意义。将债的标的界定为给付行为，就避免了债权人对债务人的强制。因此，债的本质也就在于给付受领而非请求。第三，债权的本质在于给付受领权，是由债的本质所决定的。一般认为，债的本质是法律关系，这种认识并不能真正揭示债的根本属性，也不能与同属于财产权的物权相区别。我们区分物权关系与债的关系，通常仅限于在外部的效力特点上作出描述，即认为物权是绝对效力而债权仅具有相对效力。物权和债权在效力范围上的区分是由权利的不同本质特点所决定的。物权与债权分属不同的法律状态，前者属于主观法律状态，其目的在于创设权利而不是义务，主体的特权和利益因素是首要的；债权则属于客观法律状态，其主旨在于确立义务而不是权利的法律状态，义务和负担的因素是决定性的。在债的关系中，由于债务是债的起点和目的，债权只能相对债务而发生并作为其手段而存在，所以债权也就只能具有相对效力——即限于促进债务履行而具有效力，而物权关系正好相反，由于物权是起点和目的，所以其效力是绝对的，并不受对应义务的制约。②

债权与请求权之间的关系，一直是学界争议较大的一个问题。主要有以下两种不同的观点：③ 一种认为请求权与债权是同一概念；另一种认为二者是分离的，认为债权与请求权是不同的概念。后一种观点又可以分为两种不同的看法，一种认为请求权是债权的上位概念，另一种认为债权是请求权的基础概念。这两种不同的观点实际上是认为债权与请求权之间存在一定的交集关系。

认为债权与请求权是同一概念的学者，理由是债权的本质就是请求权，所以债权与请求权是同一的，即便债权除了请求权以外，还表现为给付受领权、处分权等，这也只能说明请求权比债权更具一般性而已，债权与请求权不具有本质性的区别。从上文有关债权本质的论述可知，债权的本质在于给付受领权而不在于请求权。在这个意义上，债权与请求权的区别似乎很清楚了。但由于债权通常表现为请求权，加上请求权与债权的定义又极为相似，所以仍有学者认为，债权即便与请求权不是同一概念，债权也仍然是典型的请求权。④ 在此我们有必要探讨一下债权与请求权无法分离的原因。只有弄明白了根源，才能正本清源。我们认为，原因主要在于以下几个方面：第一，定义的相似性。《德国民法典》第 194 条第 1 款规定，要求他人作为或者不作为的权利，因时效而消灭。第 241 条规

① 龙为球：《债的本质研究：以债务人关系为起点》，载《中国法学》2005 年第 6 期。
② 龙为球：《债的本质研究：以债务人关系为起点》，载《中国法学》2005 年第 6 期。
③ 马经平、邵连民：《解读请求权的本质》，载《河北学刊》2008 年第 3 期。
④ 这一观点并非某一学者或者某一著作所表达的观点，从传统债法理论对债权与请求权之间的关系论述中都可以得出这一结论。

定，债权人基于债的关系，有权向债务人要求给付。给付也可以是不作为。从上述法条的字面意义上看，确实无法区分债权与请求权。第二，债权与请求权在表现形式上具有共同性，都表现为一方依另一方的请求而为或者不为一定的行为，与物权的支配性形成了强烈的对比，这非常符合德国人追求逻辑与体系的胃口。第三，在传统的债法体系中，除了合同之债之外，还包括侵权之债、返还不当得利之债以及无因管理之债，这些债的发生原因中，除了合同之债以外，其余债的成立都是以原权利遭受侵犯而产生请求权为基础的，与物权请求权、知识产权请求权以及人身权请求权等没有本质的区别。而侵权行为、无因管理、不当得利所形成的权利义务关系也被称为债权债务关系，债权与请求权在这里实现了统一。第四，债权是典型的请求权这一观点是导致债权与请求权混淆的罪魁祸首。债权就是债权，是基本权利类型，而请求权则属于动态的技术性权利，与债权不属于一个位阶的权利类型，不同性质的权利不具有可比性。债权虽然可以表现为一方对另一方的请求，但此时的请求如果不是在救济意义上而言的话，对于债权本身来说不具有任何实质性的意义，正是由于债权的标的是行为，从尊重人的人格出发，不得对人的行为采取任何强制性措施。所以，债权的请求权利对于债权人而言不体现为任何实际利益，也没有独立存在的价值，让一个不能体现债权价值的权利表现形式来作为权利的本质，就不能更好地认识和保护权利。因此，认为债权的本质就是请求权或者说债权是典型的请求权都是对债的本质的误解。第五，将债权与请求权混为一谈，实质上是对温德沙伊德创设请求权概念的误解。温德沙伊德创设请求权概念时，是为了满足权利救济的需要，他在创设物权请求权时，事实上存在着两种不同的物权请求权：第一种是普遍的、针对一切人的不作为物权请求权，而另一种则是针对特定侵害人的，要求回复物权圆满状态的物权请求权。后一种请求权才是我们现在所采行的物权请求权。① 这充分说明了温德沙伊德是在救济意义上使用请求权概念的，前一种属于消极意义上的请求权，后一种属于积极意义上的请求权，消极意义上的请求权与债权所蕴含的请求权能正好相对应。无论是消极意义上的请求权还是积极意义上的请求权，都是为了实现和保护权利本身，只不过此种消极请求权是隐而不显的，此种消极的请求权概念没有被立法者所采纳，被随后的支配权所取代。

传统法上将请求权与债权混为一谈，带来以下后果：第一，传统分类中的物权请求权是在权利受到侵害或者有侵害的危险时对权利进行保护、救济的意义上使用的，另外人身权请求权、知识产权请求权等绝对权的请求权也都是在这些权利受到侵害或者有侵害之虞时为保护自身而产生的一种救济权。只有债权请求权是从权能意义上而言的，况且我们前面已经分析在权能意义上使用请求权对于权利本身而言没有任何实质意义。而在同一分类中使用具有不同含义的"请求权"这一概念，使得看似对称的物权请求权与债权请求权在实质上发生差异。这与大陆法系一贯坚持的严谨统一风格背道而驰。第二，传统债法体系中，侵权行为作为债因而委身于债法体系之中，物权请求权、人身权请求权、知识产权请求权等绝对权请求权也是因为权利被侵害或者有侵害的危险时产生，此时的救济性请求权成为权能意义请求权上的债权，如果请求权与债权混为一谈的话，就发生请求权产生请求权这样的逻辑错误。第三，请求权与债权的定义如此雷同从某种意义上说正是债法体系得以维系的理论基础，也正因为如此，债权与请求权如果仍然处于不加区分的状态的话，

---

① 金可可：《论温德沙伊德的请求权概念》，载《比较法研究》2005 年第 3 期。

传统债法体系的变革将遇到理论障碍。第四，债权与请求权的混同将导致请求权体系的划分标准发生混乱。正因为在权能意义上使用请求权，使得请求权被划分为原权请求权和救济性请求权，救济性请求权又被区分为原发性请求权与次生请求权，而原发性请求权与救济性请求权又不可避免发生矛盾，导致立法上的困难。

综上所述，债权与请求权必须明确区分开来，债权与请求权分属两个不同的权利体系，不具有可比性。债权与债权请求权也不是可等同替代的，债权与债权请求权是两个不同层面的概念，不能视为同一。正是由于将债权与债权请求权视为等同替代的两个概念，使得本来非常对称的债权请求权与物权请求权发生了错位。物权请求权是为了回复对物的圆满支配状态而享有的救济性权利，是以基础性权利即物权受到妨碍或者威胁为前提的，而如果将债权请求权视为债权本身，此时的债权请求权就是债权。债权应该是与物权对应的，也正因为如此，有学者为了完成权利之间的对称性，以防发生误解，认为应该创设债权请求权的请求权，① 这种观念实际上是在认同债权与债权请求权二者同一的基础上所做出的无奈选择。

三、请求权体系的重构

请求权作为沟通实体法和程序法的桥梁，构成民事权利结构的基础，成为民事权利保护的核心内容。请求权基础的思想方式无论是在教学还是实践中都已成为一种常规的思维模式。至此，请求权体系的重构就越发显得重要。

关于请求权的分类，学界也是标准不一，有的学者认为，② 请求权事实上包含两个系统，一个系统是民事权利的请求权；另一个系统是民事权利保护的请求权系统。前一个系统，是指具有请求权性质的民事权利，如债权以及其他民事权利中所包含的请求权内容，如身份权中诸如抚养请求权等对内对外的请求权，可以称为本权请求权。这是民事权利本身。后一个系统，是指对民事权利进行保护的请求权系统，包括原权利的请求权和次生请求权。次生请求权保护的目的，主要集中在要求加害人履行损害赔偿上，其目的是为了填补权利人无法通过行使原权请求权来恢复的损失，是以金钱的方式填补被损害的权利。而原权请求权保护的目的，主要集中在对权利的预防和防范以及恢复被造成损害的权利。还有的学者认为，③ 大陆法系的民法理论通常注重高度的抽象、严谨与统一，但《德国民法典》所创立的传统的请求权的分类恰恰与潘德克吞学派高度抽象的法理学理论以及该法典严谨完备的结构体系形成鲜明对比。这一分类来源于罗马法上的对人之诉和对物之诉，在《德国民法典》第一草案中不仅把物法与债法截然分开，而且把请求权亦划分为物权的请求权与债权的请求权。其后许多国家纷纷效仿，都大同小异地根据基础权利的不同对请求权进行简单的分类，在理论上缺乏抽象的深度与广度，易造成请求权含义的混乱，在立法实践中易导致条文的重复，在实际适用法律时会出现权利救济的真空。因此应对请求

---

① 魏振瀛：《论请求权的性质与体系——未来我国民法典中的请求权》，载《中外法学》2003 年第 4 期。

② 魏振瀛：《论请求权的性质与体系——未来我国民法典中的请求权》，载《中外法学》2003 年第 4 期。

③ 田土城：《请求权类型化研究》，载王利明主编：《中国民法年刊》，法律出版社 2004 年版。

权体系予以重构。其将请求权着眼于一种救济性权利，将请求权划分为预防请求权、回复请求权、补救请求权。预防请求权是指民事权利的圆满状态受到了威胁，有侵害的可能，但尚没有侵害事实发生，在此情形下，权利受威胁之人即有权要求他人采取预防措施，以防止其对自己的人身权或财产权造成侵害。此时权利人行使请求权的目的是请求他人为一定行为以防止自身权利受到侵害，这种对权利的救济是预防性的，所以被称为预防请求权。回复请求权是指民事权利的圆满状态受到了侵害但仍可以回复，权利人行使请求权的目的是请求他人为一定行为以保全、回复受侵害权利的原有状态。补救请求权是指民事权利的圆满状态受到了损害而不可回复。在此情形下，权利人行使请求权的目的是请求他人为一定行为以使自己受损害的权利得到补救。有的学者认为，① 请求权可以划分为应然性请求权与实然性请求权。有的将请求权划分为对人请求权和对物请求权。② 有的将请求权划分为债权上的请求权、物权上的请求权、准物权上的请求权、知识产权上的请求权、人格权上的请求权、身份权上的请求权等。③ 此外还有学者提出了受时效限制的请求权与不受时效限制的请求权、作为请求权与不作为请求权、主请求权与辅助请求权的分类。④ 德国学者拉伦茨将请求权划分为独立请求权与非独立请求权。他认为：独立请求权自身就具有一定意义，它不依赖于在它之前就已存在，它为之服务的权利而单独地存在，具有独立的救济价值，本身就属于一种权利。这些独立的请求权有债权、亲属法中的抚养请求权。这些请求权一般是可以转让的。与此相反，非独立的请求权则是为实现其他的权利服务的，这些权利是绝对权、人格权、人身亲属权、支配权或者无体财产权，非独立请求权具有一种服务功能。⑤ 日本有学者将请求权划分为差止请求权和保全请求权。差止请求权是请求停止侵犯他人利益行为的民法上的手段。在侵权行为反复持续进行的情况下，侵害造成的损害发生后，除进行其他的救济外，有必要请求停止今后的侵害，防止将来损害的发生。保全请求权是把物权请求权中的返还请求权和妨害除去请求权独立出来组合而成的一类权利。⑥ 我国台湾地区学者胡长清先生将请求权划分为绝对请求权和相对请求权。"前者系对于一般人之请求权，其内容乃在要求不为一定行为，故恒为消极请求权，举凡由物权或其他支配权所生之请求权皆属之。后者系对于特定人之请求权，其内容不仅在请求一定行为，并得请求不为一定行为，故有积极请求权与消极请求权两种。此两种请求权，足为债权之内容。"⑦ 王泽鉴先生则将请求权归为六类：契约上给付请求权、返还请求权、损害赔偿请求权、补偿及求偿请求权、支出费用偿还请求权、不作为请求权。⑧

上述主要介绍了国内外学者对请求权的划分，可谓林林总总、标准不一。一方面说明了请求权在学界受到重视的程度，另一方面也说明了对请求权的认识不一。下面我们将对

① 张晓霞：《民法中请求权概念之辨析》，载《法学家》2002 年第 2 期。
② 马俊驹、余延满：《民法原论》，法律出版社 2007 年版，第 59 页。
③ 梁慧星：《民法总论》，法律出版社 1996 年版，第 96 页。
④ 朱岩：《论请求权》，载王利明主编：《判解研究》2003 年第 1 期。
⑤ ［德］拉伦茨，王晓晔等译，《德国民法通论》，法律出版社 2000 年版，第 127 页。
⑥ ［日］奥田昌道：《论请求权的概念》，载东京大学《法学论丛》第 82 卷。
⑦ 胡长清：《中国民法总论》，中国政法大学出版社 1997 年版，第 329 页。
⑧ 王泽鉴：《法律思维与民法实例——请求权基础理论体系》，中国政法大学出版社 2001 年版，第 27 页。

现有学者有关请求权的划分问题作一评述。魏振瀛先生将请求权划分为两个不同的层次，说明其认识到了债权与请求权之间的差异以及请求权作为救济性权利存在的必要性。但其民事权利的请求权与作为救济性的原生请求权之间难以区分，而救济性请求权内部，原生请求权与次生请求权之间也发生逻辑冲突。一方面认为原权请求权与次生请求权是性质不同的，另一方面又认为原权请求权中的物权请求权包括返还原物请求权、停止侵害请求权等，次生请求权主要表现为侵权请求权，侵权请求权也包括停止侵害请求权、返还财产请求权等，试问它们的区别何在？田土城先生有关请求权的分类是将请求权限定在救济性权利范围内，他一方面没有说明为何把债权排除在外的理由，容易让人发生误解；另一方面，他将请求权划分为预防性请求权、回复性请求权与补救请求权，不仅难以穷尽权利的救济方式，而且这种划分充其量只是对承担责任方式的一个归类，其实际意义不大，因为同为回复性请求权，在物权与人格权中实现方式差异很大。有的学者认为，这种类型划分与基于基础权利所派生的请求权类别划分没有本质的不同，只是视角与标准的不同，只不过其更加注重于请求权本身所体现的功能罢了。① 至于对人请求权与对物请求权的划分则不具有任何理论与实践价值，甚至对物请求权的提法也是存在问题的，因为请求权是请求他人为或不为一定的行为的，请求权的对象是行为，所以只能对人提起。有的学者根据请求权产生的基础不同，而划分为债权上的请求权、物权上的请求权、知识产权上的请求权。如果该学者能够将债权上的请求权与债权本身相区别，那是值得赞同的。拉伦茨所谓的独立请求权与非独立的请求权的划分也是没有根据的，他认为，独立的请求权可以转让，而非独立的请求权则只能服务于基础权利，其实债权中的请求权也是不能转让的，请求权转让，将使得权利失去赖以实现的方式和手段。日本学者对请求权的划分则只是救济方式的一个重新组合，并无实际意义。胡长清先生关于绝对请求权与相对请求权的划分，一方面混淆了债权与请求权之间的区别，另一方面，绝对请求权存在的价值不大。王泽鉴先生关于请求权的分类则缺乏逻辑基础，完全是从实证角度进行的划分。相比较而言，笔者认同应然性请求权与实然性请求权的划分方法，它不仅揭示了请求权的功能，而且表现了请求权的动态发展过程，符合请求权的本质。

民法是一个以权利为核心而构筑起来的制度体系。我们从罗马法以来的私法发展历史中不难看到，私权是一个不断发展和充实的过程，而在这一过程中，私权的日益体系化是一个不变的趋势。私权体系的形成，是因为权利自其产生之时就并非彼此毫无关联地平行存在，其间有各种脉络关联；对这种脉络关联的抽象，并以之作为指导，是解释规范和法律适用的必要条件。② 而私权体系化的形成必须有赖于抽象概念的存在。请求权无疑就是其中起到关键作用的一个抽象概念之一。请求权之所以能够起到如此关键的作用，是与请求权本身的功能分不开的。如前所述，请求权的价值在于拓展了权利的功能，为权利的实现提供了有力的保障，彰显了私法自治的理念。请求权是内含于每一类权利中的强制性因素，在权利能够自觉实现和不受妨碍时，请求权是隐而不显的，当权利不能自觉实现或者受到困扰时，此时请求权的作用就发挥出来了。所以，请求权可以表现权利，属于法律技

---

① 　辜明安：《请求权在民事权利结构中的性质与地位》，载《西南政法大学学报》2007 年第 5 期。

② 　杨明：《请求权、私权与民事权利体系》，载《比较法研究》2007 年第 4 期。

术上的一种安排，其完全属于技术性权利。与物权债权等实质性权利有本质的不同，请求权虽然作为一类独立的权利类型，却不能与物权及债权同日而语。但请求权概念的提出，使得物权与债权在一定程度上得到统一。债权作为请求权，在债务人能够自觉履行义务时，不过是一种应然状态而已，这同物权人要求人们尊重其权利的消极请求权并无二致。对此，德国学者解释道：物权是对所有人的不作为请求权的集合，物权和债权都可以通过请求权而进行统一理解，这样与其说是通过债权和物权这样的实体法概念来建立民法典体系，毋宁说请求权是贯穿该体系的一个中心概念。① 所有民事权利的私法救济手段都可以通过请求权这一统一的概念来认识，从而使得民事权利制度的构造更加体系化。所以，请求权在私权体系构造中有着重要的作用，使我们能在体系化的指导思想、方法和程式的基础上加深对私权概念的准确把握。正是请求权概念的创造，满足了抽象的体系要求，而且这种体系化不论对于法律的建构抑或法律的适用，或者是作为法学研究的方法都是有益的。对此，我们就不难理解为何请求权方法是私法中处理实例问题的一个重要方法了。

　　尽管请求权是贯穿私法体系的一个中心概念，是串联私法权利的红线，是私法自治的工具，与法律行为一起共同实现私法自治的自给自足。但请求权本身只能是一个抽象的存在，不能作为一个完整的体系来构建，这就是为什么任何人试图对请求权本身进行划分都不能成功的原因所在。因此，有学者认为，② 请求权是遵循私权救济权的思路被创造出来的概念，作为救济权，请求权不应当与原有权利相分离而成为完全独立、定型化的权利，如果将请求权作为一个独立的权利而在私权体系中进行定型化构建，会破坏私权体系的逻辑结构。因此对于请求权应当按照"原有权——救济权"的私权构造模式，原有权利和作为救济权的请求权分处权利链条的前端和后端。所以，不妨把原有权利视为第一位的权利，而请求权则为第二位的权利。私权体系的构建也应当遵循这一逻辑顺序，先是构建第一位的权利，然后再在各项具体的权利制度中分别确立它们各自第二位的救济权。虽然我们在理论上能够构建完整的请求权制度，但在形式化、法典化的私权体系中，请求权并非是系统化的，而应分散在各项实质性权利（原有权利）的制度之中：民事权利的绝对权和相对权的划分是私权的基本分类，而私权的保护手段则包含绝对权请求权和债权请求权的内容；绝对权又有物权、知识产权、人格权等下位概念，那么相应的，绝对权请求权也应包括物权请求权、知识产权请求权、人格权请求权等内容。对此观点，笔者赞同其将请求权作为救济权来对待，也支持将请求权分散在各项实质性权利之中的观点。但在以下几个问题上有不同的看法：首先，请求权虽然是原权利的救济权，但其并不是原权利的附庸，其也是一类独立存在的权利类型，只不过它属于工具性概念，与原权利是平行存在的，与原权利非属一类。其次，对于作为私权救济手段的债权请求权与债权本身混为一谈。该学者认为债的关系、债权和债权请求权应当是同一事物的不同制度形式。这不仅与其将请求权定位为救济权的观点相矛盾，而且造成权利逻辑的混乱。因为就实体权利的分类而言，在财产权与人身权分类的基础上，债权、物权、知识产权与人格权身份权应是同一位阶。但当以物权、知识产权与人身权为支配权，而以债权为请求权作为其性质分类

---

① 杜颖：《论民事保全请求权》，北京大学 2000 年博士论文。

② 杨明：《请求权、私权与民事权利体系》，载《比较法研究》2007 年第 4 期。

时，我们就会发现，由物权、知识产权与人身权为基础而生的请求权与作为债权内容的请求权显然不能对应。① 债权与债权请求权的关系，笔者赞同中国台湾学者黄茂荣先生的看法，他认为，基于债的关系首先产生债权而后产生请求权，债权为债之实体上的权利，而请求权则是为债权之实现所延伸出来的关于债权之行使或保护的权利。债权与债权请求权是两个不同性质的权利，在债权领域，过分强调其请求权能是没有任何意义的，因为在债权领域，请求权是一个多余的概念。② 因为请求权在债权中并不是直接显现的，在债务人能够自觉履行义务时，请求权没有任何实际意义，只有在债务人不能履行或者履行不符合要求的情形下，此时的请求权才以救济权的角色出现。此种意义上的债权请求权就与物权请求权构成同一层面的权利，以实现债权与债权请求权的区分。

综上所述，请求权概念的产生具有重大的历史价值，无论是对于私法体系的构建，还是对于法学研究与适用，都有穿针引线的媒介作用。请求权作为实体法上的一类权利，与实质性权利相区别而存在，债权并不是请求权的一种，债权只是请求权的基础性权利之一。请求权遵循权利救济的路径而产生，其虽然诞生于罗马法中的诉讼制度，但请求权并不是对诉讼的替代，而是对权利救济方式的完善与补充。权利救济除了公力救济之外，还有私力救济的存在，在诉讼之外还可以通过当事人之间的请求得以实现。明确了权利保护的起点，民事权利的保护就得以具体化了。请求权作为一类技术性权利而独立存在，但请求权本身只能作为一个抽象概念而存在，存在于人们的观念中，存在于我们的法律分析方法中，规范着一种法律秩序。请求权价值的体现和功能的发挥不在于请求权本身体系的构建，而是有赖于各项实质性权利本身的救济方式的完备。

---

① 尹田：《论物权请求权的制度价值——简评物权法学者建议稿有关物权请求权的规定》，载《法律科学》2001 年第 4 期。

② 张晓霞：《民法中请求权概念之辨析》，载《法学家》2002 年第 2 期。

配偶间生育权冲突的立法配置

■　周　平*

马克思主义认为，社会生产本身包括两种，"一方面是生活资料即食物、衣服、住房以及为此所必需的工具的生产；另一方面是人类自身的生产，即种的蕃衍"[①]。生育无论对于个体、还是社会，其重要性都不言而喻。随着人权的发展，民众生育权利意识不断增强、生育权在法律上得到广泛认可、生育权纠纷也日益增多。

现代社会，男性和女性对生育控制权的争夺，是生育权冲突的根源。依据冲突主体间是否存在婚姻关系，可以将生育权冲突分为配偶间的生育权冲突与非配偶间的生育权冲突，前者如夫妻间的生育权冲突；后者如同居男女、离异夫妻之间的生育权冲突等。生活中，生育权冲突主要发生在配偶之间。此类冲突的化解，对于保障个体权利、促进社会和谐发展有重要意义。本文拟探讨生育权冲突的成因，研究已有的相关法例，结合我国的现实，寻求配偶间生育权冲突的解决之道。

一、配偶间生育权冲突的成因

（一）配偶间生育权冲突的生物基础

生殖行为的两性分工与协作是主体间生育权冲突的生物基础。人类的生殖通常都需借

＊　法学博士，中南民族大学法学院讲师。

①　《马克思恩格斯选集》第4卷，人民出版社1972年版，第2页。

助有性繁殖的方式①，两性在生育上既分工又合作：男性提供精子，女性提供卵子和子宫孕育。双性繁殖有其不可替代的生物优越性：增加了基因的多样性，加快进化；但是它也使得生育更复杂化了，使得生育脱离任何一性都成为不可能完成的任务，这种微妙联系使得冲突更可能和频繁。

在生育中的分工配合，如果双方利益完全一致，则冲突也可能不会发生；反之，冲突就在所难免。依据社会生物学的观点："基因似乎可以说是一心一意只关注在人类的近亲属中复制自己，在这些人的细胞中碰巧会发现自己。"② 社会生物学据此判断生育是人的一种动物本能，是基因操纵的结果。但是费孝通先生对此持相反观点，他指出："所谓本能，不管它的意义的伸缩性有多大，总是指不学而能，由生理结构所决定的行为。"③ 避孕、堕胎、杀婴，和疏忽致死，都非个别现象。这表明生育并非人类本能，因此，"新人物的供给……在人类里并不能完全靠自然的保障，所以得添上人为的保障了。这个人为的保障就是生育制度。"④ 对于此种分歧，波斯纳解释认为："一个理性的人则平衡基因的主张和其他的主张，他感受到基因的牵引力但并不屈从于这种牵引力。如果不是由于这种平衡……许多人不要孩子就无法理解了。进化生物学解释的是人类行为的趋向，它并不解释行为本身。"⑤ 理性的人并不是简单的生物意义上的人，他的目标也绝不仅仅是复制自己的基因。因此理性的人并不受基因牵引力的支配，而是会综合平衡各种主张，形成不同的选择。

从社会生物学的角度观之，生育中男女两性所得到的利益是有差别的。费孝通先生认为，"在生物基层上说，营养是损人利己的，而生殖是损己利人的"。"且不说单细胞生物，在生殖过程中，母体一分裂就失去她的存在，也不必提那种蜘蛛在性交之后，雄的照例要丧失性命，即以我们人类来说，孕妇的痛苦、临盆的危险、哺乳的麻烦，自是无法掩饰的事。""营养和生殖处于相克的地位。"⑥ 这"损己"对女性而言是尤为严重的，对男性则相对较弱。妇女进行生育，除了提供卵子，还要忍受一系列的限制和痛苦。为了怀孕所做的诸多准备，在怀孕期间忍受身体的种种不适、平常的活动受到身体不便和胎儿健康的限制，分娩时承受巨大的痛苦和生命健康的风险，分娩后承担哺乳和照料新生命的种种责任……与之后承担的负担、痛苦、烦琐等相比，提供卵子或精子可能是最微不足道的奉献，——虽然它们对于新生命的形成是至关重要、不可或缺的。

两性在生育中的职能是有差别的，生育对于两性的影响显然也是不同的。可以说两性在生育上的自然分工与配合就是冲突的起源。两性间的生育权冲突配置必须正视这种差别，否则宽泛地谈平等对待可能造成实质上的不平等，也无助于消弭冲突。

---

① 当然，克隆技术，是无性生殖，但还不是通用的生殖方式，可以想见在相当长的一段时期内都不会是。

② 【美】理查德·A. 波斯纳：《性与理性》，苏力译，中国政法大学出版社 2002 年版，第 142 页。

③ 费孝通：《乡土中国　生育制度》，北京大学出版社 1998 年版，第 107 页。

④ 费孝通：《乡土中国　生育制度》，北京大学出版社 1998 年版，第 115 页。

⑤ 【美】理查德·A. 波斯纳：《性与理性》，苏力译，中国政法大学出版社 2002 年版，第 142 ~ 143 页。

⑥ 费孝通：《乡土中国　生育制度》，北京大学出版社 1998 年版，第 110 ~ 111 页。

（二）配偶间生育权冲突的文化原因

生育在人类早期更多地体现了自然的属性，是性生活的附属品。一旦进入文明社会，则更多地被涂抹上文明的色彩。传统的生育文化视生育为人的义务，"供给新的社会分子是生育制度的任务"。① 长期以来，大多数社会采取鼓励生育的政策。历代不少统治者采取种种措施来增加人口。② 在中国传统生育文化中，生育是为了"上以嗣宗庙，下以继后世"；传宗接代、兴旺家族，是为了迎合"不孝有三，无后为大"的社会人伦观念；它与夫妻之间的感情没有多大关系。多子多福、重男轻女等思想是其主要特征。在西方，传统的生育文化与东方殊途同归。古希腊、罗马上层社会的妇女，她们是不允许工作的，这些妇女最重要的角色被限定了，"妻子的唯一功能就是繁育后代"。公元3世纪至4世纪教皇列奥强调结婚必须生儿育女。神父圣奥古斯丁认为，没有生育意向使婚姻成为罪行；积极干预生育是把新房变成妓院；夫妻用不育药避孕不是因婚姻而结合，而是因通奸而结合。③

19世纪中后期，随着社会经济结构的变迁，文明的发展，生殖技术的进步，生育成了可以选择的问题，生育由义务演变为权利。由于社会保障制度的发展，人权意识的复苏，"养儿防老"的观念在弱化，甚至出现了"不育文化"。生育权意识特别是女性生育权意识逐渐觉醒。支持这种观念转变为实际行动的是妇女经济地位的提高和抚育功能的社会化。生育权这一概念最早出现于19世纪后期，是伴随着西方女权主义运动而被提出的，并且仅仅作为妇女专有的权利。之后，在国际国内的立法中，生育权逐渐被认可。现代，生育权已被国际社会确认为一项基本人权。伴随着生育权利化的进程，现代生育文化也呈现出多元化的价值。传统的"早、男、多"的生育观不再一统天下，而现代的"晚、同、少（不）"的生育观逐渐为人接受。现实情况是：一方面，人们的观念发生了很大的变化，主流思想是"生男生女一个样"、"优生优育"；另一方面仍有许多人有"重男轻女"的思想，坚持多子多福的观念。传统生育文化与现代生育文化的交互与转型，生育观念的碰撞与更新，加剧了生育权冲突。

生育权的法律规制应当回应生育文化的发展。如果一味地固守所谓传统，难免会出现法律与现实的脱节。例如有的学者现在仍然坚持婚姻包含着生育的承诺，结婚后妻子拒绝和丈夫生育是侵犯了丈夫的生育权。这种观点也许反映了传统观念，但与现实中多元生育文化特别是不育文化是不符的。

（三）配偶间生育权冲突的人性原因

马克思在论及人性时说："人以其需要的无限性和广泛性而区别于其他一切动物。"④

---

① 费孝通：《乡土中国 生育制度》，北京大学出版社1998年版，第115页。

② 如制定法令加减税赋，降低婚龄，强制婚育等。古希腊阿那克特力皇帝（公元前650年左右）时期，无子女的婚姻可以解除。中华生育文化源远流长，主张人口增殖始终是我国古代人口思想的主流。在中国，无子属"七出"的理由之一。孟子的"不孝有三，无后为大"更是家喻户晓。参见杨发祥：《当代中国计划生育史研究》，浙江大学2003年博士学位论文，第23页。

③ 【美】理查德·A.波斯纳：《超越法律》，苏力译，中国政法大学出版社2001年版，第399页。

④ 《马克思1844年经济学哲学手稿》，人民出版社1972年版，第52页。

"他们的需要即他们的本性。"① 当代人本主义心理学家马斯洛则将人的需要区分为五个层次：生理需要、安全需要、社交需要、尊重需要、自我实现的需要。马斯洛的人性需要层次理论同时也表明了人性的多元化和变动性②。生育权涉及人的多方面需要：生育和性行为相关联，而性的需要属生理上的需要；生育在一些家庭中有养老的功能，这反映了主体希望未来有保障，是安全的需要；生育是创建家庭的方式，个人渴望得到家庭属于社交的需要，或曰归属与爱的需要；生育还涉及尊重的需要，妻子背着丈夫堕胎之所以会激起丈夫无比的愤怒，正是因为其关系到丈夫的自尊；生育也涉及自我实现的需要，拥有自己所期望的家庭，担任或不担任父母，成为所期望的人物是自我实现的需要。生育和人的需要息息相关，是人性的反映。而人性的多元化和变动性决定了生育需求的多元化和变动性，它是造成生育权冲突的源泉。人的本性的多元化和变动性，必然导致不同的需要之间的冲突，也可能导致不同权利主体的相同需要之间的冲突，甚至配偶间的一致需要也可能会因为一方主体需要的变化或各方主体需要的不同变化而发生冲突。

哲学家魏尔德（John Wild）指出："凡行为有助于发展或实现人之本性者，就是善的或好的；凡妨碍人性之发展或实现之行为，即系恶或坏的。在这里，自然法的生存基础就在于它是普遍人性的一种反映，体现了人的良知、良能。"③ 立法者对生育权间的冲突进行配置，就需要考虑生育权中的人性因素，使相关的配置尽可能合理化、人性化。

（四）配偶间生育权冲突的制度原因

关于生育权制度，法律规定不尽周延和谐，这也是引发生育权冲突的制度原因。权利冲突实质上是制度不完善的体现。"冲突在通俗意义上可以描述为'利益冲突'，但仅仅用'利益'一词也并不能说明冲突的实质。因为利益也是由制度决定的，没有制度基础的利益只是虚幻的利益。"④ "权利冲突问题本质上不体现为纯粹的权利冲突，而是具体制度完善的问题，或者是立法者和法官利益平衡的问题。"⑤ 生育权虽然为许多国家的法律所认可，然而，作为一项晚近诞生的权利，生育权的内涵外延都是不甚明确的，由此引发的冲突尤为多见。在我国由于法律对此确认的时间晚，法律规定比较笼统，存在的问题就更多。《妇女权益保护法》明确了妇女有生育的权利，也有不生育的自由，在没有将男子的生育权法定化的前提下，解决了妇女生育权的问题。但是《人口与计划生育法》一出台，人们马上意识到这里存在的问题：生育问题，男人和女人，到底谁说了算？《人口与计划生育法》明确规定每个公民都享有生育权；但是两性的生育权是否完全相同，当生育权冲突时应如何协调，法律并没有提供解决方案。这种做法，并不能削减冲突，反而制造更多冲突。因此，制定更细致的、科学的、可操作的规则，完善生育权法律制度，是化解生育权冲突的重要途径。

---

① 《马克思恩格斯全集》第三卷，人民出版社 1972 年版，第 514 页。
② 袁贵仁主编：《人的哲学》，工人出版社 1988 年版，第 106 页。
③ 转引自胡玉鸿：《法学方法论导论》，山东人民出版社 2002 年版，第 149～150 页。
④ 梅夏英：《权利冲突：制度意义上的解释》，载《法学论坛》2006 年（第 21 卷）第 1 期。
⑤ 梅夏英：《权利冲突：制度意义上的解释》，载《法学论坛》2006 年（第 21 卷）第 1 期。

二、配偶间生育权冲突配置的法例

生育因其重要性，早就纳入了法律的视野，如何化解两性间的生育权冲突，各国法律、司法及学理都有不同的选择。

（一）英美法系

在美国，生育权是作为隐私权的一个部分而存在的，属于"自决隐私"。① 对于生育权的权能以及两性生育权冲突的协调，主要是通过司法实践来推进的。美国的一些判例规定，堕胎不需要经过配偶的同意。在 20 世纪 90 年代，一些州规定孕妇堕胎需要告知其配偶，但不一定要取得其配偶的同意。例如宾夕法尼亚州。但即使如此，最高法院也认为它增加了妇女的负担，因而认定该州的规定是无效的。② 在 1992 年家庭计划中心诉凯西案（Planned Parenthood v. Casey）中法院裁定：妇女在堕胎前必须告知其配偶的要求是不当负担。③ 法院对此解释："我们不是没有意识到丈夫对于妻子的怀孕和妻子孕育中的胎儿的发展和生长所持有的深切的和适当的关注和利益。"④ 但是，"规定配偶的通知义务可能会使相当一部分妇女不能进行人工流产……而如此结果则相当于联邦法律将人工流产规定为不合法。"⑤ 不过学理上存在不同看法，美国学者 Harry D. Krause 认为，法律"保障妻子享有是否做人工流产的决定权时，也要保护丈夫的生育权，丈夫有权知道他的妻子是否愿意为他生育子女，或者是否有权寻找一位更愿意为其生育子女的妻子。"⑥

当然，这种向妇女倾斜的生育权政策只限于怀孕后的生育权冲突。对于怀孕前的生育权冲突，法院的政策是矛盾的。两个典型案例表明了美国法院在此问题上的徘徊：在"大卫诉大卫"案中，法官判定双方拥有完全平等的权利，未得男方同意，女方不能使用准胚胎；而在"卡斯诉卡斯"案中，法官认为体外授精和自然受孕相同，妇女对此拥有最终的决定权。

"大卫诉大卫"案 1989 年发生在美国田纳西州。⑦ 大卫这对离异夫妻对他们体外授精

① 【美】阿丽塔·L. 艾伦、理查德·C. 托克音顿：《美国隐私法：学说、判例与立法》，冯建妹等译，中国民主法制出版社 2004 年版，第 363 页。

② 【美】阿丽塔·L. 艾伦、理查德·C. 托克音顿：《美国隐私法：学说、判例与立法》，冯建妹等译，中国民主法制出版社 2004 年版，第 382 页。

③ 【美】艾伦·艾德曼、卡洛琳·肯尼迪：《隐私的权利》，吴懿婷译，当代世界出版社 2003 年版，第 67 页。

④ 廖雅慈：《人工生育及其法律道德问题研究》，赵叔惠等译，中国法制出版社 1995 年版，第 103 页。

⑤ Harry D. Krause：Family Law, 3rd Edition, 法律出版社 1999 年版，第 143 ~ 144 页.

⑥ Harry D. Krause：Family Law, 3rd Edition, 法律出版社 1999 年版，第 144 页.

⑦ 【美】艾伦·艾德曼、卡洛琳·肯尼迪：《隐私的权利》，吴懿婷译，当代世界出版社 2003 年版，第 86 页。玛丽和她的丈夫路易斯·大卫为了获得子女，在 1988 年使用双方的精子和卵子通过体外授精的方式获得了 9 个准胚胎。其中一对被植入玛丽体内，但是移植手术失败。1989 年丈夫向法院提起离婚诉讼。他们对 7 枚冷冻胚胎的处理发生分歧。玛丽坚持认为胚胎属于自己，她向法院请求使用冷冻胚胎。而玛丽的丈夫基于自己在离异家庭成长的经历，坚决反对让自己的子女出生在离异家庭，他要求摧毁胚胎。

形成的胚胎使用产生争议。初审法院将试管婴儿的监护权判给妻子玛丽。后高等法院撤销初审法院的判决，并将准胚胎改判由夫妻俩共同管理。法院裁定在试管授精的背景下，"对于妇女身体健全的关怀，预防男人掌控堕胎权的条款，在本案中不能适用"。换句话说，目前胚胎处于被保存中而非玛丽体内的事实具有决定性的影响。法院用衡量双方负担的方式解决此案。法院决定根据路易斯的证词和生命经验，他不愿为人父的负担大于玛丽不能捐献准胚胎给其他夫妇的负担。（玛丽在上诉时改变主意想将胚胎捐献给其他夫妇使用）。①

在"卡斯诉卡斯"案中（Kass v. Kass, New York, 1995），纽约的法官直截了当地反驳"大卫诉大卫"案，判决5个冷冻准胚胎属于妻子。法官在判词中写道："本案的事实就是丈夫的权利控制了整个生育过程的结果。"法官无法找到"合法的、合乎逻辑的或合乎伦理的理由"解释为什么当授精作用发生在"公众注目的器皿"时，丈夫就可以获得额外的权利。纽约法院决定，丈夫在授精作用完成后，就没有宪法上的基本权可以逃避生育继续进行，并将决定受精卵命运的权利赋予妻子。不过法官同时决定，丈夫作为准父亲的时间不应该毫无限制，他以医疗上的合理时间限制妻子植入准胚胎的时间。②

协议一直也是各国认可的生育权实现方式。美国有关判例就把夫妻之间的生育合意直接看成契约。在生育合意存在后，如果已婚妇女通告其丈夫她要终结妊娠，而他却希望"为人之父"的话，他可以宣称对方对双方的"含蓄生育合同"预期违约。③ 如果女方无正当理由不履行，男方得禁止她终止妊娠。④ 如果女方一意孤行终止妊娠，她将对男方承担侵权和违约责任。赔偿额的估算是"假如女方未损害他成长中的婴儿，男方可以在社会生活中多享受到的东西"。⑤

在英国、法律规定妇女堕胎需符合法定条件并征得医师的同意，而不是丈夫的同意。⑥ 英国1979年发生的帕顿诉英国怀孕咨询服务人案中，丈夫依据1967年的《堕胎法》，请求法庭阻止其妻子在未征得其同意的情况下接受堕胎手术。但乔治·P.贝克尔爵士认为，1967年的《堕胎法》没有赋予丈夫这种权利。⑦ 因为在欧洲，堕胎往往被作为一个健康问题看待，而不是权利。对于怀孕前的生育权冲突，英国则坚持对男女两性平等对待的原则。英国《人类授精和胚胎法》规定，除非事先已征得男女双方同意，否则封冻胚胎不得植入女方子宫，让她孕育子女。⑧

在澳大利亚，在1983年凯诉特案件中，昆士兰最高法院的威廉斯法官认为丈夫没有阻止妻子堕胎的权利。在加拿大，20世纪90年代的特里布雷诉戴格勒案件（Tremblay v.

---

① 【美】艾伦·艾德曼、卡洛琳·肯尼迪：《隐私的权利》，吴懿婷译，当代世界出版社2003年版，第96页。

② 【美】艾伦·艾德曼、卡洛琳·肯尼迪：《隐私的权利》，吴懿婷译，当代世界出版社2003年版，第96页。

③ See Cf. Leazzo v. Dunham, 420 N. E. 2d 851, 854 (Ill. App. Ct. 1981).

④ See Bergan v. Bergan, No. 89-10003, slip. op. at 7 (Dakota Feb. 10, 1989).

⑤ See 740 ILCS 180/2. 2 (1994); Seef v. Sutkus, 583 N. E. 2d 510, 511 (Ill. 1991).

⑥ 黄丁全：《医疗·法律与生命伦理》，法律出版社2004年版，第422～423页。

⑦ 蒋月：《婚姻家庭法前沿导论》，科学出版社2007年版，第89页。

⑧ 李善国等：《辅助生殖技术法研究》，法律出版社2005年版，第44页。

Deigle）中，法庭同样否决了丈夫的此类请求。①

（二）大陆法系

在意大利，1988 年宪法法院的一项判决也允许妇女自由人工流产而无需征得配偶同意。一位名叫加彼罗的丈夫向当地法院起诉，控告他的妻子未经他同意而堕胎，侵犯了他的父权，要求获得赔偿。由于此案法律依据不足，直到 1988 年才判决，判决宣布：妇女自愿地终止妊娠的权利是一项政治及法律抉择的结果，只有妇女能够正确地判断妊娠对于自己的生理和心理健康会产生何种影响，因此妻子堕胎无需征得丈夫的同意。②

在前苏联、奥地利，法律允许妇女自由决定人工流产；德国也允许怀孕三个月内的妇女自行决定是否堕胎。③

在法国，不认可妇女的最终决定权。法国行政法院 1989 年 9 月 27 日所做出的一项判决认为：如果一个妇女违背丈夫的意愿做流产手术，尽管堕胎不构成刑事犯罪，父亲也有权请求对物质损害和非物质损害的赔偿，因为这在技术上是不合法的④。

在日本，法律不承认妇女有最终决定权，要求堕胎必须征得配偶同意。依据 1948 年《优生保护法》的相关规定，堕胎须履行一定的手续，夫妇双方同意，由专门的医师实行等。

墨西哥《民法典婚姻编》第 162 条规定："每个人都有权以自由、负责和明智的态度，决定生育子女的数量和间隔，在婚姻关系存续期间，应根据配偶双方的共同协议来行使这种权利。"⑤

中国台湾"优生保健法"第 9 条规定：因怀孕或生产将影响其心理健康或家庭生活施行人工流产者，应征得配偶同意。目前，还有关于配偶同意条款的国家有韩国、埃及、叙利亚、科威特、尼加拉瓜等国。我国法律中虽然没有配偶同意条款，但在实践中不少医院在实行人工流产时要求配偶同意并签字，否则，不予人工流产。

三、配偶间生育权冲突的应有配置

（一）生育权的协议行使

在各国的司法实践中，两性基于生育权冲突，对簿公堂的为数不少。生育行为的自然属性要求两性在生育上必须协力。在尊重每一主体自由意志和人格尊严的前提下，生育只能在双方一致同意的前提下进行。因此最佳的生育权实现方式就是两性的一致协议。实践中，协议也是生育权实现的常规方式。日前美国的婚姻专家撰文，向准备走进婚姻殿堂的新人指出应该了解的几个关键问题，其中第一个就是"我们要不要孩子？如果要，主要

---

① 廖雅慈：《人工生育及其法律道德问题研究》，赵叔惠等译，中国法制出版社 1995 年版，第 104 页。

② 黄丁全：《医疗·法律与生命伦理》，法律出版社 2004 年版，第 424 页。

③ 黄丁全：《医疗·法律与生命伦理》，法律出版社 2004 年版，第 423 页。

④ 【德】克雷斯蒂安·冯·巴尔：《欧洲比较侵权行为法》（上），张新宝译，法律出版社 2002 年版，第 708 页。

⑤ 张贤钮主编：《外国婚姻家庭法资料选编》，复旦大学出版社 1991 年版，第 102 页。

由谁负责"?①

　　波斯纳认为扩大妇女的生育自主权并不一定有利于妇女。"关于人工流产的争论，以及更大的关于妇女的性和生育自由的争论，都是在这一自由中有所失的妇女与有所得的妇女之间争论的一个组成部分。妇女拥有的生育自主性和性自由越大，男子对婚姻的兴趣就越小，因为对于一个男子来说，婚姻的主要收益之一就是保证亲权；男子一般来说并不希望赡养或关怀其他男子的孩子。因此，性自由伤害了那些更愿对家务有所专长而不是对市场有所专长的妇女，而那些更情愿在市场生产上有所专长的妇女得到了好处，因为任何使她们可以更完全控制自己生育的东西都有助于她们，尽管她们也要为婚姻机遇的减少付出代价。"② "学界、大多数智囊人物都支持人工流产……只是因为人工流产有利于那些受过很高教育的妇女的物质利益，而学界人士要么是受过很高教育的妇女，要么是这些妇女的配偶、朋友和职业同事。"③

　　虽然有些论述显然过于偏激，笔者以为这种分析还是有一定道理，确实会存在女性内部的差别：一些擅长于市场而另一些擅长于家庭。但是正如不能为了照顾前者而牺牲后者的利益一样，同样不能为了照顾后者而牺牲前者。现实生活中，以协议方式来实现生育权是惯常的做法；一些国家法律也把夫妻间的生育合意作为契约对待。如美国有关判例就把夫妻之间的生育合意直接看成契约。立法认可当事人以契约方式行使生育权，既尊重了生活习惯，也契合了国际惯例，而且能够比较全面地照顾不同层次妇女的需求，是一项理性的选择。

　　生育协议的法律规制需要考虑以下几个问题：

　　1. 生育协议的缔结时间

　　立法应认可生育主体在任何时间以明示的方式达成协议。笔者以为生育协议在婚内婚外都可以约定，实践中婚内约定的情形可能更多。

　　许多配偶间的生育权冲突皆源于缺乏事先约定。对此有学者提出，"双方无特别约定的，依结婚合意，推定双方均享有积极生育权，即推定双方均有意图生育的意思表示，而不享有不生育的自由……在是否生育的问题上，夫妻婚前未作否定表示的，应做肯定推定。"④ 有的学者认为婚姻家庭的功能之一是 "人类基因遗传和种族延续"。⑤ 虽然这种认为对 "婚姻的同意概括地包含对生育的同意" 的观点还有一定的市场，笔者却不能认同。

　　首先，这种推定与婚姻的本质不符。认为同意结婚，同时没有对生育进行特别约定就是对生育的同意，这种推理是不符合婚姻的本质的。历史上，关于婚姻与生育不可分的观念一直在人们的思想观念中占据着十分重要的位置。在罗马法上，认为婚姻 "以子女之生殖及养育为目的"⑥。但历史毕竟只是历史。近代的哲学家、法学家已经逐渐摒弃了罗马法的态度，斐喜特（Fichte）更明确指出婚姻 "其自身为目的，并无其他目的"。⑦ 在

---

①　刘永磊：《准备结婚》，载《青年文摘》2007 年 5 月（下半月）。

②　【美】理查德·A. 波斯纳：《超越法律》，苏力译，中国政法大学出版社 2001 年版，第 211 页。

③　【美】理查德·A. 波斯纳：《超越法律》，苏力译，中国政法大学出版社 2001 年版，第 221 页。

④　张作华、徐小娟：《生育权的性别冲突与男性生育权的实现》，载《法律科学》2007 年第 2 期。

⑤　参见杨遂全等：《婚姻家庭法新论》，法律出版社 2003 年版，第 12～13 页。

⑥　史尚宽：《亲属法论》，中国政法大学出版社 2000 年版，第 99 页。

⑦　史尚宽：《亲属法论》，中国政法大学出版社 2000 年版，第 99 页。

现代社会，妇女已不再是生育的工具，不再需要以婚姻换饭票，以生育求生存。婚姻有经济的、情感的、社交的等多重功能，绝不能将生育列为唯一功能。虽然选择不育的人群可能是很少的"一小撮人"，但是平等关照每一个主体，应当是法治的原则。

其次，这种推定与法律的规定也难一致。"婚姻，是指男女双方以终身共同生活为目的的合法结合。"① 家庭虽然客观上实现着生育的功能，但现代社会不以生育为结婚的目的。"民法不禁止老年人之结婚，不以无子为离婚之原因"，故"谓生育子女非婚姻之目的"。② 在我国，实行计划生育，已经生育了多胎的公民在再婚时依法往往不能再生育。如果坚持结婚即是概括地同意生育，则该公民如婚前未对生育进行约定，再婚后就会陷入两难的尴尬境地：生育违反计划生育法规，不生育则违反婚姻目的。

再次，这种推定也不符合意思表示的一般原理。依据意思解释的规则，单纯的沉默，除非符合法定情形或当事人事先存有约定，否则不能做任何意思表示的推定。如前所述，我国法律规定了夫妻的计划生育义务。计划生育的核心是不能超生，但并没有规定必须生育的义务，不育也不是离婚的理由，所以不能据此认定结婚的同意中必然包含着生育的同意。

最后，即使做上述推定，也不一定能解决所有生育权之间的冲突。纵然推定结婚的同意中包含着生育的同意，但是每一主体在生育时机、生育条件、生育质量等方面会存有不同的主张，这些是法律难以实现推定或规制的。因此，生育契约必须以明示的方式缔结，沉默不能作为任何意思表示的推定。

2. 生育协议的内容与效力

完整的生育协议内容，就理论角度而言，应包含生育主体对是否生育、生育的时间、方式、质量、数量、违约责任等的意思表示。协议应合法，同时尽可能明确，以免无谓的争议。不过生育方式、生育数量等在法律上往往有限制，当事人可协商的余地不大。因此协议的主要内容为是否生育、生育时间、违约责任等。生育契约的内容，必须符合相关法律，同时不违反公序良俗。

由于规制生育权的法律规范较为抽象，而生育行为蕴含着较强的伦理性，使得生育契约内容的合法性易生争议。实践中发生了"禁止生育协议"③、"借种生子协议"④、"婚外

----

① 马俊驹、余延满：《民法原论》，法律出版社 1998 年版，第 820 页。

② 史尚宽：《亲属法论》，中国政法大学出版社 2000 年版，第 98 页。

③ 2003 年 5 月，治某（女方）与钱某（男方）在当地民政部门办理了离婚手续，孩子由治某抚养。离婚后二人又达成书面协议：为使二人的主要精力放在抚养教育孩子身上和不影响财产的继承权归他人所有，再婚后二人都不得再生育子女，违者支付对方违约金 2 万元。2003 年 10 月钱某与王某（女、未婚）结婚，并于 2004 年 11 月生育一子（不违反国家计划生育政策）。治某知道钱某生孩子后就以钱某违约为由，向其索要违约金 2 万元，遭到钱某拒绝，治某向法院诉讼，请求法院判令钱某承担违约金。《禁止生育协议》，2007 年 1 月 18 日，http://www.cnfalv.com。

④ 传统的民间所谓"借种生子"是由妻子和丈夫以外的男人发生性行为而致受孕怀胎。现代意义上的"借种生子"——捐精人工授精，已有法律规制；而且在伦理上也已经为公众接受，不属于违反公序良俗的生育契约。这类生育契约在落后偏远的地区还偶有发生。

生育协议"① 等备受争议的现象。

禁止生育协议是否有效？在案件处理过程中，法官对此问题的认识存在分歧。一种观点认为协议有效，理由是：生育权是法律赋予公民按照国家有关规定生育子女的权利。公民可以在法律许可的范围内随意处分自己的这项权利。被告违反协议约定，应承担违约责任。另一种观点认为禁止生育协议无效。生育权不因为与他人的协商行为而受到限制。生育权是法定的，在法律许可的范围内，公民想什么时候行使这种权利就可随时行使，其他任何限制行使这一权利的行为都是非法的、无效的。双方达成禁止生育的协议，是对法律赋予公民生育权的人为限制，违反了法律赋予公民享有生育权的规定。

笔者认为，一项生育协议，合乎法律行为一般生效要件，其内容也不违背法理及公序良俗，即应认定有效。而前述认为禁止生育协议无效的理由并不成立。

首先，从法理上辨析，人格权并非不受限制，而是"不受他人非法限制"②。人格权都具有一定的支配权能，这就为人格权的受限提供了理论可能。对于人格权是否为支配权存在一定争议，有人否认它是支配权，认为承认人格权为支配权会导致主体对生命、健康、身体等法益的任意支配，会违背公序良俗。有人主张人格权具有支配性，认为无论法律是否承认人格权的支配性，人对于包括生命在内的所有的人格价值都存在事实上的支配状态，只不过这种支配是一种负担性、不改变归属的"使用许可"或者"暂时限制"意义上的支配。③ 王利明先生也认为人格权本身具有支配性，只是与财产权的支配性有所不同。④ 这种支配权的伦理意义在于，一个有尊严的、自由的人的起点，是首先成为自己生命和身体的主人。⑤ 加拿大最高法院在 1988 年的摩根泰勒案中指出，"个人对私生活的价值取向享有一定程度的自主权。在一个自由民主的社会中，自由并不是要求国家同意这些决定，而是要求国家尊重这些决定。"⑥ 当然，因为生育行为具有较强的伦理性，生育协议必须遵守公序良俗。生育权主体不能为了一己私利而置公序良俗于不顾。例如夫妻一方与第三者达成生育协议、乱伦生育等，都是违反公序良俗的。

在侵权法领域，虽然存在人身侵权事先免责条款无效原则，但同时也存在受害人承诺阻却违法原则。杨立新先生认为这两个原则是"并行不悖，但又相互制约的关系。在一般情况下，受害人承诺人身轻微伤害，是阻却违法事由；但此种承诺为违背公共利益或善良风俗，或者采用强制接受的'协议'免除责任的，均为无效的承诺"。这是生育权可以协议行使或限制的理论基础。⑦

其次，就立法观之，一些法典也间接地认可人格权的自愿限制。《瑞士民法典》第 27 条第 2 款规定："任何人不得让与其自由，或在限制行使自由时损害法律及道德。"《魁北

---

① 一对夫妇签订协议，妻子何某因自己不育，为稳定夫妻感情，同意丈夫罗某寻找他人婚外生育，传宗接代；后发生纠纷引发诉讼。《一纸婚外生育协议 一对鸳鸯闹上公堂》，2002 年 9 月 12 日，http：//www.people.com.cn/GB/paper49/7219/697050.html。

② 杨立新：《人格权法专论》，高等教育出版社 2005 年版，第 26 页。

③ 马俊驹、张翔：《人格权的理论基础及其立法体例》，载《法学研究》2004 年第 6 期。

④ 王利明：《人格权法研究》，中国人民大学出版社 2005 年版，第 35 页。

⑤ 马俊驹、张翔：《人格权的理论基础及其立法体例》，载《法学研究》2004 年第 6 期。

⑥ 蒋月：《婚姻家庭法前沿导论》，科学出版社 2007 年版，第 78 页。

⑦ 杨立新：《人身权法论》，人民法院出版社 2002 年版，第 192 页。

克民法典》第 10 条规定："未经本人自愿且审慎的同意，任何人的人身不受干涉，但法律规定的情形例外。"《澳门民法典》在第 69 条规定："对行使人格权所作之自愿限制，凡涉及不可处分之利益，违反公共秩序原则或侵犯善良风俗者，均属无效。"中国台湾地区"民法"第 17 条规定："自由之限制，以不背于公共秩序或善良风俗者为限。"这些实际上从反面肯定了人格权可以自愿限制。如果人格权不能自愿限制，上述条文规定的"限制行使"、"审慎且自愿的同意"、"自愿限制"等就纯粹多余了。《澳门民法典》第 327 条第 1 项规定："在相同或同类权利上出现冲突时，各权利人应尽量妥协，使有关权利能在不对任一当事人造成较大损害之情况下同样产生效力。"允许当事人妥协，就意味做一定限度内的处分，否则，如何妥协？前文提及美国的判例认可生育协议。一些规制人工生殖技术的法律也认可生育权协议行使方式；如代孕、采用人工辅助生殖技术生殖，没有协议根本寸步难行。上述规定可以说是生育权协议行使的法律依据。

最后，实践中，人格权通过主体自愿协商而受限制的，比比皆是。例如明星与商家通过协商限制自己的肖像权行使；一些新药的试验者依据"告知后同意"原则，通过协议限制自己的生命身体健康权。这些协议只要合法，就具有法律效力，并约束当事人的行为。可见，人格权并非不受协议限制，只要不违法，它是可以由主体自愿协议限制的。生活中婚前或婚内协议生育的现象非常普遍，这是生育协议行使的现实基础。

"禁止生育协议"案中，双方的协议并未显示存在意思表示瑕疵，协议的目的是为保护孩子的利益，限制是对双方的，因此可以说该协议既不违法，也不违反公序良俗，内容也很公平，没有理由否认其效力。认为协议侵害了被告妻子的生育权，因此就不成立，是值得商榷的。被告之所以处于或者违约、或者"侵权"的尴尬地位，是自己的行为造成的（笔者不认为该男性的行为是侵犯妻子的生育权）。他本可以选择当初拒绝签署禁止生育协议，或者不再结婚、或者结婚时向结婚对象告知实情，进行婚前协商，来避免这种处境。即使在婚后，为实现配偶的积极生育权，也可以通过承担违约责任来终止协议，而不是推翻自己先前的允诺。既然一般学者都认可生育协议是生育权行使的常态方式，一个人没有理由因为自己的恣意而不承担任何责任。

传统的"借种生子"协议或婚外生育协议，这类契约，依据法理属于以有害公序良俗的方式行使权利，是滥用权利，应使之无效，而当事人之间的权利义务关系应依法确定。在各方都没有争议的情况下，依据婚姻法的规定，妻子所生的孩子应作婚内生育的推定，夫妻为生育权行使者，是孩子的父母；在发生争议并查明事实时，通奸的男女依法应确定为生育权行使者，是孩子的父母；允诺通奸的配偶依据禁反言原则，不得诉他方配偶违反忠实义务。

3. 违反生育协议的责任

合法的生育协议具有法律效力，虽然涉及人身部分的内容不可强制执行，但是可以适用其他违约责任。任何一方违约都应承担违约责任。违反生育协议包括两类情形：违反不育协议以及违反生育协议。

事先协议不育，后女方怀孕，男方坚持生育的，女方同意，视为协议变更；女方不同意，可以采取终止妊娠的措施。上述情形不属于违约。但男方坚持不育，女方坚持生育的，应认定女方违约，承担责任。事先协议由一方或双方避孕的，未采取避孕措施即为违约，而不论是否造成怀孕的后果。事先协议生育，男方要求终止妊娠的，女方同意终止，视为协议变更；女方不同意中止妊娠，可以继续妊娠。上述情形不属于违约。一方采取避孕措施避免生育；或者怀孕后女方单方终止妊娠的，属于违约，由违约方承担违约责任。但为保护子女利益，不论生育协议内是否做出约定，违约责任不能免除任何一方作为父母对子女应承担的义务。

就实践情形来看，对生育契约的执行需要考虑情势变更原则、显失公平原则的适用。生育契约适用过程中应考虑的情势变更内容包括婚姻状态的变更、双方身体健康因素的变更等。配偶间的生育协议，往往以婚内生育为前提；双方虽已经就生育达成肯定意见，但是如无特别约定，当婚姻终结，要求怀孕妇女继续执行先前的生育协议显然不合情理。生育对该妇女甚至其离异的丈夫而言，都增加了情感和经济上的负担，违背了在婚内生育的初衷，也无法给即将出生的婴儿一个完整的家庭。因此，生育与否的选择权此时应交给该妇女，法律应依据情势变更原则确定怀孕妇女的生育选择权。在一方因为身体健康状态变化的原因导致不能履行生育协议时，例如妇女因为怀孕或堕胎会严重影响其生命健康时，也可以援引情势变更原则主张拒绝执行协议。生育契约的执行还应考虑显失公平原则的适用。对于相关约定，因考虑是否公平，若欠缺充分的对价支持，似不宜笼统执行。生育契约是实现生育权的方式，对生育契约的违反，确有可能给对方造成损害的，例如生育机会的永久丧失，生育成本的显著提高（例如增加使用人工生殖技术的成本等），对此不予赔偿也是不公平的，因此应依据实际发生的损害来合理确定赔偿的标准。但是它不应成为一方获利的手段。如果没有相应的损害，则不应对大大超出实际的约定赔偿标准予以执行。

（二）无协议时的生育权冲突配置

1. 生育权冲突配置模式选择

就两大法系关于无协议时配偶间生育权冲突配置的立法及法律实践进行考察，可以将其做法概括为两大类：一类是坚持纯粹的平等原则，规定生育权的行使必须配偶双方协商一致；另一类是在平等基础上向女性倾斜的做法，规定怀孕妇女依法拥有单方面的生育决定权。在坚持纯粹平等原则的法制下，男性的生育权更有保障；而选择在平等基础上向女性倾斜的做法，女性在生育问题上获得了更大的自由。两种做法可以说各有其优劣。但笔者窃以为，在我国，生育权冲突的配置坚持在平等基础上向女性倾斜似乎更为适宜，理由如下：

第一，抽象的平等是建立在漠视妇女在妊娠中的特殊贡献这一生物事实基础上的。女权主义者研究发现，在父权文化历史中，法律的一些特点使女性处于遭受剥夺的地位，而其中之一即：作为人类繁衍的工具，女性被剥夺了有可能减损男性对生育控制的生育自决。她们指责"绝大多数妇女在冷酷无情的男性控制的环境中生儿育女，如果说所有女性的生育安排都受制于某些形式的父权控制，那是公正的"。① 历史上，男性即利用法律、特别是刑法来反对女性的生育自决，女性在生育中的特殊贡献反而使她们处于弱势。

现代社会应当在平等的基础上保护两性生育权。必须承认女性在生育中的特殊贡献，在此基础上，使利益分配向妇女倾斜是符合实质公平的。日本立法要求堕胎需征得配偶同

---

① Angela R. Miles and Geraldine Finn " Feminism: From Pressure to Politics (1989) "，《妇女与法律》，黄列译，《西部女性》网站，2005 年 7 月 16 日。

意，但是日本法学界近来对于人工流产"必须得到夫妇双方的同意"存在争议。有些学者认为如着眼于妊娠与女性自身的身体、健康、生命直接有关系这一点，在生产或不生产等问题上，女方的意见应优先考虑，夫妇因为胎儿是双方爱情的结晶，在尊重对方意见的基础上取得一致是最理想的，但如双方处于对立的立场，则在考虑女性意见的同时，也要听取医师的意见。①

第二，选择生育权利分配向妇女倾斜符合我国的国情。在坚持纯粹平等原则的国家，其国情与中国截然不同，或存在较大差别。例如法国，其法律限制妇女的生育自决权，要求堕胎需征得配偶同意。这是与法国长期人口增长率低，甚至出现持续的负增长密切相关的。② 而我国的国情与法国显然不同。不管长期趋势是否会走向一致，目前我们面临的现实仍然是人口基数大，人口增长过快，与国民经济发展不相协调。《联合国2002年世界人口监测简要报告》指出，赋予妇女生育自主权改变了妇女的生殖行为。生育权发展的世界经验表明，一旦妇女生育权利意识觉醒，能够自主控制生育行为，往往不愿为生育多孩所累，生育率、多孩率都会下降；早育的现象会减少。③

第三，生育权利分配向妇女倾斜是多数国家的法制选择；它代表了一种文明发展的趋势。如前所述除法国、日本等少数国家外，更多现代国家在生育权利分配上是向妇女倾斜的。一些国家是抛弃在此问题上的过度干预转而采取保护妇女自决权益的做法，一些国家明确规定妇女有相对完全的生育自决权。这是现代文明坚持男女平等，保护妇女利益的价值取向在生育权领域的反映。它既是妇女地位崛起的象征，也是提高妇女地位的要求。

2. 生育权冲突配置的具体建议

基于上述理由，针对冲突发生的时间不同。本文对生育权冲突的配置提出以下建议：

（1）怀孕前的生育权冲突配置

如果生育权冲突发生在怀孕前，应承认男女平等地决定是否生育的权利。生育权为人格权，每一主体可以独立做出是否生育的决定。虽然在婚姻关系中的男女，其生育权的积极行使有赖于配偶的配合，但是婚姻不以生育为目的，任何一方不因结婚负有生育的义务。在此阶段，作为生育的双方主体，男女都拥有怀孕前的"一票否决权"，同时其知情权必须得到尊重。双方在计划节育或绝育时，都无需征得对方同意。但考虑到夫妻生育权实现的关联性，为避免一方单方面的行为影响对方配偶权利的实现甚至剥夺配偶生育的权利，主动采取措施的一方应告知对方，以保障配偶有自主选择的自由。这种告知应是在一个合理的期限内，以免因一方的长期隐瞒给对方带来不可挽回的损害，例如错过生育期，抚养成本的大幅度增加等。考虑到女性的育龄期为15岁到49岁，男性的则更长，这个具体的告知期限可以放宽一些。从法制统一的角度考虑，此处借鉴婚姻法的规定，确定为6个月亦可。

较为特殊的是在体外授精的情形下，应如何处理生育权之间冲突？譬如一对夫妇通过体外授精的方式生成了准胚胎，但是在植入母体之前，一方改变了生育意愿，导致生育意

① 【日】石井美智子：《人工生殖の法律学》，有斐阁1994年版，第116页。

② 黄丁全：《医疗、法律与生命伦理》，法律出版社2004年版，第423页。

③ 联合国经济及社会理事会：《2002年世界人口监测简要报告：生殖权利和生殖健康，特别是人体免疫机能丧失病毒/后天免疫机能丧失综合征（艾滋病毒/艾滋病）》。

愿冲突，从而引发生育权冲突的，应如何处理？在较早使用此类技术的国家，此类诉讼时有发生。美国"大卫诉大卫"案中，法院判决妻子不得使用准胚胎。① 在"卡斯诉卡斯"案中（Kass v. Kass，New York，1995），纽约的法官直截了当地反驳"大卫诉大卫"案，判决 5 个冷冻准胚胎属于妻子。②

笔者赞同在此实行平等保护原则。妇女在生育中的特殊权利源于她的特殊身份：在她的身体内孕育着胎儿。而在受孕前，这一特殊的情形并不存在，因此享有特殊权利的基础就不存在。纽约法院在"卡斯诉卡斯"案者忽视了这一差别，采取了传统的做法，是和事实存在背离的。正如田纳西州法院判决所云："对于妇女身体健全的关怀，预防男人掌控堕胎权的条款，在本案中不能适用。"在采取人工生殖技术进行生育时，男女双方以生育为目的，提取配子培育胚胎，本身含有同意生育的意思。任何一方中途叫停都是违约的，如果没有情事变更或显失公平等撤销事由，违约方应承担违约责任；但是基于生育的人身性，不能强制执行这类契约。只要胚胎还没有植入母体；或者还未做人工授精；那么一方明确地反对都可以终止生育进程。

平等保护实际的执行效果是保护了主张不育者的权利，对于希望生育者应提供何种救济呢？依据美国婚姻家庭法的相关规定，"如果夫妻一方拒绝生育，从而导致他方为了人种延续这一崇高目的（无法实现）……另一方则自然可以诉请离婚。"③ 法国法律也有类似规定，④ 可资借鉴。

怀孕前的冲突还有部分是因客观原因一方不能生育而致的。不育的一方有无告知义务呢？不告知是否构成侵权呢？不育并不是法律禁止结婚的疾病，生育也不是现代家庭的主要功能。不育的告知义务实际上只是一种道德义务。不能以违反道德义务主张权利侵害。实际的情形是不管不育一方是否尽了告知义务，只要对方配偶对待生育有强烈的要求，以至由此导致夫妻感情破裂，法院都不能禁止他们离婚。如果衡量双方的损益，准予离婚也是一个较优的选择。判决准予离婚对不育的一方而言，是丧失了现有的婚姻；但是他仍有机会缔结新的婚姻；对主张生育的一方而言，获得了缔结新的婚姻的机会和行使"生"的权利的机会。如果不准予双方离婚，双方维持一个可能质量下滑的婚姻；可以生育的一方就永久丧失了实现"生育"的权利。总的看来，准予离婚的积极效应要大一些。此外，法律应尽量开辟渠道，化解冲突，例如一些国家允许通过代孕来化解此类冲突。

（2）怀孕后的生育权冲突配置

怀孕后的生育权冲突配置，在无协议时，笔者建议立法向妇女利益倾斜，赋予怀孕妇女依法单独决定生育与否的权利，同时规定妻子的告知义务和丈夫知情权；对当事人无法调和的生育冲突提供离婚的救济。这样规定，一是从法律的合理性考虑，赋予妇女自决权更为科学；二是从法律的妥当性考虑，此种选择更加切实可行、便于操作；三是遵循公平

---

① 【美】艾伦·艾德曼、卡洛琳·肯尼迪：《隐私的权利》，吴懿婷译，当代世界出版社 2003 年版，第 96 页。

② 【美】艾伦·艾德曼、卡洛琳·肯尼迪：《隐私的权利》，吴懿婷译，当代世界出版社 2003 年版，第 96 页。

③ 【美】威廉·杰·唐奈：《美国婚姻与家庭法》，顾培东等译，重庆出版社 1985 年版，第 212 页。

④ 杨遂全等：《比较民商法学》，四川大学出版社 1997 年版，第 155 页。

原则和权利均衡原则，兼顾了男性的生育权利。具体而言，有以下几点理由：

首先，赋予妇女决定权有助于保护妇女生命健康，符合"权利义务一致"原则。保护母体健康一直是规制生育行为的法律所要考虑的重要目标之一。正如在美国"罗伊"案中法官所分析的那样"早期进行堕胎的过程对妇女的生命构成严重威胁……所以政府出于保护怀孕者生命健康的考虑制定法律限制她们的堕胎行为是有一定道理的。"① 现在为保护妇女的生命健康，更应该确认其生育自决权。现代医学表明，在怀孕前三个月进行堕胎是相对比较安全的，其危险性比正常分娩的危险性低，堕胎导致怀孕妇女的死亡率也比正常分娩妇女的死亡率低。因此，如果处于怀孕早期，政府是不能以保护妇女的健康安全为由禁止其堕胎的。受孕后，胚胎或胎儿存在于母体内的事实赋予了妇女特殊的权利。这种权利的基础在于生育已经和妇女的生命权、身体权、健康权、人身自由权等权利密切关联，而只有妇女自己才能正确地判断这种影响，从而做出决定。在不违反法律的前提下，妇女的生育权主张必须得到尊重。

其次，赋予妇女生育自决权，更有利于贯彻两性平等原则，避免男性对妇女的掌控。在怀孕后，丈夫生育或不生育的选择，不仅直接关系到妻子的生育权，而且还涉及妻子的生命、身体、健康、自由等各项权利。Brock 认为："个人的生育选择对他人的自主或福利产生的负面影响越多，他的道德权利就越弱。更具体地说，受负面影响的人在道德上而言，有权左右他人的选择、并要求他人在选择时考虑到他们可能遭受到的影响。"② 怀孕对妇女身心健康的影响远比男性大。一旦受孕开始，对生育进程的控制只能委诸于妇女，而不宜再由男性控制生育的进程。只要胎儿在母体孕育成熟这一自然规律仍然适用，男女的生育权都必须遵从这一规律。否则，人为地抹杀这种区别将使妇女处于特别不利的位置。有人戏言，如果坚持男女两性生育权平等，那强奸犯在受害妇女因自己暴行怀孕后是不是还可以主张生育权而禁止受害妇女堕胎？

再次，赋予妇女无协议时的生育自决权，符合权利冲突的一般配置原理。在权利冲突的解决方案中，一般会首先考虑权利位阶，高位阶的权利优于低位阶的权利。虽然两性的生育权是相同权利，不存在位阶高低，但是与怀孕妇女生育权密切关联的是该妇女的生命、身体、健康权。"相较于其他法益（尤其是财产性的利益），人的生命或人性尊严有较高的位阶。"③ 所以存在生命风险时，男性的生育权肯定要让位于妻子的生命权。如果对两者加以衡量，天平自然倾向妇女。

在必须通过限制权利来解决冲突时，还需考虑限制程度的合理性。从限制程度来看，要求妇女服从男性的生育主张超出了权利限制的合理忍受限度，也是不符合"己所不欲，勿施于人"的道德伦理的。因此，丈夫的权利此时不得不受限于妻子的上述权利。正是出于"对于妇女身体健全的关怀"，同时也要避免男性将自己的生育意愿强加给妇女，法

---

① 【美】阿丽塔·L. 艾伦、理查德·C. 托克音顿：《美国隐私法：学说、判例与立法》，冯建妹等译，中国民主法制出版社 2004 年版，第 379 页。

② Dan W. Brock. Reproductive Freedom: Its Nature, Bases, and Limits in Health Care Ethics: Critical Issues. John F. Monagle, David C. Thomasma, eds, Gaithersburg, Maryland:, Aspen Publishers, Inc., 1994, p. 58

③ 【德】卡尔·拉伦茨：《法学方法论》，陈爱娥译，商务印书馆 2003 年版，第 286 页。

律出台了"预防男人掌控堕胎权的条款"。除日本等少数国家外，英国、美国、澳大利亚、加拿大、意大利等诸多国家的立法或判例对此都是认可的。

最后，赋予丈夫同意权，禁止妇女自主堕胎，不仅难以操作，还会带来一些严重的不利后果（强制妇女堕胎，由于其违反法律和人伦，可以不予考虑）。如果怀孕妇女不能合法地通过药物或手术流产，那么她可能试图通过寻找黑诊所、剧烈运动、打击腹部以及其他一些更极端的方式谋求流产，法律对此是无能为力的；而这样做的后果将是非常危险的，会直接损害妇女的生命安全。尤其是禁止已婚妇女擅自堕胎还会影响未婚妇女的堕胎权利行使。为了执行法律，避免已婚妇女谎称未婚妇女堕胎，医院就会要求妇女提供婚姻证明，这会很大地增加未婚妇女堕胎的负担，也可能迫使她们选择上述极端的、危险的方式。

法律应保护妻子的生育权，也不应无视丈夫的生育权。妻子应在合理期限内履行告知义务，丈夫在生育权无法实现时可以诉请离婚，寻求新的生育伙伴。我国的法院在一些案例中，也都判决妻子隐瞒丈夫擅自堕胎、避孕，侵犯了丈夫的生育权。

关于妻子告知义务履行期限的确定，笔者以为可以借鉴《婚姻法》第34条"终止妊娠后6个月内"的规定，确定为妻子决定终止妊娠到终止妊娠后的六个月内；夫妻一方单方面决定使用药具或手术避孕的，最迟应在采行手术后或开始使用药具六个月内告知对方。在此笔者没有选择多数学者所主张的妻子应在堕胎手术前告知丈夫的观点，而是将期限延展至堕胎后的六个月内。这样建议的主要理由有二：一是如果坚持堕胎前告知，可能会对一部分妇女的堕胎自主权行使带来极大的障碍，甚至无法实现。如有的家庭为了阻止孕妇堕胎而采取软禁等方式限制其人身自由。二是从救济考虑，此类生育权冲突主要通过解除婚姻关系来化解冲突。而婚姻法规定对妇女提起离婚诉讼只能是在中止妊娠后6个月。因此妻子在6个月内告知通常不影响丈夫的权利行使。如果妻子怀孕后决定生育的，基于孕育的事实，无需另行通知丈夫。妻子拒绝生育时，法律能够为丈夫提供的生育权救济只有离婚。这里法律只能采用排除权利实现障碍的办法，来解决这一权利冲突。研究婚姻法的一些学者也认同这一选择。"如果夫妻在生育问题上的意见分歧最终确实不能协调，夫妻一方要求离婚时，应允许他方通过离婚解除双方婚姻关系，重新寻求生育利益的平衡。"[1] 这既是法律的功能，同时，也是法律的无奈，或曰局限性。[2]

---

① 蒋月：《婚姻家庭法前沿导论》，科学出版社2007年版，第95页。

② 刘作翔：《权利冲突：一个应该重视的法律现象》，载《法学》2002年第3期。

企业社会责任的法律规制

■　任华哲*

毋庸置疑，企业为社会的发展与进步做出了巨大的贡献。不但为社会提供了大量的就业机会、满足消费者日益增长的物质和文化生活的需要，而且还为国家创造了巨大的税收，同时还以其强大的经济实力在科技进步和企业管理水平的提高上起到了重要作用。但在发挥其积极影响的同时，企业也出现了不少的社会问题。现代资本主义国家所面临的主要社会问题，比如环境污染、生产出售假冒伪劣产品、为追求经济效益而过度利用自然资源、侵害劳动者的合法权益、向政府官员行贿、非法提供政治捐款以及其他类型的违法犯罪行为，无不与企业有着或多或少的直接或间接的联系。尤其是近几十年来，企业为了追求利润最大化目标而不顾社会公共利益，使资本主义国家的社会问题日趋严重。① 因而，确立对企业社会责任的法律规制，已成为建立和完善我国企业法律制度的一项重要而迫切的内容。

一、企业社会责任基本问题分析

（一）企业社会责任的渊源

企业社会责任的提出和确认并不是一帆风顺的，这种阻力主要来源于传统经济学理论和法律观念。自亚当·斯密以来的传统经济学一直认为，企业如果尽可能高效率地使用资

＊　法学博士，武汉大学法学院副教授。
①　［韩］李哲松：《韩国公司法》，中国政法大学出版社 2000 年版，第 2 页。

源以生产社会需要的产品和服务，并以消费者愿意支付的价格销售它们，企业就尽到了自己的社会责任。企业唯一的任务就是在法律许可的范围内，在经营中追求利润最大化。①进言之，企业应以追求利润最大化进而实现企业主或者股东的利润最大化为其终极关怀，而且企业只是企业主或者股东实现利润最大化的工具。而企业主或者股东之外的其他与企业有关的主体，只能根据其与企业订立的合同取得约定的或者固定的收益。企业主或者股东则享有对企业利润的剩余索取权，企业经营管理者的一切经营行为都应是为了使企业主或者股东获取最大的利益。与此相适应，蕴含在传统民法和企业法中的基本理念是，企业是为了满足其成员——股东——的利益而存在的。这一点可以从许多国家的民商法和企业法将企业视为私人性的、营利的商事主体中得到印证。

企业因其造成的社会问题而受到社会舆论的强烈批评，很多人提出应对企业与社会公认价值相悖的行为进行约束。1929 年，美国通用电气公司的一位经理杨（Owen D Young）在他的一次演说中指出，不仅股东，而且雇员、顾客和广大公众在公司中都有一种利益，而公司的经理们有义务保护这种利益。② 这是企业对利益关系者负责的观念的最初表达。而理论界有关企业对利益关系者负责的观念的提出和讨论，始于 20 世纪 30 年代美国学者伯利与多德的著名论战。在企业的功能、角色以及企业管理人员是谁的受托人等问题上，伯利代表了传统企业法的理念，认为企业是营利性经济组织，一切企业权力都是为企业主或者股东的利益而委托的权力，企业管理人员是受股东委托、为了股东的利益管理和控制公司。法律的功能在于保护股东的利益，防止管理层放弃追求利润动机的可能性。而多德的观点则带有明显的反传统企业法理念的特色。他认为，从现行法律上看，伯利的说法无疑是正确的，但使用私人财产是深受公共利益影响的。企业应是同时具有营利和社会服务两种功能的经济制度，企业权力作为一种受托权力是为了全社会的利益，不仅企业的活动要对社会承担责任，而且控制企业活动的经营者要自觉地履行这种责任。总之，多德认为企业既要为股东谋取利润，也要承担社会责任；企业的管理人员既是股东的受托人，也是社会的受托人。③ 20 多年后，论战双方都承认对方的观点有可取之处。

在伯利与多德之后，有关企业社会责任的争论就从来没有停止过。尤其是从 20 世纪 80 年代起，美国的经济学界和企业界发动了一场世界范围的公司治理结构大讨论，有关企业社会责任的争论也再度引起广泛关注。谁拥有公司，公司应该为谁的利益服务，成了争论的核心问题。对新古典的股东主权模型的批评主要来自以公司的非股东利害关系者为一方，以大量的激进学者为另一方的联盟。这派观点认为，公司并非简单地被视为属于股东们的实物资产的集合体，而是一种具有治理所有在公司的财富创造活动中作了专用投资的主体的相互关系功能的法律框架结构。这里的主体，包括股东在内的所有的相关利益者。从某种意义上说，他们都做出了专用性的投资，他们都可以分享公司利润的相应份额，他们都承担着一定的投资风险，也都掌握着一定的实际控制权。股东可以拥有实物资本，但不能拥有人力资本，而离开后者，前者就会贬值。因此，将公司视为股东所有会损害其他投资者的利益，影响他们投资的积极性。反对这种主张的是另一个由私人投资者、

① ［美］斯蒂纳：《企业、政府与社会》，华夏出版社 2002 年版，第 127 页。
② 刘俊海：《强化公司的社会责任》，《商事法论集》第 2 卷，法律出版社 1997 年版。
③ 卢代富：《企业社会责任的经济学与法学分析》，法律出版社 2002 年版，第 45 页。

机构投资者和投资银行业、股票经纪业及自由市场经济学家组成的联盟。这一联盟认为，最大化公司的价值会增加经济效益，经理、自利的雇员、无竞争力的供应商和无能的政府之所以要求关注公司利润最大化以外的问题，只是因为他们想逃脱市场的约束，将所有者的资源用于个人目的之上。这一派的观点认为，让公司的经理对所有的利益相关者都负责，相当于让他们对谁都不负责任，或者，就是追求他们自己的利益。多目标使得政府所追求的目标和所关心的问题与公司所追求的目标和所关心的问题混淆起来，也会使经理人员为完不成公司目标或追求自己的目标找到借口。因此，让经理追求公司价值最大化以外的其他目标会引起灾难性的道德风险问题。① 反对公司的目标是为利益相关者服务的人还认为，在竞争市场中，长期为了利润之外的任何其他目标而经营将导致企业萎缩，竞争力下降，而如果企业的利润下降，那么这个企业在最后就完全有可能被逐出市场，直至破产倒闭。而且，公司的社会责任的成本会在很大程度上以提高产品价格的形式由消费者来承担。最后，公司履行社会责任会降低股东自己履行社会责任的能力，相反，公司利润最大化却可以增加股东的财富，股东可以这种资源来对政治、慈善捐赠等作出贡献。由于这些原因，美国法经济学家波斯纳就认为，不应该为公司缺乏社会责任的积极性而感到伤心。②

（二）企业社会责任的定义

社会责任一词涵盖的范围可以很广，也可以很窄，因而究竟什么是企业的社会责任，企业的社会责任包括哪些内容，众说纷纭，迄今尚无统一的界说。何谓企业的社会责任，目前有许多不同的定义。有的认为，企业的社会责任是指企业决策者如同他们对待自己的利益一般，采取保护与促进社会福利行动的义务。也有的认为，企业的社会责任，是使企业不仅负有经济的与法律的义务，而且更对社会负有超越这些义务的其他责任。还有的观点认为，企业的社会责任，是指营利性的公司在其决策机关确认某一事项为社会上多数人所希望的后，该营利性公司便应放弃营利的意图，以符合多数人对该公司的期望。这些众说纷纭的观点总体上可以分为一元说和多元说。持一元说的学者认为，企业"仅存在一种而且是唯一的一种商业社会责任——只要它遵守职业规则，那么它的社会责任就是利用其资源，并且从事那些旨在增加其利润的活动"。③ 申言之，企业的社会责任就是为股东谋取最大的利益。持多元说的学者认为，营利不是企业运营的唯一目的。以企业社会责任的内容和基础为标准，多元说又可细分为不同观点。但它们都一致认为，企业社会责任是指持续的受商业道德行为的约束，在谋求自身利益最大化的同时，对社会所承担的维护和增进公共利益的义务。

本文认为，所谓企业的社会责任，是指企业不能仅仅以最大限度地为股东谋求营利作为自己的唯一存在目的，而应当负有维护和增进社会其他主体利益的义务。由于企业的社会责任是对企业绝对营利性目标的一种修正，企业的社会责任也可以被称为企业的社会性

---

① ［美］约翰和斯通：《关于"利益相关者"的讨论》，载《经济社会体制比较》1996 年第 3 期。

② ［美］波斯纳：《法律的经济分析》，中国大百科全书出版社 1997 年版，第 546 页。

③ 密尔顿·弗里德曼：《弗里德曼文萃》，北京经济学院出版社 1991 年版，第 50 页。

或企业营利性性质的相对性。①

（三）企业社会责任的特点

企业的社会责任与其他一般的责任形态相比，具有以下几个方面的显著特点：

1. 企业的社会责任是企业道德义务和法律义务的统一体

在企业所承担的社会责任中，很大一部分是企业承担的伦理上、道德上的责任，包括了将企业经营活动所产生的收益回馈给社会而进行的各种慈善捐赠活动、企业所举办的各种社会公益活动，以及企业为社会利益而约束其追求利润目标等道德上的责任。但与此同时，企业还负有相应的法律上的责任。二者统一存在于企业社会责任这个范畴之下，共同构成一个完整的企业社会责任。另一方面，一项具体的企业社会责任往往包括了企业的法律义务和道德义务两方面的内容。例如，环境保护是企业的一项具体的社会责任，企业按照环境保护法规定的标准预防和治理环境污染，是企业的法律义务；企业比照环境保护法的要求，采取更为严格的标准预防和治理环境污染，这又是企业的道德义务。这意味着，企业的环境保护法律义务和道德义务统一于企业的环境保护责任之中，共同构成企业的环境保护责任这一具体的企业社会责任形式。

2. 企业的社会责任以企业的非企业主或股东利益相关者为企业义务的相对方

传统民法上债权债务关系的一个重要特征是其具有特定性，也就是说，必须有特定的债权人和债务人，由此所产生的责任的承担人也是特定的。与此不同，在企业的社会责任问题上，没有像一般的责任中相对应的特定权利人。正是这一点，成为企业社会责任的特色，也成为其难以上升为制定法上的责任的主要原因。按照各国的通常理解，企业的社会责任是以企业的非企业主或股东利益相关者为企业义务的相对方的。但究竟谁是利益相关者？也有各种不同看法。②

第一种看法认为，凡是能影响企业活动或被企业活动所影响的人或团体都是利益相关者。股东、债权人、雇员、供应商、消费者、政府部门、相关的社会组织和社会团体、周边的社会成员等，全都可纳入此范畴。第二种看法认为，只有与企业有直接关系的人或团体才是利益相关者。这种观点排除了政府部门、社会组织及社会团体、社会成员等。第三种看法对利益相关者的定义最窄，认为只有在企业中下了"赌注"的人或团体才是利益相关者。③ 而通说则认为，这些非股东利益相关者，是指在股东以外，受公司决策与行为现实的和潜在的、直接的和间接的影响的一切人。具体包括公司的雇员、客户、债权人、上游供应商、当地社区居民等。在企业社会责任倡导者看来，因公司的非股东利益相关者在公司中存在利害关系（stakes），故企业对他们的利益负有维护和保障之责，此种责任即企业的社会责任。企业的非企业主或股东利益相关者便成为企业社会责任的相对方。至于企业的企业主或中小公司的股东也是重要的公司利益相关者，企业对他们负有实现利润最大化的直接责任。然而，企业对股东所负有的利润最大化责任是企业的经济责任以及严格意义上的法律责任，而不是所谓的社会责任。因此企业主或股东应是企业经济责任的相

---

① 参见刘俊海：《强化公司的社会责任》，《商事法论集》第 2 卷，法律出版社 1997 年版。

② 杨瑞龙等：《企业的利益相关者理论及其应用》，经济科学出版社 2000 年版，第 131 页。

③ 刘俊海：《强化公司的社会责任》，《商事法论集》第 2 卷，法律出版社 1997 年版。

对方而不是社会责任的相对方。

3. 企业的社会责任的主体既可能是企业本身，也可能是企业的控制者

在谈及企业的社会责任时，责任的主体根据不同的情形，有时候指企业本身，有的时候是指控制该企业的企业主或者大股东，还有的时候是指控制企业的经营管理者。但在通常情况下，企业社会责任的主体是企业本身，因为它是通过法律拟制而被赋予一定的市场交易资格的社会组织。当然，这并不排除最后的责任是由企业主承担的。特别是中小公司所负的道义上的社会责任一般是以公司的名义对外承担的，法律一般也是直接规定公司法人所应承担的社会责任。

二、企业社会责任的法律规制对象

（一）法律义务与道德义务

无论是企业社会责任概念的提出，还是企业社会责任观念的发展，甚或企业社会责任的定义，都毫无例外地与道德有关。在企业社会责任发展的早期，即以各种慈善性活动和其他社会福利活动为主的时代，企业履行社会责任只是实践道德信念，尽道义上的义务。随着社会经济的发展，企业的社会影响逐渐加大，人们对安全、生态等社会问题的日益重视，许多本来是道德上的社会责任上升为法律上的责任，强制性立法逐步增多。简单地说，企业的社会责任在最初是一种道德义务，发展至今，其性质已演变成为法律义务和道德义务的统一体。

法律义务是法定化的且以国家强制力作为其履行保障的义务，它是对企业的"硬约束"，是维护基本社会秩序所必需的最低限度的道德的法律化。道德义务是未经法定化的、由企业自愿履行且以国家强制力以外的其他手段作为其履行保障的义务，它是对企业的"软约束"，是在法律义务之外提出的更高的道德要求。[1] 法律义务是法律明确规定的，且以国家强制力保障实施的义务，道德义务是由义务人自愿履行且以教育、规劝、鼓励、舆论评判等非法律手段保障实现的义务。区分法律义务和道德义务的基础就是确定法律与道德这两种社会规范的界限。法律凭借国家强制力实施，而道德依靠社会舆论和传统力量维护。法律规范社会关系的范围要小于道德所规范的社会关系的范围。但这种区别不是绝对的，道德和法律均含有"义务"规范，义务是道德法律化的中介和桥梁。将道德普遍化，也就是把人人能够做得到的道德法律化，以法律的规范性、普遍性、强制性引导、规范、推动、保障和约束道德的制度文明化，并反过来通过社会主体行为透视其道德状态是否文明。[2]

企业社会责任既包含道德义务，又包含法律义务。这两种义务分类的标准是某项特定的企业社会责任是否已经达到社会能够普遍遵守的程度，若达到则成为法律义务，反之则为道德义务。这两种义务分类的表征是某项特定的企业社会责任是否已经被法律明文规定，若已规定则为法律义务，反之则为道德义务。应将企业对社会最低限度的道德义务作为法律规制的对象，这样不仅可以使之上升为具有强制力的企业法律义务，同时也为企业

① 卢代富：《企业社会责任的经济学与法学分析》，法律出版社 2002 年版，第 99 页。
② 范进学：《论道德法律化与法律道德化》，载《法学评论》1998 年第 2 期。

履行对社会的其他道德义务提供法律上的支持。

（二）社会责任范围的法律界定

在明确了企业社会责任的法律规制对象之后，还必须确定其规制对象的范围，即法律意义上的企业社会责任的负责对象的范围。各种类型的企业，在经济运行的不同环节具有不同身份，参与全方位的法律关系，必然要承担多种类型的法律责任。企业社会责任是指企业在谋求股东利润最大化之外所负有的维护和增进社会利益的义务，它主要关注的是社会利益，因此，企业对股东所负有的实现利润最大化的责任乃是其经济责任而不归入社会责任之列，而它对国家和政府所负担的各种责任（如纳税、接受国家或政府的干预、完成国家或政府交付的特定任务等）从根本上讲也并非社会责任。我国企业社会责任范围的法律界定应包括对劳动者的责任、对消费者的责任、对债权人的责任、对环境和资源的保护与合理利用的责任等。企业的社会责任在不同国家、同一国家的不同历史时期和社会经济发展阶段有着不同的内容。但一般认为，企业的社会责任主要包括以下内容：

1. 对雇员的责任

"企业内不同参与者之间，在收入分配和控制权上的不对称的合约安排，是企业的最显著特征。在企业中，某些参与者被称为'雇主'而另一些则被称为'雇员'。"[1] 在企业中，雇主对雇员拥有权威，并有权索取剩余收入；而雇员在一定的限度内有服从雇主权威的义务，并挣得固定的薪水。但雇员作为公司人力资本的所有者，在现代公司中的地位和作用越来越重要。[2] 首先，现代企业的竞争最终都归结为人力资源的竞争，拥有知识和技能的雇员是企业竞争制胜的决定性因素。离开了雇员的辛勤劳动，企业不可能在激烈的竞争中取胜。其次，雇员的知识和技能只是一种潜在的生产力，要将这种潜力发挥出来，必须给以一定的激励，创造适宜的环境和条件，否则会影响企业的正常运营。再次，企业雇员作为一种人力资本，具有一定的专用性。这种专用性将雇员与企业紧紧地联结在一起，只有保护好雇员工作的积极性，才能使企业充满活力。最后，随着现代企业治理方式的不断发展，在企业中，雇员不仅成为人力资本的所有者，而且成为非人力资本的所有者，从而成为企业的所有者。因此，为了保障企业雇员的利益，而且也为了促进企业的永续发展，各国无一例外地将企业对雇员的责任列为公司社会责任的一项主要内容。企业对雇员的责任是多方面的，既包括在劳动法意义上保证雇员实现其就业和择业权、劳动报酬索取权、休息权、劳动安全卫生保障权、社会保障取得权等法律义务，也包括企业按照高于法律规定的标准对雇员承担的道德责任。

2. 对客户的责任

客户是企业产品或服务的消费者。企业的价值和利润能否实现，很大程度上取决于客户的选择，这在买方市场的情况下尤其如此。此外，如果企业的产品或服务令客户满意，通常客户会形成一种对企业产品或服务的较强的偏好，改变或取消这种偏好往往会给客户带来负效用。而且，作为消费者的单个客户能力的有限性，又使得客户在客观上处于一种

① 张维迎：《企业的企业家——契约理论》，上海三联书店 1995 年版，第 1 页。
② 李维安等：《公司治理教程》，上海人民出版社 2002 年版，第 61 页。

社会弱者的地位。基于这种原因，企业的社会责任的倡导者将企业对客户的责任视为企业社会责任的一项重要内容。企业对客户的责任包括：第一，保障安全的责任。客户在购买、使用产品和接受服务时享有人身、财产安全不受损害的权利。第二，使客户知情的责任。客户往往是根据自己的需要、偏好和知识等，做出对自己最有利的选择。客户要做出最有利于自己的选择，必须对有关产品或服务的真实情况有所了解，为此需要享有知情权。第三，保障客户的自主选择权。也就是说，客户享有自主选择产品或服务的权利。第四，保障客户求偿的权利。客户因购买、使用产品或接受服务受到人身、财产损害的，享有依法获得赔偿的权利。

3. 对债权人的责任

企业的企业主或股东与债权人在控制权和现金收益要求权上有所差别。他们是不同状态时公司的"状态相依所有者"。① 如果企业有偿债能力，企业主或股东就是公司的所有者，即拥有剩余索取权和控制权。此时债权人是合同收益要求者。但如果企业偿债能力不足，债权人就有可能接管企业并获得对企业的控制权。而债权人对企业的控制通常是通过法定破产程序进行的。但债权人总是希望企业能正常运营并营利，以使其债权有所保障。因此，企业的债权人是企业的一类重要的利益相关者。企业应依据合同的约定以及法律的规定对债权人承担相应的义务，这种义务可视为企业所承担的社会责任。此外，企业还对作为整体的债权人负有依谨慎的注意义务从事经营活动并保证企业资产保值和增值的责任。

4. 对社区的责任

这是企业以其所在社区或者所在社区的居民为相对方的责任。企业的经营活动不仅直接影响到与股东从事交易者的利益，而且对企业所在社区及其居民亦有重大影响：第一，企业为当地居民提供就业机会，增加居民收入。企业经营状况良好，当地就可以有较多的就业岗位，居民收入会增加，福利会提高。企业经营不好，当地居民的生活水平就会下降。第二，企业的生产经营直接影响当地的环境，对居民的健康产生影响。第三，企业的扩张也会对社区居民带来影响。比如企业扩建可能要动迁居民，开发新项目或许会带来污染，大量招募外地员工会加剧当地公共交通、教育、住房、用水、用电、饮食等方面的矛盾，给居民生活带来不便，等等。所以，企业应对其所在的社区及其居民承担一定的社会责任。近年来，在西方国家，这类责任无不列为企业社会责任的基本内容之一。它要求企业积极参与并资助社区公益事业，协调好企业的发展与社区资源的合理利用之间的关系。这种责任通常难以在法律中做出有效的规定，一般来说更多的是一种道德上的责任。

5. 对社会公益活动的责任

企业的这项责任的内容最为广泛，包括了向社会公益事业诸如医院、社会福利院、贫困地区等提供捐赠，招聘残疾人、生活困难的人、缺乏就业竞争力的人到企业工作，为教育机构提供鼓励和培养学生的各种奖学金和助学金等，举办与企业营业范围有关的各种公益性的社会教育宣传活动等，均属此列。企业对社会公益活动的责任是一项传统意义上的

① 参见张维迎：《企业理论与中国企业改革》，北京大学出版社 1999 年版，第 110 页。

企业社会责任。

三、有关企业社会责任的立法经验

（一）立法概况及经验

尽管对企业是否应承担社会责任存在争论，但在赞成者的推动下，美国开展了企业社会责任立法的实践。早在 20 世纪 70 年代，美国已经有 48 个州通过了法案"明确地支持注册公司可以不通过特别的章程条款来资助慈善事业"。① 20 世纪 80 年代兴起的放松管制以及随之而来的恶意收购浪潮造成了企业治理结构的重大转变。恶意收购者宣称被收购的目标公司大大忽视了股东的利益，恶意收购的目的就是要维护股东的利益。恶意收购后企业现有的管理层一般遭到解雇，并通常采取关闭工厂、大规模解雇的措施来偿还恶意收购的贷款。为维护企业利益相关者的利益，减少恶意收购对企业经营、地区经济、社会的冲击，自 1985 年后，美国以宾夕法尼亚州为首的 29 个州通过法律特别规定，董事会在制定重要经营决策，特别是在决定是否接受和拒绝一项股权收购方案时，除了考虑股东的利益外，还要考虑其他参与者的利益。在这些立法中，大多数州采取授权但不要求公司董事在考虑公司的最佳利益时，顾及股东之外的利益相关者的利益。只有极少数州采取强制性的立法，要求公司既要考虑股东的利益，也要考虑利益相关者的利益。与此同时，在美国的影响下，欧洲的许多国家，包括法国、英国、德国、荷兰等，也在各自的立法中确立了企业社会责任的理念，但这些国家的企业社会责任发展程度较美国低，而且多倾向于劳动问题，例如就业、工资、工作条件等。

上述立法对于推动企业承担社会责任，无疑具有积极的意义。当然，现在评价美国 29 个州公司法改革的成效还为时尚早，其他国家有关企业社会责任的立法也不能说明公司是为非股东利益相关者服务的观念已经获得普遍承认。事实上，"公司努力的基本目标应该是最大化股东的财富价值这一信念仍旧在公共政策的讨论中居于主导地位，并且被公司的经营管理者们所广为接受"。②

（二）企业社会责任的立法模式

无论是道德义务，还是法律义务，只有得到有效的遵守和实践，企业社会责任才具有旺盛的生命力。法律义务经过法律规范的明确规定，具有强制执行力，因此，现代社会中，在法律义务的层面上研讨企业社会责任具有重要的理论价值和实践意义。当今世界各国的商事法律，尤其是企业法，均对企业社会责任做出了内容纷繁复杂、形式繁简不一的规定，主要形成了以下几种立法模式。

① 一般条款立法模式，即在原则上对企业社会责任作一般性的、宣示性的规定，没有具体义务的描述。美国法学会 1984 年通过的《公司治理的原则：分析与建议》第 2.01

---

① ［美］布莱尔：《所有权与控制：面向 21 世纪的公司治理探索》，中国社会科学出版社 1999 年版，第 190 页。

② ［美］布莱尔：《所有权与控制：面向 21 世纪的公司治理探索》，中国社会科学出版社 1999 年版，第 195 页。

条即为适例："商业企业从事商业行为，应以提升企业利润与股东利益为目标。唯有下述
情形之一者，则不问企业利润和股东利益是否因此提升：（a）应与自然人在同一程度内，
受法律约束而为的行为；（b）得考虑一般人为系适当之伦理因素，以从事负责任之营业行
为；（c）得为公共福祉、人道主义、教育与慈善之目的，捐献合理数目之企业资源。"①

② 义务列举立法模式，即企业社会责任被具体化为企业对社会负责的一系列行为或
任务。《澳大利亚统一公司法》在第 19 节规定："企业的权利应当包括——（a）为了爱
国的或慈善的目的而进行捐赠的权利。"1952 年的《加拿大公司法》第 14 节第（1）条
第（g）项授予企业"为了慈善的或仁慈的目的，或为了任何展览会或任何公共的、整体
的或有益的目的而实施捐赠或提供资金担保的附属的和从属的权利。"

对企业社会责任的内容列举最全面的当属美国经济开发委员会在 1971 年 6 月发表的
一篇题为《商事企业的社会责任》的报告。该报告列举了 10 个方面、58 种之多的企业社
会责任。①经济增长与效率；②教育；③用工与培训；④公民权与机会均等；⑤城市改建
与开发；⑥污染防治；⑦资源保护与再生；⑧文化与艺术；⑨医疗服务；⑩对政府的支
持。每一类又涵盖诸多义务。以经济增长与效率为例，该类行为又包括促进私有经济部门
的生产力；增进企业管理层的创新力与绩效；促进竞争；在寻求更有效的抑制通货膨胀和
实现高就业率的措施上与政府合作；支持旨在实现经济持续增长的财政和金融政策；致力
于越战后的经济重建工作。②

③ 一般条款加义务列举立法模式，即在规定企业社会责任一般行为准则的基础上，
进一步提供更加特定和具体的行为规则。1985 年《英国公司法》第 35 条规定，企业社会
责任是附属于或者有助于其任何贸易或营业开展的所有行为和权利。而《城市法典》第 9
条则针对收购与兼并事项做出具体规定："在董事向股东提供建议时，董事应考虑股东的
整体利益和企业雇员及债权人的利益。"

一般条款虽然仅仅具有宣示性功能，但是作为一项基本原则，它能够以其自身的模糊
形式负载法律的灵活、简短、安全的价值，并且通过对其他法律运行的干预实现整合功
能。③ 然而，要使企业社会责任在商法上真正确立并能够付诸实践，还必须明确该项义务
的具体内容。因为法律如果没有明确规定企业承担社会责任方面的义务，没有明确赋予其
在企业社会责任方面所拥有的权利，则无法起到行为规范的作用。因此，我们认为第三种
立法模式更为可取。

四、我国企业社会责任的规范重构

（一）我国企业社会责任失范的原因分析

前述，企业社会责任，是指企业在谋求股东利润最大化之外所负有的维护和增进社会
利益的义务。在我国，大企业具有接受甚至主动承担社会责任的趋向，而一些中小企业则

---

① 刘连煜：《企业治理与企业社会责任》，中国政法大学出版社 2001 年版，第 67~68 页。

② Social Responsibilities of Business Corporations, A Statement on National Policy by the Research and
Policy Committee of the Committee for Economic Development, June 1971, pp. 36-40.

③ 徐国栋：《民法基本原则解释》，中国政法大学出版社 2001 年版，第 377~388 页。

不注重践行其社会责任，尤其是近年来，我国中小企业社会责任的失范问题日渐凸显，一些中小企业由于具有谋求短期利益的冲动，片面追求企业利润最大化，不惜以牺牲生态环境、自然资源为代价，甚至损人利己，置广大消费者、劳动者、债权人等的利益于不顾，丧失企业信用和信誉，忽视社会责任，其实施违法和不道德经营所制造的恶性事件频频被新闻媒体曝光，如制假卖假、重大责任事故、不正当竞争、污染环境以及以非法手段谋取暴利等。显然，造成我国一些中小企业社会责任失范现状的原因很多，唯有对其产生根源作深入探索，才能找到有效的治理途径。

第一，市场机制不完善、市场体系不成熟。经济学家的研究表明，一定社会经济发展水平条件下，市场体系与市场机制发育的程度将在很大程度上影响社会整体营销道德水平。目前，我国市场机制和市场体系还很不成熟和完善，这使得某些企业有机会采取非经济手段参与市场竞争，而很少考虑其对社会责任的承担。

第二，市场管理法制不健全、执行不严。虽然我国已经制定了一系列经济方面的法律法规，但仍不完备，例如《反不正当竞争法》在对不正当竞争行为的认定、执法手段的采用、法律责任的追究等方面，都表现出较大不足；与此同时，管理部门分工不明，部分市场执法人员执法不严，这都易导致企业从事规避法律、甚至违法的经营活动。

第三，市场经济下的企业道德规范尚未建立。在新旧体制转轨时期，原计划经济体制下的部分道德规范已不适用，而新的市场经济下的道德规范还未完全形成。当然，作为道德体系组成部分的企业道德规范也尚未建立，这就为一些企业实施有悖于伦理的非理性行为提供了可乘之机。

第四，政府对企业的扶持与规范不够。企业是社会经济生活中的重要组成部分，而长期以来，我国政府在财政、税收、金融、服务等方面的政策与法律上对企业既未给予一定的优惠与扶持，同时也未对其进行必要的引导与规范，致使企业一方面承担着大量本应属于政府和社会的责任，另一方面对它本应负担的社会责任却没有很好地负担起来。

我国理论界对企业社会责任的研究还很薄弱。迄今为止，经济学界多数是在研究企业生产经营的目的、企业的性质时间接地涉及这一问题。而在对企业社会责任的研究中，也多是从企业治理的角度，探讨企业的利益相关者在改善企业治理结构中的作用。现有的文献少有直接对企业社会责任进行全面论述的，法学界有关企业社会责任的研究文献也仍不多见。

应该说，在我国，推行企业社会责任的理念是很有必要的。在我国的社会经济生活中，企业同样起着非常重要的作用。社会的正常运转离不开企业。同时，国家为其发展提供了有利的社会和法律条件。在这种环境中，企业尽情地追求着利润最大化的目标。但是，在我国经济转轨时期，由于规范市场经济活动的法律仍不完善，有的企业为了追逐自身的经济利益，利用其经济实力以及掌握的信息优势，损害企业其他利益相关者的利益，造成了严重的社会问题。这些企业有的销售假冒伪劣商品，坑害消费者的利益；有的忽视生产安全，频发重大责任事故，给职工带来严重侵害；有的企业向外乱排放"三废"，给当地居民的身心健康造成严重损害；有的企业违背诚信原则，转移企业资产逃避债务，将风险转嫁给企业债权人，等等。要约束企业的这些行为，仅依赖法律的规范作用是远远不够的。在全社会特别是企业界倡导企业社会责任理念，对于在一定程度上降低企业的机会主义行为是有积极意义的。

（二）我国有关企业社会责任的立法现状

我国并没有关于企业社会责任的专项立法，而关于企业的专门法律也仅此一部《企业促进法》，其第 8 条中的"不得侵害职工合法权益，不得损害社会公共利益"和第 9 条中的"应当遵守职业道德，遵守诚实信用原则"可视为针对企业社会责任的规定。

我国新《公司法》在追求股东价值最大化的同时，强化了企业的社会责任。公司既具有营利性，也具有社会性。既然公司具有社会性，就不能将公司利益仅仅还原为股东利益；相反，公司理应对其劳动者、债权人、供应商、消费者、公司所在地的居民、自然环境和资源、国家安全和社会的全面发展承担一定责任。股东与其他利益相关者的利益既相互对立，又辩证统一于公司利益基础之上。企业的社会责任既包括商法上的社会责任，也包括商业伦理上的社会责任。为体现以人为本的科学发展观，新《公司法》第 5 条明确要求公司从事经营活动，必须"承担社会责任"。这是我国社会主义公司法的一大特色，也是我国立法者对世界公司法的一大贡献。虽然美国诸州的公司法中有许多保护和增进公司股东之外其他利害相关者的利益的条款，但大多限于在公司董事会面临敌意收购的威胁时，授权或者要求董事会为了非股东利益相关者的利益而采取必要的防御措施。新《公司法》不仅将强化企业社会责任理念列入总则条款，而且在分则中设计了一套充分强化企业社会责任的具体制度。例如，新《公司法》进一步完善了职工董事制度与职工监事制度。就职工监事制度而言，新《公司法》第 52 条第 2 款、第 71 条和第 118 条要求监事会应当包括股东代表和适当比例的公司职工代表，其中职工代表的比例不得低于 1/3，从而有助于扭转一些公司中职工监事比例过低的现象。就职工董事制度而言，新《公司法》第 45 条第 2 款和第 68 条要求两个以上的国有企业或者两个以上的其他国有投资主体投资设立的有限责任公司以及国有独资公司的董事会成员中要有公司职工代表；第 45 条第 2 款和第 109 条第 2 款允许其他有限责任公司和股份有限公司设立职工代表董事制度。因此，新《公司法》在公司设立、治理、运营、重组等各个环节的适用与解释始终弘扬企业社会责任的精神。例如，应当授权董事会决策（包括制定反收购措施）时考虑并增进职工、消费者等利益相关者的利益。又如，根据企业社会责任的立法理念，公司维持原则应当得到充分尊重。法院在公司解散诉讼、公司破产诉讼、公司设立无效诉讼中要尽量维持公司的生命力。法官在行使自由裁量权的时候，对于可解散、也可不解散的公司，坚决不予解散；对于可破产清算、也可实行破产重整的公司，坚决予以破产重组；对于可确认无效、也可采取瑕疵补救措施确认公司有效的公司，坚决采取瑕疵补救措施。[①]

2002 年由中国证监会发布的《上市公司治理准则》（以下简称《准则》）则在借鉴国外公司治理经验的基础上，首次明确提出了利益相关者的概念，并要求上市公司必须重视其社会责任。《准则》第 81 条规定："上市公司应尊重银行及其他债权人、职工、消费者、供应商、社区等利益相关者的合法权利。"《准则》还对上市公司与利益相关者的合作义务、上市公司对利益相关者权益的维护义务、上市公司对债权人的责任、职工在公司中利益的维护等作了原则性的规定。

尽管公司在从事经营活动时应考虑其他利益相关者的利益，而且这种理念在我国

---

① 刘俊海：《新〈公司法〉的制度创新》，载于中国私法网。

《公司法》和《准则》等法律规章中也有一定的体现，但公司作为营利性组织，其基本功能只能是作为股东追求利润最大化的工具，如果法律过分强调其社会责任，并将此作为公司及其经营者的一般性法定义务，很容易使公司异化为以社会公益为目的的组织，最终不但损害公司股东的利益，公司作为经济增长主要推动者的作用也将大大弱化。尤其应当看到，公司的社会责任既有法律范畴的内容，也有道德范畴的内容，而且多数属于道德规范。如果不顾实际地将这些道德规范上升为法律规范，并且与公司及其经营者为股东利益服务的传统目标相提并论，只会引起对公司及其经营者责任认定上的混乱，最终将损害与公司有关各方当事人的利益。事实上，《准则》也要求上市公司重视其社会责任不能偏离实现股东利益最大化的目标。因此，我国应对公司社会责任立法普遍化的主张保持谨慎态度，并且仍应坚持公司营利性的根本宗旨。

除此以外，现行企业法及其他法律法规中有关企业社会责任的规定还体现在以下几个方面：第一，企业对职工（雇员）的责任。它包括三个方面：一是在职工参与企业经营管理方面；二是在劳动保护方面；三是在劳动保险方面。第二，企业对用户、消费者和债权人的责任。企业对用户和消费者的责任，主要体现为保证产品和服务的质量；对债权人的责任，至关重要的是必须切实履行依法订立的合同，确保交易的安全。第三，企业对环境和资源的保护与合理利用的责任。环境保护是企业应尽的一项重要社会责任，为此，我国专门制定了《环境保护法》，对企业的设立和生产过程中的环保问题作了详尽的规定。第四，企业进行精神文明建设和遵守职业道德的责任。在企业法律法规中规定精神文明建设和遵守职业道德的内容，是我国企业立法的一大特色。精神文明建设和遵守职业道德直接涉及社会公众的利益，与作为物质文明建设的营利有联系，更有区别。故企业进行精神文明建设和遵守职业道德，可视为企业社会责任的内容。

（三）完善我国企业社会责任立法的建议

1. 中国企业立法应当遵循保护、扶持、引导的指导思想。

当前，我国对企业的保护和扶持固然重要，但对现实经济生活中的企业社会责任失范的现状也不容忽视。我国第一部针对企业的法律——《企业促进法》则对保护与扶持体现得较为充分，而引导则显然不足，这将不利于从宏观上引导企业承担社会责任。

2. 从立法上树立企业社会责任理念

有学者在论述企业社会责任时指出，应当摒弃传统的企业法理念，确认营利最大化的商事目标与承担社会责任的非商事目标为企业的二元化目的。完善企业的社会责任立法，应从理念上将企业追求利润最大化的一元化目标和企业承担社会责任追求社会效益的目标相结合。因此，应当在立法中明确企业承担社会责任的概括性规定，尤其是应明确使用"社会责任"这一概念，以此来指导其他法律法规中分别规定的企业实体性社会责任。例如，可以明确规定，企业从事经营活动，必须遵守法律，遵守职业道德，履行社会责任，加强社会主义精神文明建设，接受政府和社会公众的监督。企业必须遵守国家劳动安全、职业卫生、社会保障、资源环保、质量、财政税收、金融等方面的法律、法规，依法经营管理，履行社会责任，不得侵害职工合法权益，不得损害社会公共利益。

3. 关于企业社会责任的法条设计和立法体例问题

由于企业社会责任是法律义务和道德义务的统一，因而对企业社会责任的规定是采取强制型规范（强制企业承担）还是采取授权型规范（授权企业决定是否承担）一直存在争议。其实，道德义务并非不能规定于法律之中，关键是怎样设计其法规形式，关于企业社会责任的法条规定，可作如此设计：法律意义上的企业社会责任宜采取强制型规范的形式予以规定，而道德意义上的企业社会责任宜采取授权型规范的形式予以明确。

第一，企业社会责任的定位与企业法原则。企业承担社会责任不是因为这种行为有可能给企业及股东带来利益，而是因为企业是法律上拟制的人，在享有权利的同时也应履行相应的义务。这种对企业社会责任的定位直接要求企业法兼顾效率与公平。企业不能仅仅以最大限度地为股东们营利作为自身存在的唯一目的，还应当最大限度地考虑非股东利益相关者的利益。这种考虑基于两点原因：一是从公平的角度来讲，企业的生存与发展依赖于社会的健康发展，正是国家为企业提供了诸如物资资源、人力资源、文化资源、优惠的投资条件、安全的保障等良好的社会环境。企业对社会承担相应的责任自在情理之中。二是从效率的角度来讲，企业法的效率原则着眼于整个社会的效益最大化，而非个别企业的短期营利和局部利益。

第二，企业社会责任的类型与企业法规范。企业社会责任有两种类型，一是许可型，二是义务型。许可型责任实际上是赋予企业经营者承担社会责任的权利，可自由选择是否承担、在多大范围内承担社会责任。这种类型的责任在立法上的可操作性较强，但强制执行力较弱。义务型责任要求企业在特定事项上对社会承担特定的责任，简单明确、强制执行力较强，但过于死板和僵化。因此，在我国企业法确立企业社会责任，既要运用授权性规范，又要运用强制性规范，两相结合，扬长避短。对于环境保护、劳工标准、产品安全、税收上缴这样的事项，应由法律作强制性规定，因为这是所有企业都应具有的最低的道德要求；对于捐赠财物、服务社区这样的事项，应由法律作授权性规定，因为这是企业作为独立法律主体能够自由决策的权限。

第三，企业的社会责任与企业法内容。企业法的内容之一就是要设计一套制度安排，用来规范若干在企业中有重大利害关系的团体，包括投资者、经理、工人之间的关系，并从这种制度中实现各自的经济利益。我们可以从以下几个方面入手，一是完善职工参与企业管理的制度；二是加强董事及董事会的作用；三是从企业内部和外部完善企业社会责任的监督机制；四是增设股东派生诉讼制度，强化股东的权利救济手段。

产融结合的法律透析

■ 孙 晋*

一、何谓产融结合

（一）金融资本与产融结合

西方国家长期从传统金融资本理论角度分析产融结合，认为产融结合就是工业垄断资本与银行垄断资本相互渗透从而形成金融垄断资本的经济现象。为了更好地了解产融结合，需要我们首先简要回顾一下金融资本的理论发展和内涵。有关金融资本的研究最早可以追溯到马克思、恩格斯的资本积累理论，他们的理论认为资本家在追求利润最大化的过程中，资本积累的发展趋势是：一方面生产资料与劳动者日益分离；另一方面生产资料从分离到集中，以至自由竞争的资本主义最终走向垄断。[①] 恩格斯还具体论述了竞争与垄断的辩证统一关系："竞争建立在利害关系上，而利害关系又引起垄断，简言之，即竞争转

---

* 武汉大学法学院副教授。
① 《马克思恩格斯全集》第 23 卷，人民出版社 1972 年版，第 688 页。

为垄断，另一方面，垄断也挡不住竞争的洪流；而且，它本身还会引起竞争"。① 所以，资本积累理论已经科学预见到垄断的金融资本产生的必然性。拉法格在1903年的《美国托拉斯及其经济、社会和政治意义》一文中，最早提出"金融资本"的概念。他指出随着工业资本的扩张，产业部门的资本日趋集中，进而推动银行资本的集中。两类资本相互渗透最终形成一种特殊的资本，即金融资本。② 鲁道夫·希法亭在1910年出版的被誉为"《资本论》续篇"的名著《金融资本》中进一步发展了金融资本理论并论证了金融资本形成之后的垄断问题，他把金融资本规定为归银行支配和由产业资本家使用的货币形式的资本；并把信用和股份公司看做促进金融资本产生的有力杠杆。③ 列宁批判地继承前人的研究成果，是金融资本理论的集大成者。在《帝国主义是资本主义的最高阶段》一书中，列宁精辟地指出"生产的集中，由于集中成长起来的垄断；银行和工业的融合或混合生长——就是金融资本产生的历史和这一概念的内容"。④ 到了20世纪30年代，伴随公司治理理论从"股东中心主义"向"董事经理中心主义"的转变，阿道夫·贝利和加德纳·米恩斯提出"经理革命"即"经理控制论"；同时赖特·帕特曼和戴维·M.考兹等人却主张"金融机构控制论"，认为大公司的控制权实际掌握在各类金融机构而不是公司经理人手里。上述关于金融资本的各种理论，基本符合当时研究者们所处的由自由竞争资本主义向垄断帝国主义转变的特定时代环境，一定程度上揭示了银行资本与工商资本逐步融合的关系。近年来青木昌彦、钱颖一、休·帕特里克、约瑟夫·斯蒂格利茨等经济学家从银行—企业的关系入手加强了对金融资本的研究，着重研究产融结合模式的内在机理和经济绩效，把产融结合纳入金融经济学和发展经济学的理论范畴从而拓展了传统金融资本理论的研究思路。⑤ 因此国内外部分学者据此认为，产融结合的内涵与金融资本一致，即产融结合就是工业垄断资本与银行垄断资本相互渗透成为金融资本的现象。⑥ 这一内涵可从以下几个方面理解：①产融结合的产生是资本市场经营者不断追求资本增值的结果。工业资本和银行资本的共同目标促使双方相互渗透，形成产融结合。②产融结合的实质是资本结合，是工业垄断资本和银行垄断资本的相互渗透。只不过发展到今天，工业资本已经演变成除金融资本以外的所有工商业资本，银行资本也发展为包括银行、证券、保险、信托、基金等在内的完整的金融资本（以银行资本为主）了。

（二）产融结合的经济学内涵

产业经济与金融业的结合称为产业与金融的结合，简称产融结合。⑦ 产融结合首先是

---

① 《马克思恩格斯全集》第1卷，人民出版社1956年版，第612页。

② 《拉法格文选》（下册），人民出版社1985年版，第212页。

③ ［德］鲁道夫·希法亭：《金融资本》，王辅民译，商务印书馆2007年版，第252、106页。

④ 《列宁选集》第2卷，人民出版社1990年版，第769页。

⑤ 张庆亮、杨莲娜：《产融型企业集团：国外实践与中国发展》，中国金融出版社2005年版，第16页。

⑥ 吴大琨主编：《金融资本论》，人民出版社1993年版，第136～139页。

⑦ 傅艳：《产融结合之路通向何方》，人民出版社2003年版，第11页。

一个经济学概念。① 与金融资本密切相关的是，国外有关产融结合的研究依然可以追溯到马克思、恩格斯的理论著作。马克思从资本积累理论出发，指出随着资本积累和生产资料与劳动者分离，生产资料经历从分散到集中的过程，自由竞争的资本主义将被垄断竞争的资本主义所取代。与法学角度的考察不同，今天在西方国家产融结合的经济学研究主要是从结合模式、管理结构与结合途径及其对应的投入与产出、成本与利润关系进行绩效分析而展开的，而且结论大多是持肯定态度，认为产融结合有利于形成和产生规模经济、范围经济和协同效应。

在我国经济学界，对产融结合的界定较有代表性的观点是：有人主张产融结合就是工商产业和金融业主要通过股权关系相互渗透，实现产业资本和金融资本的相互转化直接融合；② 也有人将产融结合界定为产业部门与金融部门之间资本相互结合的关系，是资本加速集中的有效形式；③ 还有人指出，产融结合是产业经济与金融业在其发展过程中相互渗透和影响的过程；④ 有学者认为产融结合是指资本在一定制度结构中的某种职能（既包括经济职能又包括政治职能）的结合。⑤ 上述概念除了最后一种定义涵盖的范围因包括政治职能而过于宽泛外，其余界定从不同侧面基本准确地概括了产融结合的实质。

笔者主张，所谓产融结合，一般指金融业与工商企业通过信贷、股权、人事等方式走向结合，它是工商企业充分市场化和银行业充分商业化的必然产物，是产业投入产出过程与金融业融通资金过程的结合。市场是产业资本与金融资本追求资本增值的最佳场所，竞争机制是产融有效结合的启动器。现实中，人们对产融结合的理解存在一些误区，认为产融结合就必然能够促进经济发展。还有人把产融结合简单理解为银企结合。其实，产融结合是一个中性的概念。比如说在以间接融资为主的国家，银行对企业的信贷就是一种产融结合，但是银行的信贷规模或信贷结构不合理就会影响产业结构的不合理。所谓产融的有效结合是指能充分利用金融功能促进产业经济发展和产业经济效益提高的过程。⑥ 任何法律制度的构建与完善都是为了实现产融结合的有效性。

根据产业部门与金融部门之间是仅有债权关系还是在债权外兼有股权关系，产融结合

① 产融结合属于金融经济学和发展经济学的理论范畴。据笔者考察，虽然发达国家早在 19 世纪末就对产融结合、银企联营展开了广泛而又深入的讨论和研究，但是我国大陆地区经济学界直至 20 世纪 80 年代才开始关注这个问题，开始是介绍国外的产融结合理论与实践，直到 90 年代才真正开始结合我国实际展开产融结合理论研究。较早如中国社科院金融研究所所长李扬教授在《财贸经济》（1997 年第 9 期）上发表的《产融结合：发达国家的历史和对我国的启示》和原国家国有资产管理局魏杰教授在《财经科学》（1997 年第 5 期）上刊发的《产融结合的体制基础》两文较有代表性。我国法学界关注产融结合又晚了将近 10 年，只在论述金融集团、金融控股公司和金融混业经营相关法律问题时顺便提及，此前专门的法学论著尚未面世。

② 张庆亮、杨莲娜：《产融型企业集团：国外实践与中国发展》，中国金融出版社 2005 年版，第 19 页。

③ 谢杭生：《产融结合研究》，中国金融出版社 2000 年版，第 1 页。

④ 傅艳著：《产融结合之路通向何方——中国产业与金融结合的有效性研究》，人民出版社 2003 年版，第 1 页。

⑤ 黄明著：《现代产融结合新论》，中国经济出版社 2000 年版，第 31 页。

⑥ 张庆亮、杨莲娜：《产融型企业集团：国外实践与中国发展》，中国金融出版社 2005 年版，第 23 页。

的理解有广义与狭义之分。广义上，产融结合即金融与产业的结合，是指从储蓄向投资的转化，通过全部金融过程而实现的。只有当个人或者集体将其储蓄的一部分有偿让渡（借贷、入股等）给其他个人或者集体用于再生产的投资时，严格意义上的产融结合才出现。货币的出现更是大大便利了储蓄向投资转化的过程，商业银行和资本市场催生了现代产融结合。① 广义的产融结合主要是金融业（银行）向工商产业贷款融资形成借贷关系，除了包括狭义的概念所提及的股权关系以外，还包括产业部门与金融部门之间以业务为纽带而保持的密切联系，其基础为业务纽带。② 即表现为工商企业与银行、证券公司、保险公司等金融机构之间的借贷、持股、控股和人事兼任关系。从狭义上来说，产融结合是指在生产高度集中的基础上，产业和金融业通过股权参与以及由此而产生的人事结合等方式所形成的资本直接融合关系，其中包括金融资本向产业资本（或产业资本向金融资本）的单向渗透和产业资本与金融资本的相互、双向渗透，最终形成产融型企业集团。其中，产业资本指制造企业、运输企业、商业企业等非金融企业所持有的资本；金融资本是指银行、保险、信托、证券、基金、风险投资机构等金融机构占有和控制的资本。在狭义的产融结合中资本的融合是根本，实现这种结合的基础是产业资本与金融资本追求不断增值的本性。③狭义的产融结合实际上是深层次成熟的产融结合，是 20 世纪 80 年代以来发达国家产融结合的主流和我国未来产融结合的发展趋势，所以本文主要以狭义的产融结合作为研究对象。

（三）产融结合在法律上的意义

如果说产融结合这一概念在法学和经济学两个学科的含义主要有什么不同，最简单的解释就是经济学重在"产融"以及"结合"本身，法学侧重于"结合"以及对"结合"所带来的不利影响的规制。即经济学对规范和惩戒不那么感兴趣，主要关注结合联营的产业资本与金融资本的界定以及如何构建或选择有效模型以降低成本提高效益和促进资本增值；而法学一般不会对资本和资本增值很感兴趣，主要关注的是"结合"自身的合规性以及规制和惩戒失范性以维护秩序、趋利避害或达到其他的法律目的（比如保护消费者）。

探求产融结合法学内涵的关键就是在不同的法学学科范畴考察"结合"以及规制因"结合"所引起的法律问题。研究产融结合的法学意义可以从公司法、企业集团法、金融法、反垄断法等几个方面进行考察。④ 在企业公司法领域，工商产业与金融业的产融结合表现为企业吸收合并或资产收购，涉及产融结合的组织形态（如企业合并与营业重整）与法人治理、资本转投资限制、关联交易规范、母子公司关系诸方面的法律问题。

---

① 王少立：《发达国家产融结合模式变迁及其启示》，载《商业时代》2008 年第 27 期。

② 朱晖、张进铭：《略论当前我国的产融结合》，载《现代财经》2003 年第 3 期。

③ 傅艳：《产融结合简析》，载《中南财经政法大学学报》2004 年第 1 期。

④ 与其说从这几个方面考察产融结合的内涵，倒不如说是产融结合的发展给法学尤其是企业公司法、金融法和反垄断法带来了新的挑战，要求法学加强对产融结合的研究以解决法律的空白与规管的尴尬。

　　产融结合的组织形式往往表现为企业集团（如金融集团）、全能银行、金融控股公司，这就需要我们根据选择的组织形式加强企业集团法、金融控股公司法等相关经济组织立法并在立法中完善责任体系。

　　产融结合形成事实上的金融业与工商业的跨业混合联营，这给世界各国的金融监管带来巨大挑战，往往成为一些国家实施产融隔离政策的理由。这种跨业经营对我国金融分业监管体制形成的挑战更为严峻——分业监管应对银行、证券、保险综合经营已是捉襟见肘，更罔谈监管产融混业经营以防范金融风险了①。产融结合还涉及税法的问题，比如集团整体纳税申报和结合企业之间"非常规交易"规避课税。

　　但是最为紧迫的法学课题还是本文的选题即产融结合的反垄断法律规制。在反垄断法范畴，正如金融资本理论所揭示的那样，产融结合是市场经济力集中②形成垄断的具体表现和途径。法国1977年77—806号法和我国台湾地区的"公平交易法"就将企业经济力集中称为"结合"。③ 产融结合毫无疑问是企业结合的具体表现，它在带来经济学家所说的规模经济和范围经济的好处之外，同时还容易产生垄断和限制竞争问题。美国和日本在20世纪90年代之前实施产融分离规制的目的就是避免金融公司将商业公司系列化，金融系列化的弊害就是系列内的商业公司基于有利的条件接受银行融资，在与系列外独立商业公司的竞争上取得不当优越性，从而损害公平竞争；另外，因企业集团共通相互交易而造成的竞争限制也会在产融结合的实体内出现。④ 所以从反垄断法的角度关注产融结合具有极大的理论价值，研究这个问题在我国当前产融结合发展迅速、反垄断法制亟待完善以及面对全球金融危机冲击的情况下更具有重大的现实意义。

　　产融结合的动因来自于金融资本和产业资本都追求资本增值这一共同目标。从本质上讲，实体经济尤其是工业经济中的剩余劳动创造的剩余价值是资本增值的唯一来源，实体经济中产业的发展才是金融资本增值的源泉。经济学和法学都关注产融结合的有效性⑤：经济学关注产融的有效结合是指能充分利用金融功能促进产业经济发展和产业经济效益提高的过程，市场是产业资本与金融资本追求资本增值的最佳场所，市场的竞争机制是产融有效结合的启动器，市场价格机能能有效地调节产融结合过程，并检验产融结合效益的高低；⑥ 法学关注的是通过金融监管和反垄断规制等具体制度构建与运作，以使产融结合合乎规范并确保市场竞争机制和价格机制正常从而达到产融结合的有效性。

　　产融结合在经济学层面有广义狭义之分，本文在法律层面主要探讨的是狭义的产融结合即基于股权和人事兼任而形成的产融集团一体化及其金融监管和反垄断规制。

---

　　① 我国有由大型工商企业（一般是中央企业）参股、控股或实际控制金融机构的现象存在，形成产融结合，但是这些产融结合现象游离于金融监管之外，是我国潜在的金融风险源。

　　② 市场经济力集中也叫企业结合，我国2008年8月1日实施的《反垄断法》称为经营者集中。企业合并是经营者集中最重要也最常见的形式。在没有特别注明情况下，本文将这几个概念混同使用。

　　③ 何之迈：《公平交易法专论》，中国政法大学出版社2004年版，第170～178页。

　　④ 王文宇：《控股公司与金融控股公司法》，中国政法大学出版社2003年版，第209页。

　　⑤ 当然，在关注有效性之外，法学更关注产融结合的合规性，以及由合规性延伸和保障的社会公正公平性。

　　⑥ 傅艳：《产融结合简析》，载《中南财经政法大学学报》2004年第1期。

二、产融结合及其组织载体即产融型企业集团的基本法律特征

（一）产融结合是金融业和工商业跨业经营即产融混合合并（Conglomerate Merger）的产物

产融结合不完全等同于企业的横向合并（Horizontal Merger）和垂直合并（Vertical Merger），即不完全是生产相同或类似产品的公司之间的合并，也不主要是互为供应商的经营者的集中，而主要是在一个集团企业控股或控制公司之下多个金融与非金融法人企业跨业经营组成的公司群体。① 各企业间通过相互持股、共同被控股以及人事兼任等各种方式形成紧密联系、拥有共同利益、彼此影响重大的以金融企业为龙头或者由工商业控股的企业集群，协同提供多种经营或多元服务。

（二）产融结合组织即产融型企业集团由多家金融机构和非金融子公司组成，但金融业一般成为集团的主营行业

这个特征体现了产融结合型企业集团（一般简称为产融型企业集团）较强的金融特性。如果一家控股公司中金融机构为数不多，而且金融资产总规模不大，则难以体现产融型集团②的性质。集团的母公司控股有金融机构，可以认定为金融控股公司或金融集团，但如果整个集团内所控股的子公司是非金融性的工商企业，那么集团的产融结合性就不明显。如国际上有一种工商企业主导的企业集团，集团内有金融机构，但在集团内不占主导地位，如资产规模小和机构数量少，以及在行业内的影响不大，而且金融机构与集团内企业是相互持股，而不是被集团母公司控股，国际上一般称这种集团为混合企业集团或财团，而不属于典型的产融型企业集团。但是只要在这类企业集团内由工商业母公司控股金融子公司或者与金融机构相互持股，就应该认定其属于产融结合，如日本丰田汽车集团和我国宝钢集团就是典型的"由产而融型"产融结合。③

（三）产融型企业集团一般规模庞大，影响力强，容易形成市场垄断力量

由于产融型企业集团内有多家金融机构和非金融机构，集团总资产一般要远大于一般独立的金融机构和工商企业。且集团内所有金融非金融机构在集团总目标下协调运作，可以产生 1 + 1 > 2 的协同效应，所以集团在经济金融运行中的影响往往也大于一般独立的金融机构。但这种影响对于集团本身和宏观经济金融具有正负两方面的效应。如果集团

---

① See Jeffrey Church, Conglomerate Mergers, in 2 ISSUES IN COMPETITION LAW AND POLICY 1503（ABA Section of Antitrust Law 2008）.

② 国内有学者主张企业集团根据其内部有无产业资本与金融资本紧密结合的情形可将其划分为产业型、金融型和产融型三类。从反垄断规制和金融监管视野来看很有理论价值，故作者同意这种划分。参见张庆亮、杨莲娜：《产融型企业集团：国外的实践与中国的发展》，中国金融出版社 2005 年版，第 59～61 页。

③ 一般认为产融结合根据集团控股母公司是金融机构还是工商企业可以将其分为"由融而产型"和"由产而融型"两类，当然前者更为典型。

制度基础不健全，负面影响往往难以控制。同时，由于产融型集团的规模庞大，影响力强，集团的扩张极易造成经营者过度集中，其运营往往导致垄断或妨碍市场有效竞争。

（四）产融结合经济实体从事的往往是跨地区、跨国界的融合、多元化金融业务

产融结合实体（企业集群或称企业集团）中各金融实体所从事的业务主要是或全部是金融业务，而且金融业务必须在银行、证券和保险等业务中选择不少于两种，即产融结合的集团中应该有银行子公司、证券子公司或保险子公司等实体。另外，该实体中还不同程度地经营非金融业务，如工业、商业、不动产投资及贸易、建筑和运输等活动，形成完整的产融结合集群。产融结合的多元经营目的是各业务间高度互补和金融资源共享。产融结合组织提供多元金融服务是为了满足客户的综合性金融服务需求，从而最高效地扩大客户资源，获得稳定的收入来源。集团内部各业均有自身的业务优势和客户集群，在集团的高度整合下协调运作，发挥团队优势；集团内部的子公司均为独立的法律存在，在自身的前期积累中储存了大量的优势金融资源，在集团的范畴内，资源共享。

（五）组成产融结合的企业集团内各法律实体之间一般存在股权联系

金融母公司、各种子公司、附属公司及其他实体通过各种复杂的控制关系有机地联系在一起，构成产融结合企业集团的整体。企业集团不具有法人资格①。股权联系是指集团中的成员以多数控股或有效控股的方式形成相互间的所有权联系，从而使各成员的经营行为和风险、责任能在整体上保持一致。股权联系的方式可以为控股、参股、共同被控股和交叉持股等。我国目前已经大量出现商业银行与工商企业的相互参股，如上海橡胶轮胎集团、长江计算机集团等 28 家企业集团向交通银行入股，占该行股份数的 50% 以上。同时，交通银行也向宝钢集团投资入股。

（六）产融结合组织在反垄断法上一般应看做一个经营实体

产融结合是在产业资本或者金融资本集中到一定程度的基础上出现的，其一般是以大型工商企业或大型金融企业为核心，自然具有垄断性。产融结合组织是由一个核心企业即控股公司或实质控制公司及其所控制的附属企业组成的市场力量强大的企业集群即企业集团，其成员一般是其子公司，具有独立法人资格，然而作为结合载体的企业集团在公司法和证券法上不具有法人人格。但是这并不妨碍企业集团作为统一行动和具有共同利益的主体从而在反垄断法上具有独立的法律地位，② 换而言之，产融结合组织在反垄断法上可以被看做一个完整的市场主体和独立的市场经营者。这一点非常关键，后文将具体论证。

---

① 大陆法系国家多将企业集团界定为商业组织，英美法系则将其视为企业之间的一种联合行为，一般都不认可企业集团具有法人资格。

② 我国 1998 年由国家工商管理总局发布的《企业集团登记管理暂行规定》明确规定企业集团不具备法人资格。然而在反垄断法主体认定和税法整体申报上又把企业集团当做一个完整的市场主体看待。如 1998 年国家税务总局发布的《关于汇总（合并）纳税企业所得税若干基本问题的通知》规定，汇总（合并）纳税是一个企业总机构或集团母公司和其分支机构或集团子公司的经营所得，通过汇总或合并纳税申报表，由汇缴企业统一申报缴纳企业所得税。

三、产融结合的模式及其结合的主要法律途径

（一）产融结合的模式

① 根据产融结合的经济发展水平和制度环境，可将其划分为市场主导型、银行主导型与政府主导型三类①。这是产融结合最主要的划分。

所谓市场主导模式，是指金融市场在社会储蓄的汲取以及向投资的转化过程中起着基础性作用，任何金融中介包括商业银行、投资银行、保险公司等都是市场的积极参与者，不存在明显的融资成本优势或占据绝对的主导地位。这种产融结合模式以美国为代表。由于该模式主要运用市场力量进行结合，对金融市场的发达程度要求较高，且政府对经济的干预程度相对较低，一旦出现市场失灵，极易引发金融危机。②

而以日本的主银行制和德国的全能银行制为代表的银行主导模式，是产融结合的经典方式，是指以商业银行为主体的金融部门在社会储蓄向投资转化过程中发挥主渠道作用，银行资本通过债权和股权相结合的方式渗透到产业资本中，由银行资本控制工业资本，并利用控股地位扩张规模和经营管理，二者融合成长。该模式通过银行的"万能垄断者"身份，为企业迅速筹集大量资金，银行和企业相互采取有效的监督控制，结果形成凌驾于工商企业与金融企业之上的金融财团或金融寡头。所以这种模式以牺牲竞争为代价，政府有意庇护规模较大、实力较强的银行和企业，容易形成行业垄断；而且银行与企业相互进行人事结合，容易产生经营管理权力过度集中，影响产融结合的透明度。

政府主导模式是指政府在储蓄—投资转化中起着重要的支配作用，一方面它保持对国内金融部门的有效控制，直接或间接地对银行决策施加影响，另一方面又以产业政策为引导，把信贷分配与政府扶持的企业对象联系起来，从而实现产业结构调整、促进经济增长的目的，韩国是实行政府主导模式的典型国家。也有学者把前苏联也归入该模式，因为前苏联形成了以政府财政直接投资为主的产融结合模式。

就影响力而言产融结合的主要模式还是市场主导型和银行主导型。市场主导型的产融结合的主要特点有：①银行与企业是平等的市场主体，信息透明度高；②企业的外源融资主要通过直接融资方式，便于筹集巨额资本；③银行间接持有企业股权，便于分散控制风险；④短期趋利性强。需要具备的条件有三：一是利率的形成机制比较健全；二是要求金融市场的运作是有效率的；三是中央银行具有较强的货币控制能力。与市场主导模式比较，银行主导模式的特点有：①主办银行充当大量贷款人，与企业保持长期稳定的信用交易关系；②主办银行与企业之间相互持股，与企业保持比较稳定的信用合作关系，避免了过度竞争；③存在有效的监督机能；④存在有效的相机控制机能。其运行的条件也有三点：一是银行机构的运转效率很高；二是较高的国内储蓄水平；三是需要一个引导企业投

---

① 黄明：《现代产融结合新论》，中国经济出版社 2000 年版，第 88 页。

② 由 2007 年美国次贷危机演化为 2008 年肆虐全球的金融危机，其主要原因就是布什政府长期在金融监管和反垄断规制两方面同时放松且金融衍生品不受监管所致。这次危机成为体现该模式缺陷的活生生例证。

资的经济计划。①

② 根据企业集团产融结合的特征，可将产融结合划分为产业资本控制金融资本（由产而融）与金融资本控制产业资本（由融而产）两种模式。前者以第二次世界大战前的洛克菲勒财团和战后的 GE（美国通用电气金融公司）最典型，后者以第二次世界大战前的摩根财团和战后的加利佛尼亚财团为代表。产业资本控制金融资本与金融资本控制产业资本的区别仅仅是在产业部门和金融部门之间资本的控制力上，表现为企业集团中产业资本与金融资本哪个优先发展及谁向谁渗透的过程。这种二分法有助于监管部门和集团管理层直观了解部门之间资本的流向，以及产融结合中各企业集团的地位和作用。

③根据产融结合的具体渠道不同，可划分为信用型、股权型和咨询服务型。② 信用型产融结合模式是指以信用为纽带，通过债权债务关系相联系的结合方式，是最低层次的广义的产融结合，主要在资本市场不发达和股权型产融结合尚未发展起来的国家普遍存在。银行信贷是信用型产融结合方式的最基本形式，对产业投放信贷的量在一定的程度上影响着产业发展规模，信贷资金的结构变动会影响产业结构变动。③ 目前我国融资结构中，企业向银行直接融资贷款仍占很大比重，对外发放贷款也是金融机构主要的利润增长点之一。股权型产融结合模式是指在证券市场上，以股权为纽带，实现产业部门与金融部门的相互融合。股权型产融结合充分运用市场力量，优化融资结构；通过竞争机制，迫使银行与企业自主高效地选择结合对象，提高产融结合的效益。咨询服务型产融结合模式是指产业与金融业之间以提供咨询服务而彼此联系与结合的方式。这种模式以信息为载体，以提供信息服务为目标，实现产业部门与金融部门信息与服务的相互合作，扩大了产融结合的外延，在发达国家发展迅速，是产融结合未来的发展趋势。

（二）产融结合的主要法律途径

1. 直接出资设立独资金融机构

一般是在法律法规允许的条件下，财团或控股母公司直接投资设立银行、保险、证券等金融机构。这样的金融机构可以是单独设立，更多的则是在财团或控股公司的某些职能部门如信托部、银行部等基础上建立起来的。这种设立方式的优点是对金融机构的控制力强。对于不熟悉金融业务的财团或控股公司而言，直接设立金融机构的风险和困难较大。另外，很多国家法律对企业设立金融机构的要求很严。

2. 产业资本参股现有金融机构④

参股已有的金融机构是大多数控股公司或财团涉足金融业的主要方式。控股公司或财团通过直接购买金融机构的股份控制商业银行和其他金融机构，然后再通过这些金融机构控制其他企业。这种方式对控股公司或财团的投入资本无固定要求，控股公司或财团可以根据自己的资金实力对已有的金融机构投资，而仍专注于自己的主业，并可以根据自己的发展战略和实际情况增加投资或撤回投资。但是这种方式的不足之处是难以形成对金融机

---

① 徐焕章、魏娟娟：《国际产融结合模式的比较分析》，载《财会研究》2007 年第 1 期。

② 朱渝铖：《产融结合模式综述》，载《广西大学学报（哲学社会科学版）》2008 年 9 月第 30 卷。

③ 傅艳：《产融结合简析》，载《中南财经政法大学学报》2004 年第 1 期。

④ 傅振邦：《大型企业集团产融结合路径分析》，载《银行家》2005 年第 9 期。

构有效的控制力。第二次世界大战后，一些国家如美国加强反垄断法的实施或日本开始实行反垄断法，限制了这种方式的运用。但是，金融资本通过种种途径，特别是信托部的业务，利用信托基金不断增加购置大公司的股票和债券，成为有实际控制权的股东。

3. 人事派遣

银行和工业公司之间互兼董事是金融资本和产业资本之间深层次的结合方式。单一的由金融机构向工业公司派遣董事是早期的主要形式，如德国。第二次世界大战后，垄断财团由人事交叉关系通过企业控制银行，又通过银行控制企业，形成多层次的人事渗透。

4. 信贷关系

银行和工商企业之间通过信贷关系结合是最普遍的做法。随着企业规模的不断扩大，企业自有资本在总资本中的比重不断下降。20 世纪 70 年代前半期，联邦德国企业的外部资金超过 60%；日本企业的这项比例达 80% 以上。这些外部资金主要来自相对固定的一些大银行，形成所谓"系列贷款"，从而形成以大银行为中心的财团。①

产融结合是市场经济条件下的内在要求，是一国实现国民经济快速发展的重要途径，是提高一国经济绩效的重要工具，也是发展中国家实施赶超战略的重要战略支点。因此，在一定程度上，产融结合能否顺利实现，直接影响到一国的国际竞争力。我国经济目前正在深化改革走向市场经济，借鉴西方发达国家的经验，探索适合我国的产融结合模式，从而既在我国实现规模经济和范围经济，又有效回避金融风险并避免国内市场的垄断和限制竞争，真正提升我国企业的国际竞争力。

选择正确的产融结合模式是一个因地制宜的问题。世界各国因经济、社会以及历史传统的不同，其结合的方式各有特色，即使在同一国家中，因发展的阶段不同，产融结合的方式也存在着明显的差异。因此，在产融结合的问题上，没有一种固定的模式，也没有一成不变的真理。一切合理的选择都应该因地制宜地考虑一国的实际情况，只要某种模式有利于协调本国产业结构和产业规划，有利于防止金融风险，有利于促进社会经济的健康发展，不会破坏国内市场有效竞争的秩序和社会资源的优化配置，那么，这种模式就是合理的。一般来说，产融结合的日德模式，要求有健全的商业银行和企业制度，对经济后发展国家有重要的借鉴意义；英美模式则要求有发达的资本市场、实力雄厚的投资银行和健全的企业运行机制。② 我们要在现阶段市场经济条件下紧跟不断发展变化的经济形势，努力适应产融结合的一般规律，选择与国情相关联的产融结合模式，促进金融资本和产业资本的有效结合，使其同生共长，相得益彰，促进我国市场经济的不断发展。③

四、产融结合的主要法律形式

产融结合是一个笼统的抽象的概念，它只是对资本市场上金融资本与产业资本在趋利动机下相互融合这一现象的概括，在现实经济当中主要表现为金融集团、全能银行、金融控股公司等具体法律形式，而且这几种表现形式并非绝对独立，它们相互之间有交叉，边

---

① 李有吉、金红：《国外企业集团产融结合研究》，载《集团经济研究》2005 年 12 月下半月刊（总第 188 期）。

② 周莉：《我国产融结合模式的研究》，载《北京工商大学学报（社科版）》2006 年第 6 期。

③ 徐焕章、魏娟娟：《国际产融结合模式的比较分析》，载《财会研究》2007 年第 1 期。

界模糊，有时甚至很难将它们严格加以区分。

（一）金融集团

1. 金融集团的法律含义

金融集团（Financial Conglomerates）是欧洲许多国家实施金融综合经营和产融跨业经营的主要形式。金融集团实际上是金融企业集团或金融控股集团的简称，① 至少这三个概念在很大程度上和较大范围内是可以通用的。② 20 世纪 90 年代以来，金融业发生了巨大的变化。随着金融分业经营结构的打破，金融自由化、全球化势头高涨，有的银行可从事保险业务，有些保险公司也可提供其他的金融服务，被称为"银行保险"（Bancassurance）或者"保险金融"（Assurfinance），有时也叫"全能金融"（All Financial）；银行、保险公司等金融机构之间的兼并和收购也时有发生。那些能提供银行、证券、信托、保险和租赁等综合金融服务与产品的金融机构通常被称为金融集团。在我国，金融集团化和金融综合经营及产融跨业经营已经成为发展趋势。2006 年 12 月，中国人寿就收购了广东发展银行 20% 的股权；2007 年 1 月，平安保险绝对控股深圳商业银行，并将其改名为平安银行。尤其值得一提的是宝钢集团十余年来始终未曾放弃在金融领域的努力，从控股信托公司到入股保险、银行，宝钢在金融业跑马圈地、打造金融帝国的历程，一直如水下冰山。日前宝钢一举挤走有"产融结合经营教父"之称的国际巨头美国通用集团（GE），成为深发展的第二大股东。宝钢 2007 年在金融资本市场获利颇丰，其利润来源有三分之一左右是在金融资本市场获得。③ 有资料表明，目前国内有 30 余家企业集团形成了对两类以上不同金融机构的控股地位或掌握了实际控股权，形成了具有金融控股公司特征的金融企业集团或非金融企业集团。金融集团化的趋势是市场的选择，有其内在的经济规律在起作用。但是，金融集团化的趋势会导致在一个产业链条中的上下游的多个企业发生紧密程度不同的联合或者其他形式的联系。这种在经济规律作用下的人为联系又会反作用于市场，产生若干不良后果。其中，尤其值得我们关注的便是金融集团形式下集团整体或集团核心即集团控股公司的垄断和限制竞争行为。

欧盟于 2003 年 11 月生效的 2002/87/EC 号《对金融企业集团中的信用机构、保险业

---

① 也有学者主张金融集团和金融控股集团是不同的两个概念，认为金融控股集团是以产权为纽带，在母公司或核心机构的控制和影响下，由多家具备独立法人地位的金融机构或非金融机构，形成按照共同利益目标协调发展，主营金融行业、规模庞大的联合体。而认为金融集团是主要提供多元化金融服务，提供包括银行、证券、保险两种以上金融服务的具有独立法人资格的企业联合体。前者是没有法人资格的产融结合体，后者是具有法人资格的纯金融机构。可参见宋建明：《金融控股公司理论与实践研究》，人民出版社 2007 年版，第 44～45 页。但是作者认为宋先生的金融集团的概念有欠准确，一般认为金融集团不一定具有独立法人资格，且广义上来看，金融集团还可以从事一定的非金融业务，只不过金融业务居于主导地位罢了，作者同意这种观点。可参见杨勇：《金融集团法律问题研究》，北京大学出版社 2004 年版，第 7 页。这样看来，宋先生的金融控股集团的概念更符合金融集团的特征，也就印证了二者的同一关系。

② 我国有学者的著作就以金融企业集团这一概念为名，如黎四奇博士的博士论文就是如此。参见黎四奇：《金融企业集团法律监管研究》，武汉大学出版社 2006 年版。

③ 《产融结合，宝钢集团复制 GE 金融扩张路?》，载《中国证券报》，2007 年 12 月 11 日。

及证券公司之补充性监管及修订其他相关指令的指令》（以下简称为《金融集团监管指令》）指出，金融集团是指符合下列条件的企业集团：①集团的总公司是被监管的金融机构，或集团中至少有一个子公司是被监管机构；②如集团的总公司是被监管机构，该总公司可以是金融机构的母公司，也可以是金融机构的参股公司，或是与金融机构通过合同、章程达到统一管理的公司，或管理、监督人员的主要部分与金融机构的同等人员相互兼职的公司；③如集团总公司不是被监管机构，集团的业务应主要为金融业务；④集团中至少有一个机构为保险业机构，并至少有一个机构为银行或投资业务机构；⑤集团的保险业务总量以及银行或投资业务机构的业务总量都是重要的。根据该指令的定义，金融集团的任一个子集团满足上述条件也应当视为金融集团。① 这是迄今为止，对金融集团所做的最为完整、且具有法律效力的定义。

结合主要发达国家和地区的界定和我国的实际，从广义角度，② 我们可以尝试着把金融集团定义为：以股权投资、人事兼任、业务联系等为纽带，在母公司或实际控制机构控制和影响下，由多家具备独立法人地位的金融机构和多家非金融机构，在集团内为了共同利益目标协调运作，主营但不限于金融行业，所形成的规模庞大的产融型经济联合体。

2. 金融集团的法律特征

① 金融集团是金融综合经营和跨业经营即产融混合合并（Conglomerate Merger）的产物。金融集团化不完全等同于企业的横向合并（Horizontal Merger）和垂直合并（Vertical Merger），即金融企业集团化不完全是生产相同或类似产品的公司之间的合并，也不主要是互为供应商的经营者的集中，而主要是在一个集团企业即控股或控制公司之下多个金融法人企业综合经营甚至金融与非金融法人企业跨业经营组成的公司群体。③ 各企业间通过相互持股、共同被控股以及人事兼任等各种方式形成紧密联系、拥有共同利益、彼此影响重大的以金融企业为龙头的企业集群，协同提供多元服务。

② 组成金融集团的各法律实体之间一般存在股权联系。金融母公司、各种子公司、附属公司及其他实体通过各种复杂的控制关系有机地联系在一起，构成金融集团的整体。金融集团不具有法人资格。股权联系是指集团中的成员以多数控股或有效控股的方式形成相互间的所有权联系，从而使各成员的经营行为和风险、责任能在整体上保持一致。股权联系的方式可以为控股、参股、共同被控股和交叉持股等。在我国，已经出现了商业银行与工商企业的相互参股，如上海橡胶轮胎集团、长江计算机集团等 28 家企业集团向交通银行入股，占该行股份数的 50% 以上。同时，交通银行也向宝钢集团投资入股。

③ 金融集团的多元经营目的是各业务间高度互补和金融资源共享。金融集团提供多元金融服务是为了满足客户的综合性金融服务需求，从而最高效地扩大客户资源，获得稳

---

① Article 2 of Directive 2002/87/EC. 转引自杨勇：《金融集团法律问题研究》，北京大学出版社 2004 年版，第 5 页。

② 作者认为狭义的金融集团指的是从事多元化金融业务且主要业务为银行、证券和保险业务中至少两种业务的金融实体。广狭义之分主要取决于一国采取产融分离还是产融结合政策。狭义反映的是金融综合经营，广义反映的是金融业与工商产业跨业经营。本文研究产融结合的法律规制，所以采取广义理解。

③ See Jeffrey Church, Conglomerate Mergers, in 2 ISSUES IN COMPETITION LAW AND POLICY 1503（ABA Section of Antitrust Law 2008）.

定的收入来源。① 集团内部各业均有自身的业务优势和客户集群，在集团的高度整合下协调运作，发挥团队优势；集团内部的分、子公司均为独立的法律存在，在自身的前期积累中储存了大量的优势金融资源，在集团的范畴内，资源共享。

④ 金融集团在反垄断法上一般应看做一个完整的经营实体。金融集团是由一个核心企业即控股公司或实质控制公司及其所控制的附属企业组成的企业集群，其成员一般是其子公司具有独立法人资格，然而金融集团在公司法和证券法上不具有法人资格。但是这并不妨碍金融集团作为统一行动的主体在反垄断法上具有独立的法律地位，换而言之，金融集团在反垄断法上可以被看做一个市场主体和独立的经营者。

3. 金融集团的主要模式

金融集团涵盖广泛，组织形式多样，最能体现产融结合的外延。从现实角度来看，金融集团主要有以下几类：

（1）银行母公司模式

采用银行母公司模式的典型国家是英国。银行母公司模式是以一家商业银行为主体，以转投资于子公司的方式经营保险和证券业务，或者以一家保险公司为主体，以转投资于子公司的方式经营银行与证券业务。该模式的主要目的在于充分利用母公司的金融资源和人力资源。

（2）银行参股模式

银行参股型金融集团是商业银行参股非银行金融机构和非金融企业，通过股权联系而形成的以银行为中心的联合经营集团。日本传统的财阀（Zaibatsu）就是银行参股模式的混业集团，其在国家经济中占据优势地位。② 银行对非银行企业的参股如能获得控制性影响力，则可达到类似兼并的效果，能充分利用自身的经验和知识从非银行业务中获利。现实中，银行进行非控股的参股一般是作为加强与其签订销售协议或其他合作协议的企业联盟的一种策略。

（3）金融控股公司模式（Holding Corporation）

金融控股公司式集团，其特点为通过独立的金融控股公司拥有银行和非银行金融业务的子公司，各子公司都有各自的资本金，互不干涉，但又都通过控股公司实现集团业务的一体化安排。采用金融控股公司模式最典型的国家是美国及受其影响的国家和地区如日本和我国台湾地区。1999 年，美国《金融服务现代化法》通过之后，允许联邦银行通过成立金融控股公司（Financial Holding Company）从事几乎所有金融业务以及某些有限的非金融业务。③ 这样，通过金融控股公司，联邦银行可从事诸如各种保险、证券咨询、金融租赁等任何非投资性业务。此外，在欧盟《金融集团监管指令》中定义了混合金融控股公司（Mixed Financial Holding Company），依据该指令的规定，是指金融集团中不接受金融监管的母公司，且其子公司中至少有一个是总部设在欧盟的受监管金融机构。

---

① 杨勇：《金融集团法律问题研究》，北京大学出版社 2004 年版，第 8 页。

② 龙卫球、陈发启著：《于联合中求发展—企业集团的法律透视》，贵州人民出版社 1995 年版，第 3 页。

③ ［美］克利夫德·E. 凯尔什著：《金融服务业的革命：解读银行、共同资金以及保险公司的角色变换》，刘怡等译，西南财经大学出版社 2004 年版，第 114 页。

（4）全能银行模式（Universal Banks）

全能银行一般也称综合银行，在金融综合经营和跨业经营中属于单一法人型模式，其特点是所有主要的金融业务和非金融业务均在一个法人实体内部进行。德国是实行该模式的典型国家。① 实际上，在很多情况下全能银行与金融集团这两个概念是通用的。从银行业的视角出发，从事多元化业务的金融集团也可以称为全能银行。从其涉及的业务范围看，全能银行是目前为止一体化程度最高、业务综合性最强的广义金融集团模式。

（二）产融结合型金融控股公司

1. 金融控股公司的概念

在阐述金融控股公司之前，首先要了解它与金融集团的关系。前文已经交代，金融集团是金融企业集团或金融控股集团的简称，我国《金融控股公司条例》（2005年草案）第8条定义为"金融控股公司与其附属金融机构组成的紧密联系的企业集团"。由此看来，金融控股公司是金融集团的母公司或核心控制机构，金融控股公司与其控股或控制的子公司一起组成金融集团。

金融控股公司（Financial-holding Company）是以美国为代表的一些国家和地区实现金融综合经营和产融跨业结合的主要载体，最主要的特征是控股控制。各国（地区）及有关国际组织对金融控股公司的界定并不完全一致。对金融控股公司的最早解释可以追溯到美国1956年的《银行控股公司法》。根据该法规定，银行控股公司是指对银行或银行的控股公司拥有控制权的公司。银行控股公司的业务范围为银行业务及与银行业务密切相关的业务。实际上，银行控股公司又称为"集团制银行"或"持股公司制银行"，是由少数大企业或大财团设立控股公司，再通过控制和收购两家以上银行股票所组成的公司。银行控股公司制在美国最为流行，在1999年以前，这种组织形式成为美国最有吸引力的银行组织机构，控制着8700余家银行，掌握着美国银行业总资产的90%。美国在《1998年金融服务业法》中正式使用了金融控股公司这一术语，1999年《金融服务现代化法》（GLB法案）规定符合法定条件的银行控股公司可以申请转为金融控股公司。② 但两法均未对金融控股公司直接定义，后者对金融控股公司做出了一般性要求，包括三层含义："① 该公司直接或间接地，或通过一人、多人，拥有、控制一个银行或公司的任何有投票权的证券比例达25%，或对一个银行或公司的任何具有投票权的证券拥有25%或以上的投票权；② 该公司以任何方式控制一个银行或公司的大部分董事或受托人的选举；或③ 联邦储备理事会经过通知程序和提供听证会后，认定该公司直接或间接对一个银行或公司的管理或决定拥有控制影响力。"从这三层含义来看，对其他金融机构具有控制影响力是判断金融或银行控股公司的关键性内容。③ 我国台湾地区2001年"金融控股公司法"第四条第二款规定，金融控股公司是指对一银行、保险公司或证券商有控制性控股，并依法设立

---

① See Helmut M. Dietl, Capital Markets and Corporate Governance in Japan, Germany and United States, Routledge, London, (1998), p. 19.

② 杨勇：《金融集团法律问题研究》，北京大学出版社2004年版，第13页。

③ 刘鹤麟、谢丽娟等：《金融控股公司：内在逻辑与现实选择》，载《财经科学》2002年增刊第118页。

的公司。巴塞尔银行监督委员会、国际证券联合会、国际保险监管协会三大国际监管组织联合支持设立的金融集团联合论坛在 1999 年发布的《对金融控股集团的监管原则》中定义，金融控股公司是指在同一控制权下，完全或主要在银行业、证券业、保险业中至少两个不同的金融行业提供服务的金融集团。①欧盟 2000 年《关于信用机构设立和经营指令》规定，金融控股公司是指全部子公司或主要子公司为信用机构或金融机构，且至少有一个子公司为信用机构的金融机构。② 金融集团联合论坛和欧盟的解释，突出了金融控股公司经营必须以金融行业为主、子公司至少涉及两种业务、不排除经营非金融业务实施多元化战略。我国学者一般认为金融控股公司是指以银行、证券、保险等金融机构为子公司的一种纯粹型控股公司。金融控股公司中以银行作为子公司的称做银行控股公司；以证券公司作为子公司的称做证券控股公司；以保险公司作为子公司的称做保险控股公司；而同时拥有银行、证券、保险两种以上子公司的称做金融服务控股公司（financial services holding company，FSHC），如美国的花旗银行集团等。③ 也有学者认为，金融控股公司是指母公司以金融为主导，并通过控股公司兼营工业、服务业的控股公司，它是产业资本与金融资本相结合的高级形态和有效形式，也是金融领域极具代表性的混业经营组织形式。④ 还有人认为，金融控股公司是一种经营性控股公司，即母公司经营某类金融业务，通过控股兼营其他金融业务及工业、服务业等活动的控股公司。按照国际惯例，金融集团的母公司都应是控股公司。⑤ 应该指出，我国学者后两种观点强调"因融而产"的金融控股型产融结合，不拘泥于国家目前分业经营分业监管的现实而着眼于未来发展，与国际接轨，比较符合我国金融控股公司发展的趋势。

虽然金融控股公司有不同的界定，法律表现多种多样，但归结为一点，其都是金融业综合经营以及金融（主要是银行）主导下与工商业通过控股走向结合或者工商业主导下与金融业融合的产融结合，⑥ 且依照国际惯例，这种市场结合只要达到一定规模尤其是当其滥用市场支配力导致规模不效益和损害有效竞争时，就应到反垄断法的规制，而不仅仅是金融监管的问题了。⑦

金融控股公司最基本的分类就是依据其是否从事金融业务的经营或者仅持有股份支配管理子公司之不同分为纯粹控股公司和事业控股公司两类。⑧ 前者又称投资控股公司（Invest-holding Company），本身并不经营事业和从事具体业务，仅持有子公司股份而专门行使股东权，由其旗下各个金融和/或非金融子公司负责事业经营。后者也称营运控股公

---

① 张望：《金融控股集团的概念界定、特点与规范要点》，载《上海金融》2001 年第 8 期。

② 李仁真主编：《欧盟银行法研究》，武汉大学出版社 2002 年版，第 22 页。

③ 安志达：《金融控股公司——法律、制度与实务》，机械工业出版社 2002 年版，第 18 页。

④ 薛海虹：《保险业与金融控股公司发展的思考》，载《上海保险》2001 年第 6 期。

⑤ 闵远：《金融控股公司的发展与监管》，载《中国金融》2000 年第 8 期。

⑥ 金融控股公司在产融隔离国家只能表现为金融综合经营，在允许产融结合国家既可以是金融综合经营，也可以是产融跨业结合。

⑦ ［美］奥利弗·E. 威廉姆森：《反托拉斯经济学》，张群群、黄涛译，经济科学出版社 1999 年版，第 57 ~ 60 页。还可参见 The Law of Antitrust: An Integrated Book，Lawrence. A. Sullivan，Warren. S. Grimes，Thomson West，2006. p. 180.

⑧ 王文宇：《控股公司与金融控股公司法》，中国政法大学出版社 2003 年版，第 245 页。

司（Holding-operating Company），母公司除了持有各个金融和/或非金融子公司的股份外，其自身尚有经营事业，包括金融业或工商业。如果母公司主要经营保险业，则构成保险控股公司；如果母公司主要经营工商业，则在我国就不属于金融机构，不受金融监管机关的监管。① 还有一种划分，就是根据金融控股公司自身以及通过控股子公司，其经营范围是否涉及非金融业务，可以将其划分为综合经营型金融控股公司和产融结合型金融控股公司。前者是银行、证券、保险等金融业务综合经营的产物，后者是金融业与工商业跨业经营的载体②。对于本文而言，这是最具实质意义的划分。

2. 产融结合型金融控股公司的定义

我国《金融控股公司条例》的立法正在艰难进行中，更没有产融结合型金融控股公司（Financial-holding Company of Integration of Industry and Finance）的相关规定，其法律地位尚不明晰，学界对产融结合型金融控股公司较少定义，也远没形成统一的认识标准。在金融业发达的国家，由于各国金融市场环境、金融经营体制和金融监管立法的差异，也无法达成统一的界定和认识。鉴于产融结合型金融控股公司是产融结合的重要形式，对其进行法律界定显得尤为重要。

通过上文对产融结合和金融控股公司的分析，根据现阶段我国产融结合领域金融控股公司主要是产业资本进入金融领域的现实，③ 作者将产融结合型金融控股公司界定为：以产业资本为主导，主要以股权为纽带，控制性控股或者参股两个以上银行、证券、保险、信托、财务公司等金融机构的金融企业集团。如图 1 所示：

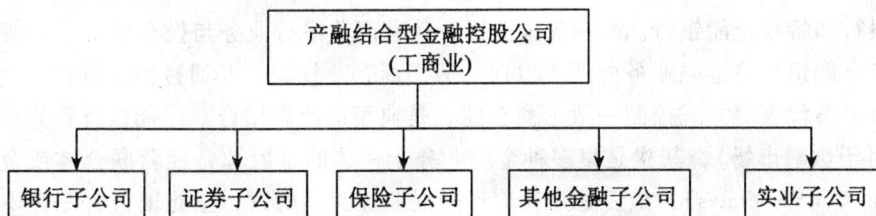

图 1　产融结合型金融控股公司

3. 产融结合型金融控股公司的法律特征

在对本文研究对象考察的基础上，对产融结合型金融控股公司的特征加以探讨。鉴于我国法律对银行投资实业的限制，目前在我国出现的产融结合型金融控股公司主要还是以

① 我国有大量"由产而融"的企业集团，如宝钢、海尔、东方以及已倒闭的德隆等。严格说来，它们一直游离于金融监管之外，存在巨大的金融风险。笔者在后文将重点论证对这些集团进行反垄断规制对防范和化解金融风险格外重要，当然未来我国金融控股公司立法应当承认其金融集团即金融机构的地位，并将其纳入金融监管的范畴。

② 在我国当前制度张力内，产融结合型金融控股公司主要是"由产而融"，产业资本处于主导和支配地位，产业资本和金融资本形成复杂的关联关系。

③ 我国产业资本参股、控股金融机构主要通过交叉持股、联合控股、集团控股、简单参股等多种方式达到产融结合的目的。可参见谢平：《金融控股公司的发展与监管》，中信出版社 2004 年版，第 161 ~ 164 页。

产业进入金融业为主，因此其特征如下：

首先，集团控股、整体混业，建"隔离墙"、法人分业，财务并表、各负盈亏、合理避税是金融控股公司的特征，同样适用于产融结合型金融控股公司。

其次，由产业资本发起，跨产业与金融两大行业混业经营。由经营产业资本到兼具控股经营金融行业或参股获取收益。①

再次，金融控股公司内部产业与金融企业间的联结以股权为纽带，虽然现代企业间的控制联结手段有共同协议、人事兼任、信息共享、技术开发等各种方式，但最具法律意义的现代企业集团则更注重以股权为联结的纽带。

最后，金融控股公司对集团内部两种以上不同类型金融机构达到控股地位，控股的方式包括间接控股和联合控股，绝对控股和相对控股等。与一般金融控股公司相比，产融结合型金融控股公司最大的区别就是其由产业资本发起继而形成金融控股公司的特点。

（三）全能银行

1. 全能银行的概念

全能银行（Universal Bank）源于荷兰，成型并成名于德国，流行于法国、意大利、奥地利、瑞士等欧洲大陆国家，英国也受到波及，成为欧洲主要的现代银行体制。根据德国《银行业务法》，全能银行的经营范围是：存款、贷款、信托、证券、保险、金融租赁等所有的金融业务，银行本身可以直接兼营证券业务，但经营保险、信托等其他业务则需设立银行子公司为之。② 根据是否具备投资非金融实业的资格，全能银行可进一步分为一般全能银行和特权全能银行。③ 一般全能银行从事商业银行业务与投资银行业务等金融业务；特权全能银行除金融业务外还可以向一般工商企业投资，并通过拥有股权、代理投票权和派出董事代表等方式控制一般工商企业，是典型的产融结合。全能银行首先是金融中介（相对于金融市场），其次是集多种金融业务于一体的金融综合经营联合体或金融集团（Financial Conglomerates），最后是意味着产融混业经营。所以，全能银行有三种不同的含义：全能银行＝商业银行＋投资银行；全能银行＝商业银行＋投资银行＋保险公司；全能银行＝商业银行＋投资银行＋保险公司＋非金融公司股东。德意志银行与英国汇丰控股集团都是全能银行。

2. 全能银行的特点

（1）融资范围的广泛性

全能银行的融资范围从传统的营业资金贷款到私人债券、国际债券及各类股票发行，服务对象面向社会所有行业，包括贸易、工业、各种类型的公司、个人和公共部门。无论全能银行的组织结构是什么样的形式，其本质特征只有一点：能利用一个综合业务平台为客户提供高效率、一站式、全面的金融服务。

---

① 我国宝钢集团认为，金融行业是集团的"储备性战略产业"，宝钢公司已经投资近百亿元参股浦东发展银行、交通银行、华泰财产保险公司、新华人寿保险公司、福建兴业银行等，并计划控股深圳发展银行。参见《中国央企的"产融结合"》，载英国《金融时报》2007年11月15日。

② 王文宇：《控股公司与金融控股公司法》，中国政法大学出版社2003年版，第177页。

③ 叶辅靖：《全能银行比较研究—兼论混业与分业经营》，中国金融出版社2001年版，第203页。

（2）业务领域的充分多元化

从业务范围看，全能银行自身可以涉足金融领域的任何业务，不仅包括传统商业银行的存、贷、汇业务和投资银行的债券、股票发行以及各类证券、外汇、贵金属交易、项目融资等业务，而且可以进行保险、抵押、证券经纪、基金等资产管理、咨询以及电子金融服务等所有金融业务。

（3）银行在工商企业中投资和对企业广泛的人事参与

以德国为例，根据法律规定，银行可以在工商企业中持股，只要其控股投资的比例不超过银行自有资本的50%即可。1992年底，德国银行在工商企业中的参股金额高达660亿马克，相当于自有资本的近29%，① 且持股银行较为集中，即主要由三大银行即德意志银行、德累斯顿银行和商业银行所拥有。这样，德国银行在企业中持有较大股权，并拥有超越股权以上的更多的投票权，因为大量的委托投票权是德国银行参与企业决策的重要依据。② 银行基于股份和投票权以及委托投票权，向企业派遣大量监事，参与企业决策，取得企业控制权，所以人事参与是德国银行取得工商企业控制权的直接表现。

（4）广泛的集团外部相互持股

全能银行具有广泛的集团外部相互持股结构。③ 这主要表现在两方面：① 全能银行和自身股东相互持股。例如，德累斯顿银行集团的主要股东为安联保险公司（安联持股22%），但是与此同时，德累斯顿银行集团也持有安联保险公司10%左右的股份。正是依靠这种集团外部的相互持股结构，德国银行业在世界银行体系中独创了"整体金融服务"的经营理念。② 全能银行能够直接或间接地持有非银行部门的债务类有价证券和股本类有价证券，并作为股东代理机构，参加非银行部门公司的股东大会，行使股东权利。

3. 全能银行的形态

全能银行可以分为经营风格不同的两种形态的经营模式：金融控股型全能银行和内部综合经营型全能银行。④

（1）金融控股型全能银行

金融控股型全能银行是指能够在一个窗口为客户提供两种以上的金融服务的金融控股公司，⑤ 其主要内涵有：首先，它能够利用一个综合服务平台为客户提供一站式、全方位、多功能的金融服务。其次，金融控股型全能银行本身是一个金融机构，而无论它是以商业银行、投资银行（或证券公司）还是以保险公司等为主业，还是被金融机构控股、被非金融机构控股或是被管理集团控股。最后，金融控股型全能银行能够控股足够的金融机构子公司为客户提供多功能金融服务，而无论它所控制的子公司中是否包含有非金融机构。

（2）内部综合经营型全能银行

---

① 金晓斌：《现代商业银行与工商企业关系论》，上海三联书店1997年版，第116页。
② 张庆亮、杨莲娜：《产融型企业集团：国外实践与中国发展》，中国金融出版社2005年版，第178页。
③ 戴群中：《德国全能银行制度及其对我国的启示》，载《税务与经济》2007年第2期。
④ 邓兰松、边绪宝：《德国全能银行的发展、变革与启示》，载《济南金融》2004年第5期。
⑤ 金融控股型全能银行实际上就是金融控股公司，而且是广义上理解的金融控股公司。

相对于金融控股型全能银行来说，内部综合经营性全能银行最重要的标志就是内部金融服务部门的一级法人管理，按金融服务产品、业务和职能划分部门，对各部门进行集权式管理的公司结构。① 它以公司总部与各部门管理者之间的分权为特征，也可以是一个集团公司。其最高领导机构中有三个组织实体，即股东大会、监事会和董事会，每个业务部门都设有自己的管理层，有几名高级管理人员处理日常事务，还有至少两个集团一级的高级主管担任领导。德国全能银行采取的就是这种形式，所以也称综合银行。

五、法律规范产融结合的主要路径——金融监管与反垄断规制

在产融结合的发展过程中，涉及诸多的法律问题，需要法律予以规范。其中最为重要的法律问题，一是产融结合跨业经营所带来的金融风险，二是经营者过度集中形成市场力量以及滥用市场优势限制竞争或妨碍有效竞争以及损害消费者的利益，对应的最需要的法律规范就是金融监管和反垄断规制，以及二者的功能互补与执法协调。

从狭义的角度即产权融合角度来看产融结合，它在我国还是一个新事物，是经济上的新现象和法律上的新问题。对其进行规范的法律意义在本文第一部分已经作了交代，产融结合涉及的法律问题非常宽泛，但最重要也是最紧急的法律问题就是累积的金融风险和形成市场势力妨碍有效竞争，所以对其进行金融监管和反垄断规制也就成为法律规范产融结合最主要的两条路径。

发端于华尔街的金融危机 2008 年席卷全球，如何抵御化解金融危机以及降解自身金融风险成为每个国家的现实课题。2009 年 2 月 2 日温家宝总理在剑桥大学演讲时向世界呼吁，"这场百年一遇的金融危机警示人们，对现行的经济体制和经济理论，应该进行深刻的反思"。这场危机使人们看到，市场不是万能的，一味放任自由注定行不通。笔者认为危机是因美国金融监管和反托拉斯政策同时放松所致，给我们的启示是，金融监管和反垄断规制应双管齐下共同应对在我国产融结合发展中经济力量过度集中所伴随的风险累积，以抵御金融危机和防范国内金融风险，保持经济稳定发展和市场竞争活力。

（一）法律规制产融结合的路径之一——金融监管

依照我国《银行业监督管理法》、《商业银行法》、《保险法》和《证券法》等的相关规定，我国实行金融分业经营和分业监管体制，为适应金融综合经营的发展趋势，2005年以来同时辅以银行、证券、保险三者监管联席会议制度，但是进一步改革和理顺金融监管体制仍是大势所趋。一般说来，我国金融监管存在的主要问题表现在分业监管体制应对发展迅速的金融综合经营。然而就产融结合跨业经营而言，即使综合经营的金融监管在法律框架下得以圆满解决，也同样化解不了产融结合所带来的金融风险。

在我国，当前产融结合的主体主要是央企等大型企业，且主要是产业资本入股甚至控制金融机构（即通常所说的"由产而融"），它们本身经济实力和经营规模就已经很庞大，再经过产融结合组成产融型企业集团后，加上其叠加效应和协同效应的放大功能，其市场

① See Rudi Vander Vennet, Cost and Profit Efficiency of Financial Conglomerates and Universal Banks in Europe, Journal of Money, Credit and Banking, Vol. 34, No. 1 (Feb., 2002), pp. 254-282.

地位和经济力量不可同日而语。这么巨大的市场主体却因为不属于金融机构而游离于金融监管，其内部的金融风险累积可想而知。所以在讲到完善我国的金融监管法制时，必须考虑到我国产融结合的现实和发展趋势，重点考虑产融结合，把"由产而融"型产融企业集团纳入金融监管的范畴，使金融风险处于监管范围和可控状态。为了达到这个目的，一要建立包括反垄断监管机构在内的以中央银行为龙头的"超级监管机构"，至于超级监管成本的质疑，我想在金融风险所引起的社会危机的巨大成本面前，这就不是大问题了。同时，金融监管应对产融结合跨业经营应该转向一元化监管和审慎性监管。① 二要将金融监管与反垄断规制在立法和执法上进行协调以达致功能的互补。因为对超级产融结合的反垄断规制，除了可以维护市场有效竞争，还有化解金融风险的功能，这一点后文将专门予以阐述。三要注意加强金融监管的国际协调。产融结合的跨国性和金融业务的全球化，导致对产融型企业集团及其金融业务的监管不可能局限于一国范围之内，当前金融危机告诫我们，加强金融监管国际合作并积极推动建立新的国际金融监管体系才能保持国际和国内金融体系的稳定发展并有效维护国家金融利益。

（二）法律规制产融结合的路径之二——反垄断规制

1. 产融结合需要反垄断

产融结合的出现，是企业走向规模经济，谋求其自身发展的客观要求，是企业市场化、金融机构市场化、资本逐利的客观需求。正如前文所述，无论人们对产融结合有怎样的界定，其都是金融业与工商业通过控股走向结合，是市场经营者集中（或曰经济力集中）的具体表现。依照世界各国反垄断立法来看，市场结合达到一定程度和规模就要受到反垄断法的规制，而受到反垄断法追究的市场经营者集中主要表现为垄断性经济合并。反垄断法的核心在于反对市场经济力量的过度集中及其垄断力滥用妨碍市场有效竞争。历史告诉我们，金融资本和工商资本过度集中就会对自由竞争产生限制，甚至引发经济危机。② 产融结合型企业集团集中了产业和银行、证券、保险、基金、期货等从事跨产业和多种金融业务的子公司，在经济金融体系中占有举足轻重的作用，它们可以凭借自身在资金、规模、技术和人才等方面的优势而占据较大的市场份额，这些金融巨擘正是以其迅速增长的业务规模和经营范围来谋取单个金融企业无法获取的巨额经济利益，这种资源的高度集中，极有可能形成市场垄断并有可能实施限制竞争行为。产融结合型企业集团垄断的危害具体表现在以下几个方面：第一，损害金融市场的统一；第二，损害金融市场的开放；第三，排除金融市场的竞争。③ 总之，处于垄断状态的产融结合企业集团的条块分

---

① 宋建明：《金融控股公司理论与实践研究》，人民出版社 2007 年版，第 326 页。

② ［德］鲁道夫·希法亭：《金融资本》，福民等译，商务印书馆 2007 年版，第 227 页，第 250 页。最近欧美也有学者将 1929 年的经济大危机和 2008 年的金融危机进行比较。笔者认为金融资本过度集中与垄断即使不是两次危机的共同的根本原因，至少也是重要原因之一。这一点需要另文进行专门论证。

③ 李震：《中国金融反垄断探要》，载经济法网，2008 年 12 月 12 日访问。

割，损害了金融市场统一；同时，利用优势资源，限制市场准入，损害金融市场的开放；① 除此之外，由于缺乏竞争，导致效率不足，资源浪费，垄断集团通过垄断行为获取超额利润，严重破坏了市场运行环境，违背了自由和机会平等的原则，极大地亵渎了市场规则的客观性。以上是从损害市场规则的视角加以分析的。另外，从参与市场经济运行的主体的角度来讲，产融结合企业集团的垄断行为会严重损害竞争者的利益，对消费者的利益和社会公共利益的损害也是不言而喻的。所以在产融结合领域展开反垄断分析十分必要。

至于对反垄断规制不利于产融结合的规模经济的质疑，笔者主张，现代反垄断法禁止的是垄断违法行为，而不是垄断状态。垄断组织作为经济组织形式，没有合法与违法之分，是中性的，只有当垄断组织是以限制竞争、取消市场为目的而成立，或垄断组织实施了破坏竞争秩序的行为时，才是违法的，反垄断法才予以禁止或抑制。反垄断法不反对经济规模和大企业，只是反对限制竞争的大企业滥用其市场支配地位的行为。反垄断法在保护自由、公平竞争的同时，也会促进规模经济的发展。

2. 产融结合型企业集团反垄断规制路径

（1）在产融结合过程中加强反垄断审查

工商产业和金融业相结合，特别是对市场已经具有支配地位的工商产业和金融业之间的结合，显然对市场构成了一种潜在的威胁，形成了一种更加强大的市场力量，其内部错综复杂的关系和监管上的漏洞等都可以导致对其失去监管控制。在欧洲，为了有效地监控企业合并，欧盟企业合并控制法确立了企业合并的事前申报制度。② 我国 2007 年颁布的《中华人民共和国反垄断法》第 21 条规定：经营者集中达到国务院规定的申报标准的，经营者应当事先向国务院反垄断执法机构申报，未申报的不得实施集中。第 38 条规定：反垄断执法机构依法对涉嫌垄断行为进行调查。对涉嫌垄断行为，任何单位和个人有权向反垄断执法机构举报。反垄断执法机构应当为举报人保密。

（2）对产融结合型金融控股公司滥用市场支配地位的规制

结构主义的规制方法会在接近独占的市场上保护竞争者的存在；行为主义的规制方法会在此类市场上维护竞争秩序。③ 随着金融自由化混业跨业经营趋势的发展，加之中国加入 WTO 后，国外金融大鳄纷纷举旗进入中国，仅有结构主义原则下的国内金融寡头状态是远远不够的，允许和促进国内金融业在打破原有四大国有商业银行的寡头垄断状态的同时进行适度的集中，从而对充分利用规模经济，推动国内国际两个金融市场的有效竞争和增强我国金融业的整体国际竞争力来说，是十分必要的。在具体实践中，我们既要注重坚持国家金融产业政策，鼓励产融结合通过组建金融控股公司进行必要的集中和扩张，提升国家竞争力，又要时刻提防和规制发生在国内市场的各种垄断和限制竞争行为，要恰当合理地掌握政策的平衡。

---

① See Joseph G. Haubrich and João A. C. Santos, Banking and Commerce: A Liquidity Approach, Working Paper, 2001.

② 刘和平：《欧盟并购控制法律制度研究》，北京大学出版社 2006 年版，第 171～174 页。

③ 孔祥俊：《反垄断法原理》，法制出版社 2001 年版，第 516 页。

（3）对达成限制性竞争协议的规制

产融结合型企业集团的集团控股公司（金融控股公司）由于利用股权控制多个从事不同行业的产业和金融业，所以其出于自身利益的考虑，很容易促成限制性竞争协议的实施，因此必须对于这样的问题引起高度重视。第一，可以规定集团控股公司不得为了自身利益，控制或影响其控股的金融企业达成限制性竞争协议；第二，可以认定限制性竞争协议无效，自始不发生效力，对于侵害消费者的利益承担侵权责任。第三，规定金融控股公司对限制性竞争协议的受害方承担直接责任。

（4）对经营者集中的规制

产融结合型企业集团的集团控股公司由于对其子公司进行股份控制和人事兼任，因而其经营者集中属于反垄断法规制的范畴。《中华人民共和国反垄断法》第二十条规定：经营者集中是指：①经营者合并；②经营者通过取得股权或者资产的方式取得对其他经营者的控制权；③经营者通过合同等方式取得对其他经营者的控制权或者能够对其他经营者施加决定性影响。2008 年 8 月 4 日国务院发布实施的《关于经营者集中申报标准的规定》（以下简称《规定》）强调，经营者集中达到法定标准的，经营者应当事先向国务院商务主管部门申报，未申报的不能实施集中。① 但银行、保险、证券、期货等行业另行规定。至于产融结合跨业集中的情况到底属于哪一类？若属工商产业等一般类，就应该适用该《规定》，若属金融类就要等待国务院或有关部门的"另行规定"了。那么在具体适用中会不会出现"由融而产"型产融集中就"另行规定"而"由产而融"型产融集中就适用该《规定》呢？笔者认为这不失为一种解决方案，但有效性还有待检验。

（三）金融监管与反垄断规制的互补与协调

我国处于经济高速发展时期，应该把握经济全球化、金融自由化、世界一体化的机遇，积极参与国际竞争，通过以上对产融结合型企业集团金融风险监管和反垄断规制的分析，本人认为产融结合在法律监管与规制上比其他一般企业集团和单一金融机构所遇到的问题更具有复杂性和紧迫性。

从世界其他国家和地区的经验来看，建立主监管部门和反垄断执行机构对产融结合进行反垄断的联合规制方式可能是一个可以选择的方案。② 单纯依赖金融监管应对产融结合具有功能局限性，有效规制产融结合急需反垄断规制与其互补互动。当前的金融危机也给我们以启示，只要能够帮助有效降低金融风险的法律举措都不应该被忽略，而是应该立即受到重视。

1. 二者在功能上的差异性

金融监管的功能在很大程度上是通过事前报告③和事中的监督来掌控和化解金融风险

---

① 具体申报标准为：参与集中的所有经营者上一会计年度在全球范围内的营业额合计超过 100 亿元人民币，并且其中至少两个经营者上一会计年度在中国境内的营业额超过 4 亿元人民币；参与集中的所有经营者上一会计年度在中国境内的营业额合计超过 20 亿元人民币，并且其中至少两个经营者上一会计年度在中国境内的营业额超过 4 亿元人民币。

② 程晓军：《金融控股公司与反垄断法规制》，载《河南广播电视大学学报》2005 年第 1 期。

③ 我国国资委对央企就要求其重大投资和非主业经营（包括产融结合）都要向国资委事先报告。

（以事中监督为主）。对产融结合的企业集团的法律监管涉及其市场准入与退出机制、对资本充足率的严格要求、内部交易所带来的风险集中与扩散的监管等，在我国《金融控股公司法》还未出台的情形下，银监会、保监会、证监会已经达成合作备忘录，实施不具备法律意义上的监管模式，确定主业监管即金融控股公司根据主要业务性质，归属相应的监管机构负责。对潜在的风险的判断、分析与监管，是基于金融行业高风险的特征，金融风险的化解是国家经济安全的重要保证。对"由产而融"型企业集团的金融监管仍需法律明确。

反垄断法既是预防性的也是救济性的，事前预防主要体现在企业集中事先申报环节，而制裁却最常见。通过制裁性规范事后的规制来弥补因行为造成的后果，从而校正行为之后的市场秩序。① 反垄断以维护自由企业制度和交易自由，增强竞争，制约垄断，保障竞争机制为首要目标。反垄断法主要规定的是不能做什么，而政府管制告诉企业的是应该做什么以及如何给产品定价。反垄断法更多的属于事后随机性的规制，目的在于干预随机性违规行为。

反垄断规制是市场经济高度发达的产物，在经济一体化、金融全球化加速的今天，产融结合涉足领域广，参与行业多，由于资本的逐利本性，极易形成强大的市场垄断力量，并且为追逐垄断利润，而滥用自己的市场垄断地位，从而破坏市场公平竞争的环境。金融风险的化解并不能解决行业的、国际的激烈竞争所带来的风险与法律问题，所以我们期待一个在事后能够解决此问题的办法，那就是反垄断法的规制。

2. 二者在法律规制上的互补性

在对产融结合进行法律监管与规制时，竞争政策与金融监管的功能各有侧重，前者强调保障市场秩序和活力，后者注重平衡经济效率和安全。二者功能上的差异性，说明二者能够形成一种互补性的关系。二者功能的互补性发挥，能更好地解决规范产融结合的相关法律问题。

我国金融法制单一的"安全与稳定"的立法理念已不适应经济全球化、金融自由化和产融结合发展的要求。无论是美国，还是欧洲，包括亚洲的日本、韩国和我国台湾地区，无不是在金融自由化、全球化的大潮中，为提升本国、本地区金融机构的竞争力和实现其效益最大化而在相关立法中贯彻"效率与竞争"的立法理念。② 众所周知，现代社会本身就是竞争的社会，其对效率的追求愈益明显。而且，随着我国加入 WTO，金融业全面开放，全面提升我国金融机构的竞争力，提高其经营效率已是当务之急。可以假设，如果我们仍然一味强调维护金融系统的安全与稳定而忽视其对效率的追求，当外资金融机构大量涌入，国内金融市场纷纷被蚕食，而国内金融机构失去生存空间之时，还有什么金融安全与秩序可言。但是，2008 年金融危机肆虐全球至今，提醒我们在追求效率和国家竞争力的同时丝毫不能放松对金融风险的警惕，效率与安全必须高度统一。所以，良好的金融监管和反垄断规制及其有效互动可以在保证金融安全和风险可控的前提下积极追求金融效率和提升国家金融乃至整个国民经济的国际竞争力。

---

① 朱家贤：《反垄断立法与政府管制》，知识产权出版社 2007 年版，第 207 页。

② 常健：《试论我国金融控股公司立法的完善》，载《上海交通大学学报》2004 年第 5 期。

3. 二者在法律规范中的协调

（1）处理好反垄断法与行业监管法的关系

反垄断法与行业监管法的关系，实质上是反垄断政策与产业政策之间的关系。我国反垄断法及其他法律对此并无明文规定。当前世界各国的共识是：当竞争政策与产业政策发生冲突时，应该是竞争政策优先。但是日本的历史经验也告诉我们，作为一个后发国家，在经济发展的一段时期内，产业政策优先竞争政策亦是发展经济的权宜之计。① 笔者主张，产融结合领域总体上在国内市场坚持竞争政策优先（即确立反垄断法作为"经济宪法"的地位），在国际市场上坚持产业政策优先，对一个发展中国家而言其意义是不言而喻的。

（2）处理好反垄断执法机构与行业监管机构的关系

关于反垄断执法机构与行业监管机构的关系即规制行业垄断行为的反垄断执法权，"最理想的莫过于由反垄断执法机构独占"②，然而这在我国不具现实性，因为行业监管已经有了相当的制度积累和制度惯性，反垄断执法却刚刚开始。在国内市场，应以反垄断执法机构为主、以金融监管机构为辅构建合作反垄断机制；在国际市场，应以金融监管机构为主、反垄断机构为辅构建金融监管机制。在过渡期建立二者的协商、协作机制与共同制定规则和合作执法至关重要③。

---

① 杨东：《反垄断法与行业监管法的协调关系》，载《法学家》2008 年第 1 期。
② 杨东：《反垄断法与行业监管法的协调关系》，载《法学家》2008 年第 1 期。
③ 朱家贤：《反垄断立法与政府管制》，知识产权出版社 2007 年版，第 219~221 页。

论我国资产证券化税收法律制度的构建[*]

■ 冯　果[**]　武俊桥[***]

目　　录

　　税收问题直接决定了资产证券化的成本，是影响资产证券化操作现实可行性的重要因素。从社会整体效益的角度来看，政府只有为资产证券化这一金融创新提供必要的税收优惠，才能够体现各方主体对于效率的追寻；从公平的角度来看，提供什么样的税收优惠必须经过慎重的分析考察，以实现实质税收公平。我国的资产证券化刚刚起步，如何在以后的税收法律制度设计时，实现对于金融创新的激励，剔除双重征税的困扰，同时不影响国家财政收入，是值得探讨的。

一、我国资产证券化的税收法律理念

（一）资产证券化——金融创新与税收优惠

　　就世界范围而言，资产证券化主要有三种形式：公司形式、合伙形式和信托形式。[①]在我国，现行法律不允许合伙发行证券，对公司发行证券也设定了严格的条件，而信托法对于信托受益权凭证的发行未作任何具体限制，给信托发行证券留下了空间，同时"信托财产独立"理念又正好契合了"破产隔离"的需要，因此，信托成为我国进行资产证券

---

　*　本文为司法部课题"企业并购租税法制研究"（06SFB2049）的阶段性成果。
　**　法学博士，武汉大学法学院教授，博士生导师，武汉大学法学院副院长。
***　武汉大学法学院博士研究生。
　①　洪艳蓉：《资产证券化法律问题研究》，北京大学出版社 2004 年版，第 60～64 页。

化交易的唯一选择，并且在可以预测的将来还将会沿用这一模式。此外，我国资产证券化的基础资产来自于信贷资产，因此本文的讨论也是以信贷资产证券化作为基点的。

资产证券化说到底是一种金融创新，这种被称为结构金融的创新模式，由于其本身的性质——从事证券化需要复杂的相关业务操作，融资交易结构的复杂化，特别是 SPV 的引入，隐含着高昂的税收成本①——所以税收的约束也就成了这种金融创新是否能够持续和采用何种形式的决定性因素。

关于金融创新与国家税收之间关系的理论最有影响的是凯恩（1977，1978）提出的规避管制金融创新理论②和西尔伯（1975，1983）提出的约束引致金融创新理论③。这两种理论共同具有的一个特征是：来自政府税收的优惠是金融创新活动的主要推动力之一。

证券化参与各方通过寻求税收减免措施，充分运用证券化融资手段的微观效应与政府通过提供税收优惠性支持推进证券化发展的宏伟目标，始终有机地结合在资产证券化的发展进程当中。在美国，其资产证券化的两种主要形式即所有人信托④与让与人信托⑤都是通过其税收法规所创设的，其中《1986 年税收改革法》创设了专门用于抵押贷款证券化的不动产抵押投资载体（real estate mortgage investment conduits，REMIC），《1996 年小企业就业保护法》创设了一个比 REMIC 具有更强的适用性的证券化的工具，金融资产证券化投资信托（financial asset securitization investment trusts，FASIT）。这两种金融证券化的工具，均是基于税收的目的而创设的。从其产生之初，就体现着税收对于金融创新所具有的不可替代的作用。

（二）我国资产证券化的税收法律理念

资产证券化这种金融创新与税收之间的关系，从法理学的视角分析，实际上是效率与公平之间关系的体现。资产证券化的原动力，在于两方面，一是证券化主体自身利益最大化的追寻，二是整个社会资产的流动和整体效益的提高。资产证券化根源于效率，但是由于其自身结构，税收是其中的成本之一。

同时，税收的设计也不能忽视公平。由于资产证券化本身所具有的结构性，致使有关的税收设计体现为相关税收优惠措施的制定。但是这种优惠措施的施行，使证券化的主体具有相较于其他主体的竞争优势。在美国，通过税收的方式所实施的资产证券化，使证券化的主体与其他非证券化的主体相比，具有不公平竞争的优势，这种情况正越来越引起人

---

① 刘燕：《我国资产证券化中 SPV 税收政策评析》，载《税务研究》2007 年第 4 期，第 6 页。

② ［英］菲利普·莫利纽克斯、尼达尔·沙姆洛克：《金融创新》，冯健、杨娟、张玉仁等译，中国人民大学出版社 2003 年版，第 53～57 页。

③ ［英］菲利普·莫利纽克斯、尼达尔·沙姆洛克：《金融创新》，冯健、杨娟、张玉仁等译，中国人民大学出版社 2003 年版，第 52 页。

④ 所有人信托（Owner Trust）是指委托人将财产所有权移转于受托人，对信托财产无管理权，也没有税收优势的信托形态。See Black's Law Dictionary 1518（Bryan A. Garner eds. 7th ed. 1999）。

⑤ 让与人信托（Grantor Trust）也被称做移转人信托，是指委托人仍然对信托财产有管理的权利且仍然由委托人承担信托财产收入税收的信托形态。See Black's Law Dictionary 1517（Bryan A. Garner eds. 7th ed. 1999）。

们的反思并受到人们的批评。① 如何在证券化的过程中，既能通过税收的优惠措施，刺激金融创新，追求效率，又不至于因此产生新的不公平，的确是我们在进行资产证券化的税收法律制度设计时，所应该考虑的因素。

因此，以公平与效率为基础的税收优惠应该成为我国信贷资产证券化的税收理念。这种税收理念应该诠释为为了保证资产证券化的有效进行，进行一定的税收优惠是必要的，但是不能破坏证券化主体和非证券化主体之间平等的竞争环境。

二、我国资产证券化的税收法律原则

（一）资产证券化的税收理论基础

信托模式下的资产证券化的税收问题，实际上是以信托税收法律制度为基础，通过特定的立法确定相应的税收优惠措施而实现的。从信托课税的国际经验和历史发展来看，关于信托纳税义务的理论主要有以下两种：信托应税实体理论②和信托导管体理论③。以信托模式构建的资产证券化，其纳税的理论基础包括信托应税实体理论和信托导管体理论。

在美国，不动产抵押投资载体（real estate mortgage investment conduits，REMIC）是被联邦税法确认的免税实体，发行人选择信托作为SPV的组织形式，那么在这种情况下，信托就被当做一个应税实体，但是基于信贷资产证券化的结构，美国联邦税法将其界定为免税实体。美国金融资产证券化的另一种方式，金融资产证券化投资信托（financial asset securitization investment trusts，FASIT）在税收形式上与REMIC的情形相同，也是联邦税法上的免税实体。④

相反，在印度，资产证券化的SPV则被规定为一个应税的信托实体，其收入和支出

---

① 有关资产证券化过程中的税收优惠所造成的竞争不平等问题，请参见 Paul R. Wysocki. Proposed United States Income Tax Regulations on Financial Asset Securitisation Investment Trusts，Journal of International Banking Law 2000，15（7），pp. 154-159 和 Clarissa C. Potter：Incremental and Fundamental Tax Reform FASITS，56 SMU Law Review 501.

② 信托应税实体理论是将信托财产视为独立课税主体，因此，信托财产所生的收益，不论分配与否，皆归属于信托财产本身，而向信托财产本身课税。参见黄思国：《租税中立单独立法——谈对信托课税立法之企望》，载《实用税务》1995年，第24～26页；谢钊益：《信托课税之探讨》，载《财税研究》1998年第5期，第44页；黄俊杰、郑岳华：《信托课税之立法评估》，载《月旦法学杂志》2002年第1期，第33页。

③ 信托税制如果采用导管体理论，则信托中增加的利益，被认为直接由受益人享有。信托人所做之信托运作，不过是信托利益输送的媒介，受托人只是在其间起到一个转交的作用，无应否交付或何时交付的问题。信托所产生的所得及其类别，即为受益人取得的所得及其类别。参见黄思国：《租税中立单独立法——谈对信托课税立法之企望》，载《实用税务》1995年，第24～26页；谢钊益：《信托课税之探讨》，载《财税研究》1998年第5期，第44页；黄俊杰、郑岳华：《信托课税之立法评估》，载《月旦法学杂志》2002年第1期，第33页。

④ 洪艳蓉：《资产证券化的法律问题研究》，北京大学出版社2004年版，第134～136页。

都要交纳相应的税收。但是，为了避免双重课税，投资人则不再被课税。[1]

在日本，其《资产流动化法》于特定目的公司制度之外，更引进特定目的信托制度，以构建起资产证券化的导管体法制。[2] 此制度创设之背景为规避不动产取得之际的课税问题，并为确保特定目的信托的受益权凭证的流通性以及保护投资人，该受益证券属于证券交易法上的有价证券。[3] 在我国台湾地区的"金融资产证券化条例"中，也是以导管体理论建构其特殊目的信托形式的资产证券化方式的。在该条例的税捐部分更是以信托作为资产转移的导管来规定税收优惠的。[4]

实际上，基于资产证券化的目的在于通过结构金融的方式传递资产及其收益，那么作为纳税基础的理论虽不同，其结果却是相同的，都能够实现对于信托财产的一次性课税，税款最终承担者其实均是受益人本身。

我国进行资产证券化试点是以信托作为导管，通过复杂的信托法律关系，实现资产转移和风险隔离的[5]。因此，其相应的纳税理论基础应该建立在信托导管体理论之上。

（二）我国资产证券化的税收法律原则

以信托结构作为导管体来构建的资产证券化，应该遵循以效率与公平为基础的税收优惠的税收理念，在这两个主客观因素的基础上所建立起来的资产证券化的税收法律原则，本文认为应该有以下四个原则：

1. 税收中立原则

信托税制下的租税中立原则是指本由于税捐平等原则所诞生，要求对于相同经济上支付能力之纳税义务人，应该负担相同的税负（水平的平等）；以及对于不同之纳税能力者使其负担不同的税负（垂直的平等）。二者均以纳税能力为衡量基准，主要系在税法立法上所尊崇。[6]

就资产证券化的课税而言，对于这种新出现的金融工具，如果轻率地做出不征、少征的税收优惠政策，那么就会造成对其他金融工具的课税不公，不符合横向公平的内涵；同时，如果未经严格论证就参照某一种外表类似但是实质不同的经济类型征税也是不妥当的，这样违反了纵向公平的要求，也会因为税收征收的不适当而扼杀一种金融创新工具的发展。[7]

客观上，资产证券化以信托为导管体，与信托税制的税收理论基础相同，确认税收中

---

[1] Vinod Kothari. India: Taxation-Withholding Tax, Journal of International Banking Law, 1997, 12 (12), N224.

[2] 王志诚：《金融资产证券化——立法原理与比较法制》，北京大学出版社 2005 年版，第 218 页。

[3] 杜怡静：《日本资产证券化与资产管理——分析日本之法令架构及实施状况》，中国台湾地区"行政院国家科学委员会"专题研究计划成果报告，第 6 页。

[4] 中国台湾地区"金融资产证券化条例"第 38 条。

[5] 《信贷资产证券化试点管理办法》第 3 条、第 4 条。

[6] 郑俊仁：《信托税制与实质课税原则》，载《月旦法学杂志》2002 年第 1 期。

[7] 朱大旗、王玮：《资产证券化涉税问题的法律分析》，http://www.cftl.cn/show.asp? c_ id = 596&a_ id = 4862，2007 年 4 月 10 日。

立原则是合适的。主观上，税收中立原则也符合信贷证券化的税收理念。

税收中立原则具体到资产证券化上，就是使证券化的当事人不因为证券化交易活动而多缴或者少缴税，保证税收的国家财政目的；同时，不因为资产证券化的税收优惠而给证券化的当事人和非证券化的当事人之间造成不公平的竞争环境。在资产证券化的发源地——美国，其进行资产证券化而进行的税收优惠，以及由于其复杂的结构而产生的过高费用，因此而给市场所造成的扭曲，正在引起人们的反思。①

我国进行资产证券化的过程中，其税收法律制度可以适当地给予证券化的当事人一定的税收优惠，以促进证券化市场的发展，激发证券化各方当事人的参与意识。但这种税收优惠，仍然要以税收中立原则为基础。

2. 受益人纳税原则

实际受益者纳税，是指谁受益或者谁发生应税行为谁承担纳税义务，谁实际受益获利谁为纳税人，不实际受益获利者不负税，以避免对名义获益者、名义应税行为征税。

这一原则具体到资产证券化模式下，则是指就进行信托财产及其收益的传递而言，与普通信托相同，应该由受益人（即资产证券化的投资人）作为实际的负税人，投资人应该按照其所持有的证券所代表的资产的份额承担相应份额的赋税；受托人因发起人移转（"真实销售"）而取得的信托财产以及因管理和收取信托财产的收益所取得的收入，则不应作为受托人的应税收入而进行纳税。但是，受托人基于对于信托财产的管理和运用行为而取得相应的报酬，则与一般经济活动中的报酬所得没有差别，应该按照所得税法的一般规定课征所得税。由实际受益者纳税实现了在复杂的信托结构中的税收公平，也遵循了资产证券化的税收理念。

在美国、日本和我国台湾地区的资产证券化的税收中，都采用了受益人纳税的原则，而信托或者受托人免于缴纳这一层面的所得税。但是，与此做法相异的是印度，印度税法则把信托作为一个应税实体，在取得信托财产的层面上，要缴纳所得税，但为了避免双重征税，对资产证券化的投资者则免予征税，兼具异曲同工之功能②。

3. 发生主义课税原则

信托型资产证券化由于其自身的特征决定了其业务活动中交易和分配的环节较多，从而纳税义务时间的确定，也成为资产证券化税收立法的重要问题。确定科学合理的纳税义务发生时间，有利于实现资产证券化的税收理念。

在信托税制下，发生主义是指应税行为、应税所得（信托财产增益）发生时纳税义务即成立的原则。采用导管体理论信托税制的国家，因信托财产所产生的利益（所得）发生时，即视为受益人之所得（取得利益）而予以课税，原则上属于发生主义课税原

---

① 请参见 Paul R. Wysocki. Proposed United States Income Tax Regulations on Financial Asset Securitisation Investment Trusts, Journal of International Banking Law 2000, 15（7），154-159 和 Clarissa C. Potter：Incremental and Fundamental Tax Reform FASITS, 56 SMU Law Review 501.

② Vinod Kothari：India：Taxation-Withholding Tax, Journal of International Banking Law, 1997, 12（12），N224.

则①。与发生主义相对应的观念为实现主义。所得或者信托财产增益发生时尚无纳税义务，而等到所得实现时，即受益人真正取得信托利益时方存在纳税义务的原则，谓之"实现主义"课税原则②。纳税义务发生时间的采用，与前述导管体理论或者实体理论互为呼应。采用导管体理论者，因所得发生时，受益人即取得利益，故原则上属发生主义。如采用实现主义，即所得发生时不认为受益人取得利益，配以信托财产实体理论时，应等待受益人真正取得利益时为所得实现，依法由其负起纳税人责任。③

资产证券化是采用发生主义课税原则还是采用实现主义课税原则，同样也是取决于两个因素，一个是资产证券化所采用的信托结构理论；第二个因素则是课税的效率和公平问题。

在美国，由于其采用的是信托实体理论，资产证券化的税收，理论上分析应该采用的是实现主义课税原则。但是，该证券化税收实体（REMIC 或者 FASIT）是一个免税实体，本身不具有纳税的义务，所以实际上，纳税的义务自信托财产转移或者信托成为信托实体时即已经转移给了投资者。此外美国税法把 FASIT 和 REMIC 中权益的性质界定为债务，因此，其在纳税时间的确定上采用了发生主义课税的原则④。在我国台湾地区，根据其"所得税法"第 3 条之四和"金融资产证券化条例"第 41 条的规定，金融资产证券化的课税时间确定为对个人投资者以实现主义为原则，对于机构投资者以发生主义为课税原则⑤。

根据我国《企业所得税法》第 5 条的规定，一般的企业所得纳税是以"所得发生"的年度为原则的⑥。似乎应该确立资产证券化发生主义课税的原则。但有学者认为在我国资产证券化的试点中，对此存在发生主义和实现主义两种矛盾的解释⑦。

实际上，根据上文关于资产证券化纳税义务时间原则的两个确定因素，我们认为采用发生主义纳税原则应该更具有意义。

其一，我国的资产证券化采用的是信托导管体理论来构建的，信托并不是一个独立的纳税主体，仅仅是收益的传送管道，所产生的收益，自其产生时起就是受益人所有，在这种情况下，课税选择发生主义原则是必要的。

其二，采用发生主义纳税原则由受托机构就投资者的性质不同，将其分作两类进行管理分别依照不同的所得税税率代扣代缴有利于提高征税的效率，降低征税的成本。机构投资者所获得的收益由受托机构按照企业所得税的税率进行代扣代缴非常简便，实际上我国目前进行的试点工作中已经有了先例。对于个人投资者来说，由于我国个人所得税采用的

---

① 参见谢钊益：《信托课税之探讨》载《财税研究》1998 年第 5 期，第 44 页。

② 郑俊仁：《信托税制与实质课税原则》，载《月旦法学杂志》2002 年第 1 期，第 47 页。

③ 郑俊仁：《信托税制与实质课税原则》，载《月旦法学杂志》2002 年第 1 期，第 47 页。

④ ［美］斯蒂文·L. 西瓦兹：《结构金融——资产证券化原理指南》，李传全、龚磊、杨明秋译，清华大学出版社 2003 年版，第 104~106 页。

⑤ 王文宇、黄金泽、邱荣辉：《金融资产证券化理论与实务》，中国人民大学出版社 2006 年版，第 189 页。

⑥ 《中华人民共和国企业所得税法》第 5 条。

⑦ 刘燕：《我国资产证券化中 SPV 税收政策分析》，载《税务研究》2007 年第 4 期，第 9 页。

是分类所得方式计税，对于个人投资者获得的这一部分收益，按照比例税率计征，由受托机构代扣代缴，甚为便利，当然对于个人投资者所获收益的代扣代缴必须等到信贷资产证券化向个人投资者全面开放时期开始。

4. 实质课税原则

信托型资产证券化其目的在于通过信托的架构，以导管体理论为基础，实现资产的转移和流动化。由于其形式的复杂多样，势必会产生多重的纳税环节，但是这些纳税环节仅仅是实现证券化目的的手段，并不具有税收上的经济意义。所以就此而言，在证券化的过程中，必须确立以避免经济性双重征税为目的的实质课税原则。

实质课税源自德国的经济观察法，它由税收负担公平原则所导出，是解决税收规避的一种法律方法。实质课税法有经济上实质课税主义和法律上实质课税主义之分。[1] 如果单从法律上实质主义以掌握实质课税原则，在认为法律适用上虚伪的表现事实（即形式）与法律适用背后隐藏的真实的法律事实（实质）有所不同时，应以后者所适用之税法解释、适用原则予以理解。此种税法上的要求，在其他法律领域应该亦作此思考。因而实质课税原则在此意义下，并不具有特殊性与重要性。因此，要将实质课税主义定位在税法上具有特别重要之意义之原则，无论如何应从经济上的实质主义立场以理解实质课税主义。即在税法上的法律要件事实充足之法律事实（法形式之事实），与造成现实经济成果之事实（经济上事实）有所不同时，应依后者以作税法上的解释与应用。采此立场始能形成税法之独特性。[2]

实质课税原则，要义在于对税收规避和虚伪行为等情况的避免。但是，解决"形式上符合课税要件而实质上并不满足课税要件"的课税问题，防止根据应税表象而重复征税或税负多余，也是实质课税原则适用的领域。

具体到资产证券化的税收法律原则上，更应该以经济上的实质主义来理解实质课税原则，方能达到避免双重征税的目的。

在信托型的资产证券化的过程中，信托作为一种导管体而成为当事人之间输送信托利益，形成"风险隔离"的机制。但是在信托财产转移过程中，受托人对于信托收益的获得，往往不具有实质的经济意义。此外，信托财产在转移的过程中，仅仅实现了财产的转移，但并未增加新的价值，所以在税收上也不能依据其外在的形式而如同普通经济活动那样来课税。从这样一个视角来看，信托的导管体理论，比较符合实质课税原则：在信托财产进行转移、信托收益取得的过程中，出现形式与实质的不一致或者发生冲突时，运用导管体理论即可明确把握其实质，从而在税收的征管中有可能根据实质课税原则课税；从另外一个角度来讲，信托导管体理论，也是资产证券化中运用实质课税主义，有效处理应税表象问题的理论分析工具。

美国资产证券化的税收处理也遵循实质课税的原则。例如信托凭证从税收上应被看成债务关系，尽管没有把这项投资在形式上表示为票据或其他债务关系。与上述情况相似的还有在适用的文本中被贯以应收款"销售"的情形在税务上可能并不被看成销售（与

---

① 刘剑文、熊伟：《税法基础理论》，北京大学出版社 2004 年版，第 155 页。

② 郑俊仁：《信托税制与实质课税原则》，载《月旦法学杂志》2002 年第 1 期，第 48 页。

货款对应）。同样地在主信托①交易中，人们普遍的观点是，SPV 是为了持有应收款和简化投资程序而专门设立的，虽然其组织方式是一种商业信托，但税收只应看成是一种证券交易安排，不应该看成商业信托。对每一案例的判别，部分是依据于联邦所得税立法的基本原则：交易的纳税依据不是经济交易的形式，而是交易的实质。②

在我国台湾地区，其"金融资产证券化条例"对于金融资产证券化过程中的税收处理同样贯彻了实质课税的原则。对于信托财产的转移而产生的印花税、契税、营业税，除受托机构处分不动产时应缴纳之契税外，一律免征③。当然依据其"所得税法"的规定，信托财产在各信托关系人间之形式上的财产移转行为，并无所得发生，或是他益信托受益人所享利益已课赠与税或所得税，或系回复原状之移转，并无所得发生，而不可课征所得税④。对于这种规定是否适用于我国台湾地区的金融资产证券化，我国台湾学者认为：除非税法或其解释函另有明文规定，最好能参照会计原则之"真实买卖"条件来认定其信托财产之转移系属实质或形式移转，从而据以课税或者免税。也就是说，若符合"买卖"会计处理条件，则为实质移转信托财产，而应核实认列出售损益；若不符条件，或部分保留权利，则为形式移转，自可适用上述条文免税。至于营业税部分，其"税法"第 3 条之一亦有类似上述所得税法形式移转免税之规定，而"金融资产证券化条例"第 38 条另有免征营业税之补充规定，其征免之认定及依据，可参照上述会计处理决之。⑤ 就我国台湾地区金融资产证券化税收处理规定以及该学者的分析而言，其仍然是以实质课税原则为基础的。

就目前我国进行的信贷资产的证券化试点来看，一定程度上也遵循了实质课税的原则。例如，信贷资产转移过程中的印花税就免予征收⑥。而对于信贷资产的信托行为，则因为其符合"真实销售"，而要按照现行的企业所得税法缴纳所得税⑦。但是，对于信贷资产证券化中的征税仍然存在违反或者违背实质课税原则的情形，对此，我们将在下文作具体探讨。

三、我国资产证券化税收法律规则的构建

就规则层面的建设而言，我国资产证券化才刚刚展开。有关该试点的税收问题，财政

---

① 在主信托的业务交易中，在开始的时候，信托中至少有一种信托凭证和剩余利益。发起人出售凭证给投资人保留剩余利益。如果将来发起人希望增加融资，它可以通知受托人发行更多种类的信托凭证。每种凭证可以有各自的利率、违约条款、约定、到期日、其他权利、义务和补救措施。而且，一种或几种凭证在偿付时可以滞后于其他类的凭证，以使综合融资利率更低。

② ［美］斯蒂文·L. 西瓦兹：《结构金融——资产证券化原理指南》，李传全、龚磊、杨明秋译，清华大学出版社 2003 年版，第 86 页。

③ 我国台湾地区"金融资产证券化条例"第 38 条第 1 款第 2 项。

④ 中国台湾地区"所得税法"第 3 条之三规定。

⑤ 王文宇、黄金泽、邱荣辉：《金融资产证券化理论与实务》，中国人民大学出版社 2006 年版，第 191 页。

⑥ 《财政部 国家税务总局关于信贷资产证券化有关税收政策问题的通知》（以下简称《通知》）第一部分第一点的规定。

⑦ 《通知》第三部分第一点的规定。

部和国家税务总局就此问题专门发出了一个通知，即《财政部　国家税务总局关于信贷资产证券化有关税收政策问题的通知》（以下简称《通知》）。就资产证券化涉税的法律规则来看，仍然存在着以下的问题：

一是逻辑体系混乱。资产证券化中的税收法律问题，如果完全依照现行的法律制度则很难实现上文分析的税收理念和原则，《通知》虽然解决了部分问题，但是《通知》的效力位阶地下，存在着下位法违反上位法的现象。

二是内容上未能很好地设计。资产证券化这种结构金融，涉及营业税、所得税、印花税等多方面，并且涉及不同位阶的法律规则，各法律规则对征税客体等的规定也不统一，此外各税种之间也没有达到在税收理念和原则指导下的有机的协调和统一。

三是《通知》本身也缺乏前瞻性。《通知》具有临时性，对于相关的税收优惠以暂停征收的方式体现，此外，对于资产证券化税收的整体规划也缺乏统一性设计，对于资产证券化以后的发展趋势也未作前瞻性的规定。

基于课税问题对于信贷资产证券化所具有的举足轻重的意义，就资产证券化课税作规则层面的分析、反思和重构是必要的。

（一）以保持税收中立为中心构建营业税

在资产证券化的过程中，存在着发起人资产移转、受托机构对信托财产进行管理和处分的行为，是否应当缴纳营业税问题。

1. 发起人"真实销售"信贷资产行为免征营业税

发起人在进行证券化的过程中，需要将信贷资产转移给受托人，对于发起人的这种行为，根据目前的法律规定是不需要缴纳营业税的。

根据《中华人民共和国营业税暂行条例》的规定，转让无形资产的要缴纳5%的营业税①。但是这种信贷资产本质上属于一种贷款债权，还不包含在营业税的征税客体的范围之内。② 此外，财政部、国家税务总局在2005年3月29日以财税［2005］55号文的形式下发的《关于奥伊尔投资管理有限责任公司从事金融资产处置业务有关营业税问题的通知》③ 也从另一个侧面反映出目前我国不认为债权的转让属于转让无形资产，不应该缴纳营业税。因此，我国信贷资产证券化的试点通知也没有规定发起人就资产的转让缴纳营业税。

但实际上，立法者对于信贷资产过程中营业税的课征问题并没有做深入细致的考虑，仍然存在着以下问题：一是对于发起人移转无形资产行为的性质——"无形销售"抑或"担保融资"的界定；二是对于信贷资产是否应当属于营业税的客体；三是如何体现上文中所分析的税收理念和税收原则。

（1）真实销售抑或担保融资

---

① 参见《中华人民共和国营业税暂行条例》第1条和营业税税目税率表。

② 参见《中华人民共和国营业税暂行条例》营业税税目税率表。

③ 该通知规定："按照现行营业税政策的有关规定，奥伊尔投资管理有限责任公司从事金融资产处置业务时，出售、转让股权不征收营业税；出售、转让债权或将其持有的债权转为股权不征收营业税。"

从资产证券化的国际经验来看，发起人的这种资产转让行为，在税法上一般有两种界定方式：真实销售①和担保融资②。根据实质课税的原则，这两种认定方式所引起的税法上的后果完全不同："销售"（真实销售）是一种典型的应税行为，可能发生流转税、所得税、印花税等一系列的纳税义务；"提供担保物"（担保融资）不是一种典型的纳税行为，通常不发生流转税或所得税的问题，至多因为担保物或者相关权利证书的转移占有而发生印花税或者契税问题③。

发起人的这种行为性质在税法上的认定，取决于资产证券化中发起人对于信贷资产实际承担的风险。根据国外的经验基本上有两种做法：一是在所有权真实转移，受让人承担风险的情形下，认定为"销售"；二是在所有权未真实转移时，转让人保留了实质风险的情形下，整个交易被认定为"担保融资"，因此，转让基础资产的行为被确认为担保融资下的"提供担保物"处理。④

在我国证券化的过程中，税法上对于发起人资产转移行为的性质的认定，从本质上应该认定为"真实销售"而不是"担保融资"有两个理由：

一是从实质上来看我国进行证券化的制度设计其最基本的一个考虑就在于通过"信托财产独立性"的特性，构建发起人和信贷资产的风险隔离墙，所以从风险的角度来看，为了实现证券化的顺利进行，发起人必须转让实质的风险。否则轻者会降低证券的信用等级，重者会导致信贷资产证券化的流产。

二是从形式上我国证券化采用的是一种信托的结构，这种结构属于一种商事信托的模式，这种商事信托具有不同于普通民事信托的本质，委托人转移财产与受托人并非无偿赠与，而是要取得受托人发行受益权证券的对价。受托人利用其专业经验与知识，对信托财产进行管理，并收取报酬。因此从实质课税的原则来看，发起人的这种行为应该是一种销售行为，而不仅仅是担保融资的问题。

（2）我国信贷资产证券化的发起人不应当缴纳营业税

发起人的这种资产移转行为被认定为"真实销售"，根据实质课税的原则，就意味着发起人就这部分转让收入有可能要缴纳营业税。根据我国目前的法律规定，发起人的这种行为是不需要征收营业税的。但是，这里仍然存在两个问题，一是贷款债权是否应当属于营业税的征税范围；二是根据资产证券化的税收理念和税收原则，对于资产证券化过程中发起人转移信贷资产的行为是否应当予以税收优惠？三是如果予以免征，信贷资产的利息

---

① 真实销售意味着基础资产不受发起人的破产债权人的追索，即实现"破产隔离"。在会计上认定"真实销售"，就可以将基础资产从发起人的资产负债表上剥离，即所谓的"出表"，在一定程度上可以提高商业银行的资本充足率；在税收方面，确认"真实销售"将确定基础资产的转移行为属于应纳税行为。

② 担保融资是发起人以该项资产为担保，向投资者借款融资，该项资产仍作为发起人的资产在资产负债表上保留。投资者在不能得到该资产的预期收益时，一般还可以向发起人进行追偿。"担保融资"不能实现破产隔离，也不能从资产负债表中移出。

③ 刘燕：《我国资产证券化交易中的发起人转让资产的所得税问题初探》，载《涉外税务》2006年第6期，第13页。

④ 刘燕：《我国资产证券化交易中的发起人转让资产的所得税问题初探》，载《涉外税务》2006年第6期，第13页。

收入该如何处理？

发起人将信贷资产"真实销售"于受托人，从我国目前的税收法律制度规定来看，是不需要缴纳营业税的。其原因在于营业税对于无形资产转让的列举中不包含债权。但是信贷资产从资产的角度来看，无疑应该是属于无形资产的范围的。无形资产的范围中是否包括贷款债权是一个税收政策的问题，随着债权流动的频繁和数额的增大，在一定时期内，对其征税营业税也是有可能的。并且随着我国进行资产证券化的范围不断扩大，以后很有可能会出现土地使用权的证券化，知识产权的证券化，对于这些无形资产的信托，显然应该包含在营业税征税范围之内。

更进一步，在资产证券化过程中，对于发起人营业税的征收，是否符合资产证券化的税收理念和税收原则才是问题的实质。

在资产证券化过程中，发起人将信贷资产信托给受托人的行为，虽然从性质上可以认定为"真实销售"，但是其目的在于通过信托的方式，进行风险隔离，进而实现贷款债权的流动化，与课征营业税的转让无形资产在目的上显然是不同的，后者在于通过无形资产的转让获得一定的增值利益。在资产证券化的过程中，发起人很难获得这种利益，只是由于风险隔离的需要和结构化金融的本质，造成了所谓的无形资产的"真实销售"。如果对于发起人信贷资产的转让征收营业税，给发起人带来了不必要的成本，形成其竞争的弱势，违反了以公平和效率为基础的税收优惠的税收理念。此外，从实质课税的原则来看，发起人信贷资产的信托行为，虽然被界定为"真实销售"，但这种无形资产的转让属于应税表象问题，其实质在于通过信托的导管体功能，进而实现风险隔离的功能，因此对于发起人的转移信贷资产的行为，应该免予征税。

显然这种免予征收营业税的做法，也应该适用于以后将要发展的不动产证券化、知识产权证券化等。

此外，在证券化成功交易后，信贷资产的利息收入在我国资产证券化的试点通知中明确由受托机构缴纳营业税。①

但就此问题，有学者指出：基于国家税源的目的，对于受托机构所收取的信贷资产利息由受托机构缴纳营业税是不合理的。其理由在于：从国家税源的角度来看，银行等发起机构在转让信贷资产后，又获得了新的资金，并开始发放新的贷款，从而更新了营业税的税源。②

本文认为：一是从税源的角度来看，银行在资产证券化之后，以获取的资金再发放贷款所获得的利息，与原信贷资产中取得的利息收入，是两笔收入，不是替代关系，并且银行即便不进行信贷资产证券化，完全可以其从信贷资产中收回的本金，继续从事贷款业务，获取利差，只不过周期较长而已。二是就该利息收入由受托机构代扣代缴的另外一个原因是税收中立原则，如果免予征收，会在发起人和其他未进行资产证券化的主体之间形成竞争环境的不公平。

因此，由受托机构就该利息收入代扣代缴营业税是合理的。

---

① "通知"第二部分第一点。

② 刘燕：《我国资产证券化中 SPV 税收政策分析》，载《税务研究》2007 年第 4 期，第 9 页。

2. 受托机构营业税优惠的阶段性

我国资产证券化中的信托属于商事信托，这种信托模式与民事信托所不同的是，受托人为专业金融机构，提供理财服务获得报酬。根据实质课税的原则，受托人的这种行为，从营业税税收客体的角度来看，应该被界定为金融业提供劳务的行为。根据税收中立原则，应该就受托机构提供金融服务行为的报酬，按照《中华人民共和国营业税暂行条例》的规定，按5%的比例缴纳营业税。我国资产证券化的通知中也体现了这一点。

但是目前我国资产证券化尚处于试点阶段，对于这种金融创新，为了能够提高受托机构的积极性，保证资产证券化的顺利进行，予以一定的税收优惠是必要的。但是也不能完全背离资产证券化的税收理念和税收中立的原则，因此，对于处于试点阶段的受托机构的营业税可以予以一定额度的减征，待资产证券化全面推行后，再基于税收中立的原则，全额征收营业税，即按照证券化的进程，分阶段减免营业税。

（二）以实质课税为中心构建所得税

1. 发起人所得税的损失扣除问题

发起人移转信托财产给受托人的行为，在上文中已经明确应该认定为"真实销售"。根据实质课税的原则，发起人转让信贷资产的所得，应该缴纳相应的所得税。根据《中华人民共和国企业所得税法》的规定，这一部分的税率为25%[1]。我国资产证券化的试点通知也明确了发起人对于信贷资产的"真实销售"要缴纳所得税。[2]

但这里存在两个问题，一是如果发起人转移资产发生损失，而且目前进行资产证券化的动机在于不良资产的处理，几乎肯定了发起人转让资产是以打折的方式进行的，那么对于这部分损失该如何处理？第二个问题是如果该损失全部在税前列支，很有可能会是纳税所得为零或者亏损，那么信贷资产的原本利息收入的所得税该如何征收？第一个问题资产证券化试点通知中做出了考虑，但对于第二个问题，通知中则没有明确。

国外在进行资产证券化的税收设计时，对发起人的所得税进行了全面的考虑。例如在英国，转让资产不会产生增值税负担。在资产转让价格的处理上，税收当局不仅考虑未清偿的资产本金价值与转让价格的关系，还评估资产的市场价值与转让价关系，如果资产的利率实质上超过了当前该项资产的市场利率，那么即使发起人按资产的面值进行转让，也要确认发起人存在着应税收益，从而要缴纳资本利得税。[3] 在法国，资产转让豁免增值税。如果资产的账面价值与转让价格之间存在着差距，则构成了收益或者损失，可以在计算发起人应税利润或损失时予以增加或扣除。[4] 在意大利，资产以溢价的方式转让的税收处理与法国的做法类似。为了促进证券化的交易，意大利1999年出台的证券化法规定了对发起人转让资产的税收优惠，即从该法生效之日起2年内完成的资产证券化，发起人可

---

① 《中华人民共和国企业所得税法》第4条。

② 参见通知第三部分第一点。

③ Robert Palache & Lan Bell Legal and Tax Issues, in International securitization, IFR, 1992, p. 127.

④ Robert Bordeaux-Groult, Secutitization of Financial Assert-Under French Law, in Joseph Jude Norton & Pawl R . Spellman ed. , Asset Securitization: International Financial and Legal Perspectives, Basil Blackwell Finance, 1991, p. 354.

在其资产负债表的特殊储备金项目中列明销售资产的损失，并可在当年和随后的 4 年中摊销这些损失。① 在美国，是否确认收益或者损失，核心问题是，转让本身是被看做需纳税的销售行为，还是被看做一种由应收款作为保证的贷款行为。只有在纳税销售的情况下，这种转让才会有纳税的问题。② 我国台湾地区的税务处理与美国相似，如果该项移转行为被定为真实买卖，则应认列出售放款的损益；若是附担保的借贷，则不认列出售损益，但应该认列借款负债。③

对于第一个问题，发起人打折"真实出售"信贷资产的损失，实际上属于发起人正常经营范围之外的损失，是基础资产已经存在的损失，只是证券化资产的过程使得这种损失提前浮出水面而已，从会计和税收的角度来看，这只是一个时间确认上的差异，而不是核算口径上的差异。所以从基础资产的角度考虑应该将其纳入损失中，并且扣税，这样才能不增加发起人进行证券化的成本，也更符合税收中立的原则。

与此相伴生的是第二个问题，发起人以一定折扣价格出售资产（一般以账面值的70% 左右），带来实际的折价出售损失，将这个折扣作为"证券化损失"在税前列支，再加上潜在损失，财产转移收益扣除这些财产转移成本、费用、税金、损失后的余额几乎不会为正数。在应纳税所得为零或亏损的情况下，发起人无需为此缴纳所得税。并且如果允许证券化的所有损失均在税前列支，国家原本可以从发起人收取贷款利息的税基上收取的所得税，证券化以后就都收不到了。同时，由于证券化的这种结构原因，实际上对于非证券化的主体而言，这种税收方面的漏洞，将有可能导致竞争环境的不公平，从而违背税收的中立原则。

因此，如果允许发起人在税前列支证券化损失，应该将该笔信贷业务从开始放贷、已收取利息、应收未收利息，直至实行证券化出售，严格区分不同性质的证券化损失，通盘重新计算发起人的收益和损失，以财产转移收益扣除财产转移成本、证券化费用、流转税金、合理损失后的余额计算财产转让的应纳税所得额。当然，从税收公平的角度来看，对于已经计提的坏账准备、资产减值准备等应当从取得成本中扣除，不能在税前重复扣除。在此基础上计算证券化资产项下全部的应纳税额，扣除发起人已经缴纳的税款，为实行证券化应补缴的税款。④

2. 以防止经济性双重征收为中心的受托人所得税

资产证券化中的双重征税，其实质是对信托人和受益人（受益证券的投资人）的双重征税。第一重征税指的是信托财产（信贷资产）的债务人对信托财产清偿以及利息而作为受托人的所得要缴纳的所得税；第二重征税则指的是同样的收益或者说所得作为受托

----

① 洪艳蓉：《资产证券化的法律问题研究》，北京大学出版社 2004 年版，第 123 页。

② ［美］斯蒂文·L. 西瓦兹：《结构金融——资产证券化原理指南》，李传全、龚磊、杨明秋译，清华大学出版社 2003 年版，第 88 页。

③ 王文宇、黄金泽、邱荣辉：《金融资产证券化理论与实务》，中国人民大学出版社 2006 年版，第 182 页。

④ 就此问题，也有学者认为在所得税的课征上，区分本金和利息是没有意义的，但在营业税的课征方面，是必需的。参见刘燕：《我国资产证券化交易中的发起人转让资产的所得税问题初探》，载《涉外税务》2006 年第 6 期，第 15 页，但是，从税收中立原则的要求来看，对于所得税和营业税的征收，本金和利息都应该做出区分。

人偿付给受益人（受益证券的投资人）证券权益属于投资人的所得，交纳所得税。这是双重征税的主要意义而不仅仅是营业税上的双重征税①。

根据我们上文的分析，资产证券化中的信托结构仅仅是资产及其收益转移的导管体，其本身不应成为纳税的主体，而应根据受益人纳税原则和实质课税原则，由受益人对受托人管理信托财产所取得归于信托财产的收益承担所得税。并且根据本文在发生主义课税原则部分所提到的，由受托机构根据投资人身份的不同，根据不同的税率而予以代扣代缴。

此外，受托机构受托经营管理受托财产所取得报酬，其性质与其他企业的所得收入和受托机构进行其他的经营行为所取得的收入没有什么不同。基于资产证券化征税的税收中立原则，必须缴纳企业所得税。

3. 以受益人纳税为中心的受益人所得税

受益人是资产证券化市场的投资者，如何吸引受益人进入资产证券化的市场，一方面是受益证券的回报率，另一方面也体现为国家税收优惠的刺激。

受益人（受益证券的投资人）的应税所得分为两个部分：一是对于证券的投资所得；二是证券的交易所得。

证券的投资所得，包括债券的利息和股票的红利②。我国税法对个人取得的股息、红利征收 20% 的个人所得税，我国自 2007 年修订，自 2008 年 1 月 1 日开始实施的企业所得税法规定对分配给法人的股息和红利免征企业所得税，对企业获得的国债利息免征所得税。对此，由于我国资产证券化试点的通知③是根据修订前的企业所得税法制定的，因此，根据《中华人民共和国立法法》的规定，应该适用所得税的规定。

根据受益人纳税原则，在资产证券化中由于信托结构的导管体功能，基于受托财产所产生的收益应该由受益人承担相应的税收，这一点无论是理论还是实践已经没有异议。关键的问题是纳税义务的产生时间的区分。资产证券化试点的通知对此规定得互相矛盾，已经有学者提出了质疑④。本文已经提出对于信贷资产证券化的收益所得，完全可以由受托人代扣代缴，也因此可以确立发生主义课税原则。

此外，以资产证券化的国际经验来看，证券的性质不同，即是债务性的还是权益性的，其应税所得额的确定和税率的适用也是不同的⑤。《信贷资产证券化试点管理办法》对此并没有做出明确规定，但基于在试点中这种证券进行交易的市场是全国银行间债券市场⑥，从一个侧面确定了这种证券是依照债券的性质进行发行和交易的。有学者指出，基

---

① 有的学者认为，信贷资产证券化中的双重征税是指营业税的双重征收。参见许多奇：《我国金融资产证券化的税收理念和税收制度》，载《法学评论》2007 年第 2 期，第 44 页。实际上，在我国目前的情况下，就信贷资产证券化而言，营业税上的双重征税是不存在的。

② 目前我国证券市场税制的基本情况、主要缺陷和发展趋势，请参见冯果、廖焕国：《论证券税制的发展趋势及中国证券税制之转型——基于网络经济时代背景下的考量》，载《法学评论》2007 年第 1 期。

③ 参见通知第三部分第二点、第四点。

④ 刘燕：《我国资产证券化中 SPV 税收政策分析》，载《税务研究》2007 年第 4 期，第 9 页。

⑤ ［美］斯蒂文·L. 西瓦兹：《结构金融——资产证券化原理指南》，李传全、龚磊、杨明秋译，清华大学出版社 2003 年版，第 97 页。

⑥ 参见《信贷资产证券化试点管理办法》第 3 条第 2 款。

于推动金融创新，促进证券市场资源配置和资产证券化融资架构的完成，对投资者投入资产支持证券市场发展提供税收优惠，可以给予该证券以投资国债相同的待遇①。也有学者提出，根据美国、日本和我国台湾地区的经验，以及资产证券化的实质，把受益证券的性质界定为债券，把所产生的收益界定为利息收入②，这种观点可以借鉴。

我国企业所得税法对于企业的证券（债券）交易征收 25% 的所得税，个人所得税法对于个人的证券（债券）交易所得征收 20% 的个人所得税。

因此，资产证券化试点的通知对此的设计，基本上遵循了企业所得税的规定。③

国外就受益证券转让所得税规定跟我国大致相似④。

但是，笔者以为，我国资产证券化试点的主要目的在于不良资产的处理，以不良资产为信托财产进行资产证券化，从市场的角度，如果没有相关的税收政策予以激励，将很难在证券市场上"生存"下去，很有可能会导致结构性金融的最终目的不能实现。所以，至少从现阶段的任务来看，对于这一环节的证券交易所得税的免除，是有其现实意义的。当然，资产证券化全面铺开后，再按照税收的中立原则要求，逐步地减少税收优惠的幅度，最终实现税收的公平。

（三）印花税——信托财产移转过程中印花税的永久免征

信贷资产证券化的财产转移过程中，涉及众多的合同行为，与这些合同行为相关的税收，就是印花税。

在我国目前的法律制度下，信贷资产（贷款债权）在发起人和受托人之间的移转合同，如属于产权转让书据的要缴纳万分之五的印花税⑤。我国印花税征收属列举税，即按印花税征收条例列举应税的订立合同、领受应纳税凭证等经济事项计缴印花税，没有列举的则不征印花税。根据《中华人民共和国印花税暂行条例》的税目税率表的规定，其产权转移书据列举转让的产权范围并没包括债权的转让行为⑥。所以，如果严格执行现行的印花税条例，信贷资产的移转是不应当缴纳印花税的。但是我国资产证券化试点的通知从形式上确立了征收印花税，但予以暂停⑦。

这里实际上存在着两个问题，一是信贷资产的转移是否应当属于印花税下产权转让的范围？二是如果应当属于印花税的课征范围，是否应当予以减免还是仅仅暂停征收？

根据上文的分析，信贷资产的这种移转，是"真实销售"，本质上是贷款债权的"打包"让与。这种债权的让与，是否属于印花税项下的产权转让取决于产权的概念中是否

---

①　许多奇：《我国金融资产证券化的税收理念和税收制度》，载《法学评论》2007 年第 2 期，第 45 页。

②　刘燕：《我国资产证券化中 SPV 税收政策分析》，载《税务研究》2007 年第 4 期，第 9 页。

③　参见通知第一部分第四点。

④　洪艳蓉：《资产证券化的法律问题研究》，北京大学出版社 2004 年版，第 125 页。

⑤　参见《中华人民共和国印花税暂行条例》印花税税目税率表。

⑥　参见《中华人民共和国印花税暂行条例》印花税税目税率表：产权转移书据包括财产所有权和版权、商标专用权、专利权、专有技术使用权等转移书据。

⑦　参见通知第一部分第一、二、三点。

包含了债权，这也是一个见仁见智的问题①。对于产权的最普遍的理解认为，产权就是财产权利的简称，是民事主体对物所享有的一种绝对的权利。其确切的含义，指企业的财产所有权和与财产所有权有关的财产权，既包含物权也包含了债权。从这个意义上说，印花税客体中的产权转让书据应该包含债权转让合同。对于信托财产的移转从理论上分析，缴纳印花税是不容置疑的。

但根据实质课税原则和信托导管体理论，这种财产的移转，本身不具有实质的意义，应该予以税收优惠。相反，如果对于这一部分财产上的形式移转予以课税，则违反了税收中立原则，因为这种形式上财产移转的课税，无论是对于发起人来说，还是对于受托人来说，都产生了额外的税收负担。从社会的整体的竞争环境来看，将会使资产证券化的主体处于竞争的劣势。

国际经验一般也就资产证券化中的印花税予以一定程度的减免。在英国，其资产的转让如果采用普通法上的让与（其生效要件中要求做成书面形式并做成相应的转让证书），通常就对该转让行为按照其销售资产额的1%征收印花税，但对于抵押贷款资产的转让，已经在1971年取消了相应的印花税征收要求。② 这种税收优惠措施，对于从抵押贷款开始的资产证券化来说，无疑是一种推动。而且，在证券化的操作过程中，这种印花税征收上的规定，仍然可以通过其他的方式，予以避免。比如，采用衡平法上的让与，以书面的形式发出要约，以支付资产价款这一行为进行承诺；或者，使转让证书的做成与持有始终位于英国之外，这样，只有在有必要依据转让证书于英国国内对资产债务人强制执行时，才引发相应的印花税负担问题。法国的即时交易的转让协议并不要求缴纳印花税。如果当事人自愿达成书面协议，也只要按照税法的规定缴纳数量微不足道的固定的印花税。意大利的资产证券化的主体仅需承担少量的固定比例的印花税。而对于一般抵押贷款转让需要缴纳的2%的抵押税，其1999年的《证券化法》也予以取消③。此外，该法案对于一般转让合同所需缴纳的登记税和其他的一些间接税，如果应收账款的转让目的在于证券化，也通过按照其交易价值的2%纳税而予以税收优惠④。日本的《债权让渡特例法》，对于双方所提交的应收账款登记申请，当事人无任何登记税负担。⑤ 我国台湾地区的金融资

① 目前，关于产权的定义及其代表性的观点，请参见赵守国：《企业产权制度研究》，西北大学出版社1999年版，第9、63、205页；费方域：《企业的产权分析》，上海三联书店、上海人民出版社1998年版，第7页；吴宣恭：《承包经营责任制的产权关系和深化改革的方向》，《教学与研究》1990年第2期；E. G. 菲吕博腾、S. 配杰威齐：《产权与经济理论：近期文献的一个综述》。唐丰义：《产权流动：大趋势与新挑战》，载《改革》1994年第5期；韩志国：《产权交易：中国走向市场经济的催化剂》，载《改革》1994年第4期。

② Stephen M Edge & Michael Murphy, UK Tax Considerations, in Joseph Jude Norton & Pawl R. Spellman ed. , Asset Securitization: International Financial and Legal Perspectives, Basil Blackwell Finance, 1991, p. 154.

③ Raffaele Rizzi, How to Structure Italian Securitizaitons, International Financial Law Review, June 1999, p. 24.

④ Giampaolo Salsi, the New Italian Law on Securitization, Journal of International Banking Law, Vol. 14, December 1999, p. 398.

⑤ 洪艳蓉：《资产证券化的法律问题研究》，北京大学出版社2004年版，第125页。

产证券化中更是将金融资产移转过程中所涉及的所有的印花税一律免除①。

因此，我国在进行资产证券化的过程中，对于信托财产的移转过程中的印花税应该予以永久性的免征，而不仅仅是暂停征收，这一方面体现了以公平和效率为基础的税收优惠理念，也符合实质课税原则。

（四）以避免三重征税为中心的预提税构建

预提税（Withhold Tax）是世界多数国家对非居民在其税法管辖地获得的利息收入进行征税，并由借款人代扣代缴的一种税项，税率通常为贷款利息的 10% ～30%。② 我国企业所得税法对预提税做出了明确的规定③：为了解决非居民企业特定收入的税收问题，专门设计了源泉扣缴制度，并特别规定了 20% 的预提税率④。但资产证券化试点的通知没有就预提税的问题作出规定。

在信贷资产证券化的过程中，其可能发生预提税的情形为：其一，当特定目的信托受托机构是非居民时，当发起人以折价形式将信贷资产转让给非居民的受托机构时，折扣部分就构成外方的其他所得，发起人需要扣缴预提税。其二，居民受托机构在向非居民投资者支付证券的股息、利息等时，需要扣缴预提税。

这种基于税收来源国的征收权和非居民本国地域税收的管辖征收权的重合，会造成预提税和其本国的所得税的双重征税，即所谓的国际双重征税。这种双重征税是由于国与国之间的税收法律制度的双重征收而造成的，是法律性重复征税。与基于资产证券化的复杂的结构金融所形成的经济性重复征税意义完全不同。如果这种法律性重复征税和经济性重复征税重合，则有可能会形成资产证券化中的三重征税（第一重为受托机构获取贷款债权的利息时，有可能课征的所得税；第二重为受益人取得受益证券分配的利息时，有可能课征的所得税，第三重为预提税，这三重税所指向的虽不是一个主体，但却指向了同一个应纳税所得额）。这种国际双重征税不是一国境内资产证券化税收法律制度所能够解决的问题。这种法律性重复征税，会造成资产证券化境外融资的成本，不利于资产证券化的发展，也违背了税收中立原则。

为了避免因为预提税对资产证券化所造成的税收成本，国外税收优惠的经验可资借鉴：美国制定了特殊种类债权豁免、组合型权益豁免和税收条约豁免等预提税的优惠政策。⑤ 而能够不损害交易的效率和灵活性的方法是建立相关国家之间避免法律性重复征税的条约。

就我国所进行的信贷资产证券化试点来看，由于其范围有限，限定了参与的主体和进行证券发行及交易的市场，所以还不会因为预提税而形成这种法律性的重复性征税。随着我国资产证券化的发展，以后的国际资产证券化必然会产生这种法律性的双重征税，届

---

① 参见我国台湾地区"金融资产证券化条例"第 38 条第 1 款第 1 项。

② 参见赵丽英、方亮：《资产证券化的税收问题》，载《北方经贸》2002 年第 11 期。

③ 参见《中华人民共和国企业所得税法》第 3 条第 3 款，第 4 条第 2 款，第 37 条，第 39 条。

④ 熊伟：《企业所得税法》的新视野，载于武汉大学经济法研究所网站，http：//www. economiclaws. cn/suo/ShowTeacher. asp? ArticleID = 1147，2007 年 4 月 20 日。

⑤ 宋秀芳、何小峰：《我国开展资产证券化的税收问题分析》，载《税务与经济》2002 年第 5 期。

时，我国有必要与其他国家就避免双重征税的问题达成国际协议，或者退而求其次，通过对这一部分预提税予以减免，以减少资产证券化的成本。

四、结　语

税收涉及资产证券化的整个过程及其各个方面，本文虽对于我国资产证券化的一些问题做了探讨，但限于篇幅，本文仅仅对信托环节具有特殊性的税收问题做了阐释，某些跟信托环节不相关并且不具有特殊性的问题没有纳入本文的范围。

此外，在我国资产证券化模式中，信托目前是作为唯一的一种途径，公司和有限合伙模式还没有成为立法的选择，至于信托模式成熟后，税收也是一个需要考量的因素，囿于篇幅，也未能做出分析。

诉讼请求的变更及其规制

■ 赵　钢[*]　朱建敏[**]

一、引　论

在民事诉讼中，当事人的诉讼请求具有极其重要的意义。根据处分权原则的要求，诉讼请求对民事诉讼法律关系的形成、推进以及终结有着重要的影响，不仅事关当事人诉讼的成败，同时亦对法院的审判行为形成制约。在诉讼之初，尽快固定诉讼请求，有利于明确争点，保障诉讼程序的安定、集中、有序。但在很多民事纠纷中，由于事实错乱、法律关系复杂，当事人很难一次性提出正确的或者适当的诉讼请求。我国百姓的法律知识水平不高，并且没有实行律师强制代理制度，故当事人更难对发生纠纷的民事法律关系有很好的把握。因此，在诉讼中应当允许当事人对诉讼请求作必要的变更。现行《民事诉讼法》以及司法解释均对当事人诉讼请求变更进行了规定。《民事诉讼法》第 52 条规定："原告可以放弃或者变更诉讼请求。被告可以承认或者反驳诉讼请求，有权提出反诉。"第 126 条规定："原告增加诉讼请求，被告提出反诉，第三人提出与本案有关的诉讼请求，可以合并审理。"《最高人民法院关于适用〈民事诉讼法〉若干问题的意见》（以下简称《民诉法意见》）第 156 条规定："在案件受理后，法庭辩论结束前，原告增加诉讼请求，被告提出反诉，第三人提出与本案有关的诉讼请求，可以合并审理的，人民法院应当合并审理。"第 184 条规定："在第二审程序中，原审原告增加独立的诉讼请求或原审被告提出反诉的，第二审人民法院可以根据当事人自愿的原则就新增加的诉讼请求或反诉进行调解，调解不成的，告知当事人另行起诉。"《最高人民法院关于第一审经济纠纷案件适用普通程序开庭审理的若干规定》（以下简称《开庭规定》）第 27 条规定："双方当事人争议的事实查清后，审判长应当询问双方当事人有无新的证据提出，原告的诉讼请求或被告的反诉请求有无变更。当事人重复陈述的，审判长应当及时提醒或制止。"《最高人民法院关于民事诉讼证据的若干规定》（以下简称《证据规定》）第 34 条第 3 款规定："当事人增加、变更诉讼请求或者提起反诉的，应当在举证期限届满前提出。"第 35 条规定："当事人主张的法律关系的性质或者民事行为的效力与人民法院根据案件事实做出的认定不一致的，不受本规定第 34 条规定的限制，人民法院应当告知当事人可以变更诉讼请求。"另外，《最高人民法院关于适用〈中华人民共和国合同法〉若干问题的解释（一）》（以下简称《合同法解释》）第 30 条规定："债权人依照合同法第 122 条的规定向人民法院起诉时做出选择后，在一审开庭以前又变更诉讼请求的，人民法院应当准许。对方当事人提出管辖权异议，经审查异议成立的，人民法院应当驳回起诉。"①

对诉讼请求的变更进行规制是一项两难的工作，如果限制过于苛刻，不利于要求变更诉讼请求一方当事人实体权利的保护，但如果规制过于松散，又不利于程序的安定、集中，不利于诉讼效率的提高，也不利于相对一方当事人合法权益的保护。现行立法及司法解释虽然对诉讼请求的变更的内容作了一些规定，但过于简单且零碎分散，难以应对实践中出现的复杂问题。关于当事人诉讼请求的变更，我国诉讼法学理论关注得也较少，研究比较薄弱。诉讼请求的变更与诉的要素以及诉讼标的理论密切相关，对诉的要素与诉讼标的的不同认识和理解必然会导致对诉讼请求变更产生不同的认识，我们应在何种理论基础上认识当事人诉讼请求变更才较为合理？在大陆法系民事诉讼法学上有所谓诉的变更制度，我国民事诉讼法并没有直接规定诉的变更制度，而是规定了诉讼请求的变更与追加，其与诉的变更是什么关系？诉的变更制度有什么值得我们借鉴？《证据规定》对法官告知变更诉讼请求的内容作了规定，法官告知变更的度在哪里？如何从制度上确保其中立性？等等。这些问题均值得我们认真思考。本文试作探讨，权作引玉之砖，以期民事诉讼法学基础理论与具体的制度实践之间切实形成互动。

二、诉讼请求的变更的内涵辨析

（一）诉讼请求与诉讼标的

"若对诉之概念进行严格的定义恐怕是非常麻烦的，尤其在诉与请求或者诉讼标的的关系中存在着诸多难解之处。"② 同样，对诉讼请求的内涵进行辨析亦非易事。"诉讼请求在各国和地区的民事诉讼立法中有不同的称谓。法国称为'诉讼的目标'，日本称为

---

① 《合同法》第 122 条规定："因当事人一方的违约行为，侵害对方人身、财产权益的，受损害方有权选择依照本法要求其承担违约责任或者依照其他法律要求其承担侵权责任。"

② ［日］高桥宏志：《民事诉讼法制度与理论的深层分析》，林剑锋译，法律出版社 2003 年版，第 55 页。

'请求旨意'，我国台湾地区称为'应受判决事项之声明'。""我国通常理解的诉讼请求实际上等同于诉之声明。"① 我国民事诉讼法学传统观点认为诉讼请求与诉讼标的是不同的概念，诉讼请求是当事人在诉讼中提出的具体请求，而诉讼标的则是当事人争议的民事实体法律关系。②"我国台湾地区的民事诉讼中，诉讼标的与诉讼请求（诉的声明）是两个不同的概念。诉讼标的是指原告起诉请求法院裁判所主张或否认的实体权利义务或实体法律关系（旧诉讼标的说），而诉的声明则指原告请求法院对被告作具体如何的判决内容。"③ 但目前有一些观点否认这种区分。有学者就主张，"诉讼标的与诉讼请求是同义的，因为诉讼标的与诉讼请求的区别在理论和实务上并没有实际的意义，徒增诉讼理论的繁琐。"④ 有学者认为，"诉讼标的在许多学者的认识中与诉讼请求或诉讼上的请求是等值的"，"无论是德国，还是日本、奥地利、意大利等大陆法系国家的民事诉讼中都没有使用诉讼标的的概念，而多数情况下是使用诉讼请求的说法"。⑤

　　对诉讼请求与诉讼标的之间的关系之所以存在上述认识上的差异，根源在于新旧诉讼标的理论对于诉讼标的的理解的差异。"诉构成了法院审判的对象，这种将原告对于被告的权利主张以及对于法院的判决要求合起来就被称为诉讼上的请求，或被单独称为请求。不过，也有观点将原告对于被告的权利主张称为狭义的（诉讼上的）请求，而将在此基础上附加原告对于法院提出的判决要求合称为广义的（诉讼上的）请求。这些请求，尤其是狭义的（诉讼上的）请求一般被称为诉讼标的，但是，诉讼标的，也存在着另外的定义，即指被主张的权利关系之本身。"⑥ 按照旧诉讼标的理论，"诉讼标的者，原告为确定其私权之请求，或所主张或不认之法律关系是否存在，欲法院加以裁判者是。故诉讼标的，实即法律关系。"⑦"依新理论，在给付诉讼，其诉讼标的为得请求被告为特定给付之法律上地位存在之权利主张。在确认之诉，其诉讼标的为原告于应受判决事项之声明所表示一定权利或法律关系存在（或不存在）之权利主张。在形成之诉，其诉讼标的乃原告得依裁判请求为形成法律上地位存在之权利主张。"⑧ 如果以旧理论为背景，诉讼标的显然区别于诉讼（上）请求。新诉讼标的理论，无论是一分枝说还是二分枝说，其核心都在于创造了独立于实体请求权的诉讼请求概念，故持新诉讼标的理论者往往将诉讼标的等同于诉讼请求。但即便如此，笔者以为，在新诉讼标的理论中，也不能认为诉讼标的就等于诉讼请求。一分枝说之特色为，"将诉讼标的之重要分量置于诉之声明一项以及原告起诉所追求之目的。在同一给付为目的之请求，即使其请求之事实理由有相异于多数之情

　　① 李仕春：《诉之合并制度研究》，载《诉讼法论丛（第5卷）》，法律出版社2000年版，第344页。

　　② 江伟主编：《民事诉讼法》，高等教育出版社2004年版，第12页。

　　③ 江伟、邵明、陈刚：《民事诉权研究》，法律出版社2002年版，第283页。

　　④ 江伟主编：《民事诉讼法》，高等教育出版社2004年版，第12页。

　　⑤ 张卫平：《论诉讼标的及识别标准》，载《法学研究》1997年第4期。

　　⑥ ［日］高桥宏志：《民事诉讼法制度与理论的深层分析》，林剑锋译，法律出版社2003年版，第56页。

　　⑦ 王甲乙、杨建华、郑健才：《民事诉讼法新论》，三民书局1998年版，第219页。

　　⑧ 王甲乙、杨建华、郑健才：《民事诉讼法新论》，三民书局1998年版，第220页。

形，原告在诉之声明中向法院提出欲法院加以判断之要求（Begehren），始为诉讼标的。"二分枝说认为，"诉讼标的之内容能由原告陈述之事实理由及诉之声明加以确认。"① 由此我们可以说诉讼请求是与诉讼标的紧密相关的概念，甚或说"诉讼请求与诉讼标的是诉讼客体的一体两面"，但断难认为，诉讼请求在概念上即完全等同于诉讼标的。

在大陆法系国家，民诉法立法与学理上对诉讼标的理论的运用极不一致，很多场合论者定义诉讼标的概念时亦未标明其立场，增加了已有的纷争。"我国传统诉讼标的的理论和现行民事诉讼制度采取'旧诉讼标的说'"，因此传统理论包括民事诉讼立法上均将诉讼标的与诉讼请求作了区分。"② 考虑到本文分析的背景是我国现行立法及司法解释，因此我们在诉讼请求与诉讼标的之间关系的问题上遵循旧说，认为诉讼请求同于诉讼声明，不等于诉讼标的。诉讼标的概念最根本的功能在于区分此诉与彼诉，而诉讼请求最根本的功能则在于向对方当事人和法院表明自己的权利主张或声明。

（二）诉讼请求的变更、诉讼标的的变更与诉的变更

何谓诉讼请求的变更？何谓诉讼标的的变更？它们与诉的变更之间是什么关系？很多著作中对此有不同的表述，实践中对此理解亦十分混乱。③ 所以有必要加以缕析。根据笔者所掌握的资料，关于诉的变更有代表性的认识有以下一些。①有观点认为诉的变更仅指诉讼请求的变更，但不包括诉讼标的的变更。"诉之变更包括诉之追加，是指诉讼请求（诉之声明）的变更或追加，而不是诉讼标的的变更或追加。其理由在于诉讼标的是诉讼的基础，诉讼标的的变更或追加就意味着原来的诉讼基础已不存在或发生变更。"④ ②有观点认为，诉的变更包括诉讼标的的变更和诉讼请求的变更。"原告于起诉后，提起新诉，以代替原有之诉者，谓之诉之变更。诉之要素为当事人、诉讼标的及诉之声明（即应受判决事项之声明）。若此三者，于诉讼进行中有一变更，即为诉之变更。"⑤ ③有观点认为，诉的变更即为诉讼标的的变更。如，"诉的不同的根本在于诉讼标的的不同。只有存在两个以上的诉讼标的即诉之声明和事实理由都为多数，才有诉的合并与分离、变更和追加等问题。"⑥ "诉之变更系指，原告以新诉讼标的，代替原有诉讼标的之情形而言。"⑦ "诉之变更是指变更诉讼标的。因此这里关于概念和范围的争议正如关于诉讼标的的概念和范围的争议一样。如果诉讼标的通过申请和事实情况确定，则在变更申请或者变更事实情况时就存在诉之变更了。如果诉讼标的仅依申请而确定，则仅申请的变更也就变更了诉；

---

① 陈荣宗：《民事程序法与诉讼标的理论》，台湾大学法学丛书编辑委员会编辑 1977 年版，第 337、341 页。

② 邵明：《论民事之诉》，载《北京科技大学学报》2003 年第 2 期。

③ 毕玉谦：《诉的变更之基本架构及对现行法的改造》，载《法学研究》2006 年第 2 期。

④ 汤维建：《也论民事诉讼中的变更诉讼请求》，载《法律科学》1991 年第 2 期。转引自李仕春：《诉之合并制度研究》，载《诉讼法论丛（第 5 卷）》，法律出版社 2000 年版，第 384 页。

⑤ 王甲乙、杨建华、郑健才：《民事诉讼法新论》，三民书局 1998 年版，第 302 页。

⑥ 江伟主编：《中国民事诉讼法专论》，中国政法大学出版社 1998 年版，第 66 页。

⑦ 陈荣宗：《民事程序法与诉讼标的理论》，台湾大学法学丛书编辑委员会编辑 1977 年版，第 400 页。

事实情况的变更则无所谓。"① "诉的变更，是指在同一诉讼程序中，在不损害诉讼关系同一性之前提下进行的诉讼对象②（诉讼上的请求）的变更。诉讼对象（诉讼上的请求）是由请求的趣旨与原因而确定的，因而诉的变更就表现为请求趣旨的变更、请求原因的变更或者两者共同的变更（民诉法 143 条）。"③

那么诉的变更究竟所指何物呢？为了保证分析具体可指，不妨先对实践中可能发生的典型的诉讼请求变更的情况也作一番梳理。

① 原告先基于侵权行为损害赔偿请求权为请求，待被告罹于时效之抗辩后，再改以不当得利返还请求权为请求。此时是否构成诉之变更、追加理论上有相反的主张，我国台湾地区"最高法院"的判例认为，未发生诉之追加、变更，理由有二，"其一为，两权利主张之效果相同；其二为，两者所据之事实相同。从而，原告此项权利主张之追加或变更，仅构成法律上陈述之补充或更正而已"。持旧诉讼标的理论者则认为，判例是采用新诉讼标的的理论，难未允当，"原告将原诉之损害赔偿请求权追加或变更为不当得利返还请求权，应为诉之变更或追加"。④

② 在被告持票据向原告借款之情形，原告先以票据债权为请求，后改以借款债权为请求。此时是否发生诉之变更理论上亦有纷争，"如系依旧诉讼标的理论之方式特定诉讼标的，且同时主张该两权利或嗣后变更、追加借款请求权，则乃构成诉之客观合并或变更、追加；如其系依新诉讼标的理论特定诉讼标的，不管其同时或先后变更、追加借款请求，均不构成诉之合并或变更、追加，仅属合并或更正、补充事实上及法律上之陈述而已。"⑤

③ 原告最初请求为确认某债权存在之判决，后变更请求就该债权给付判决；或原告初提起将来给付之诉，后变更请求为现在给付之判决。此时诉讼请求的变更，根据旧诉讼标的的理论，诉讼标的发生了变更，构成诉之变更；但根据新诉讼标的的理论，诉讼标的并未变更，这两种情况只构成诉讼请求的扩张和限制。⑥

④ 原告诉请被告归还 5000 元贷款，后在诉讼中增加诉请返还另外一笔贷款 8000 元。此时诉讼请求发生追加性变更，无论根据旧诉讼标的的理论还是新诉讼标的的理论，诉讼标的均已变更，构成诉之变更。⑦

⑤ "侵害名誉权案件中，起诉时原告提出要求被告停止侵害、赔礼道歉、消除影响三项诉讼请求。诉讼中，原告增加赔偿损失的诉讼请求。此种情形，诉讼请求在性质上发生

---

① ［德］奥特马·尧厄尼希：《民事诉讼法》，周翠译，法律出版社 2003 年版，第 223 页。

② 这里诉讼对象即指诉讼标的，参见 ［日］中村英郎：《新民事诉讼法讲义》，陈刚、林剑锋、郭美松译，法律出版社 2001 年版，第 111 页。

③ ［日］中村英郎：《新民事诉讼法讲义》，陈刚、林剑锋、郭美松译，法律出版社 2001 年版，第 128、133 页。

④ 许士宦：《诉之变更、追加与阐明》，载《法学论丛》第 32 卷第 3 期，第 226 页。

⑤ 许士宦：《诉之变更、追加与阐明》，载《法学论丛》第 32 卷第 3 期，第 258 页。

⑥ ［德］奥特马·尧厄尼希：《民事诉讼法》，周翠译，法律出版社 2003 年版，第 224 页。

⑦ ［德］狄特·克罗林庚：《德国民事诉讼法律与实务》，刘汉富译，法律出版社 2000 年版，第 194 页。

了变化，但诉讼标的仍为单一，因而诉在质上未变，仍属于诉在量上的变更。"①

⑥ "原告先要求被告按银行同期贷款利率赔偿损失，诉讼中改为要求按逾期付款赔偿金标准日万分之五计算赔偿金；或者相反。这两种情形诉讼请求在量上发生了变化，事实理由也发生了变化，但诉讼标的在性质上未变。"②

⑦ "起诉时原告所请求者，为命被告交付某处房屋，该处房屋忽被烧毁，给付不能，改请求命被告赔偿损失。"此时诉讼请求虽发生变更，但属于因情事变更而以他项声明代最初之声明，根据德国和我国台湾地区"民诉法"的规定，不视为诉之变更。③

⑧ 原告先基于借贷关系诉请被告支付 1000 元，后改为基于租赁价格请求权请求被告支付 1000 元。从表面看，诉讼请求没有变化，但引发争议的事实已完全不同，诉讼标的发生变更，诉讼请求实际上发生了替代性变更。涉及诉之变更。④

⑨ 起诉时请求赔偿损失 10000 元，因为损害事实进一步扩大，诉讼中改为要求赔偿20000 元。此时，诉讼标的未变更，但诉讼请求发生了量的变化。

按照通常的理解，诉的要素包括当事人、诉讼标的以及诉讼请求，诉的任一要素的变更都可能引起诉的变更，上文我国台湾有学者对诉的变更即作此界定。考虑到当事人的变更在大陆法系民诉法学理论中一般都被作为独立的问题而与诉的变更分列讨论，本文亦不作探讨。故此，诉讼请求的变更与诉讼标的之变更均应属于诉的变更的内容。但实际情况却又并非如此，上面德国、日本两国学者及我国部分学者均将诉的变更认做诉讼标的之变更。另外，在我国台湾地区，虽然法学著作将诉的变更界定为当事人、诉讼标的或诉讼请求之变更，但在识别是否发生诉之变更的场合，无论是实务上还是理论上又都将诉讼标的是否变更作为判断的标准，这从上列①、②两例所引发的争论内容也可见一斑。对此应如何解释？是不是因为他们均认为诉讼请求与诉讼标的等同故而隐略了诉讼请求的表述，而仅提诉讼标的之变更呢？笔者理解并非如此。理论上之所以将诉的变更界定为诉讼标的之变更是与这些国家和地区的民事诉讼立法密切相关的。事实上，诉讼请求与诉讼标的之变更都可能引发诉的变更，但如果仅仅是诉讼请求变更，而诉讼标的未发生变更，则被认为是当然合法的诉的变更，"而为立法所准许：'不视为诉的变更'，这即是说这是诉之变更，不过不受其合法性要件限制罢了。"⑤ 或许"说其是'合法的诉之变更更为合适'。"⑥ 德国及我国台湾地区的"民诉法"均将纯粹的诉讼请求变更和诉讼标的变更作了区分，其中后者必须严格受诉的变更要件的限制，这一点下文将有论述。与德国和我国台湾地区相比，日本民诉法没有直接将纯粹的诉讼请求变更与诉讼标的的变更进行区分，《日本新民事诉讼法》第 143 条规定，原告以不变更请求的基础为限，在口头辩论终结之前，可以变更请求或者请求的原因。"在诉讼标的理论众说纷纭的情况下，这样规定的灵

① 王国征：《论诉的变更》，载《中国人民大学学报》1999 年第 6 期。

② 王国征：《论诉的变更》，载《中国人民大学学报》1999 年第 6 期。

③ 王甲乙、杨建华、郑健才：《民事诉讼法新论》，三民书局 1998 年版，第 302 页；［德］奥特马·尧厄尼希：《民事诉讼法》，周翠译，法律出版社 2003 年版，第 225 页。

④ ［德］奥特马·尧厄尼希：《民事诉讼法》，周翠译，法律出版社 2003 年版，第 223 页。

⑤ ［德］狄特·克罗林庚：《德国民事诉讼法律与实务》，刘汉富译，法律出版社 2000 年版，第175 页。

⑥ ［德］奥特马·尧厄尼希：《民事诉讼法》，周翠译，法律出版社 2003 年版，第 224 页。

活性是值得肯定的。"①但实务上，对诉讼标的变更引发的诉之变更与诉讼请求变更引发的诉之变更的限制尺度亦有不同。按照这样的思路，上列⑤、⑥、⑦、⑨的情况都不应被视为诉之变更，④、⑧则为严格意义上的诉之变更，①、②、③根据新诉讼标的理论均不构成诉之变更，但根据旧诉讼标的理论则构成诉之变更。

　　诉讼请求的变更与诉讼标的的变更均可以引起诉的变更。但为了体现对两者的不同限制，前者引发的诉之变更在大陆法系民诉法上通常不被视为诉的变更，无需受诉之变更的合法性要件限制；而一旦诉讼请求变更引发了诉讼标的的变更，而最终导致诉之变更，这种情况将受到严格的规制。透过这一点我们也可以发现，区分诉讼标的与诉讼请求的概念绝非没有意义，两者在诉的变更制度中有着截然不同的定位。

　　（三）诉讼请求的变更与诉讼请求的追加

　　"在德国、日本等国，诉的变更包含诉的追加，不另将诉的变更与诉的追加相区分，因为在法律适用方面，两者并无差别。"② 我国台湾地区"民诉法"将德国、日本法上的交换的变更称为诉之变更，而将追加的变更称为诉之追加，但在适用条件上未作区分。我国现行民诉法及司法解释不仅从概念上对诉讼请求的变更与追加作了区分，而且对两者的适用条件亦有不同的限定。这种做法的意义值得研究，因为无论是替换变更，还是追加变更，只要未引起诉讼标的的变化，两者对当事人诉讼权利、对诉讼程序推进的影响没有实质的不同，正因为此，德国、日本等国的民事诉讼立法未从该角度对诉讼请求的变更进行区分。考虑到变更与追加在适用条件上应无差异，本文的讨论采广义的理解，即诉讼请求的变更包括诉讼请求的变更与追加。

三、诉讼请求变更的条件

　　（一）对我国现有诉讼请求变更规则的评价

　　"与其他大陆法系国家及原苏联相比，我国有关诉的变更的规定相对简单、明确。我国法律只规定了诉讼请求的变更或增加的规定，而没有规定诉讼标的、请求基础、请求原因这些抽象的概念，在适用法律时容易被法官、当事人所接受。"③ 但也正是因为规定简略，我国立法及司法解释关于诉的变更的规定存在下列问题：

　　1. 诉讼请求变更的条件阙如

　　现行民诉法及司法解释对当事人变更诉讼请求的条件未作任何规定，"使得实务界在遇到有关情形时既无从获得判定的根据，又缺乏适用的标准，而显得无所适从"。④

　　2. 对不同情形的诉讼请求的变更未作有效的区分

　　不同情况下诉讼请求变更对诉讼标的的有不同的影响，有时候诉讼请求变更了，诉讼标的并未变化；有时候诉讼请求的变更引起了诉讼标的的变更。这两种情况应受到不同的条件

---

① 杨书翔：《诉的变更制度比较研究》，载《河北法学》2003 年第 4 期。
② 江伟、邵明、陈刚：《民事诉权研究》，法律出版社 2002 年版，第 292 页。
③ 杨书翔：《诉的变更制度比较研究》，载《河北法学》2003 年第 4 期。
④ 毕玉谦：《诉的变更之基本架构及对现行法的改造》，载《法学研究》2006 年第 2 期。

限制，我国立法及司法解释却未加以区分。

3. 诉讼请求变更的期限模糊

实践当中，出于各种各样的原因，当事人有的在庭审前变更诉讼请求，有的在庭审时变更诉讼请求，有的在二审时变更诉讼请求，有的甚至在再审时变更诉讼请求。对于这些情况应如何处理？我国现行民诉法及司法解释的规定并不明确。

《民事诉讼法》第52条规定："原告可以放弃或者变更诉讼请求。被告可以承认或者反驳诉讼请求，有权提出反诉。"该规定位于总则编当事人一章，是对当事人诉讼权利的规定，从中看不出诉讼请求变更的期限要求。《民事诉讼法》第126条规定："原告增加诉讼请求，被告提出反诉，第三人提出与本案有关的诉讼请求，可以合并审理。"该规定位于第一审普通程序一章，根据体系解释，应适用于第一审普通程序，但具体在什么时间段适用亦不明确。

《民诉法意见》第156条规定："在案件受理后，法庭辩论结束前，原告增加诉讼请求，被告提出反诉，第三人提出与本案有关的诉讼请求，可以合并审理的，人民法院应当合并审理。"《合同法解释》第30条规定："债权人依照合同法第122条的规定向人民法院起诉时做出选择后，在一审开庭以前又变更诉讼请求的，人民法院应当准许。对方当事人提出管辖权异议，经审查异议成立的，人民法院应当驳回起诉。"从这两条的规定看，原告增加诉讼请求，应在法庭辩论终结前提出，至于诉讼请求变更的期限则未提及。《开庭规定》第27条规定："双方当事人争议的事实查清后，审判长应当询问双方当事人有无新的证据提出，原告的诉讼请求或被告的反诉请求有无变更。当事人重复陈述的，审判长应当及时提醒或制止。"根据该规定，当事人在法庭调查之后，法庭辩论之前可以变更诉讼请求。《证据规定》第34条第3款规定："当事人增加、变更诉讼请求或者提起反诉的，应当在举证期限届满前提出。"第35条规定："当事人主张的法律关系的性质或者民事行为的效力与人民法院根据案件事实做出的认定不一致的，不受本规定第34条规定的限制，人民法院应当告知当事人可以变更诉讼请求。"根据这两条规定，当事人增加、变更诉讼请求应在举证期限届满前提出，如果是法院告知变更诉讼请求的，则不受这一期限限制。很显然，《证据规定》与《民诉法意见》、《合同法解释》、《开庭规定》之间存在冲突。

《民诉法意见》第184条规定："在第二审程序中，原审原告增加独立的诉讼请求或原审被告提出反诉的，第二审人民法院可以根据当事人自愿的原则就新增加的诉讼请求或反诉进行调解，调解不成的，告知当事人另行起诉。"从第184条的规定看，二审当中当事人不得增加"独立的诉讼请求"，除非双方当事人同意以调解结案。至于能否在二审变更诉讼请求，从该解释当中无法直接找到答案。"最高人民法院民一庭认为：当事人上诉可以改变一审所持的诉讼理由，但不得改变一审所提出的诉讼请求。审判实践中要严格区分上诉时，当事人变更的是一审的诉讼请求，还是一审的诉讼理由。当事人可以放弃一审的部分诉讼请求，但不得改变一审的诉讼请求。"[①]

---

① 黄松有主编：《中国民事审判前沿（第2集）》，法律出版社2005年版，第43页。

（二）大陆法系代表性国家和地区立法对诉之变更的规定及其启示

"德国日耳曼法为了保护被告的诉讼权利，防止由于原告不断变更诉的事实和理由给被告行使抗辩或者反驳带来困难，普通法历来坚持采取禁止当事人进行诉的变更。但是作为例外规则，在取得被告同意的情况下允许原告进行诉的变更。此外，立法还采取一些变通方法，把原告所进行的更正或补充事实上或法律上的陈述、对请求事项或附带请求提出扩张或缩减的申请，以及要求用其他标的物或者利益取代先前请求的标的或者利益等行为，不看做诉的变更。这等于在事实上承认当事人进行诉的变更。"① 1898年修正后的《德国民诉法》第264条规定，"诉之变更仅于被告同意时，或法院认为不致对被告之防御造成本质上困难时，始得为之。"该规定打开了诉之变更的缺口。此后，德国1933年修正民诉法时，更是承认即使在第二审，如经法院认为适当时，当事人亦可为诉之变更，1977年修正的民诉法中，诉的变更的要件没有变动。1999年修正后的德国民诉法对诉的变更的要件作了一定的限缩，该法第263条规定："诉讼系属发生后，在被告同意或法院认为有助于诉讼时，准许为诉之变更。""有助于诉讼时，准许为诉之变更"较之于先前"不至于对被告之防御造成本质上困难时，始得为之"的条件要严格。在日本，其1890年制定的民诉法系抄袭德国1877年民诉法，采取诉的变更禁止原则，在第一审原告必须征得被告同意始得为诉之变更，在第二审则绝对不许为诉的变更。但其后受德国、奥地利立法转向容许诉的变更的影响，1926年修正民诉法，改采取容许诉的变更原则，以不变更请求之基础及不延滞诉讼为限制。该法"在第一审规定为，原告以不变更请求之基础为限，得于言词辩论终结前，变更请求或请求之原因。但因此致诉讼程序显著延滞者，不在此限；在第二审则规定为，准用第一审之规定。"② 这些规定在1996年修正民诉法时并未有实质性变更，为新民事诉讼法所继受。在我国台湾地区，1930年制定的"民诉法"，原则上禁止诉的变更追加，仅在被告同意或者不甚妨碍被告之防御及诉讼之终结者，始许原告将原诉变更或追加他诉。与德国相似，"该法"第246条直接列举了一定情形明示其非诉之变更、追加，从而变相承认了诉的变更。其后，"民诉法迄至2000年修正前，关于第一审诉之变更、追加要件，除将禁止诉变更、追加之时点从诉讼系属后放宽至诉状送达以外，其他并未予以更改；但关于第二审诉之变更、追加则逐渐扩大其允许之范围。"③

以上简要介绍了德国、日本以及我国台湾地区"民诉法"对诉之变更进行规范的制度变迁，笔者以为，这些国家和地区有关诉的变更的规定主要有以下特点：

首先，是否准许为诉之变更的标准有一定的弹性。如德国现行民诉法第263条规定，诉讼系属发生后，在法院认为有助于诉讼时，准许为诉之变更。日本新民诉法第43条第1款规定，原告以不变更请求的基础为限，在口头辩论终结之前，可以变更请求或者请求的原因。第4款规定，法院认为变更请求或请求的原因不当时，根据申请或依职权，应做出不准变更的裁定。我国台湾地区"民诉法"第255条规定，诉状送达后，原告不得将原诉变更或追加他诉，但请求之基础事实同一者不在此限。这些规定当中，"法院认为有

---

① 黄松有主编：《中国民事审判前沿（第2集）》，法律出版社2005年版，第33页。
② 许士宦：《诉之变更、追加与阐明》，载《法学论丛》第32卷第3期，第218页。
③ 许士宦：《诉之变更、追加与阐明》，载《法学论丛》第32卷第3期，第222页。

助于诉讼"、"原告以不变更请求的基础为限"，"请求之基础事实同一者"等在实践当中应如何理解均有较大的弹性，理论上如何理解这些规定也有一定的争议。① 立法之所以保留这些弹性条款，主要还是与实践中诉讼请求变更情况异常复杂有关，赋予法院一定的自由裁量权有利于法院根据具体的案情进行恰当的利益衡量，尽量发挥诉讼制度解决纠纷的功能。

其次，对不同情形的诉讼请求变更作了区分。如德国现行民诉法第264条明确规定："如果不变更诉的原因，下列各种行为不视为诉之变更：①补充或更正事实上或法律上的陈述；②扩张或限制关于本案或附带请求的诉讼申请；③因事后发生的情势变更而请求其他诉讼标的或利益，以代替原来所请求的诉讼标的的。"我国台湾地区现行"民诉法"第255条规定："诉状送达后，原告不得将原诉变更或追加他诉。但有下列各款情形之一者不在此限……②请求之基础事实同一者。③扩张或减缩应受判决事项之声明者。④因情势变更而以他项声明代最初之声明者……"第256条规定："不变更诉讼标的，而补充或更正事实上或法律上之陈述者，非为诉之变更或追加。"根据这些规定，如果当事人仅仅是补充或更正事实上或法律上的陈述，扩张或缩减关于本案或附带请求的诉讼申请，不涉及诉讼标的变更，则不视为诉的变更，无需受诉的变更要件限制。即便诉讼请求的变更牵涉到诉讼标的变更，但如果这种变更是因情势变更引起的，则也无需受诉的变更要件的限制。这种区分的意义在于，不同的诉讼请求变更对诉讼程序的推进以及对方当事人的权利的影响程度不同，如果仅仅是诉讼请求的扩张、缩减，或者仅是当事人补充或更正事实上或法律上的陈述，不涉及诉讼标的变更，则先在的诉讼资料多半仍可作为后续诉讼的基础，不会给对方的防御以及程序的推进造成明显的障碍，因此法律上对其限制就应较小。如果诉讼请求变更引发了诉讼标的变更，则先在的诉讼资料的利用价值相对较弱，对程序的推进以及对方的防御会造成较大的不便，法律对这种情况的变更限制应该较严。至于因情势变更引发的诉讼请求变更的情况（见例⑦），如果不允许当事人为诉讼请求变更，或者对其限定严格的要件，显然也不利于当事人正当权益的保护。反观我国民诉法及司法解释，对诉讼请求变更笼统、含混地加以规定，不作具体的区分，其合理性令人怀疑。

最后，允许当事人在二审当中进行诉的变更。德国现行民诉法第523条规定："除本章另有规定外，其他控诉程序，准用关于第一审的州法院的诉讼程序的规定。"因此，第二审诉的变更也准用第一审的规则。日本新民诉法第297条则规定："本法前编第一章至第六章的规定，除另有规定外，准用于控诉程序。但是，本法第二百六十九条的规定，则不在此限。"根据这一规定，控诉程序中诉的变更准用第一审程序的规定。我国台湾地区"民诉法"第446条规定："诉之变更或追加，非经他造同意，不得为之。但第二百五十条第一项第二款至第六款情形，不在此限。"该规定位于第二审程序部分，是对二审当中诉之变更的肯定。我国大陆民诉法对于二审当中当事人能否进行诉讼请求变更没有直接规定，《合同法解释》限定当事人必须在一审开庭之前变更诉讼请求，《证据规定》限定当事人必须在举证期限届满之前变更诉讼请求，《开庭规定》则规定当事人在法庭调查与法庭辩论之间可以变更诉讼请求。最高法院民一庭则认为，二审当中当事人可以变更一审所持的诉讼理由，但不得变更诉讼请求。不谈上述规定之间的冲突，仅就这些规定对诉讼请

① 许士宧：《诉之变更、追加与阐明》，载《法学论丛》第32卷第3期，第218页。

求变更期限限定的方式而言，其合理性也值得研究。诉的变更容许与否牵涉到三重因素，原告的利益、被告的利益以及法院的利益或者说制度上的利益。因为诉讼具有发展性，原告就事实关系之认识渐次变化，伴随着这种变化，使得诉讼标的变更或诉讼请求的变更成为必要，于原告具有利益。被告因诉之变更而增加或变更防御对象，有时引起防御困难，不免增加负担，无限制的变化会给被告带来不利益。就法院而言，将有关联的事件依诉之变更尽可能予以根本解决，有利于诉讼程序的集中、诉讼效率的提升，避免裁判结果的歧义。权衡这三方的利益必须要有通盘的考虑，如果将诉讼请求变更的期限限制于某一时间点显然难以适应这一要求。在诉讼的进程当中，如果一方当事人要求变更诉讼请求，只要对方同意，或者这种变更有助于纠纷的彻底解决，不会显著延迟诉讼，法院都应当允许这种变更。"唯就实际上诉变更、追加之时期来看，即使在日本亦有论者认为，其愈在程序后阶段为之，重点应该由利益主张之关联性移到诉讼资料之继续性，而且，如考虑到审理之进行度，法官之心证亦有影响之可能性。"① 所以说，限制诉之变更、保证诉之变更的适切性，重点不在时限，关键在于诉之变更对"诉讼资料继续性"的影响，正因为如此，德国、日本以及我国台湾地区亦允许二审当中存在诉之变更。

　　对照大陆法系其他国家和地区的相关规定，笔者以为，我国民诉法及司法解释规范诉讼请求变更的总体思路有待调整。我国大陆民诉法对诉讼请求变更没有任何条件限定，"各该规定，对于诉之变更或追加，均未设任何限制。如此规定，对于原告固甚便利，对于被告未免失之太苛，仍以适当之限度内酌加限制为宜"。② 或许正是因为民诉法在诉讼请求变更条件上规定的缺失，才使得司法解释从时限角度对诉讼请求变更进行限定有了必要。但这种限定既缺乏合理性也缺乏实效性，无论是将诉讼请求变更的期限限定于一审开庭审理之前还是举证期限届满之前，都将使诉讼请求变更失去存在的意义。"两大法系均不能够回避的一个基本规律是，由当事人之间的诉讼请求与诉讼抗辩确立的审判对象随着诉讼的推进，有时难免发生异变，由此，在客观上需要对于这种审判对象重新加以确立与整合。两大法系对此均以当事人主动提出动议为前提条件。在大陆法系主要表现为当事人申请诉的变更，而在英美法系则主要表现为对诉答文书（如美国）或案情声明（如英国）的修改或补充。"③ 当事人在案件尚未开庭之前，很难甚或根本都不会考虑到诉讼请求变更的问题，只有在诉讼发展到一定的阶段，才会意识到需要对诉讼请求进行变更。或者即便在一审开庭审理之前或者举证期限届满之前变更了诉讼请求，但在其后因为各种原因当事人发现仍然需要变更诉讼请求。如果立法对此决然作禁止规定，显然不利于保护当事人的程序和实体权益。所以说对诉讼请求变更的限定关键不在于时限，关键的问题应该是对诉讼请求变更的不同情形做出区分，然后作出条件上的规制。当然在具体的审级中，当事人诉讼请求的变更也不能毫无期限的要求，这种限定合理的范围应是法庭辩论终结之前，法庭辩论一旦终结，不管当事人以何种方式都不能再变更诉讼请求。二审程序中允许当事人变更诉讼请求，会涉及审级利益的问题。这要作具体的分析，在对方当事人同意的

---

① 许士宦：《诉之变更、追加与阐明》，载《法学论丛》第 32 卷第 3 期，第 250 页。
② 杨建华主编：《海峡两岸民事程序法论》，月旦出版社股份有限公司 1997 年版，第 248 页。
③ 毕玉谦：《诉的变更之基本架构及对现行法的改造》，载《法学研究》2006 年第 2 期。

情形，"他造既已同意，审级利益自不必违反于当事人之意思而维持。"① 在有些情况下，即便对方当事人没有同意，但如果诉讼请求变更仅仅是应受判决事项声明之扩张或缩减，或者是因为情势变更而引发的不得已的变更，或者当事人变更的只是事实上或法律上的陈述，德国、日本及我国台湾地区的"法律"均予允许。这里体现的主要还是利益的衡量。因为这些情况下诉讼标的本身并没有变化，诉讼请求虽然变更，但诉讼资料并未变化，不会导致诉讼突袭，也不会拖延裁判的进程。上述情形在第一审为之，无须征得被告同意，"第二审程序为第一审程序之续行，自亦同然。"② 而且对于特定的诉讼标的而言，当事人的审级利益并未受到损害。相反，如果不允许当事人为诉讼请求的变更，在很多时候，当事人不得不因为举证责任、诉讼时效以及情势变更等方面的原因而承担败诉的后果，而这种后果仅仅是因为其诉讼请求不当造成的，这违背了实体正义的基本要求。

关于诉的变更，德国、日本以及我国台湾地区的"民诉法"有其他一些具体的要求，如，须新诉非专属他法院管辖，须新诉与原诉得行同种之诉讼程序等，这些规定都是针对诉讼标的变更限定的更严格的条件。③ 在修订民诉法时亦有借鉴的必要，此处不再赘述。

四、诉讼请求的变更与释明

《证据规定》第35条第1款规定："诉讼过程中，当事人主张的法律关系的性质或者民事行为的效力与人民法院根据案件事实做出的认定不一致的，不受本规定第三十四条规定的限制，人民法院应当告知当事人可以变更诉讼请求。"《证据规定》出台之后，第35条的规定引发了广泛的争议。对该条规定，目前代表性的看法有：①法官告知变更诉讼请求超出了释明权与辩论主义的关系，是对处分权原则的修缮；④ ②该条内容不属于释明的范畴，并且法院无论是告知还是不告知都有可能卷入是非之中，"因此，不宜在告知法院对法律关系性质和民事法律行为效力认定的情况下，允许原告变更诉讼请求"。⑤ ③该条规定属于释明的内容，并有积极的意义。⑥ 我们具体应如何理解和看待这一规定呢？笔者认为首要的问题是要对释明的范围有准确的把握。

释明与辩论主义是密切相关的概念，在我国台湾地区，学者通常将其译为"阐明"。⑦ 对释明范围的界定涉及如何认识辩论主义的问题。"如果将辩论主义作为一个仅仅关于事实的概念来予以把握，并将事实之法的评价理解为'不受当事人主张拘束的，可以委诸于法院自由进行'的操作，那么可以说……（原审）中原生性的事实都已经出现，因而法院并没有违反辩论主义。而且，这样一来也符合传统对于辩论主义的理解。

---

① 王甲乙、杨建华、郑健才：《民事诉讼法新论》，三民书局1998年版，第540页。

② 王甲乙、杨建华、郑健才：《民事诉讼法新论》，三民书局1998年版，第540页。

③ 吴明轩：《民事诉讼法》，台湾五南图书出版公司1983年版，第170页。

④ 赵钢：《论法官对诉讼请求变更事项的告知义务——以〈关于民事诉讼证据的若干规定〉第35条为分析基础》，载《法商研究》2005年第6期。

⑤ 张卫平：《民事诉讼"释明"概念的展开》，载《中外法学》2006年第2期。

⑥ 李国光主编：《最高人民法院〈关于民事诉讼证据的若干规定〉的理解与适用》，中国法制出版社2002年版，第280页。

⑦ 张卫平：《民事诉讼"释明"概念的展开》，载《中外法学》2006年第2期。

'汝给吾事实，吾赐汝法律'的古老法谚也传递着这样的原理。"① 但 "另一种观点则对'辩论主义是仅仅关于事实层面的概念，法的观点领域专属于法院的专权，因此当事人与法的观点并无关系'之传统立场进行了自觉的反省，进而认为，在法的观点或法律问题的层面上，也有必要认可'防止突然袭击'的问题，从而保障当事人在这一层面上的参与。具体而言，当法院欲适当用当事人未注意之法的观点时，法院就附有如下一种义务，即应当向当事人开示这种法的观点，并让当事人在其与法院之间就法的观点或法律构成进行充分的讨论。这种义务被称为法院的法的观点指出义务或法律问题指出义务，也被称为法的对论之要求。"② 法的观点指出义务或法律问题指出义务即为 "法官法律观点的释明"，属于释明权具体适用事项之一。③ "法官的法律见解对当事人诉讼权利的行使影响甚大。法官公开法律见解后，当事人如不同意法官的意见，可及时地向法官说明自己的看法；如果赞同法官的见解，则可以按照法官的见解来变更自己的诉讼请求。"④

在大陆法系实践中，法官通过释明表明法律见解，促使当事人变更诉讼请求，一般有两种情形：一种是当事人对诉讼请求依据的法律关系存在误解。由于当事人的诉讼请求基于特定的事实和法律行为，而如果当事人对该特定事实和法律行为性质的认识存在误解，当事人的诉讼请求就有可能不正确，在这种情况下，法院可以通过释明，使当事人正确了解特定事实和法律行为的性质，以便正确地提出自己的诉讼请求。例如，原告诉请法院撤销被告公司于某年某月某日所作之股东会决议，主张该决议有各项瑕疵等原因事实。如法院审理结果，认为被告公司当日所召开之股东会，其决议程序并无瑕疵，但决议内容违反法令而无效，或根本在事实上及法律上不能承认该决议成立而不存在，此时法官应表明法律见解，释明原告是否就上述决议效力之诉讼为诉之变更或追加，而请求合并审判决议之无效或不存在。第二种情形，当事人的诉讼请求存在两个可以选择的请求原因，而原告在诉讼中选择了其中一个请求原因予以主张。例如，在票据关系（票据债权）与原因关系（契约或侵权行为所生债权）竞合的情况，如原告仅基于票据关系为请求权，但被告在案件审理过程中提出了票据债权罹于消灭时效的抗辩，此时法官可行使释明权告知原告可基于原因关系提起请求权。此时释明权之行使，可以避免原告不必要的败诉。

《证据规定》第 35 条的规定无疑契合了上述关于辩论主义的第二种观点，为了防止因当事人主张的法律关系的性质或者民事行为的效力与人民法院根据案件事实作出的认定不一致而招致不利的审判结果，该规定要求在这种情况下法院应当告知当事人可以变更诉讼请求。从积极的方面考虑，第 35 条的内容有利于诉讼程序的集中，有利于防止突袭性裁判，有利于裁判结果的实质公平。但该规定也遗留了不少的问题。第 35 条原本是对举证期限的例外规定，客观上涉及了与法院释明相关的内容，但规定过于简单，并且缺乏配套的限制。这也是导致理论上争论不休的原因。该规定目前面临的主要问题有，①什么时

---

① ［日］高桥宏志：《民事诉讼法制度与理论的深层分析》，林剑锋译，法律出版社 2003 年版，第366 页。

② ［日］高桥宏志：《民事诉讼法制度与理论的深层分析》，林剑锋译，法律出版社 2003 年版，第367 页。

③ 肖建华、陈琳：《法官释明权之理论阐释与立法完善》，载《北方法学》2007 年第 2 期。

④ 李浩：《民事诉讼程序权利的保障：问题与对策》，载《法商研究》2007 年第 3 期。

候该为释明，什么时候不该为释明，度在哪里？②在不该为释明的情况下，法官为释明怎么办？③在应该释明的情况下，法官没有为释明怎么办？这其中有的问题不仅仅是我国所独有，在大陆法系的德国、日本、法国以及我国台湾地区同样存在。在对释明权从承认到提倡的过程中，这些国家、地区的立法和案例对上述问题不断地进行累积性的回答，及至目前这一进程仍在持续。结合大陆法系国家的经验，本文试对上述问题逐一讨论。

不为释明可能造成裁判的突袭，过度释明又会违背辩论主义、处分权原则以及法官中立的要求。法官为释明行为的限度到底在哪里？这必须要有具体的分析。释明可分为消极释明和积极释明。消极释明包括：澄清不明了的事项，使不明了的明了；消除不当的主张或陈述，促使当事人更正或放弃不当的主张；补充诉讼资料。积极的释明则是指法官通过适当的提示让当事人提出新的请求、新的诉讼资料或新的攻击和防御方法。告知当事人变更诉讼请求显然属于积极的释明。"就大陆法系各国的情况来看，对民事审判领域法官应当行使消极的释明权似乎并不存在疑义，即使是第二次世界大战后深受美国民事诉讼理念影响的日本也不例外。而就法官应否行使积极的释明权，以及如应当行使，其行使的原则、界线及效力等如何，则有着不同的实践。"① 由于司法实践中情况极为复杂，我们实际上很难从规则上对于积极释明的度给出一个是与非的明确界线。有观点认为："德国和日本的法官在行使释明权时均遵守了两条原则：①如果法官不阐明，致使原本应当胜诉的一方当事人败诉，而原本应当败诉的一方却胜诉，那么法官就应当释明；②法官的阐明应当在当事人的预期之中，且应当在当事人已经做出陈述的基础上进行阐明，但不得替代当事人实施原本不会实施的诉讼行为。""德国和日本的这一做法值得我们借鉴。"② 应该说，该观点对释明权行使限度的界定是明确且公允的。但这两条原则在适用过程中仍然存在"盲点"，大陆法系实践中比较典型的例子就是"法院关于消灭时效方面"的释明，如果法官不为释明则本应胜诉的当事人会败诉，如果为释明又将被认定为违法，属"越俎代庖"。通说的观点都认为，对于具有"立即使诉讼终结"之作用消灭时效的释明，法院应持消极的态度。③ 笔者以为，对行使释明权的限定可以考虑作两个方面的工作，一是通过案例积累不断地形塑释明行为的尺度，通过大量的典型案例形成对同类问题的统一指导；二是赋予当事人对法官释明行为的异议权，这也是第二个问题所要讨论的内容。

在不该为释明的情况下，法官过度释明怎么办？笔者以为首先要赋予当事人对法官释明行为的异议权，作为监督。德国、日本以及我国台湾地区都有这方面的规定。如，德国现行民诉法第 140 条规定："参与辩论的人，如果认为审判长官与指挥诉讼的命令、或者审判长或法院成员所提的发问为违法而提出异议时，由法院裁判之。"日本现行民诉法第 150 条规定："当事人对指挥口头辩论的审判长命令或者本法前条第一款或第二款所规定的审判长或陪席法官的处置申请异议时，法院应以裁定对该异议做出裁判。"我国台湾地区现行"民诉法"第 201 条规定："参与辩论人，如以审判长关于指挥诉讼之裁定，或审

---

① 黄松有：《中国现代民事审判权论——为民服务型民事审判权的构筑与实践》，法律出版社 2003 年版，第 231 页。

② 李浩：《民事诉讼程序权利的保障：问题与对策》，载《法商研究》2007 年第 3 期。

③ ［日］高桥宏志：《民事诉讼法制度与理论的深层分析》，林剑锋译，法律出版社 2003 年版，第 363 页。

判长及陪席法官之发问或晓谕为违法而提出异议者，法院应就其异议为裁定。"法官为释明行为属于诉讼指挥的内容，如果当事人认为释明过度，应允许其异议，这样有助于当事人对释明形成制约。过度释明又可细分为两种情况，一是释明有误，二是虽然释明过度，但释明符合案件事实与法律，没有错误。第一种情况，当事人可以事实认定或法律适用有误为由提起上诉，法官的过度释明可包含于其中（事实认定或法律适用错误），并依此得到纠正。至于第二种情况则比较麻烦，纵使法院的释明因对对方当事人造成不公平感而显得"过度"，但却很难纠正。"在法院过度的释明符合案件真相时，应当说的确没有加以更正的手段。"① 正因为如此也有学者认为，只要释明真实、正确，法官无论怎样释明都不为过。

　　在应该为释明的情况下，法官没有为释明怎么办？"于法官而言，当法律将释明设定为他（她）的一项义务时，法官不予释明，将构成对法的违反。其由此而做出的判决可能被上诉审法院废弃。"② 在日本就形成了很多这样的案例，法官该为释明而未为释明构成了当事人上诉的理由，上诉审法院可以据此撤销原判，发回重审，这一点我们亦可以借鉴。至于法官个人而言，似不必因此而承担法律上的责任。③

---

① ［日］高桥宏志：《民事诉讼法制度与理论的深层分析》，林剑锋译，法律出版社 2003 年版，第 362 页。

② 黄松有：《中国现代民事审判权论——为民服务型民事审判权的构筑与实践》，法律出版社 2003 年版，第 231 页。

③ 赵钢：《论法官对诉讼请求变更事项的告知义务——以〈关于民事诉讼证据的若干规定〉第 35 条为分析基础》，载《法商研究》2005 年第 6 期。

多哈回合谈判的困境与多边贸易体制的危机

■　黄志雄*

2008 年 7 月下旬，世界贸易组织（WTO）为结束多哈回合谈判而举行的小型部长会议经过近 10 天的密集会谈，仍然以失败告终，从而为这一轮多灾多难的贸易谈判增添了新的失败记录。它不仅使历时七年的谈判继续处于遥遥无期的风雨飘摇之中，而且再次为多边贸易体制的有效运作敲响了警钟。事实表明，唯有认真看待多边贸易体制所面临的种种问题和危机，该体制才有可能"重回正轨"，在新的国际经贸环境下发挥应有的作用。

一、坎坷曲折的 WTO 多哈回合谈判

2001 年 11 月在卡塔尔多哈举行的 WTO 第四届部长会议上，与会的 142 个成员十分艰难地就正式发起新一轮多边贸易谈判达成一致。根据会议通过的《部长宣言》，该轮谈判涵盖了农产品、服务业、非农业产品的市场准入、WTO 规则（反倾销、补贴与反补贴、区域贸易协定等）、争端解决机制、贸易与环境、与贸易有关的知识产权问题、特殊和差别待遇、与实施有关的问题和关注等广泛议题。所有谈判应在不晚于 2005 年 1 月 1 日结束，除争端解决谅解的改进和澄清外，谈判的结果应以一揽子协议方式达成。多哈《部长宣言》还特别强调，新一轮谈判的所有谈判议题都应充分考虑"发展中国家和最不发达国家的特殊需要和利益"，并承诺对这些国家提供技术援助和能力建设，以"保证发展中国家，特别是其中的最不发达国家，在世界贸易增长中获得与其经济发展需要相当的份

---

* 武汉大学国际法研究所副教授、法学博士。

额"。① 本轮谈判也因此被称为"多哈发展议程"或"发展回合"谈判。

在第二次世界大战后60年（1948—2008年）的多边贸易自由化进程中，多哈回合谈判的发起十分值得关注。无论从谈判的背景、定位还是从实际进程来看，该轮谈判都表现出与以往多边贸易谈判很大的不同。

1. 特殊的背景

不定期举行多边贸易谈判，是多边贸易体制最重要的活动机制。WTO的前身——关贸总协定，在其存在的近半个世纪内先后发起了8轮多边贸易谈判，在削减关税和非关税壁垒、推动贸易自由化方面成效显著。② 但与此同时，该体制运作中的不平衡性和所处理议题的争议性也与日俱增。例如，长期以来，发达国家利用其在贸易谈判中的主导地位，在它们有竞争优势和出口利益的领域（很长时间内主要是工业制成品）奉行"选择性贸易自由化"，发展中国家所关切的农产品、纺织品贸易自由化等问题却难以摆上谈判桌，从而导致这些国家无法充分利用和实现其比较优势并在国际贸易中获益。关贸总协定的最后一轮多边贸易谈判即乌拉圭回合谈判所纳入的服务贸易、知识产权等"新议题"，尤其因其高昂的实施成本和利益分配方面的显著不对等性而加大了各成员之间的分歧。如《与贸易有关的知识产权协定》（TRIPS协定）就是一个给发达国家带来不对称的巨大利益而给发展中国家带来昂贵代价的例证。TRIPS协定所规定的高标准知识产权保护，使发展中国家每年将要向来自发达国家的跨国公司多支付大约400亿美元的专利费（其中一半左右为美国获得）。③ 因此，尽管乌拉圭回合谈判对关贸总协定的法律体系进行了重大改造并使多边贸易体制以WTO这一新的组织形式获得"新生"，但其谈判成果所具有的显著不平衡性也给多边贸易体制带来了始料未及的麻烦和挑战。积极参与了该轮谈判却未得到所期望和许诺的利益的发展中国家随后对WTO及发达国家贸易伙伴产生了深刻的不满和不信任感。谈判议程向国内政策领域的大步迈进，开始将各国带向国际经贸往来的所谓"深层一体化"（deep integration），也加剧了公众对贸易自由化的不满乃至激烈反对。乌拉圭回合没有如一些学者所断言的使WTO成为一艘"平底船"④，反而加剧了多边贸易体制与各国民众以及发达国家与发展中国家之间的分裂。

另一方面，根据所谓的"自行车理论"，多边贸易体制必须通过连续的自由化谈判回合保持前行，而不至于如同前进动力不足的自行车那样倒下。⑤ 在此情况下，多边贸易体制来到了一个何去何从的十字路口：是先检视和纠正自身发展中的问题与不足，还是延续以往推动贸易自由化的首要使命，抑或是两者合二为一？1999年底在美国西雅图举行的

---

① Ministeral Declaration, 14 November 2001, WT/MIN（01）/DEC/1.

② 1947年世界平均关税超过60%，随着乌拉圭回合谈判成果的实施，发达国家和发展中国家的制成品平均关税已经分别下降到3%和14.6%。

③ See Oxfam, *Rigged Rules and Double Standard: Trade, Globalization, and the Fight against Poverty*, http：//www.maketradefair.com, visited July 9 2007.

④ 参见【英】布瑞恩·麦克唐纳：《世界贸易体制：从乌拉圭回合谈起》，叶兴国等译，上海人民出版社2002年版，第62页。

⑤ W. Goode, *Dictionary of Trade Policy Terms*（4th edition）, Cambridge University Press, 2003, p. 42.

矛盾的集中反映。本次会议的原定目标是正式发起一轮雄心勃勃的"千年回合"（Millenium Roud）① 谈判，但由于 WTO 各成员在一些具体问题上意见分歧严重，特别是美国政府在国内环保、人权等非政府组织和团体的压力下，坚持要求将劳工、环境等议题纳入新一轮谈判议程，这在发达国家与发展中国家以及发达国家之间产生了难以弥合的重大分歧。西雅图会议最后在骚乱与抗议声中以失败草草收场，这也是多边贸易体制过去 50 多年中第一次未能就新回合的发起达成一致，它充分暴露了 WTO 成员关于多边贸易体制未来走向的深刻分歧。

2. 特殊的地位

多哈回合谈判的发起，既是 WTO 为适用经济全球化的客观需要做出的必然选择，也在很大程度上是对乌拉圭回合谈判所达成平衡的"重新校正"。作为 WTO 正式成立以来发起的首轮多边贸易谈判和多边贸易体制历史上第一次以"发展"而不是"贸易自由化"为主题的谈判，多哈《部长宣言》的有关谈判授权，一方面在很大程度上可以理解为传统贸易自由化的"自行车理论"的继承和沿用，另一方面也深刻体现了对已有自由化成果的修正和对多边贸易体制若干重要理论和观念的变革。具体而言，从多哈回合和乌拉圭回合谈判关于农业、服务贸易、非农业产品市场准入以及 WTO 规则、争端解决机制、知识产权、特殊和差别待遇等谈判议题的比较，都可以看出两者之间的继承和延续关系十分明显。但需要指出的是，在上述几乎所有多哈谈判议题上，与乌拉圭回合的关联并不仅仅体现为对后者的延续、深化和一般意义上的完善，更重要的是对乌拉圭回合相关成果中存在的不平衡、不公正加以纠正、扬弃和再平衡。例如，为了纠正 TRIPS 协定片面强调对发达国家权利持有人的高水平保护和漠视发展中国家获得技术这一合法需要的倾向，多哈《部长宣言》以及《关于 TRIPS 协议与公共健康的宣言》都强调应采取有效措施维护发展中国家获取为保护公共健康所需专利药物的正当权益。此外，多哈《部长宣言》授权谈判的 TRIPS 协议第 23 条规定的对地理标志的保护扩大到葡萄酒和烈酒以外的产品、TRIPS 协议与《生物多样性公约》、保护传统知识和民俗以及成员根据第 71.1 条提出的新发展之间的关系等问题，也都属于纠正《与贸易有关的知识产权协定》的不平衡性、平抑其"劫贫济富"、"抑弱扶强"的色彩的措施。

总之，乌拉圭回合具有浓厚的效率观念指导下的自由化色彩，多哈谈判则在很多方面体现了以公平价值对乌拉圭回合效率最大化理念的限制和纠正，这无疑是国际贸易体制一次更深层次和意义重大的自我提升。虽然不足以从"多哈发展议程"或"发展回合"之类的名称断言多边贸易体制将由此转变为一个"发展导向"（development-oriented）的体制，但它至少表明，发展与贸易自由化和效率最大化一样，已经成为多边贸易体制应当关注的正当目标和价值。所有这些，都将对未来的贸易谈判和多边贸易体制的运行产生重要影响。

3. 特殊的困难

从第二次世界大战后多边贸易体制的发展历程来看，贸易自由化的一般规律是先易后

---

① "千年回合"的名称，最早由时任欧盟委员会副主席的布里坦（Sir Leon Brittan）在 1997 年提出，并得到一些发达国家的支持。

难。关贸总协定的最后几轮多边贸易谈判（东京回合、乌拉圭回合），其议题的复杂性、时间的持久性和达成协议的艰难程度都远非早期谈判可比。尽管如此，多哈回合谈判进程的坎坷和创下的失败纪录，仍然大大超过以往的历次多边贸易谈判。

从 2002 年初多哈回合谈判的实质性工作全面展开到 2003 年 9 月在墨西哥坎昆举行的 WTO 第五届部长会议为止，是整个谈判的第一阶段，包含多哈《部长宣言》规定的在 2002 年 12 月 20 日前就发展中国家的特殊和差别待遇以及帮助缺乏制造能力的贫穷国家获得有关药物达成协议、2003 年 3 月 31 日前就农产品领域减让模式达成协议、不晚于 2003 年 5 月达成改进和澄清争端解决谅解的协议等重要目标。一般认为，多哈《部长宣言》精心确定的这一系列先期谈判期限主要是为了解决发展中国家在特殊和差别待遇、TRIPS 协定与公共健康以及实施问题上的关注和问题，关于 2003 年 3 月 31 日前就农产品领域减让模式达成协议的安排也是为了"解锁"各成员的政治意愿、为各成员更好地酝酿坎昆部长会议关于发起"新加坡议题"谈判的决定奠定基础。① 但事与愿违，由于各成员之间的深刻分歧，除了 WTO 总理事会在 2003 年 8 月 30 日做出的关于《TRIPS 协议与公共健康的宣言》第 6 段授权的决定②尚可称为坎昆会议前唯一一项值得安慰的重要进展外，其余谈判期限一一错失，从而使预定的谈判进程的平衡被打乱，并埋下了坎昆部长会议失败的祸根。在坎昆部长会议上，分歧的焦点和失败的直接原因在于各成员无法弥合在农产品贸易（包括棉花）和"新加坡议题"上的巨大分歧，特别是欧盟拒绝确定取消所有农业出口补贴的具体时间表，并坚持要求就四个"新加坡议题"进行谈判，这一立场成为谈判达成共识的最大障碍之一。尽管在会议的最后关头，欧盟同意放弃其中争议最大的投资政策和竞争政策两项议题，这仍未得到发展中国家的接受。

此次原定为多哈回合谈判中期评审会议、本应为谈判"提供任何必要的政治指引并做出必要的决定"，其无果而终的结局是对 WTO、多哈回合谈判和所有 WTO 成员的一次沉重打击。随后，WTO 各成员普遍感到需要从全局出发为谈判的发展指引方向，谈判随后转入以达成一份"框架协议"为目标的新阶段。随着欧盟等主要成员的谈判立场在 2004 年进行了较大调整，经过持续努力，WTO 成员终于在 8 月 1 日凌晨就多哈发展议程的主要议题达成框架协议，内容涉及农业、非农产品市场准入、服务贸易、贸易便利和发展等谈判领域的基本内容。协议所取得的最大突破，在于确认出口补贴的最终取消和关于四个"新加坡议题"只就贸易便利继续谈判的妥协方案，从而清除了谈判中的两个重大

---

① See Faizel Ismail, *A Development Perspective on the WTO July* 2004 *General Council Decision*, in Journal of International Economic Law, Vol. 8（2005），p. 380.

② 该决定允许没有药品制造能力的 WTO 成员通过强制许可机制，由其他有制造能力的发展中国家制造所需的专利药品后再加以进口，这实际上是以临时授权豁免的方式免除了有关成员 TRIPS 协议第 31 条（f）项关于强制许可仅适用于国内市场的义务，从而至少暂时解决了多哈会议《关于 TRIPS 协议与公共健康的宣言》第 6 段授权谈判的问题。参见贺小勇：《论公共健康安全与国际知识产权保护的协调——WTO〈多哈宣言〉"第 6 条款问题"评析》，载《政法论坛（中国政法大学学报）》2004 年第 6 期，第 113～114 页。

障碍。此后，谈判进入第三个阶段即农业和非农产品市场准入模式（modality）① 谈判阶段。由于这一阶段谈判将更直接地确立各方的权利义务，各成员的利益和立场的分歧开始暴露无遗。2005 年 12 月在中国香港举行的第六届部长会议只是就取消农业出口补贴的最后期限、发达成员对来自最不发达国家产品的"双免"（免关税、免配额）待遇等几个具体议题取得了一些积极进展，却未能实现在本次会议上就主要议题的谈判模式达成一致（包括削减农产品和工业制成品关税的具体数值和公式），从而在 2006 年年底之前结束多哈回合的关键目标。随后，由于各成员在主要谈判议题特别是农业问题上的严重分歧和相互指责，2006 年 7 月 24 日，WTO 总干事拉米被迫史无前例地宣布多哈谈判"无限期中止"。2007 年 2 月各主要议题的谈判重启后，美国、欧盟、印度、巴西等主要谈判方已在 2007 年 7 月底就农业和非农产品市场准入谈判模式、从而在 2008 年 1 月 1 日前结束多哈回合谈判为新目标举行了一系列高强度的"四方会谈"，但仍因无法在消除农产品及制成品贸易壁垒上取得进展而以失败告终。此后，WTO 在各成员多次磋商的基础上，先后于 2007 年 7 月、2008 年 1 月、5 月和 7 月 10 日公布了多种农业和非农产品市场准入谈判的模式草案（Draft Modalities for Agriculture and Draft NAMA Modalities），但在这些工作基础上召开的日内瓦小型部长会议又一次归于失败。总之，从 2001 年年底至今多哈回合谈判 7 年多来的进展情况，用"坎坷"（过程）和"失败"（结果）两个关键词加以浓缩并不为过。

二、2008 年 7 月日内瓦小型部长会议失败的相关分析

2008 年 7 月 21 日开始的日内瓦小型部长会议，主要目标是以 7 月 10 日公布的两份模式草案为谈判基础，就农业和非农产品市场准入的模式达成一致，包括削减农业和非农产品关税以及农业补贴的公式（formulas）。这一阶段的成功并不意味着谈判的结束，但它是各国草拟减让表（农业和非农领域各种具体产品和补贴的削减等细节问题）的必要前提。另一方面，由于农业和非农产品市场准入模式谈判在过去几年的僵局也直接主宰着其他议题的谈判进程，导致了整个谈判"万马齐喑"，而实施问题、特殊和差别待遇等发展议题的边缘化又导致了很多发展中国家对整个谈判进程缺乏信任感，因此本次会议在农业和非农领域的成功也是打破上述恶性循环、加快其他领域谈判并力争在 2008 年年底结束全部谈判的必要基础。②

应该说，经过此前 WTO 成员在模式谈判阶段的多年努力，各方分歧大大缩小，但前景仍不容乐观。各国谈判者在本次会议上需要处理的，是一份有着大约 20 个问题的清单。

---

① "模式"是指在 WTO 内开展和组织某项工作的方法或形式，在多边贸易谈判中，主要是指各成员如何进行关税和补贴的削减，这往往需要达成某种削减"公式"（formulas），但除此之外往往还包括一系列公式减让的例外，如规定某些成员在某些产品或领域享有更大的灵活性或应承诺高于公式水平的某种最低减让义务。各成员根据模式中适用于自身的部分相应地制定本国的减让承诺表。

② 除了主要就农业和非农产品市场准入的模式进行谈判外，在一些发达国家的要求下，本次会议还讨论了知识产权领域的白酒和酒类地理标志的多边登记、将更高水平的地理标志保护扩大到白酒和酒类之外的产品、关于要求专利申请人披露类属资源（generic material）和传统知识来源的议案等三个议题，并在 7 月 26 日举行了服务贸易谈判的所谓"信号会议"（signaling conference），即由主要发达国家和发展中国家提供愿意在多大程度上开放本国服务贸易市场的"信号"，但不涉及具体谈判。

其中，农业问题的焦点包括：发达国家扭曲贸易的总体国内支持，包括美国不久前提出的关于将原定上限降低到 150 亿美元的出价；棉花；发达国家的最高部分关税的削减；敏感产品，特别是多少产品、为抵消小于正常关税削减的产品而开启的关税配额的规模、目前没有关税配额的产品可否被指定为敏感产品；发展中国家的某些特殊产品是否可以完全免予关税削减；发展中国家为应对进口激增或价格暴跌的"特殊保障机制"能否将关税增加到多哈回合之前所采取的最高约束关税之上。非农议题的主要分歧：削减公式和灵活性（允许较小幅度的关税削减）；反集中条款（为阻止整个行业受到保护不受关税削减而提出的一项议案），以及对"行业性"（即在某一行业实行自由的或更自由的贸易）的不同强调。这两个领域的其他问题还包括：农业中总体关税下降带来的优惠损失问题、热带产品、配额内税率、关税简单化、关税封顶、出口竞争等；非农中的优惠、关于小规模和易受损经济体的问题、对最不发达国家出口产品免关税免配额的市场准入。①

　　从 7 月 21 日开始的最初两天，大约 30 个代表主要集团和利益的贸易部长以"绿屋会议"形式讨论了 7 月 10 日公布的农业和非农草案，但取得的进展十分有限。从第三天（7 月 23 日）开始，以美国、欧盟、印度、巴西、日本、澳大利亚和中国这 7 个核心成员（即所谓的"七方"或"七国集团"）为主角，在这两个领域开始举行更小范围的密集讨论。上述"七方"每天讨论的进展，再按照所谓"同心圆"（concentric circles）结构，逐次扩大到大约 30 个成员参加的"绿屋会议"，并通过每天举行一次所有成员参加的贸易谈判委员会非正式会议传达到所有其他成员。两个外围"同心圆"成员的意见也相应反馈到"七方"的持续讨论中。

　　在最初几天的谈判无法取得突破的情况下，7 月 25 日，拉米总干事提出一份被称为"拉米方案"（Lamy Package）的总体妥协方案作为达成协议的"着陆区"，其要点包括：①美国将造成贸易扭曲的农业补贴支出削减 70%，即此类支出的上限降至大约 144 亿美元，欧盟将造成贸易扭曲的农业补贴支出削减 80%，降至 220 亿欧元。②关于农产品市场准入，建议发达国家农产品关税最高部分应削减 70%，同时允许发达国家将其农产品关税细目的 4% 列为仅作较小幅度削减的"敏感产品"（瑞士、挪威等高关税国家为 6%），但这些国家应扩大"敏感产品"的进口配额，使外国出口商获得相当于当地消费水平 4% 的新市场准入机会。"敏感产品"无关税上限，非敏感性产品的关税上限则为 100%。③发展中国家可将其农产品关税细目的 12% 列为"特殊产品"，其中 5% 的关税税目可以无需进行关税削减。所有特殊产品（包括豁免关税减让的产品）的平均削减幅度应达到 11%。但新加入 WTO 的成员方（如中国）可将其农产品关税细目的 13% 列为特殊产品，平均削减幅度为 10%。④关于发展中国家的"特殊保障机制"，拉米方案提出以进口量激增 40% 及以上作为启动该机制的门槛，在该机制下允许所涉产品的关税最高超出乌拉圭回合规定的现行约束关税 15 个百分点，且某一年度内实施超出该上限的产品不得超过农产品全部关税细目的 2.5%。⑤关于非农产品市场准入，拉米提出发达国家的系数为 8，发展中国家则有 20、22 和 25 三个可供选择的系数，一国选择的系数越高，在

---

　　① WTO News Items—DDA July 2008 Package：*Day 3：Moderate and uneven progress leads to 'geometry' tweak*（summary 23 July），http：//www.wto.org/english/news_e/news08_e/meet08_summary_23july_e.htm.

确定可免予关税削减的产品时灵活性就越小。①

在以往的多边贸易谈判中，不乏通过总干事（往往兼任贸易谈判委员会主席）在关键时刻提出妥协方案、促成主要成员达成一致的先例，乌拉圭回合谈判最后阶段的"邓克尔方案"（Dunkel Text）就是一个著名的例子。② 尽管一些主要成员对"拉米方案"中的某些方面仍然存在不同的异议，但该方案总体上得到各成员的欢迎，一度给各方带来较为乐观的气氛和达成一致的希望。农业和非农市场准入谈判的主席开始计划尽快发布这两个议题最新的草案以推动模式谈判的结束。但是，由于发达国家和发展中国家（特别是美国和印度之间）在农业"特殊保障机制"的启动门槛、关税上限和产品范围上的分歧无法弥合③，谈判在 7 月 29 日宣告破裂。7 月 30 日召开的贸易谈判委员会正式会议，宣告历时 9 天的本次小型部长会议以失败告终。

2008 年 7 月日内瓦小型部长会议，恰如出席会议的中国商务部长陈德铭所描述的那样，"这是一次悲壮的失败"。④ 包括几个主要国家在内的 WTO 全体成员经过模式谈判阶段长达数年的努力，"屡战屡败，屡败屡战"，付出了极大的心血和代价后终于接近取得成功，却最终因为剩余的少量分歧特别是农业特殊保障机制中一些并不太起眼的参数而功亏一篑，这不能不说是一个巨大的遗憾。拉米总干事也在会议失败后指出：在本次会议需要处理的包含 20 个问题的清单上，有 18 个问题各方立场已经趋于一致，但却倒在第 19 个问题（农业特殊保障机制）上。他表示相信，现有初步成果已是以往任何一次多边贸易谈判成果的 2 ~ 3 倍。⑤ 事实上，在当前世界经济形势动荡、粮食价格高企的背景下，各国原本格外需要通过多哈回合谈判的成功来推动国际经济和贸易的增长、共同应对经济全球化带来的巨大挑战。因此，谈判的失败无疑令人扼腕，它使 WTO 各成员在 2008 年年底结束多哈回合谈判的努力化为泡影。而在美国、欧盟和印度等成员都有着大选等重要政治变更的 2009 年，谈判的前景并不为人们所看好，多哈回合何时走到终点仍存在很大变数。

2008 年 11 月 15 日，包括美国、中国等在内的全球 20 个主要发达国家和发展中国家经济体组成的"20 国集团"（G20）在美国华盛顿举行"20 国集团领导人金融市场和世界经济峰会"，会议发表的共同声明指出：20 国集团将寻求在 2008 年年底前达成具体方案，以完成多哈回合贸易谈判，为世界经济复苏作出贡献。在全球经济危机阴影下的这一

① See ICTSD, *WTO Mini-Ministerial Evades Collapse, As Lamy Finds 'Way? Forward'*, Bridges Daily Updates for WTO Mini-Ministerial, Geneva, Issue 6 (26 July 2008), http://ictsd.net/i/wto/englishupdates/14493/.

② See John Croome, *Reshaping the World Trading System: A History of the Uruguay Round*, Kluwer Law International, 1998 updated version, pp. 255-257.

③ 由发展中国家（包括印度和中国）组成的 33 国集团（G33）联合非洲国家集团、非加太（ACP）国家集团和小型脆弱经济体集团提出的议案是：把进口量激增 10% 作为启动特殊保障机制的门槛，在该机制下应允许实施超出现行约束关税上限的 30%，且有 7% 的关税细目可享受该措施。

④ 《中国商务部长指多哈回合谈判是一次悲壮的失败》，中新社北京 7 月 30 日电，http://news.sohu.com/20080730/n258476558.shtml。

⑤ WTO News Items—DDA July 2008 Package: *Day 9: Talks collapse despite progress on a list of issues* (*summary 29 July*), http://www.wto.org/english/news_e/news08_e/meet08_summary_29july_e.htm.

重要的政治共识，为多哈回谈判的"复苏"提供了新的推动力。拉米总干事开始重新在日内瓦酝酿各国谈判代表之间的密集磋商，并一度计划在 2008 年 12 月中旬举行新的小型部长会议通过农业和非农产品市场准入模式。但是，由于主要成员之间关于农产品"特殊保障机制"和制成品的"行业性"自由化方式等少数议题的实质性分歧无法得到弥合，为了避免在不到半年时间内再次遭受另一次小型部长会议失败的打击，拉米总干事不得不在最后时刻宣布年内不再举行此类会议。① 截至 2009 年 2 月下旬，多哈回合谈判尚未取得任何新的重要进展。

三、多边贸易体制的危机与前景

著名学者、美国哥伦比亚大学教授贾格迪什·巴格瓦蒂（Jagdish Bhagwati）曾就日内瓦小型部长会议的失败一针见血地指出："多哈回合谈判破裂，美国是祸首，它拒绝大幅削减导致贸易扭曲的补贴——尽管各国普遍认识到这些补贴是不可容忍的……美国只有 200 万农民，而当印度提出增强在进口激增情况下应用的'特别保障机制'时，却遭到美国的指责。相比之下，印度的农场规模要小得多，经常仅够农民维持生计，而且，该国近 2/3 的人口从事农业。美国自身的让步微不足道，却坚持要印度做出艰难的让步……在整个谈判过程中，美国贸易代表办公室和美国国会对别国指手画脚——先是巴西，接着是印度，再接着是中国——却从未想想自身的责任。"② 在 WTO 体制内占据主导地位的发达国家（特别是美国和欧盟这两个最强大的成员）没有认真履行其在 2001 年《多哈宣言》中做出的承诺，也没有在谈判中充分考虑发展中国家的利益和需要，这是多哈回合谈判之所以困难重重，举步维艰的一个重要原因。在谈判前期（2004 年"框架协议"达成之前），欧盟等少数成员在四个"新加坡议题"上罔顾广大发展中国家的反对，就曾成为 WTO 内一个冲突的根源，并阻滞了在其他谈判领域取得有成效的进展。③ 在农业和非农市场准入模式谈判阶段，欧盟和美国又在农业自由化问题上固执己见并由此加剧同发展中国家的对立，这不仅暴露了这些国家囿于一己私利而对多边贸易体制缺乏应有的责任感，也表明它们对于该体制内的格局变迁（特别是发展中国家的崛起以及它们联合起来维护自身利益的坚定性）缺乏必要的认识和有效的应对。

必须看到，日内瓦小型部长会议的失败是多哈回合谈判正式发起以来困难处境的一个缩影，而举步维艰的多哈回合谈判又是第二次世界大战后多边贸易体制在当前所面临严峻挑战的一个缩影。概言之，此次会议以及整个多哈回合谈判所折射出来的决不是单单一次多边贸易谈判中孤立存在的问题，而是多边主义或者说多边贸易自由化所面临的危机。而导致这些危机的因素，既有该体制自身发展中出现的种种新问题，也有由于国际贸易环境的变化从外部提出的新挑战。

---

① See ICTSD, *With No Doha Conclusion in Sight*, *TWO Considers How to Proceed*, in Bridges Weekly Trade News Digest, Vol. 12, No. 43（17th December 2008）.

② 他认为，美国已经陷入"衰弱巨人综合征"，并从一个所谓的"利他"霸权国家变成了"利己"的霸权国家。See Jagdish Bhagwati, *America's Selfish Hegemony is Defensive and Hypocritical*, in Financial Times, 27 August 2008, http：//www. ftchinese. com/story. php? lang = en&storyid = 001021590.

③ Peter Sutherland, *The Doha Development Agenda：Political Challenges to the World Trading System—A Cosmopolitan Perspective*, in Journal of International Economic Law, Vol. 8（2005）, p. 364.

首先，随着关贸总协定在削减边境贸易壁垒方面所取得的成功，乌拉圭回合谈判以来，多边贸易体制所处理的贸易议题日益从边境措施转向涉及贸易的国内规章，如传统上属于各国国内管辖事项的环境保护、公共健康、公共道德等领域。这些比边境贸易措施更为敏感的事项，在各国引起了巨大争议乃至反对，认为 WTO 侵犯和削弱国家主权进而质疑 WTO 合法性的声音不断加大，这也使各国政府对于有关贸易自由化议题作出让步更为困难。

其次，多边贸易体制内的力量对比在近一二十年来逐渐发生变化，少数西方贸易大国特别是所谓的"四强"即美国、欧共体、日本、加拿大主宰该体制运作和多边贸易谈判结果的权力格局已经被打破，以坎昆部长会议前夕印度、巴西、中国、南非等发起成立发展中国家农业问题"20 国集团"为主要标志，长期处于边缘地位的发展中国家正在崛起，其利益和需要正在对多边贸易谈判议程的设定和实施产生不断增长的影响。与此同时，多边贸易体制以往发展中存在的不平衡性，特别是乌拉圭回合谈判中发展中国家与发达国家之间所谓"南北大交易"（North-South Grand Bargain）结果的显著不对等性，[①] 加深了发展中国家对多边贸易体制及发达国家贸易伙伴的不满和不信任感，加剧了该体制内的南北对立。

最后，多边贸易体制外部环境的变化，也对该体制的有效运作产生了十分复杂的影响。其中，区域贸易自由化安排的盛行和非政府组织的崛起，尤其成为"侵入"并改变该体制内既有"生态平衡"的两大"外来物种"。就前者而言，通过不同的区域贸易安排开展贸易自由化虽然是在第二次世界大战后初期就已存在的现象，并直接导致了 1947 年关贸总协定第 24 条对区域贸易安排的认可和一定程度的规制，从而形成了区域贸易安排与多边贸易体制之间总体上既并存又竞争的关系，但今天的现实状况是，区域贸易安排大量扩散对多边贸易体制的竞争和挑战更加值得关注。如果不能有效地防止前者"喧宾夺主"，多边贸易体制的地位和作用将令人担忧。至于非政府组织，它们的参与和影响对于加强 WTO 体制的透明度和推动全球化治理有着十分重要的意义，但也应看到，不同国家、不同领域形形色色的非政府组织所代表的利益高度分化，这也给多边贸易体制提出了巨大挑战。

总之，20 世纪 80 年代中期乌拉圭回合谈判发起以来，多边贸易体制进入一个艰难而影响深远的转型期。[②] 在此之前，各国致力于通过削减边境（at the border）关税和非关税贸易壁垒推动多边贸易自由化，使命相对单纯，议题争议不大，成果较易达成。而随着乌拉圭回合将贸易谈判议程带入传统上属于主权国家国内管辖的事项、但不同程度上"与贸易有关"的各种边境内（behind the border）措施，第二次世界大战后多边贸易自由化进程开始步入一个事项复杂、争议很大、进展困难的"雷区"。这一状况，给多边贸易体制的有效运作提出了相互关联、相互牵制的一系列问题：多边贸易体制的发展如何体现

① Sylvia Ostry, *The Uruguay Round North-South Grand Bargain*: *Implications for Future Negotiations*, in Daniel L. M. Kennedy and James D. Southwick（eds.），The Political Economy of International Trade Law, Cambridge, 2002, pp. 285-300.

② 黄志雄：《WTO 多哈回合谈判与转型中的多边贸易体制：挑战与未来》，载陈安主编：《国际经济法学刊》第 15 卷（2008）第 3 期，第 216～220 页。

效率和公平、贸易自由化与发展之间的平衡？随着权力格局的变化，WTO 的治理结构应当如何变革？如何因应各成员由于多边贸易自由化进展缓慢而日益"移情"区域贸易安排带来的问题？等等。近年来，WTO 以"协商一致"为核心的运作方式广受诟病，各成员却因无法找到替代方案而束手无策。其实，真正的问题并不在于 GATT/WTO 体制所长期沿用的这一决策规则时至今日是否仍然适用，有关困局更多地反映了由于贸易谈判向各种"新议题"的转移、民众和各国政府对贸易自由化支持下降、权力格局多极化以及发展中国家对多边贸易体制不信任情绪的加强等因素给该体制带来的"阵痛"乃至危机。更确切地说，在多哈回合谈判种种具体争议背后，亟须化解的是多边贸易体制何去何从的危机。WTO 及其成员如果不能尽早就此达成共识，多边贸易体制将在迷惘和纷争中日益迷失方向并走向边缘化。

笔者认为，在新的国际贸易环境下，多边贸易体制必须进一步明确自身的职责、使命，并从自身定位和运作机制等方面为该体制新的"转型"创造条件。经济全球化和各国相互依存关系的深化，要求 WTO 和多边贸易体制真正成为"全球公共物品"（global public good），使各国在该体制提供的制度框架内"同舟共济"（而不是"同床异梦"），对全球化经济加以有效治理，包括纠正现有全球化进程中的不平衡性和不公正性，使更广大民众得以在这一进程中分享利益、减少风险。① 在这一定位之下，WTO 及其成员还应正视严峻的现实和巨大的挑战，采取"纠偏"和"适应"双管齐下的对策，使多边贸易体制的运作重新回到正确和正常轨道。所谓"纠偏"，就是承认多边贸易体制在以往发展中存在的某些严重偏差，并通过共同努力加以纠正。例如，多边贸易体制在指导思想或者说价值取向上效率与公平的失衡，就是迫切需要得到解决的一个问题。越来越多的新议题在西方国家及其利益集团的推动下，不断以"与贸易有关"的名义被引入多边贸易谈判，也经常产生加大各成员之间的分歧、恶化谈判氛围的负面效应。所谓"适应"，就是认识到第二次世界大战后 60 多年来国际经济、贸易环境发生的巨大变化，并努力进行自我调整和适应。诚如一些学者所指出的：多边贸易自由化的成功取决于 WTO 被视为一个合法的机制，而目前有关其合法性问题的关键是，很多关于该体制作用的传统假设已经不适用了。② 为此，有必要对多边贸易体制内传承已久的独特"文化"（包括治理结构和运作方式等）进行变革，并对该体制现今已经不清楚的使命进行重新界定，使之跟上时代的要求。③

在一定意义上，多哈回合谈判正是多边贸易体制能否实现自身新的转型的一块"试金石"。多哈回合谈判所体现的以公平价值对传统效率最大化观念的限制和纠正，就是一次试图从指导思想到相应规则、制度对多边贸易体制进行"纠偏"的重大努力。而本轮谈判对现有国际贸易规则体系进行的完善和更新，也直接考验着该体制适应 21 世纪国际

---

① 关于"全球公共物品"的进一步探讨，参见黄志雄：《战后多边贸易体制六十周年的反思与前瞻——以"全球公共物品"为视角》，载《法学评论》2009 年第 1 期。

② John H. Barton et. al, *The Evolution of the Trade Regime: Politics, Law, and Economics of the GATT and WTO*, Princeton University Press, 2006, pp. xi-xii.

③ See Debra P. Steger, *The Culture of the WTO: Why It needs to Change*, in Journal of International Economic Law, Vol. 8 (2007), pp. 484-486.

经贸环境的能力。多哈回合谈判迄今为止的进展，不仅表明 WTO 作为一个贸易自由化和效率最大化观念根深蒂固的贸易体制，其自我纠偏绝不可能一蹴而就，而且对新的外部环境的适应（包括界定问题和采取有效行动）也将任重而道远。

四、结束语

多边贸易体制所面临的种种问题乃至危机，在现今的国际合作机制中具有一定的普遍性。借用梁西先生针对国际社会组织化现象提出的"结构平衡论"①，当前国际关系中行为体、利益和价值的多元化，有可能导致各国间"分力"（离心倾向）趋于加强，甚至对已有的结构平衡形成冲击和破坏；但从另一方面说，在经济全球化和各国相互依存的时代背景下，国家间通过合作解决共同面对的各种问题的客观需要也必将使各国间的"合力"（向心倾向）相应加强。

尽管由于多边贸易体制自身发展中出现的各种新问题以及国际经贸环境变化提出的新挑战，如何面对现实，迎难而上，在 WTO 多边贸易谈判中平衡及协调日益多元化乃至相互竞争的主体、利益和价值，成为一个日益艰难的课题，但是，任何关于 WTO 体制已经无法有效运作甚至将走向崩溃的悲观论调都是没有根据的。该体制历史上的成功和失败都表明，多边贸易体制的存在和良好运作从根本上说符合所有国家、所有成员的利益。而尽管各成员在具体领域和具体议题上可能存在各自不同甚至相互冲突的利益，在相互依存的现实下，只有求同存异、互信合作而不是对抗，才能为贸易自由化的"自行车"创造足够的前进动力，并推动多边贸易体制在各国互利共赢的道路上健康发展而不至于走向崩溃。

---

① 这一理论观点认为，国际社会组织化现象是当今国际社会两种基本力量（国家间由于各自的文化传统、民族利益等因素存在的"分力"以及由于国内管辖事项日益溢出国界并需要国际互助而表现出的"合力"）得到合理平衡与调和的结果。参见梁西：《国际组织法（总论）》，武汉大学出版社 2001 年版，第 329 页。

WTO 体制内区域经济一体化问题研究

■ 张庆麟*　张晓静**

区域经济一体化就是在实现经济全球化之前，根据各国的地理、历史、地位、经济关系等诸多因素，两个或两个以上的成员国之间签订一系列的协议或条约，将部分经济主权让渡给共同建立起来的经济组织。[①] 区域经济一体化既是一种状态，也是一个过程，通常以区域经济集团的形式实现。进入 21 世纪以来，人类社会已经进入经济全球化的时代，国家之间的政治和经济联系日益密切，生产要素在一定范围内频繁地转移和流动。各国政府都表现出积极的"合作"热情，仅仅是"共处"已经无法满足全球化背景下各国政府的需要。欧盟的建立和发展就是欧洲大陆各国为了消除传统的国家间的壁垒，使生产要素能够在其地域内自由流动，实现全面的经济"合作"的结果。也就是说，在经济全球化的背景下，区域经济一体化满足了各国政府一定阶段的发展需要。世贸组织成立之后，区域贸易安排的数量急剧增加，截至 2007 年 3 月，向世贸组织通报仍然有效的区域贸易安排有 216 个，据世界贸易组织估计，到 2010 年预计将生效的区域贸易协定的数量可能超过 400 个。2003 年 6 月 29 日，中华人民共和国商务部副部长安民与香港特别行政区财政司司长梁锦松签署了《内地与香港更紧密经贸关系安排》（Mainland and Hong Kong Closer Economic Partnership Arrangement），2004 年 1 月 1 日起正式实施。在香港与内地签订

---

* 武汉大学国际法研究所教授，法学博士，中南财经政法大学新华金融学院应用经济学博士后。

** 辽宁大学法学院讲师，武汉大学国际法研究所博士生。

① 杨丽艳：《区域经济一体化法律制度与我国的法律对策》，载《国际经济法学刊》2005 年第 12 卷第 1 期，第 86 页。

CEPA① 后，澳门也于 2003 年在《内地与澳门关于建立更紧密经贸关系的安排》（Mainland and Macao Closer Economic Partnership Arrangement）的协议上签字。2002 年 11 月 4 日，中国和东盟正式签署了《东南亚国家联盟与中华人民共和国全面经济合作框架协定》（Framework Agreement on Comprehensive Economic Co-operation between the Association of Southeast Asian Nations and the People's Republic of China，FACEC），2003 年 7 月 1 日生效。双方预想在 10 年内建立中国-东盟（10 + 1）自由贸易区。西方学者认为这预示着中国将会进一步建立东亚自由贸易区（10 + 3），进而建立亚太自由贸易区的开始。建立东亚自由贸易区的构想也已被中日韩三国接受，东亚领导人第四次会议上提出了"东亚区域合作"的构想，并为实现东亚自由贸易区建立了工作委员会，这说明建立 10 + 3 的东亚自由贸易区是必然的选择。2002 年 1 月 13 日，新加坡和日本签订了《新日双边贸易协定》，美国和新加坡、澳大利亚和泰国也签订了区域贸易协定，2007 年 11 月，出席亚太经合组织（APEC）论坛的领导人在越南河内会晤时讨论了启动"亚太自由贸易区"（FTAAP）的计划。如此一来，在东亚自由贸易区建立之后，亚太自由贸易区也会很快建成。

　　鉴于区域贸易安排已经遍及全球，并且对全球多边贸易体制产生了重大影响，作为 WTO 的重要成员和世界上最大的发展中国家，中国政府也签订了一系列的区域贸易协定。研究其制度建设对中国能够更好地运用 WTO 法律体制，更好地利用区域贸易安排，实现经济发展和提升中国的国际地位大有裨益。因此，本文从区域经济一体化在 WTO 体制内的法律框架及其对多边贸易体制的冲击两方面进行研究，以期对该制度有更加深入的了解和借鉴。

一、WTO 体制内区域经济一体化的法律框架

　　世贸组织关于区域经济一体化的制度主要包括三个方面：一是《关税和贸易总协定》（GATT）第 24 条和关于解释《1994 年关贸总协定》第 24 条的谅解，二是《服务贸易总协定》（GATS）第 5 条，三是"授权条款"，即 1979 年关于对发展中国家的不同和优惠待遇、互惠更充分参与的决定。根据 WTO 的统计，截至 2002 年 6 月 30 日，向 WTO 提交的 172 个区域贸易协定中，133 个适用 GATT 第 24 条，19 个适用 GATS 第 5 条，20 个适用授权条款。从经济学的角度看，区域经济一体化被从低到高划分为六种形式，即优惠贸易安排（preferential trade arrangement）、自由贸易区（free trade area）、关税同盟（customs union）、共同市场（common market）、经济联盟（economic union）和完全经济一体化（complete economic integration）。在 WTO 的法律框架内，区域经济一体化包括三种，分别是自由贸易区、关税同盟和过渡到自由贸易区或关税同盟的临时协定。关税同盟是比自由贸易区更高级的区域一体化形态。② WTO 只规定了自由贸易区和关税同盟并不意味着 WTO 不承认其他的区域经济一体化形式，而是因为实践中这两种形式比较常见。据 WTO

---

　　① CEPA 的英文是 Closer Economic Partnership Arrangement，中文直译是"紧密经济伙伴安排"。
　　② 自由贸易区是各成员间完全取消贸易壁垒数量限制，商品可以在该区域内自由流动；关税同盟除了具有自由贸易区的上述特点之外，所有成员对非成员都要实行统一的关税政策。

统计，72%的区域贸易协议采用的是自由贸易区的形式，可见，相对于其他两种形式，自由贸易区更容易被成员接受。不同的形式是根据主权国家让渡主权的程度划分的，各国根据其自身的情况决定采取哪种形式，不存在低一级的经济一体化向高一级的经济一体化升级的必然性。

（一）《关税和贸易总协定》第24条对区域经济一体化的规范

1. 关税同盟和自由贸易区的界定

《关税和贸易总协定》第24条第8款明确指出，关税同盟和自由贸易区的组成者是两个或两个以上的关税领土，而不是主权国家，关税领土应理解为对与其他领土之间贸易的实质部分保留单独关税或其他贸易法规的任何领土。① 也就是说中国台湾、香港、澳门等都可以成为关税同盟和自由贸易区的成员。同时要求对区域内"实质上所有贸易"取消限制措施，世贸组织要求关税同盟和自由贸易区对实质上所有贸易取消限制是为了防止成员间在相互具有优势的少数产品和部门间相互给予优惠，而拒绝将同样的优惠给予其他成员，从而利用区域经济一体化将多边贸易体制变相地分割为双边或区域性的贸易结构和格局，妨碍世贸组织多边贸易体制的运行。② 但是什么叫"实质上所有贸易"，GATT没能给出具体明确的解释。1960年，七个非欧洲共同市场国家组建了欧洲自由贸易同盟，除了农产品外，各成员之间实行贸易优惠。专家组在对该贸易同盟进行审议时认为：应从数量和质量两个方面来审查"实质上所有贸易"，将一个经济部门完全排除在外的做法不符合"实质上所有贸易"。虽然关贸总协定允许自由贸易区保留某些例外，但是将整个农产品贸易排除在外，即使90%的贸易都在无限制的情况下进行的也是不能够允许的，除非缔约方全体豁免其该项义务。③

2. 关税同盟和自由贸易区的内在条件

为了防止区域经济一体化演变成贸易保护主义，损害非成员方的利益，GATT第24条第5款和第6款对关税同盟和自由贸易区的实体性义务作了相关规定，如在（a）项中"就关税同盟或导致形成关税同盟的临时协定而言，在建立任何此种同盟或订立临时协定时，对与非此种同盟成员或协定参加方的缔约方的贸易实施的关税和其他贸易法规，总体上不得高于或严于在形成此种同盟或通过此种临时协定（视情况而定）之前，各成员领土实施的关税和贸易法规的总体影响范围"。（a）项提到了"关税和其他贸易法规"，"关税"很好理解，各国都是通过法规明文规定，至于"其他贸易法规"指的是什么？关于这个问题，我们可以从土耳其纺织品及服装进口限制案中得到答案。在该案中，专家组认定："广义上，'其他贸易法规'的一般定义可以理解为包括对贸易产生影响的任何法规（包括WTO规则涵盖的卫生与植物卫生措施、海关估价、反倾销、技术性贸易壁垒等措施；以及其他任何与贸易有关的国内法规，如环境标准、出口贷款制度等）。由于区域贸

---

① 关贸总协定第24条第2款。
② 韩龙：《世贸组织的区域经济一体化制度刍议》，载《国际贸易问题》2003年第3期。
③ 王贵国：《世界贸易组织法》，法律出版社2003年版，第49~50页。

易协议的多变性，我们认为这是一个不断发展的概念。"① "总体上不得高于或严于"，如何界定，也没有法律依据。（c）项中"任何临时协定应包括在一合理持续时间内形成此种关税同盟或此种自由贸易区的计划和时间表"，我们通常将"合理持续时间"称为过渡期，当关税同盟或自由贸易区不能立即成立时，可以给其一段时间逐渐完成，但是这个合理期限到底是多长，GATT 并没有规定。为了解决"总体水平"难以量化和"合理期间"的问题，《关于解释〈1994 年关贸总协定〉第 24 条的谅解》规定可按加权平均关税税率及所收取的关税税额来评估，同时谅解也试图对"其他贸易法规"非关税壁垒加以规范，但是由于贸易法规难以量化，仍没有具体规定。关于"合理时间"的问题，谅解书规定以十年为限，如果超过十年，应向货物贸易理事会说明情况。

3. 关于补偿性调整

GATT 奉行的公平、公正和非歧视原则在 GATT 第 24 条第 6 款②得到了充分的体现，WTO 的相关规则是各成员必须履行的条约义务，WTO 规则是所有成员相互妥协的权利义务平衡体，一旦有成员打破了这种平衡，受影响的成员就需要进行相应的调整来恢复这种平衡。③ 第 6 款对关税同盟显得更加重要，因为关税同盟在取消内部贸易限制的同时，对外部即非成员实行统一的关税。也就是说就某项贸易而言，统一后关税可能比成立关税同盟前高，也可能比从前低。如果关税增加了，成员更愿意选择没有关税的，也就是内部成员的产品进口，就很容易产生排他性④。欧洲共同体成立以后，从 1955 年到 1970 年，美国出口欧洲共同市场国家总额的比例从 11.1% 下降到 9.5%，1986 年西班牙和葡萄牙加入欧洲共同体后，美国每年多缴纳关税 30 亿美元。当关税被提高，受损害方要求补偿时，"应适当考虑同盟的其他成员削减相应关税而已经提供的补偿"。这一条款经常被关税同盟一方援引，作为减少补偿的理由。但是有的学者对此持反对态度，认为其他关税的削减属于关税同盟成员自愿减免关税的行为，不应予以考虑。而且，如果非成员方因为关税的减免获得利益，成员方不得要求获得利益的成员进行补偿。

谅解书第 24 条第 6 款针对"补偿性调整"这一问题规定，谈判应该在"形成关税同盟或达成导致形成关税同盟的临时协定的同时，修改或撤销关税减让之前"进行，这样做主要是为了将拥有主要供应利益的发展中国家纳入谈判中，从而保护它们的利益。欧盟第四次扩大就没有遵守这项要求，是在正式扩大后 20 天才向秘书处通知的。补偿的方式不仅限于对关税进行调整，也可以通过增加配额、限制出口补贴等方式。在谈判补偿额度时，应适当考虑在关税同盟成立时其他成员所做出的减让，对因关税同盟的成立从关税削减中获益的其他成员，关税同盟的成员不能要求它们提供补偿。1995 年欧盟第四次扩大

---

① 张哲：《从欧盟扩大看 GATT/WTO 关于关税同盟补偿谈判的规定与实践》，载《现代法学》2004 年第 4 期。

② 如在满足第 5 款（a）项的要求时，一缔约方提议以与第 2 条规定不一致的方式提高任何关税税率，则应适用第 28 条所列程序，在提供补偿性调整时，应适当考虑同盟的其他成员削减相应关税已经提供的补偿。

③ 赵维田等：《WTO 的司法机制》，上海人民出版社 2004 年版，第 257 页。

④ 王贵国：《世界贸易组织法》，法律出版社 2003 年版，第 46～47 页。

进行谈判时即辩称：虽然新成员的加入，使得某些产品的关税上升了，但是有更多的产品关税下降了，总体的下降幅度比上升幅度要大，所以其他成员没有理由要求欧盟做出补偿性调整。正如本文前面提到的，WTO 成员普遍认为，欧盟对任何产品关税的增加都要进行补偿，虽然有些产品的关税下降了，但是那属于欧盟自主性贸易自由化行为，不能作为拒绝补偿的理由。①

4. 对区域贸易协定的审查与监督

为了执行上述实体性要求，《关税和贸易总协定》又在第 7 款中规定了一系列的程序性义务加以监督执行：相关成员应迅速通知缔约方全体，并应向它们提供拟议成立的同盟或贸易区的必要信息，以便它们能够向各缔约方提出它们认为适当的报告和建议。② 何时通知才属于立即通知，WTO 内部看法不一，有的成员认为"立即通知"应该是在协议签署之前通知，由缔约方全体进行审查。有的成员认为如果签署之前就通知，势必会影响关税同盟或自由贸易区成立的速度，甚至是不了了之，所以大多数的成员倾向于在完成各缔约国国内批准程序后才可以通知。③ 遗憾的是，1947 年的《关税和贸易总协定》并没有对区域贸易安排的审议和监督工作进行规定，这使得 GATT 对区域经济一体化的审查结果没有拘束力。

谅解规定了货物贸易理事会对区域贸易安排的审议权力，这也是为了弥补审议得不到遵守的不足，加强理事会的权威性。谅解为区域贸易安排的审议和监督提供了法律依据，但都是比较笼统的规定，没有针对不同的区域一体化类型分别作出规定。授权货物贸易理事会进行监督管理，但是又没有设置专门的审查监督部门。④ 为了弥补这一弊端，WTO 在 1996 年成立了区域贸易委员会，专门对区域经济一体化进行审议和监督，不仅包括货物贸易领域，也包括服务贸易。但是成员们对审查的结果仍然存在很大的分歧，迄今还没有任何区域贸易协定形成最终的审查报告。⑤ 也就是说"审而无果"的局面仍然没有改变。

5. 关于争端解决

世贸组织能够有如此大的拘束力，一个很重要的原因是争端解决机制对各缔约方的制衡。对于在实施第 24 条中关于关税同盟、自由贸易区或导致关税同盟或自由贸易区形成的临时协定的过程中产生的任何事项，可援引由《争端解决谅解》详述和适用的GATT 1994 第 22 条和第 23 条的规定。⑥ 由于争端解决机制的存在，使理事会的决定和审查结果在实践中有了很强的法律约束力，成员出于对受损害方的报复的畏惧，必然

---

① 张哲：《从欧盟扩大看 GATT/WTO 关于关税同盟补偿谈判的规定与实践》，载《现代法学》2004 年第 4 期。

② GATT 第 28 条第 7 款（a）项。

③ 杜玉琼：《论区域贸易协定和 WTO 规则的关系》，载《西南民族大学学报（人文社会科学版）》2005 年第 6 期。

④ 孟祥秀：《论区域贸易安排与多边贸易体制之关系》，载《哈尔滨学院学报》2005 年第 11 期。

⑤ 曾令良：《论 WTO 体制下区域贸易安排的法律地位与发展趋势》，载《国际经济法论丛》第 7 卷。

⑥ 《争端解决谅解》第 24 条第 11 款。

会采取比较折中的办法来调解矛盾。应该注意的是，GATT 第 24 条与其他条款的衔接和统一也存在问题，在考察区域贸易协定时，不仅要审查其建立是否符合 GATT 第 24 条的规定，也要看它是否符合 WTO 的其他相关规定。从某种意义上说，后者可能是更重要、更复杂的。①

（二）《服务贸易总协定》第 5 条对 "经济一体化"② （Economic Integration Agreement，EIA） 的规范

乌拉圭回合非常重要的贡献就是将服务贸易纳入世贸组织的体系中，服务贸易领域的区域贸易安排也不可避免地规定在其中。服务贸易第 5 条借鉴了货物贸易第 24 条的规定，可以说两者的基本理念是相通的，在具体内容上也是一脉相承的，但是表面上条款内容的类似并不能超越 GATT 和 GATS 所规制对象的根本不同。③

1. EIA 应当符合的条件

（1） 涵盖众多的服务部门

GATS 第 5 条要求形成的区域安排必须 "涵盖众多的服务部门"，这里的 "众多的服务部门" 是从 GATT 第 24 条第 8 款 "实质上所有贸易" 中移植过来的。GATS 第 5 条第 1 款比 GATT 第 24 条第 8 款要宽松一些，毕竟 "众多" 不及 "所有"。但是何为 "涵盖众多服务部门" 呢？GATS 在其注释中说明 "应根据部门数量、受影响的贸易量和提供方式进行理解"，并且 "不应规定预先排除任何服务提供方式"。那么言外之意是不是除了提供方式不能预先排除，部门数量和受影响的贸易量都可以预先排除呢？还有，提供方式在 GATS 里明确规定了四种，部门数量也比较容易得知，但受影响的贸易量要依靠具体的数据才能够获得，可是由于服务贸易的无形性，加之范围宽泛，结构复杂，很多国家尤其是发展中国家的服务行业才刚刚起步，没有完善的数据系统。在资料缺乏的情况下，如何能够确定受影响的贸易量呢？而且服务贸易中的 "四分式" 也是存在缺陷的，一个很明显的弊端就四种提供方式中存在有机的经济关联，如在商业存在中就涉及自然人流动，如果一成员将涉及同一主体的两种提供方式中的某一方面排除在外，又将如何处理呢？GATS 列举了上述三个考虑因素，即部门数量、受影响的贸易量和提供方式，这三个因素是否是穷尽性的，还是仍然存在其他的考虑因素，GATS 都没有明确规定。

（2） 取消 "实质上所有歧视

GATS 第 5 款规定的第二个条件，即在 EIA 生效时或生效后的一段合理时间内，对该协定所涵盖的服务部门，通过在其成员之间取消现有的和/或禁止新的与国民待遇不一致的歧视性措施，以达到消除或不实行有关国民待遇的任何实质上的所有歧视。在第 1 款 (b) 项中也出现了 "实质上所有" 的字眼，这又出现了如何确定的问题。是否可以将对

---

① 刘世元主编：《区域国际经济法研究》，吉林大学出版社 2001 年版，第 29～30 页。

② 第 5 条的标题是 "经济一体化"，而不是 "关税同盟和自由贸易区"，原因是服务贸易的服务方式非常复杂，包括境外消费、跨境服务、商业存在和自然人流动，服务贸易的无形性使 "关税" 这一衡量标准无法在服务贸易领域有效适用，区域化的形式也随之复杂起来，所以只能笼统地概括为 "经济一体化"。

③ 石静霞：《WTO 服务贸易法专论》，法律出版社 2006 年版，第 197 页。

GATT 第 24 条的解释援引过来，仍然是值得探讨的问题。"合理时间"如何界定？前文提到，关于解释 GATT 第 24 条的谅解规定合理时间为不超过十年，那么服务贸易中的"合理时间"又是多长呢？有的成员建议采用货物贸易的办法，有的则认为对服务贸易的规范迫在眉睫，所以应该将"合理时间"限定为 5 年。可是由于服务贸易的复杂性和无形性，"合理时间"理应比货物贸易中更长一些，① 对此问题目前仍没有定论。

"取消现有歧视性措施，和/或禁止新的或更多的歧视性措施"，"或"是反义连接词，也就说如果成员没有取消现行的歧视措施，那么只要禁止新的歧视措施出现就可以了，这显然是不合理的。考虑到 GATS 的宗旨与目的，必须在歧视性措施基本不存在或已经全部取消的基础上才可以。②

根据 GATS 第 5 条第 2 款，在评估第 1 款（b）项下的条件是否得到满足时，可考虑该协定与有关国家之间更广泛的经济一体化或贸易自由化进程的关系。那么什么是"更广泛的经济一体化或贸易自由化进程的关系"？是指既取消服务贸易壁垒，又取消货物贸易壁垒？还是指除取消歧视性措施外，还进行一体化成员国间政府规制措施的同一化活动？③"更广泛的经济一体化或贸易自由化进程的关系"在评估过程中所占的比例是多少？GATS 也没有明确规定。

根据 GATS 第 5 条第 4 款的规定，"与订立该协定之前的适用水平相比，对于该协定外的任何成员，不得提高相应服务部门或分部门内的服务贸易壁垒的总体水平"，同样存在的问题是，如何确定"总体水平"？尤其是在服务贸易领域，客观资料和数据十分匮乏，各国对服务业监管体制不同，在这种情况下贸易壁垒水平更是难以确定。有学者提出直接考察相关成员的法律变化，也有学者建议采用比例法进行评估。理论上为了计算综合的贸易壁垒水平，可以将服务贸易壁垒进行量化，但在实践中，这样做会遇到严重的数据和方法困难，计算出来的结果也难以令人信服。④

（3）服务提供者的身份及服务原产地的认定

GATS 第 5 条第 6 款涉及原产地规则的运用，但是服务贸易的原产地规则很复杂，除了因为服务贸易的无形性，另一个原因是，服务贸易除了要对服务的来源进行认定，还要对服务提供者进行认定。为了防止区域贸易安排的保护主义，第 6 款要求非成员如果在参加方领土内从事实质性商业经营，也可以享有同样的待遇。如果一发达国家在一发展中国家设立一个空壳公司，就可以享有该发展中国家通过参与区域贸易安排所享有的优惠待遇了，这显然扭曲了世贸组织给予发展中国家优惠待遇的用意。所以本款要求必须是从事"实质性商业经营"。可见仅仅是设立了分支机构或者是代表处不属于"实质性商业经营"。对于这一点，我国与港澳签订的 CEPA 运用得比较好。根据该协定附件 5，"实质性商业经营"必须从公司从事的业务性质和范围、经营年限、缴纳税款、业务场所及雇用员工的比例五个方面来考察。在港澳登记的外国公司、办事处、联络处、邮箱公司等都不属于港澳服务提供者。

---

① 石静霞、胡荣国：《区域经济一体化中的服务贸易问题》，载《法学评论》2005 年第 5 期。

② 李国安主编：《WTO 服务贸易多边规则》，北京大学出版社 2006 年版，第 106 页。

③ 李国安主编：《WTO 服务贸易多边规则》，北京大学出版社 2006 年版，第 106 页。

④ 石静霞：《WTO 服务贸易法专论》，法律出版社 2006 年版，第 210～211 页。

2. 对经济一体化的审查与监督

到目前为止，共有 15 个区域贸易安排通知到服务贸易理事会，其中 6 个已经向区域贸易理事会提交，其余 9 个尚未提交。另外还有的区域安排根本就没有通知服务贸易理事会。这反映了区域经济一体化成员不愿履行通知的义务，在这方面的约束力不够。服务贸易理事会对区域经济安排的审查同样存在问题，一方面是因为 GATS 第 5 条的规则过于笼统，WTO 成员对其有不同的解释，导致服务贸易理事会难以形成一致的审查标准；另一方面是因为经济领域若隐若现地受到国际政治的影响，区域贸易安排审议流于形式和目前欧美等发达国家的态度有关系。而且审议一项区域贸易安排需要相当庞大的人力资源和时间，所以要求区域贸易理事会对每个区域贸易安排都进行详尽的审议是不现实的。正是由于欧美国家我行我素的态度和区域贸易审查的繁杂工作，使得审查都是审而无果。所以目前最可行的办法就是集中精力对国际上有影响力的区域贸易安排进行审查，如欧盟和北美自由贸易区，通过对它们的监督管理来约束其他的区域贸易安排。另外，第 7 款（c）项规定了"理事会可向参加方提出其认为适当的建议"，但是并没有赋予审查和建议以约束力，所以经常导致所有成员都对建议视而不见。①

3. 对发展中国家的优惠待遇

GATS 第 5 条第 3 款体现了对发展中国家的照顾，如果自由贸易区或者关税同盟中有发展中国家的成员，发展中国家的成员可以将某一部门或者分部门排除在外，特别是在取消与国民待遇不一致的现有歧视性措施和/或禁止新的或更多的与国民待遇不一致的歧视性措施的要求上给予灵活性。GATS 在给予发展中国家灵活性时不仅考虑发展中国家总的发展水平，而且也要考虑具体部门甚至是分部门的发展水平。如果区域贸易安排完全就是由发展中国家组成的，那么参加方自然人所拥有和控制的法人可以享有更多的优惠。也就是说，发展中国家可以背离 GATS 有关根据区域协定参加方的法律所建立的、在参加方领土内从事实质性商业经营的法人有权享有该协定所给予的待遇的规定，而是以资本控制等为标准，对由区域内发展中国家自然人拥有或控制的法人和由区域外国家自然人拥有或控制的法人实行不同待遇。② 有了这个法律依据，像中国这类发展中国家成员可以有更大的灵活性，所以中国可以利用这一优势进行区域贸易安排。但是，关于适用该条款的灵活性包括哪些，需要考虑哪些因素，并无具体的、操作性的规定。而且在服务贸易领域形成区域集团的多为发达国家，发展中国家很少有机会利用该条款。

通过对服务贸易领域区域贸易安排的分析我们可以看出，经济一体化在服务贸易领域漏洞很多，还有很多概念、规则值得仔细推敲。造成这种现象主要有两方面的原因，一是由于服务贸易本身的复杂性，使得有些概念只能做框架性的定义，而且有些资料也很难掌握；另一方面是由于服务贸易还处于初级发展阶段，货物贸易经过半个世纪才走到今天，何况是 1994 年才签订的服务贸易总协定呢？

（三）授权条款

"授权条款"也就是 1979 年 11 月 28 日《关于发展中国家差别和更优惠待遇、互惠

---

① 李国安主编：《WTO 服务贸易多边规则》，北京大学出版社 2006 年版，第 108～109 页。

② 韩龙：《WTO 金融服务贸易的法律问题研究》，湖南人民出版社 2004 年版，第 160～165 页。

和更充分参与的决定》。该决定允许发达国家给予发展中国家优惠待遇及发展中国家之间相互给予优惠待遇，而且不需要发展中国家给予反向的优惠，创设了承担义务的非互惠制。对发展中国家的优惠体现在两个方面：一是发达国家单方面给予发展中国家的非互惠的优惠待遇和发达国家与发展中国家实行区域贸易安排的优惠待遇。二是发展中国家之间组建区域贸易安排的优惠待遇：授权发展中国家之间可达成区域性或全球性的、相互减让或排除关税或非关税障碍的协议，而不需要将这类协议按总协定第 24 条的规定来审批，或按总协定第 25 条"豁免义务"程序来审批。① 这类协议必须符合两个条件：①促进和增加发展中国家之间的贸易，不得对其他缔约方的贸易增加壁垒或造成不必要的困难；②不得构成依据最惠国待遇原则进行的削减或取消关税的障碍或者对贸易的其他限制。② 协定当事方必须通知缔约方全体，提供其认为适当的信息，且应任何有利害关系的缔约方的要求，提供及时磋商的适当机会。③ 这是 GATT 体制第一次将发展中国家放在特殊的地位予以考虑，不论其实际效果如何，毕竟代表了多边贸易体制的发展和改革方向。④

发展中国家的快速发展对全球经济有很大的促进作用，但是发展中国家扩大传统产品出口的可能性不大，而工业品出口的增长又会遇到很多困难。在发达国家和发展中国家之间实行最惠国待遇本身就是一种歧视，它只应该适用于经济发展水平相当的国家之间。实际上，发展中国家之间的区域贸易安排由于其单一的贸易模式，导致其经济发展的有限性。在发展中国家的努力下，普惠制这一问题成为"东京回合"的谈判议题。发展中国家曾经在谈判中试图将普惠制提升到与最惠国和关税减让同等的地位，现在也正在进行这种努力，但是遭到发达国家的强烈反对。而且发达国家坚持将其作为发达国家单方面的义务，即便施惠国撤回优惠待遇并且无任何补偿，也不违反相关规则，发展中国家没有报复的权利。所以说"授权条款"是南北双方妥协折中的结果，这种折中性使得该条款从最开始就是先天不足的，并且存在很多隐患。实践中，这种"授权条款"在性质和内容上已经发生了变化：西方学者将其认定为最惠国待遇的例外，并提出了"鼓励将所有发展中国家融入 WTO 正常的法律框架"的主张。发达国家更为强调"最不发达国家"的普惠制，而且在确立发展中国家是否"毕业"的问题上也一直存在争议。发达国家将优惠限定在一定的"过渡期"内，从"承担义务的非互惠制"转变为"履行义务的非互惠制"，避实就虚的"最佳努力条款"缺少对发达国家施惠的判断标准。由于其先天不足和实践中的歧视性，发达国家对发展中国家的关注从政治、经济转向人权、环境等敏感领域，并常常以此相威胁，使得发展中国家经常陷入两难的境地。⑤ 而且到目前为止，南南合作的区域经济一体化并没有取得成功，这一条款的利用率很低。

尽管发达国家给予发展中国家的优惠也没有预期的好，尽管其象征意义大于实际效果，但是作为发展中国家的特权，还是有一定利用的空间。我国的 CEPA 就可以更多地援

---

① 授权条款第 2 段。
② 授权条款第 3 段。
③ 授权条款第 4 段。
④ 曾华群：《论"特殊与差别待遇"条款的发展及其理论基础》，载《厦门大学学报》（哲学社会科学版）2003 年第 6 期。
⑤ 曾华群：《论"特殊与差别待遇"条款的发展及其理论基础》，载《厦门大学学报》（哲学社会科学版）2003 年第 6 期。

用"授权条款"。中国香港、澳门都是发达成员，内地是发展中成员。援用该条款有很多优点：在内容上其适用条件宽松、自由度大；在程序上没有严格的审查机制，成员方只要在通知和被要求时磋商即可，无须走 GATT 第 24 条、第 25 条的审批程序。① 中国-东盟自由贸易区只有新加坡一国属于发达国家，7 国是发展中国家、3 国是不发达国家，所以从总体上说属于发展中国家之间的南南合作关系，也可以援用"授权条款"。

二、区域经济一体化对 WTO 体制的冲击

区域经济一体化与多边贸易体制已经形成国际上两股强大的发展潮流，区域贸易安排的贸易总额已经达到全世界贸易总额的一半以上。从 20 世纪 90 年代起，区域经济一体化的势头从来没有减弱过。当今世界各国，尤其是发展中国家最理想的国际经济秩序便是实现多边贸易体制，GATT/WTO 自成立以来便致力于建立并完善多边贸易体制，促进贸易自由化。区域经济一体化对多边贸易体制在一定范围内产生了促进作用。在残酷的竞争中，区域内的生产者们势必要提高生产力进行"贸易创造"，使得区域内经济处于良性循环当中，同时其"溢出效应"也会使非区域成员受益。在多边框架内对谈判议题进行广度和深度的扩展已经是步履维艰，② 而区域经济一体化的深度和广度都大大高于多边贸易体制，是很好的"试验田"。区域经济一体化的出现，使得其他国家有能力制衡超级大国为所欲为的行为。在乌拉圭回合的谈判中，欧盟与美国在农业问题上存在严重分歧，使得谈判几近陷入僵局，但是从另一个角度，这至少说明欧盟打破了美国当时所主导的多边贸易体制。发展中国家可以利用贸易集团，在 WTO 谈判中为自己争取更大的利益。区域贸易协定取消了区域内成员之间的贸易壁垒，实现了资源的优化配置，因此 GATT/WTO 的相关规则中都赋予其合法的地位，将其定位为最惠国待遇的合理例外，但时至今日，区域经济一体化已经远远超出了当初作为例外存在的地位。仔细研究便会发现，其与 WTO 多边贸易体制仍然有很多不协调的因素，愈演愈烈的区域贸易安排不断冲击着多边贸易体制，使 WTO 面临重重危机。

（一）区域经济一体化对 WTO 基本原则——最惠国待遇的冲击

如前所述，WTO 关于区域安排的相关规定含糊不清，缺乏可操作性，对相关的关键术语没有统一的解释，这直接导致了区域贸易协定数量的猛增。目前为止，除蒙古国以外，其他 WTO 的成员都已经签订区域贸易安排，原本作为最惠国待遇原则例外的贸易集团可谓泛滥成灾，这恐怕是 GATT/WTO 的规则制定者们始料不及的。区域经济一体化数量的增加和涵盖领域的扩展势必会导致最惠国待遇适用空间的缩小，正如世贸组织前总干事鲁杰罗所担忧的："区域性协议本身所具有的优惠是最惠国待遇的一个例外。当这些最惠国待遇例外的数量和规模达到一定程度时，例外就成为规则，就会改变多边体制。"

大多数区域集团只是在其内部实行贸易自由，而对外并没有取消关税限制，而且通过原产地规则、反倾销和保障措施等规则筑起了非关税壁垒。相同的产品进入区域集团适用

---

① 温树斌：《在 WTO 框架下建立中国-东盟自由贸易区的法律规划探讨》，载《广东行政学院学报》2004 年第 4 期。

② 关于农产品、纺织品、劳工、环境等敏感问题，发达国家和发展中国家存在严重分歧。

不同的关税、不同的原产地规则，严重损害了区域外第三方的利益，造成国际贸易秩序的混乱，成员方经常陷入贸易争端之中。这有违 WTO 削减贸易壁垒的立法宗旨，更违背了最惠国待遇原则的基本精神。区域贸易集团考虑的仅仅是区域内各成员的利益，而不去考虑其是否与 WTO 多边贸易体制相违背，当区域内的相关规则合法化后，其便成为整个多边贸易体制的例外而存在了。

（二）区域经济一体化对 WTO 所倡导的多边贸易体制的冲击

区域集团只在成员之间实行优惠待遇，加强贸易保护主义，把原来从区域外非成员国低成本生产的产品进口转为从区域内成员国高成本生产的产品进口。但这些成员并不是产品和服务的最佳提供者，也不是低成本进口国，这严重破坏了多边贸易体制通过资源优化配置实现利益最大化的目标。所以很多学者认为，区域经济一体化并没有产生"贸易创造"效应，而是导致了"贸易转移"，或者说是净福利（即贸易创造和贸易转移的盈余）为负。欧盟在食糖的贸易政策上就是支持内部的高成本生产，导致了"贸易转移"的结果。北美自由贸易区中美国免除来自加拿大和墨西哥的钢铁进口关税，而对区域外成员则增加关税，可实际上，这两个国家却是非常低效的钢铁生产国。①

区域贸易集团的增加，加上各国对双边或复边贸易协定的偏爱，导致了成员重叠（overlapping membership）现象。竞争论者认为区域贸易安排使多边贸易体制受到了碎片化的挑战，因为每个区域集团都试图发展自己的区域贸易，一个国家同时适用几个不同的且同时存在的区域贸易规则已成为非常普遍的现象，不同的产品范围、不同的时间安排、不同的原产地规则等阻碍了多边贸易规则的建立。区域贸易集团的繁殖，特别是不受多边贸易体制约束的区域政策范围的扩大，会使得区域贸易和多边贸易体制，甚至是区域贸易集团内部矛盾增加，尤其是那些成员重叠现象比较多的集团。

近半个世纪以来，发达国家与发展中国家的差距越来越大，发达国家的平均收入已经是发展中国家的 60 倍。如何缓解南北差距成为一个非常棘手的问题，WTO 中的授权条款允许发达国家给予发展中国家优惠待遇及发展中国家之间相互给予优惠待遇，这看似解决发展问题的一种途径，但是发展中国家从中获得的整体优惠少之又少，口惠而实不至。经济实力比较强的成员组成的区域贸易尤其是发达国家组成的，经常会滥用其强势地位，在多边贸易谈判中，利用其地位反映本集团的利益，制定对自己有利的贸易政策；在运行过程中采取贸易保护措施来保护本区域内的产品。

（三）区域经济一体化对 WTO 法律规则的冲击

区域经济一体化本身就是最惠国待遇原则的例外，加之有的区域贸易安排在建立之初就是不完全符合要求的，产生了很不好的影响。除了 GATT/WTO 本身的法律漏洞，很多区域集团都可以规避、有意模糊并滥用相关的规则和程序。同时，区域经济一体化也常常违背透明度原则的要求，在区域贸易安排的缔结和实施过程中经常出现暗箱操作的情况，发达国家经常以普惠制相威胁，使发展中国家不得不听从它们的安排。WTO 对区域贸易

---

① 陆亚琴：《区域贸易合作理论与实践探讨》，载《云南财贸学院学报（社会科学版）》2003 年第 5 期。

协定的审查和监督存在严重缺陷，大大弱化了其监管的效力。

区域贸易安排为了追求自身利益的发展，可能会出现对 WTO 相关规则的违背，使区域贸易安排凌驾于多边贸易体制之上，这无疑冲击和限制了 WTO 多边贸易体制的发展。如《美加自由贸易协定》第 104 条规定："除本协定另有声明外，本协定项下的权利与义务优先于关贸总协定下的权利与义务。"①

（四）区域经济一体化对 WTO 争端解决机制的冲击

首先，谅解第 24 条规定，对于在区域贸易协定中产生的任何事项，都可以适用 WTO 争端解决机制，但是关于管辖权这种先决问题便存在认定上的困难。当事方没有就争端解决的方式问题达成一致，对于多边争端解决机制和区域内争端解决机制如何适用，在实践中存在很多问题，此其一。其二，绝大多数区域贸易集团成员都不是 WTO 的成员，当争议发生时，多边贸易体制对其没有管辖权，从而使得区域贸易集团的争端游离于 WTO 的争端解决机制。

其次，区域贸易协定与 WTO 作为不同的法律体系，在适用时必然会产生法律冲突。大量出现的区域贸易协定不符合 1994 年 GATT 第 24 条规定的情况，WTO 在此问题上也没有找到解决的办法，使 WTO 出现了合法性危机，这种危机不仅出现在区域经济一体化中，也蔓延到 WTO 的其他方面，国际社会对 WTO 体制产生了信任危机，这对 WTO 来说是致命的。

（五）区域经济一体化对 WTO 谈判议程的冲击

虽然实现全球经济一体化是最终目标，但通过何种方式实现，内部的结构怎样安排都是一个未知数。相对多边贸易体制来说，区域贸易安排的成员要少，利益牵扯也比较少，将区域经济一体化作为试验场是比较可行的办法，再加上一些区域集团发展得很好，成员们从中获得了很多利益，所以 WTO 成员们都将注意力转移到区域贸易协定上来。

多哈回合将"发展"作为谈判的主题，这使得广大的发展中国家看到了为自己寻求最大利益的希望，但是坎昆会议的失败又使发展中国家清醒过来。坎昆会议失败的原因主要来自两个方面：一是发展中国家和发达国家在很多重要议题上没有达成共识，二是发达国家和一些重要的发展中国家在坎昆会议之前就已经将工作重心转移到自由贸易区的谈判和缔结上。发达国家不仅自己将工作重心转移到区域经济一体化当中，而且在其与发展中国家组建的区域集团中又形成新的不公平待遇。不仅如此，发达国家利用区域经济一体化分化、瓦解发展中国家在建立多边贸易体制过程中团结起来的联盟。原本在会议之前，巴西、印度、南非和中国牵头成立了 20 国集团，准备联合起来针对特定议题进行谈判，而且发达国家也尝试了 20 国集团的谈判实力，但是在美国的威逼利诱下，萨尔瓦多在坎昆会议上就退出了 20 国集团，坎昆会议结束后，又有几个国家也相继退出并且正寻求与美国建立自由贸易区。② 可想而知，在今后的谈判过程中，发展中国家在发达国家利益的诱

---

① 孟祥秀：《论区域贸易安排与多边贸易体制之关系》，载《哈尔滨学院学报》2005 年第 11 期。
② 孟祥秀：《论区域贸易安排与多边贸易体制之关系》，载《哈尔滨学院学报》2005 年第 11 期。

惑下，很难取得实质性的突破。①

三、简短的结语

纵观 WTO 关于区域贸易安排的法律文件，其简单模糊的规定使关于 RTAs（Regional Trade Agreements）的相关规则处于低效、无力的尴尬境地。而且随着 RTAs 的深化和扩展，有的区域安排已经超越了关税同盟的阶段，如今的欧盟已经正式发行了欧元并且推动经济与货币联盟，成为更高阶段的区域经济合作，目前 WTO 的所有法律文件显然难以对其进行规范。② 大多数的区域贸易安排内部也规定了争端解决机制，像欧盟和北美自由贸易区都有比较完善的解决程序。理论上，WTO 争端解决机制的效力应该大于区域贸易安排的效力，但是由于欧美大国的强势地位，实践当中恰恰相反。WTO 没有明确界定哪一种体制具有优先权，所以协调好多边贸易体制和区域贸易安排的争端解决机制也是当务之急。对发展中国家的优惠作用也是极其有限。虽然成立了区域贸易委员会，但是其对区域贸易安排的监管一直是形同虚设，建立区域贸易的成员只需要形式上通知 WTO 就可以了。每一个区域贸易集团都有自己的一套法律规则，其重视的是本集团的利益而非多边贸易体制，有的规则甚至与 WTO 相违背，虽然谅解关与区域集团的审查和监管进行了一些完善，但其仍然是软弱、低效的。

几乎所有的区域贸易安排都强调其开放性，否认其排他性，实际上，区域经济一体化是集开放性和排他性于一身的。区域集团内部取消贸易限制，对外实行统一关税，从这方面体现了其排他性。区域集团吸收其他国家，增强整体实力，这又体现了它的开放性。例如欧盟在 2004 年已经扩大为 25 个成员国，再如亚太经合组织成员之间的优惠措施同样适用于非成员，以及相当部分成员同时是多个区域贸易安排的成员等都说明了其开放性。所以学者们认为区域贸易安排是多边贸易体制的补充。但是，区域贸易安排只有在符合相关条件的情况下才能成为多边贸易体制的补充，这个条件就是符合区域经济一体化的法律依据，即 GATT 第 24 条及其谅解和 GATS 第 5 条。③ 而目前的 WTO 相关规则已经远远落后于区域贸易集团的发展现状，无法对其进行有效的规范和约束。而且从目前来看，区域贸易安排的负面影响占据着上风，多哈《部长宣言》虽然没有直接表示出区域贸易安排的负面影响，但是强调二者需要协调，这隐含地表明了部长们的担忧。应该认识到，无论是区域经济一体化还是多边贸易体制，它们都是实现经济全球化的可供选择的途径，并非终极目标，区域经济一体化并不必然会发展成为多边贸易体制。作为当代国际社会两大并行发展的贸易体制，区域贸易协定与多边贸易体制之间存在诸多明显的冲突，实质上是全球经济发展的一种困境，如何协调两者之间的冲突，在促进经济全球化进程方面显得尤为重要。④ 即使 WTO 所追求的多边贸易体制是完美的，但它只是各国的长期目标，要实现这

① 曾令良：《区域贸易协定的最新趋势及其对多哈发展议程的负面影响》，载《法学研究》2004 年第 5 期。

② 刘会春：《WTO 时期新区域主义主导下的区域贸易协定》，载《政法学刊》2008 年第 4 期。

③ 王小林：《区域经济贸易法律制度与多边贸易体制——有条件的补充》，载《吉林公安高等专科学校学报》2005 年第 5 期。

④ 沈木珠、逯婷婷：《WTO 多边贸易体制与区域贸易协定的冲突与协调》，载《南京财经大学学报》2008 年第 1 期。

一目标必须兼顾眼前利益，尊重各国的政治经济文化差异，才能建立一个现实而稳定的国际经贸秩序。本文认为，两者在机制上存在一定的矛盾，但也有一致性，应被认定为互为补充的平行关系。在价值取向上，应坚持多边贸易体制为主，区域贸易体制为辅的原则，两者互相借鉴、互相促进，逐步实现经济全球化的健康发展。但需要注意的是，WTO 对区域贸易协定的监督和管理要适度，如果干预得过多反而会造成新的矛盾冲突。

区域贸易集团对 WTO 多边贸易体制的冲击是长期存在的，对 WTO 的相关规则进行完善和改革迫在眉睫。本文认为，区域贸易集团带给 WTO 的冲击如此之大，最根本的原因就是因为多边贸易体制没有对其进行很好的规范、约束和监督。首先在实体方面，应该澄清前文提到的那些含糊不清的规则，如"实质上所有贸易"、"其他贸易法规"等；其次，加强对区域经济一体化的审查与监督，特别是完善定期审查制度；最后，协调区域集团与 WTO 的争端解决机制，应明确 WTO 争端解决机制的优先适用性。从区域集团的角度来说，应该在自身建设的同时，加强与 WTO 的协调，主动避免或减少对 WTO 体制的冲击。只有这样，区域经济一体化才能在多边贸易体制的引导下，健康、合理、有序地发展。

碳排放交易的国际法思考

■　李仁真*　曾　冠**

> **目　　　录**
>
> 一、碳排放交易的概念与特征
> 二、碳排放交易的国际法依据
> 三、碳排放交易与 WTO 体制的关系
> 四、国际碳排放信用交易的风险及对策
> 五、中国在未来谈判中应持有的立场

　　近年来，全球变暖所引起的气候变化问题已引起了国际社会的广泛关注。如何减少大气层中以二氧化碳为主的温室气体含量已成为全人类共同面临的一个极其严峻的课题。面对这种情况，国际社会引入碳排放交易这一市场经济模式来减少温室气体排放，以实现缓减全球变暖的目标。2005 年，《〈联合国气候变化框架公约〉京都议定书》（The Kyoto Protocol，以下简称《京都议定书》）的生效和实施，标志着全球碳排放交易市场时代的到来。可以说，21 世纪的经济将是以低碳经济为特征的，而碳排放交易将是低碳经济中最为重要的一环。据联合国和世界银行预测，全球碳排放交易市场潜力巨大，预计 2008—2012 年，全球碳排放交易市场规模每年可达 600 亿美元，2012 年全球碳排放交易市场将达到 1500 亿美元，有望超过石油市场成为世界第一大市场。目前，我国是全球碳排放信用交易市场的最大供货方，2006 年的销售总额就占到全球清洁发展机制项目市场份额的 61%。[①] 截至 2009 年 1 月 16 日，我国经国家发展改革委员会批准的清洁发展机制项目已达 1847 个，且这一数目仍在不断增加。在这种情况下，从国际法的角度对碳排放交易这个崭新的课题进行研究，不论是对于国际法学理论研究还是对于我国参与碳排放交易实践都具有重要的意义。

　＊　法学博士，武汉大学国际法研究所教授，博士生导师。
　＊＊　法学博士，大连商品交易所法律部职员。
　①　The World Bank, *State and Trends of the Carbon Market* 2007, Washington, D. C. May, 2007, p 3.

一、碳排放交易的概念与特征

碳排放交易或称碳排放权交易，在本质上属于排污权交易①，是以"限额与贸易"（cap-and-trade）或"基准与信用"（baseline-and-credit）体制为基础的二氧化碳等温室气体排放权交易。

碳排放交易是一种基于特定环境政策及法律体制而进行的国际经济法律活动。它的产生，体现着国际环境政策由以命令与控制（command and control）为基础向"以市场为基础"的转变，标志着国际环境法已突破了既有框架，与国际贸易法、国际金融法有机结合而出现了重大创新。在碳排放交易中，交易的标的为减排信用（credit）或排放配额（allowance）。配额和信用作为排放权的载体，可以如同证券和商品一样在市场上自由交易，因而被称为"市场环境工具"（Market-traded Environmental Instruments）。

依据交易的标的及基础体制的不同，碳排放交易可分为两种：一种是基于"限额与贸易"体制的碳排放交易；另一种是基于"基准与信用"体制的碳排放交易。

基于"限额与贸易"体制的碳排放交易，具有如下特征：

第一，具有强制性的碳排放总量限额。这个限额也就是在固定期限内（如 1 年）总的温室气体排放量。它一般由政府主管机构依据法律的减排目标来设定，在数量上往往是在该国或地区过去某一年度温室气体排放总量上减少一定百分比②。依据主体不同，限额可分为国际条约规定的国家排放限额、国内法律规定的行业排放限额和具体排放实体的排放限额三种。具体排放限额指的是某一个企业或公司在某一个期限内的排放限额。企业具体排放限额和行业排放限额在数量上往往是与国家排放限额相一致的，并由政府主管机构根据国家排放限额目标来确定。限额随着时间推移在数额上是逐步减少的，也就是说，下一个固定期间的限额将比上一个固定期间的限额在数量上要少，这样才能实现温室气体排放总量逐步减少的目标。

第二，排放配额是免费分配的。即指政府主管机构在某个固定期限之初向具体的排放实体或污染源免费分配与其排放限额相当的排放配额。一定期限内配额分配总量等于该期限内总的排放限额。每个单位配额代表一定量的（一般为 1 吨）以二氧化碳为主的温室气体排放量，并且每一个配额都有数据编码。所谓分配，也就是把配额划入排放实体在配额注册机构开设的账户中。

---

① 排污权交易的基本思想最早由美国经济学家戴尔兹在 1968 年提出。美国是最早将排污权概念应用于实践的国家。1970 年《清洁空气法案》实施了总量原则，1975 年提出了最初的气泡概念，1979年制订了"泡泡政策"（bubbles），1982 年形成了排污交易政策雏形。1986 年 11 月 18 日里根政府正式签发了国家环保局的排污交易政策最终报告书，该报告书于同年 12 月 4 日颁布，并于 1988 年 12 月 4 日正式生效实施。1990 年《清洁空气法案》修正案中认可了建立排污权交易的制度创新，并对排污权交易的实施做了具体的规定。目前，美国法律中的排污权交易制度主要包括存储（banking）、泡泡（bubbles）、抵消（offsets）和减排信用（emissions reduction credits）可以进行交易的政策内容。参见蔡守秋：《论排污权交易的法律问题》，载《适应市场机制的环境法制度建设问题研究——2002 年中国环境资源法学研讨会论文集》。

② 如《京都议定书》要求工业化国家在 2008—2012 年期间，温室气体排放量从 1990 年的排放水平平均降低大约 5.2%。

第三，配额可自由交易。无论是否为排放实体，都可以自由地在市场上买进或卖出配额。自然人、金融机构也可以开展配额交易，赚取差价。一般而言，配额是可以储存的，当前期限的配额只要未使用或未注销，即没有向政府主管机构来抵消实际排放量予以注销，或称缴纳，就可以存储至下一个排放期限再使用。由于配额的总分配数是固定的，所以不管由谁排放，对环境影响的整体效果是不变的。

第四，配额应当予以缴纳。即每个排放实体在固定期限的期末必须向政府主管机构缴纳与其实际排放量相当的排放配额，也就是说，每个温室气体排放企业必须持有数量充足的排放配额来抵消其实际的排放量，而这种抵消通过向政府主管机构缴纳或者说注销与其实际排放量相同的配额来实现。如果一个企业持有的排放配额不足，即少于其实际排放量，它将承担超额排放的责任，这种责任表现为罚款或从下个期限内该企业应得到的初始分配配额中扣减。

第五，实现减排目标的措施灵活。在"限额与贸易"体制下进行碳排放交易，与简单的限制特定排放实体排放总量不同，企业可以根据自己的战略进行有利的排放权交易，灵活地实现减排目标。首先，它可以通过采用新技术、利用清洁能源或关闭高污染设施提高效能、减少排放，使得实际排放量等于或少于其持有配额；如果实际排放量少于其持有配额，就意味着该排放实体拥有多余的配额，这些多余的配额既可以在市场上销售换取现金，也可以储存至下一个减排期限使用。其次，如果它的实际排放量大于其所分配到的配额，它可以通过在市场上从其他具有剩余配额的实体购买其不足部分的配额，或者缴纳与其超额排放相当的罚款。这两种选择，一种为内部措施，一种为外部措施，排放实体可以灵活运用，采用最符合成本效益的方法实现其总体减排目标。

基于"基准与信用"体制的碳排放交易，没有一个法定的强制性的碳排放限额，排放实体的参与通常是自愿性的。在这种体制下，首先由政府主管机构依据科学的方法为某一类或某一个自愿参与该体制的排放实体设定一个具体的排放基准，当这些排放实体的实际排放量低于该基准时，由政府主管机构审验核准后向该排放实体颁发减排信用，减排信用的数额为基准与实际排放量之间的差额。当某排放实体的实际排放量超过该基准时，它必须从市场上购买与其超过排放量相当的减排信用或配额来抵消其多排放的部分；当某排放实体拥有多余的减排信用时，它可以选择在市场上销售，也可以储存起来以备后用。一个单位的排放信用同一个单位的配额相同，都代表一吨二氧化碳排放量，并具有自己的编码。由于单位配额和单位信用所代表权利的相同属性，因而两者之间是可以相互转化的。也正是因为如此，有的碳排放交易市场往往并不单单是建立在一种体制之上，而是"限额与贸易"和"基准与信用"两种体制的结合体。如在《京都议定书》下的碳排放交易市场、英国碳排放交易体系就是如此。在这种情况下，"限额与贸易"和"基准与信用"两种体制之间紧密联系，共同构筑了一个碳排放交易市场。

二、碳排放交易的国际法依据

碳排放交易作为解决全球环境问题的一种法律手段，其产生有着深刻的时代背景。众所周知，生态环境是人类生存与发展的源泉和基础，经济发展反过来也必然影响自然环境。当南极洲上空的臭氧空洞日益扩大，当喜马拉雅主峰上的景观因为冰川的消融而发生改变，当全球海平面的不断上升威胁到太平洋小岛上的原住民的生活时，全球变暖的现实不断地向世界各国的人们敲响警钟。全球变暖不仅会造成海平面上升、冰川融化、土地沙化，而且会导致全球气候异常、自然灾害频发、疾病横行、物种灭绝，成为整个人类社会生存与发展的威胁。而造成这一切的罪魁祸首，就是地球大气层中以二氧化碳为主的温室气体的剧增。面对这种情况，扭转全球变暖趋势，给人类的子孙后代留下一个可供生存、可持续发展的生态环境，逐渐得到国际社会的广泛认同，并受到广大公众越来越多的关注。严酷的现实告诉人们：气候变化既是环境问题，也是发展问题；为了人类共同的长远利益，世界各国必须达成共识，国际社会必须立即采取行动，共同努力，在全球范围内减少影响气候变化的温室气体排放量，降低温室气体的浓度，确保地球生态系统能承受经济发展的重大压力。

面对全球气候变化这样一个人类社会所遇到的前所未有的挑战，国际社会自 20 世纪 80 年代开始做出了种种努力，其中，《京都议定书》第一次创造性地提出了在全球范围内实行碳排放交易的法律机制，而《联合国气候变化框架公约》（以下简称《公约》)① 所确立的原则性框架则为这一机制的形成奠定了法律基础。

（一）《公约》的法律框架

1990 年 12 月 21 日，联合国第 45 届大会通过了第 45/212 号决议，决定设立气候变化框架公约政府间谈判委员会，正式启动了《公约》的谈判进程。经过各方妥协，1992 年 5 月 9 日在纽约通过了《公约》，并在里约热内卢世界环境与发展大会期间供与会各国签署。《公约》于 1994 年 3 月 21 日生效，目前共有包括美国在内的 192 个国家和欧盟批准了《公约》，我国于 1992 年 6 月签署了《公约》②。

该《公约》创制了国际应对气候变化的法律体制框架，其基本内容可以概括为以下三个方面：

第一，设定了一个最终目标。《公约》开明宗义，提出了"将大气中温室气体的浓度稳定在防止气候系统受到危险的人为干扰的水平上，这一水平应当在足以使生态系统能够自然地适应气候变化、确保粮食生产免受威胁并使经济能够可持续进行的时间范围内实现"这一最终目标③。

第二，确立了五项基本原则。《公约》第 3 条规定了用于指导缔约方采取履约行动的五项基本原则，具体如下：

① 共同但有区别的责任原则。这是《公约》的首要法律原则，又称公平原则。依据该原则，各缔约方应在公平的基础上，根据它们共同但有区别的责任和各自的能力，为人类当代和后代的利益保护气候系统，发达国家应率先采取行动应对气候变化及其不利影响。

② 充分考虑发展中国家的具体需要和特殊情况原则。该原则强调，应当充分考虑到发展中国家缔约方，尤其是特别易受气候变化不利影响的发展中国家缔约方的具体需要和

---

① 英文全称为 United Nations Framework Convention on Climate Change, UNFCCC。

② 从 1995 年的柏林会议到 2008 年的波兰波兹南会议，《公约》共召开了 14 次缔约方大会。

③ 这一目标并未明确到底要将大气中的温室气体稳定在什么浓度水平上，这表明目前科学界对此问题的认识还有很大的不确定性。

特殊情况，也应充分考虑到那些根据本公约必须承担不成比例或不正常负担的缔约方特别是发展中国家缔约方的具体需要和特殊情况。

③ 预防原则。该原则要求，各缔约方应采取预防措施，预防、防止或尽量减少气候变化，并缓解其不利影响。当存在造成严重或不可逆转的损害的威胁时，不应以科学上没有完全的确定性为由推迟采取这类措施。同时考虑到应对气候变化的政策和措施应当讲求成本效益，确保以尽可能最低的费用获得全球效益。为此，这种政策和措施应当考虑到不同的社会经济情况，并且应当具有全面性，包括所有有关的温室气体源、汇（credit）①和库及适应措施，并涵盖所有经济部门。应对气候变化的努力可由有关的缔约方合作进行。

④ 促进可持续发展原则。该原则意味着各缔约方有权并应当促进可持续发展。保护气候系统免遭人为变化的政策和措施应当适合每个缔约方的具体情况，并应结合到国家的发展计划中去，同时考虑到经济发展对于采取措施应对气候变化是至关重要的。

⑤ 开放经济体系原则。该原则主张，各缔约方应采用有利的、开放的国际经济体系，促成所有缔约方特别是发展中国家缔约方的可持续发展，从而使它们有能力更好地应对气候变化问题。为应对气候变化而采取的措施，包括单方面措施，不应成为国际贸易上的任意或无理的歧视手段或隐蔽的限制。

第三，规定了各缔约方的义务。《公约》首先概括性规定了各缔约方的义务。依其规定，所有缔约方应当提供所有温室气体各种排放源和吸收汇的国家清单；制订、执行、公布国家应对气候变化的计划，包括减缓气候变化以及适应气候变化的措施；促进减少或防止温室气体人为排放的技术的开发应用；增强温室气体的吸收汇（Carbon Sequestration）；制订适应气候变化影响的计划；促进有关气候变化和应对气候变化的信息交流；促进与气候变化有关的教育、培训和提高公众意识等。②

根据"共同但有区别的责任"原则，《公约》又明确要求附件一缔约方和非附件一缔约方分别承担不同的义务。附件一缔约方（工业化国家）的义务包括：带头按照公约的目标，改变温室气体人为排放的趋势；制定国家政策和采取相应的措施，通过限制人为的温室气体排放以及保护和增强温室气体汇和库，减缓气候变化；到 2000 年，个别地或共同地使二氧化碳等温室气体的人为排放恢复到 1990 年的水平，并定期就其采取的政策措施提供详细信息。附件二所列发达国家应提供新的和额外的资金，支付发展中国家为提供国家信息通报所需的全部费用，帮助特别易受气候变化不利影响的发展中国家缔约方支付适应这些不利影响的费用，促进和资助向发展中国家转让无害环境的技术，支持发展中国家增强自身的技术开发能力。

《公约》特别强调，发展中国家能在多大程度上有效履行其在本公约下的义务，将取决于发达国家对其在本公约下所承担的有关资金和技术转让的承诺的有效履行，并将充分

---

① 这里"汇"即"信用"，《京都议定书》第 3 条第 3 款还规定，发达国家可通过造林与再造林等活动使森林蓄积量增加，从而导致所谓"汇"（即森林、草原、海洋等在大气中吸收 CO_2 的物质过程）吸收 CO_2 的作用的增加，来帮助实现减排义务。这是政治妥协的结果，也是一个漏洞，这不但可能为发达国家提供逃避实质性减排的借口，而且大大提高了气候谈判工作量和复杂程度。

② 参见《公约》第 4 条。

考虑到经济和社会发展以及消除贫困是发展中国家的首要和压倒一切的优先任务。向发展中国家提供与履行公约有关的资金，是发展中国家履行公约的重要前提条件。《公约》确定建立一个在赠与或转让的基础上提供资金，包括用于技术转让资金的机制，并确定全球环境基金（Global Environment Facility，GEF）为《公约》资金机制的一个临时经营实体，同时保留了今后增加其机构作为经营实体的可能性。《公约》规定：附件二所列发达国家缔约方应采取一切实际可行的步骤，酌情促进、便利和资助向其他缔约方特别是发展中国家缔约方转让或使它们有机会得到无害环境的技术和专有技术，以使它们能够履行本公约的各项规定；发达国家缔约方应支持开发和增强发展中国家缔约方的自身能力和技术。《公约》还规定，资金机制应在赠与或转让的基础上提供用于技术转让的资金。

（二）《京都议定书》的法律机制

正如其名称所示，《公约》只是一个关于国际应对气候变化的框架协议，它仅规定发达国家应在 20 世纪末将温室气体排放恢复到其 1990 年的水平，而没有为发达国家规定量化减排指标。为此，1997 年 12 月第三次缔约方会议制定了《京都议定书》，作为对《公约》的补充。《京都议定书》共有 27 条及 A、B 两个附件。附件 A 为温室气体种类以及部门/类型，附件 B 为各国减排目标。2005 年 2 月 16 日，《京都议定书》在俄罗斯批准之后正式生效。① 截至 2009 年 1 月 14 日，共有 183 个国家②和欧盟批准了《京都议定书》。

《京都议定书》是第一个为发达国家规定量化减排指标的国际法律文件。它在《公约》所设定的原则性法律框架下，明确要求工业化国家在 2008—2012 年的承诺期内将其二氧化碳等温室气体排放量在 1990 年的水平上平均减少 5.2%，并就减排途径创造性地提出了三种灵活机制，即联合履约机制（JI）、清洁发展机制（CDM）和排放权交易（ET）。

① 联合履约机制。它提供了附件一国家之间通过实施项目合作，减少排放或者吸收大气中的 CO_2 的途径。在这种机制下获得的减排单位是排放减少单位（Emission Reduction Units，ERUs）③。

② 清洁发展机制④。它适用于附件一国家和非附件一国家之间的减排项目或者吸收 CO_2 的造林项目。CDM 项目下获得的减排单位是核证减排量（Certified Emission Reductions，CERs）。与此同时，这也帮助了非附件一国家实现可持续发展，并最终实现《公约》的目标。CDM 项目由 CDM 执行理事会（the Executive Board，EB）负责监管。

③ 排放权交易。它是附件一国家之间互相买卖减排单位的机制⑤。鉴于促使全球性气候变暖的二氧化碳等温室气体，无论它们身在何处排放都具有相同的效果，为了确保排放量减少发生在减排成本最低的地方，从而降低应对气候变化的整体成本，《京都议定

---

① 《京都议定书》第 25 条规定应在不少于 55 个缔约方批准，而且其附件一国家的二氧化碳排放问题应占附件一国家的 55% 以上之日后的第 90 天起议定书生效，这是为了避免像美国这样的占附件一国家排放量的 35% 国家能获得一票否决生效权。

② 我国政府于 2002 年正式批准签署了《京都议定书》。

③ 参见《京都议定书》第 6 条。

④ 参见《京都议定书》第 12 条。

⑤ 参见《京都议定书》第 17 条。

书》规定了碳排放交易，即准许工业化国家通过资助与技术援助无减排义务的"非工业化"国家实施减排项目的方式获得排放信用额度，或者直接从其他工业化国家购买《公约》规定的排放信用，实现其减排目标。依其规定，可以互相交易的减排单位类型有：分配数量单位（Assigned Amount Units，AAUs），吸收单位（Removal Units，RMUs），排放减少单位（ERUs）和核证减排量（CERs）。①

以上三种"灵活机制"的创设，可以使缔约方获得低成本高效率地减排或帮助其他国家减排的机会，从而降低了各国实现减排目标的成本。应当指出的是，这三个机制的根本目的并不是授予附件一国家"排放权"，或者为了使得各国进行碳信用额的交易，而是力求设计一种崭新的体制，既能满足低成本高效率地减少排放总量，同时又能确保各国采取这种减排环保行动的诚意和公平性。这种灵活机制的设计，依据的是发展中国家与发达国家之间减排成本的巨大差异，虽然各地区减排的成本各不相同，但对于整个大气层而言，无论在哪里采取减排行动，其效果都是一样的。那么，通过国际减排贸易，不仅能够降低工业化国家碳排放的经济成本，达到最优的经济效应，实现温室气体减排目标，而且可以为发展中国家提供经济发展的资金和先进技术，有利于发展中国家的生态环境保护，促进发展中国家的可持续发展。

(三)《京都议定书》的意义及实施

研究表明，《公约》及其《京都议定书》是碳排放交易产生的国际法律依据。尤其是《京都议定书》，它作为联合国历史上第一个具有法律约束力的温室气体减排协议，开创了全球碳减排交易市场的新时代。它的法律意义，主要表现在以下三个方面：

第一，它第一次在全球范围内，通过对发达国家和经济转型国家设定具有法律约束力的温室气体减排或限排额度，对6种温室气体的排放进行控制，为实现《公约》设定的"最终目标"提供了阶段性的量化指标。这实质上是通过多边谈判对全球温室气体环境容量资源的一种分配，是当代国际法的一种制度创新。它的生效和实施，对于推进全球环境管理体制和法律机制的形成和发展具有里程碑式的意义，预示着低碳经济模式的到来，标志着人类在保护地球家园方面迈出了重要的一步。

第二，它以具体的法律机制实现了对《公约》的"框架性"法律原则的补充，为实现《公约》设定的"硬性目标"提供了多元化的、可替代的履约途径。它通过三大"灵活机制"的创设，为发达国家依法履行承诺提供了合理而现实的渠道，并将那些形式上

①　根据议定书第3条，计算每个附件一国家减排量的单位有 AAUs，RMUs，ERUs，CERs。每个单位都相当于 1 吨 CO_2 当量的排放额。AAUs 是基于第 3 条第 7 款和第 8 款关于 AAUs 的规定，RMUs 是土地利用和森林改造活动产生的，规定在第 3 条第 3 款和第 4 款。根据第 3 条第 10 款和第 11 款的规定，通过排放权交易，一缔约方获得 ERUs，则另一提供该排放许可额的缔约方的 AAUs 或 RMUs 就从其根据议定书得到的配额中相应扣除，这样议定书分配的排放配额总量就不受影响。而 CERs，则是根据议定书第 3 条第 12 款规定的开展清洁发展机制项目产生的减排单位，是 AAUs 的一个补充。三个机制都基于减排额计算体系的基础开展。在这一计算体系下，附件一国家在 5 年承诺期内的减排量都划分成了小的单位，每一单位相当于 1 吨 CO_2。这种承诺减排量单位就是分配数量单位，它与其他在京都议定书下通过缔约方之间互相采取合作行动（JI/CDM）产生的其他类型减排量单位一起，构成了对各国减排目标的计量单位。

表现为国内的、典型的、成熟的环境管理制度直接移植于国际环境法之中，体现了从"以命令与控制为基础"的环境管理体制向"以市场为基础"的环境管理体制的转变。有学者指出，它对国际环境立法产生了突破性的影响，其将国际环境立法从以往着重法律基本原则和宣言性声明的"软法"向实体性、可操作性、与国内环境管制制度相匹配的实证国际环境法推进了一大步①。

第三，它秉承《公约》的法律原则和精神，其主要承诺的关键条款都要求发达国家做出单方承诺及履行义务，对国际发展法也是一次重大飞跃。如限期限量进行温室气体的排放消减，对发展中国家的财政援助和技术转让，发展中国家履行《公约》义务以发达国家达到温室气体排放消减目标和为发展中国家提供必要的财政援助和技术转让为前提，强调发展中国家生存权优先，等等。通过清洁发展机制的实施，发达国家缔约方通过提供资金和技术的方式与发展中国家进行合作，实施具有温室气体减排效果的项目，用比较低廉的成本获得温室气体减排量，以抵消其部分减排义务。同时，发展中国家通过这种合作可获得资金和技术，是一种国际合作的"双赢"机制。

《京都议定书》签署之后，为了应对即将到来的全球性碳排放交易，各发达国家及其区域性组织于21世纪初期纷纷制定相关立法和政策，建立了内部碳排放交易体系，积极开展碳排放交易。比如，2002年4月英国温室气体排放权交易体系正式启动，2003年1月澳大利亚新南威尔士温室气体减排体系开始运行，2003年全球第一个自愿性温室气体减排交易系统——芝加哥气候交易所在美国建立，2005年根据《欧盟温室气体排放配额交易指令》创制的欧盟排放权交易体系（European Union Emission Trading Scheme，EUETS）付诸施行，2006年日本开始实施自愿排放权交易计划，等等。2005年《京都议定书》生效之后，欧盟和日本等发达国家为了履行其在《京都议定书》做出的2008—2012年第一个减排期间的承诺，纷纷向发展中国家和其他经济转型国家（EIT）购买碳排放信用，全球碳排放市场也随之形成。目前，碳排放交易正在成为推动温室气体减排的一种最重要的法律手段。

三、碳排放交易与 WTO 体制的关系

自从20世纪90年代初期美国虾龟案以来，环境保护与WTO体制下的国际贸易规则的交互关系已引起人们广泛关注和讨论，这些讨论主要集中于多边环境条约及其所规定的贸易限制措施与WTO义务是否会产生冲突。目前，环境问题也是多哈回合谈判的最为重要的议题。

碳排放交易与WTO体制的关系，实质上也就是《公约》及其《京都议定书》所创制的国际应对气候变化体制与以WTO协议为基础的国际贸易体制之间的关系。从《公约》第3（5）条与《京都议定书》第2（3）条"对国际贸易的消极影响应当最小化"的规定可以看出，两个体制之间应当是相互支持的，而不应当相互矛盾。某些与环境相关的贸易措施，如减少与缓减气候变化相关的环境产品和服务的贸易壁垒、减少对传统燃料的补贴，甚至能形成一个"双赢"的局面。《京都议定书》也并未授权缔约方采用贸易限制措

---

① 参见杜群：《气候变化的国际法发展：〈联合国气候变化框架公约〉京都议定书述评》，载《环境法论丛》第3卷，第256~257页。

施来履行其义务。因而，从理论上讲，WTO 协议与《京都议定书》之间在一般情况下不会产生直接的冲突。但是，这并不意味着两个体制之间不会发生任何矛盾。由于两个体制的广泛参与性，一个国家为了履行《京都议定书》下的义务所采取的国内措施很有可能会违反其作为 WTO 成员方的义务。比如，欧盟实施的为缓减气候变化的技术性措施（如欧盟对于能效核证和分类的措施）就可能会违反其在《技术壁垒贸易协定》中规定的义务，即应就技术壁垒贸易措施向技术壁垒贸易委员会报告。出于本文研究的目的，以下仅从三个方面谈碳排放交易与 WTO 体制的关系。

（一）配额或信用是否构成"商品"或"服务"

我们知道，WTO 体制主要调整国际贸易关系，其内容可分为国际货物贸易规则与国际服务贸易规则两大类，其中，货物贸易规则以 GATT 为核心，服务贸易规则以 GATS 为基础。《京都议定书》第 17 条规定了国际碳排放交易，这就提出一个问题：碳排放交易是否属于 WTO 体制下的国际贸易？要回答这个问题，首先必须明确《京都议定书》中所指的交易单位（如排放配额）是否属于 GATT 下的"商品"（commodities）。如果属于，至少会涉及 WTO 体制下的 GATT、《与投资有关的贸易措施》、《补贴与反补贴措施协定》、《服务贸易总协定》及其金融服务附件、《政府采购协议》① 等多个协定。

关于排放配额是否属于 GATT 下的"商品"问题，国外学者已有一些论述。比如，雅各布（Jacob Werksman）认为，与"产品"（products）相比，排放配额可能更与"商品"相似，因为配额具有市场价值，且可被进行国际性的交易，但是"产品"的概念并未扩展到包括这样的"商品"。他把排放配额归属于"由政府当局颁发的许可证或许可"的范畴，而不是一种"产品"或"服务"，② 因此主张国家排放配额贸易既不属于 WTO 体制下的货物贸易，也不属于服务贸易。安妮（Annie Petsonk）认为，"产品"与"可交易的主权义务成分"（transactable components of sovereign obligations）之间存在区别，排放配额作为一种缔约方履行议定书所规定义务的方式，更适合被认为是"一种履行主权义务的法律出价"（form of legal tender in satisfaction of sovereign obligations），而不是一种"产品"③。基于相同的理由，格伦（Glenn M. Wiser）也认为 CDM 项目产生的减排配额应当认为是一种许可证而不是商品。④ 如果不属于"商品"或"产品"，配额进口的数量限制问题、歧视性措施问题也就不存在了。

无论如何，《京都议定书》下缔约方政府之间关于排放单位的交易与 WTO 体制之间

---

① 当政府作为 CDM 和 JI 项目的投资人，向附件二国家购买减排信用时可能会涉及《政府采购协议》。目前，《政府采购协议》并没有碳减排信用的规定。但是否涉及该协议取决于投资的种类，如果是商品、服务投资，基础建设投资，很明显应受该协议的管辖。

② See Jacob Werksman, *Greenhouse Gas Emissions Trading and the WTO*, 8 REV. EUR. COMM. INT'L ENVTL. L. [RECEEL] at p. 255 (1999).

③ See Annie Petsonk, *The Kyoto Protocol and the WTO: Integrating Greenhouse Gas Emissions Allowance Trading into the Global Marketplace*, 10 *Duke Envt'l. L. & Pol'Y F.* 185, 199-200 (2000). at p. 200.

④ See Glenn M. Wiser, *The Clean Development Mechanism Versus the World Trade Organization: Can Free-Market Greenhouse Gas Emissions Abatement Survive Free Trade?*, 11 *Geo. Int'L Envt'l. L. Rew.* 531, 558 (1999) (regarding emissions reduction credits from CDM projects). At p. 558.

没有任何联系，因为这种交易并不构成一种"商品"或"服务"的市场，而是一种主权国家之间有关国际承诺或义务的交易。这种在主权国家之间进行的关于分配数量单位（AAUs）的交易可以被看做对《京都议定书》下总的排放限额即分配数量的再分配，而不是创造一个"商品"或"服务"市场。①

对私人实体之间的排放配额或信用交易，由于配额与信用本身法律属性模糊，国际贸易法是否应适用于这种交易也尚未明确。在 WTO 判例法中，"商品"被认为是"具有内在价值的实质性事物"，而配额与信用作为一种抽象的、由法律创制的权利载体，似乎不属于 GATT1994 定义的"商品"和"产品"，因此，配额的转让和相互认可也不受 WTO 规则管辖。② 如果认定配额或信用为一种证书（certificate），国际海关组织精心制定的商品描述和编码协调体制（Harmonized Commodity Description and Coding System）并未包括这类证书。因而，配额与信用交易也不应属于 WTO 体制管辖的范围。但有学者认为，如果将配额或信用认定为是一种许可，这种排放许可的交易将可能被作为类似于国内许可证、专利、主权债或土地产权的跨境买卖来对待，从而可能受 WTO 体制所管辖。③

对于服务，GATS 没有规定什么是"服务"，只列举了四种方式的服务。配额或信用本身并不代表具有经济价值的活动，因而并不能被认定为一类"服务"。况且，配额与信用也不属于 WTO 服务领域分类表和联合国临时集中产品分类系统规定的服务类别。即使如此，这些配额或信用的交易仍然有可能涉及服务。比如，配额或信用衍生品交易市场上的经纪商服务、银行和金融机构的信托服务，都属于 GATS 金融服务附件中的金融服务。

总之，有关碳排放交易的配额与信用本身并不属于"商品"或"服务"，配额或信用的交易是否会涉及 WTO 规则，取决于执行《京都议定书》的国内措施和碳排放市场的国内法规定，而不是配额或信用转让本身。

（二）配额分配是否构成补贴

一般认为，与其他环境政策工具相比，碳排放交易中的"限额与贸易"体制与以规则为基础的国际贸易体制显得更加协调和兼容。④ 然而，配额的分配程序很可能会影响到由国际贸易协议所调整的产品和服务之间的竞争关系。当政府放弃其应征缴的污染税收时，可能将被认为是对行业的补贴，也可能被认定为是对可再生或清洁能源的直接补贴。如果分配程序损害了同一市场或国内市场上相似产品的竞争关系，政府将被认定为实施了《补贴与反补贴措施协定》所规定的补贴措施，这将面临其他 WTO 成员方的不满甚至是直接的反补贴措施。但是，通过仔细分析《补贴与反补贴措施协定》的规定，我们发现这个假设并不成立，因为排放权的分配既不应视为"财政分配"（financial distribution），

---

① See Jacob Werksman, *Greenhouse Gas Emissions Trading and the WTO*, 8 Rev. Eur. Comm. Int'l Entvl. L. [RECEEL] 1, 3 (1999).

② See Jacob Werksman, *Greenhouse Gas Emissions Trading and the WTO*, 8 Rev. Eur. Comm. Int'l Entvl. L. [RECEEL] 1, 2 (1999).

③ See Steve Charnovitz, *Trade and Climate: Potential Conflicts and Synergies*, in Pew Center on Global Climate Change, Beyond Kyoto: Advancing the International Effort against Climate Change 144 (2003). p. 152.

④ See A Petson, *Environmental Defence*, *Presentation at the Transatlantic Dialogue on Climate Change*, (Washington, DC, 11 June, 2003).

也不应看做"收入或价格支持"（income or price support）。既然向私人实体分配的配额与该实体的温室气体减排义务（即只能排放与其持有配额代表的排放量相当的温室气体）是不可分离的，那么向私人实体转让配额是否构成《补贴与反补贴措施协定》第 1 条规定的"利益"也缺乏根据。

也有许多学者认为，分配配额应当视为补贴。① 他们认为，配额作为一种在市场上交易的标的，有价格表示，因而具有一定的经济价值。如果配额分配不公，分配多的生产相同或相类似产品的企业就具有竞争优势，它既可以因增加排放提高生产量，也可以转让多余的配额，还可以储存起来留给下一期间。因此，配额的分配构成《补贴与反补贴措施协定》第 1 条规定的"利益"。

还有学者认为，没有分配到配额或少分配到的配额的企业在事实上反而得到了补贴。因为没有发放减排配额的企业由于不需要承担减排义务，其产品的环保成本相对而言就低很多，因而它们具有竞争优势。由于美国政府没有批准《京都议定书》，使得美国能源密集型产业没有温室气体减排的成本，这事实上构成了一种隐形补贴，让它们在全球市场上具有不公平的竞争优势，这样，欧盟以及其他 WTO 成员方就可依据《补贴与反补贴措施法》采取反补贴措施。②

由此看来，对于配额分配是否涉及 WTO 体制中的补贴措施还有待明确。

（三）配额或信用交易服务是否构成金融服务

GATS 金融服务附件中包括可流通票据、证券交易。如果一个可跨境交易的排放配额或信用属于"可流通票据"或"证券"的范畴，那么，排放配额或信用的交易服务必然要受 GATS 金融服务规则所调整，WTO 成员方应当遵守 GATS 及其金融服务附件的规定，不得对排放配额交易服务施加数量限制或市场准入限制。但是，在目前法律没有明确规定配额和信用的法律属性的时候，这无法确定。

但是，对于二级市场上以排放配额或信用为基础的期权、期货、互换等金融衍生品交易，很明显应属于 GATS 金融服务的调整范围。因而 WTO 成员方应当允许其他成员方的金融服务提供者购买、持有、转让配额衍生品，并保证其他成员方和服务提供者的最惠国待遇和国民待遇。

正因为如此，有学者认为，欧盟排放交易体系对参与人的限制规则有损其 WTO 中的义务，《欧盟排放配额交易指令》可能构成 GATS 中的影响服务贸易的措施。③ 因为依据指令第 12 条规定，欧盟排放交易体系只准许欧盟成员国内的人和已批准《京都议定书》国家的人参与碳配额交易。这意味着禁止非欧盟成员国和包括美国在内的未批准《京都

① For example see, C Koening, J-D Braun, and R Fromm, ' *Beihilferechtliche Probleme des EG-Emissionsrechtehandels*' (2003) 2 *ZweR*153; Vidhir. Shah, *Note and Comment: the Allocation of Free Emissions Allowances by Germany to Its Steel Industry: a Possible Subsidy Claim under the WTO Agreement on Subsidies and Countervailing Measures.* 22 Am. U. Int'l L. Rev. 445, 2007.

② See Liana G. T. Wolf, *Countervailing a Hidden Subsidy: The U. S. Failure to Require Greenhouse Gas Emission Reductions*, Fall, 2006. 19 Geo. Int'l Envtl. L. Rev. 83, p. 83.

③ See Marisa Martin. *Trade Law Implications of Restricting Participation in the European Union Emissions Trading Scheme.* Spring 2007. Geo. *Int'l Envtl. L. Rev.* p. 438.

议定书》国家的经纪商在欧盟提供排放配额交易经纪服务，这就很可能违反了在 GATS 中的金融服务贸易规则。也就是说，指令中有关参与人限制规则违反了欧盟在 GATS 第 17 条国民待遇、第 2 条最惠国待遇、第 16 条市场准入规定项下的义务。虽然 GATS 第 14 条与 GATT1994 第 20 条一样规定了"为保障人类、动植物生命、健康所必需的措施"的一般例外条款，但禁止美国实体提供排放配额交易服务不属于该项例外的适用范围，因为这种禁止本身并不能对欧盟产生任何环境利益，不属于保护人类、动植物生命和健康所必需的措施。即使欧盟旨在以该指令的规定来履行《京都议定书》规定的义务或与《京都议定书》保持一致，也不能豁免其责任。因为非 WTO 法不能用来解释 WTO 规则，当《京都议定书》的规定与 WTO 规则相冲突时不会产生任何作用。所以，欧盟必须修改其现有碳排放交易体系，废除参与限制，向美国等其他非议定书缔约方的主体开放欧盟排放交易市场。

四、国际碳排放信用交易的风险及对策

由于《京都议定书》2005 年 1 月才生效，而 CDM 项目 2001 年就开始启动了，当时一些与 CERs 交易相关的一系列配套措施、规则、制度还尚未明确和建立，[①] 这必然给跨境碳资产交易带来风险。即使是 2005 年以后，这种跨境交易存在着很多风险，项目东道国（尤其是发展中国家）相关法律规范和政策的缺位或不明确，给跨境减排信用的交易带来了不确定性。这些风险即包括所有项目所共同的一般项目风险，也包括减排项目所特有的政治风险，就 CDM 项目而言，还包括 2012 年后的不确定性、项目登记与泄漏、CERs 的权利瑕疵等各种风险。

（一）一般项目风险及其对策

一般项目风险是卖方应当承担的风险，通常包括项目工程建设方面与项目运营方面的风险。项目工程建设方面的风险主要体现在成本超支和完工时间拖延两个方面。面对成本超支风险，在工程建设方面适宜签订交钥匙合同（turnkey contract），而不宜签订成本加成合同（cost plus contract），[②] 因为交钥匙合同可以使项目投资方免受建造材料涨价或其他建造成本增加的风险的影响。而对于完工时间拖延方面的风险，可以就拖延的损失向保险公司投保而予以转移。

项目运营方面可能存在以下四个方面的风险：

一是项目运营所必需的原材料（如生物质能发电中使用的植物秸秆等）供应不足或价格上涨的市场风险。这可以通过与具有良好信用的原材料供货方签订长期价格稳定的购买合同减轻风险，或者可以通过开展相应的期货期权交易，进行套期保值，将风险予以对冲。

---

① 比如在这期间国际登记处尚未建立，执行理事会是否必然签发。
② 交钥匙合同指建造方负责工程项目建造完成然后交付的合同；成本加成合同，是指以合同约定或其他方式议定的成本为基础，加上该成本的一定比例或定额费用确定工程价款的建造合同。

二是项目运营过程中新的技术或机器设备应用的风险，① 如新技术达不到预期效果，新型机械设备出现故障或失灵等。这些风险可以通过项目实体与技术所有方或转让方、机器设备提供方签订技术保证合同、机器维修或更换保证合同转移。

三是项目产品或服务销售收入方面的市场风险②。这可以通过与产品或服务购买方签订长期的且取且付协议、或取或付协议锁定收益现金流③。

四是项目运营过程中不可预见、不能控制、不可避免的事件发生的风险，比如山崩、地震、海啸等自然灾害。对此，可以通过在投资合同中拟定不可抗力条款免除合同双方责任。

（二）政治风险及其对策

1. 关于东道国政府批准或许可风险

东道国政府的批准或许可，是减排项目开展的必要条件。首先，在建立项目之前，项目参与人应当就需要哪些批准或许可和由哪个政府机构批准或许可开展一个尽职调查；其次，项目实体可以通过与政府签订一个特许协议，把风险转移东道国政府。此外，对于减排信用的购买方而言，可以在购买协议中明确规定项目实体获取政府的许可或批准作为项目实体必须履行的一项义务，这样当项目实体不能得到许可或批准时构成违约，买方可以采取相应的救济措施。

2. 关于法律不利变化风险

项目实体可能面临着东道国关于项目管理、价格控制、税收、进出口限制等方面法律变化的影响。尤其是对于 CDM 和 JI 项目而言，环境法律规范的变化可能会使得减排项目丧失减排信用签发所必需的"额外性"（additionality），如果东道国退出《京都议定书》，减排项目更无法产生减排信用。这对于买方而言，可以在购买协议中约定这种情况的发生为卖方项目实体的违约，要求卖方赔偿相应的赔偿。当买方本身也是项目参与者之一时，可以在项目协议中约定一个"全部购买条款"（buyout clause），发生这种情况时，卖方应当收购买方关于项目的全部股权，且该义务不因卖方是否已经把项目转移给第三方而受影响。另外，买卖双方还可以把这种情况约定在不可抗力事件当中。

3. 关于货币兑换转移与减排信用转移的风险

当减排信用的购买方是项目实体的参与人之一时，项目的部分收益可能需要兑换为外币并转移出境，此时可能面临着东道国外汇管制的风险，因而有必要要求项目实体的东道国方参与人事先保证货币收益是可兑换、可转移的，或者可以在项目合同中规定一个和上文一样的"全部购买条款"。

对于减排信用，如果东道国禁止转移或转让，减排购买协议就失去了意义。面对减排

---

① 减排项目中很多就是因为采用了新技术而提高了效能并减少了排放。

② 虽然减排信用是减排项目的主要收入来源，但是项目生产的产品或提供的服务销售收入也是项目实体所关注的，如能源项目中电力、燃气销售收入。

③ 且取且付合同（take-and-pay contract）或称提货与付款合同，是买方取得项目产品才按预定价格支付约定货款的合同；或取或付合同或称无论提货与否均需付款合同（Take or Pay Contract），是买方无论取得项目产品与否都需支付约定货款的合同。

信用禁止转让的风险，减排购买协议中可以约定由卖方从东道国政府获取一份不可撤销的批准函（a letter of approval），以承认减排信用能够从执行理事会签发后直接转移给买方，同时，批准函还应就减排信用的签发与转移事项，授权项目实体代表东道国政府与执行理事会进行联系。

4. 关于征收风险

当购买者采用直接投资 CDM 或 JI 项目时，项目及其所产生的减排信用同样面临着东道国征收的风险，不管是直接征收还是间接征收。至于减排信用如 CERs 是否也属于项目资产能否一道被征收，尚未有判例或裁决予以明确规定。

关于征收风险，可以采取事先预防与事后补救措施。关于事先预防，有多种方式，较常见的是通过签订 BOT 协议可能减轻项目被征收的风险，因为项目资产迟早会转移东道国实体。BOT 协议中最好能规定损失清算条款，依据该条款规定，一旦发生征收，应当向项目投资方支付损失金额。另一种方式是项目投资人通过参与多边金融机构进行减排项目投资，比如参加世界银行的各种碳基金，将大大减少被征收的可能性。此外，项目投资者还可以通过向国内的海外投资保险机构或多边投资担保机构（MIGA）投保来抵御项目被征收的风险。关于事后救济，可以采用仲裁或诉讼的方式，索取征收损害赔偿。应当指出，减排项目投资只要是属于一种直接投资，不论是事前预防还是事后救济，所有的双边或多边投资法律规则都将适用。

（三）CDM 项目程序风险及其对策

关于 CDM 项目程序，虽然现已出台了一系列配套的国际规则，其内容涵盖从登记注册到 CERs 的签发等主要环节，但是对于 CDM 项目而言，仍然存在一些风险。

1. 关于 2012 年后不确定性的风险

现有体制只规定了 2008—2012 年的减排承诺，在新的协议没有达成之前，2012 年后的情况就不得而知了，而 CDM 项目从登记注册、审验、核证、核查到签发是一个极其冗长的、复杂的过程，并且有些程序还经常调整，因此，谁也不能保证项目能按时在 2012 年之前顺利完成整个程序。如果没有就第二阶段的减排达成一致，2012 年仍未产出的减排项目也将丧失价值。解决这个问题的唯一方法在于缔约方达成新协议，承诺第二阶段的减排或者延长 CDM 程序的有效期限。

2. 关于项目登记与泄漏的风险

CDM 项目的登记必须满足法定的可持续发展条件，符合已经认可或能够被认可的方法并具有减排"额外性"。如果项目不能按时完成登记，项目实体可能因不能按时向买方交付 CERs 而承担违约责任。因此，项目在登记之前，项目实体应当严格按照法定规则和程序制定各项文件，保证项目登记顺利完成。

CERs 签发的数量是依据已认可的方法对 CDM 项目的监测，计算出与基准排放标准相比所减少的排放量并减去排放泄漏后所确定的数额。所谓泄漏，是指在项目领域外发生的因项目活动产生的可测算温室气体排放。泄漏的增加，不仅会减少 CERs 签发的数额，还会因其对环境影响评估报告的消极影响而不利于项目的顺利审验。因此，项目实体监测对于 CDM 项目来说至关重要。项目实体首先应当在项目设计文件中对泄漏的可能性进行充分的考虑与预防，然后应严格按照项目设计文件执行监测。

3. 关于 CERs 的权利瑕疵风险

由于关于 CERs 的权利归属何方在现有法律体制下难以明确，况且如何来界定 CERs 所代表的权利的法律性质存在争议，因而可能存在多个主体对项目产生的 CERs 主张权利。比如，一个沼气 CDM 项目，在项目初期可能还不够引起关注，等到项目带来收益时，土地所有者以自己是土地所有人为由、土地承租人以自己为土地使用权人为由、当地政府以自然资源政府所有为由，都可能要求对 CERs 主张权利。此外，项目实体作为卖方往往会向其他一些为项目提供服务或便利的第三方承诺，当项目盈利时会让它们分享一定的利润。面对这种情况，买方可以与项目实体即卖方在购买协议中约定，要求卖方保证 CERs 不存在任何权利瑕疵，保证其作为转让人的法定权利或资格，即卖方对 CERs 具有排他的占有、处理、使用、收益的权利，不存在任何第三方权利，一旦卖方违反该项义务，卖方有权解除协议。

（四）项目实体的信用风险及其对策

一般而言，如果项目实体自身信用风险越高，CERs 价格也就越低。项目实体的信用风险主要体现在：当买方预先支付之后，项目实体信用状况恶化或不良，即将破产或清算。面对这种情况，买方除了可以解除协议并要求赔偿之外，一个更可靠的方法是在买方向卖方先期支付时，要求卖方提供保证或担保，如提供一个信用良好的银行担保函，这样买方可以不受项目实体信用风险的影响，锁定损失。不管如何，对于减排信用的购买方而言，在协议签订之前先对东道国项目实体的信用状况进行完备全面的尽职调查是必要的。

总之，为了买卖双方利益的最大化，风险控制最基本的原则是由最能有效控制风险的一方控制风险。比如，卖方控制项目监测的风险更为合适，因而由卖方负责监测并承担监测不利的责任。但是，有的风险是买卖双方都无法控制的，比如政府行为、法律改变、自然灾害等。在这种情况下，有一方仍可能比另一方更便利转移风险。比如，附件一国家买方可以通过其国内的出口信贷机构或海外投资保险机构转移东道国国内的政治风险，项目实体可以向保险公司投保应对自然灾害的影响。此时，谁承担了转移风险的责任，谁就能在购买协议中占据更有利的地位，而这种有利地位往往体现在交易价格当中。

五、中国在未来谈判中应持有的立场

《京都议定书》的签署和实施，对我国来说，短期无疑是有利的，但从长期看则仍存在着巨大的压力，我国面临的机遇与挑战并存。一方面，由于《京都议定书》对于作为发展中国家的中国未设定任何排放限制义务，现行的国际碳排放交易制度，有利于促进我国社会形成良好的社会环保意识，同时也为我国西部落后地区减轻贫困、可持续发展提供了机遇，更重要的是，它给我国企业提供了融资便利，并为企业的技术引进与更新创造了条件。另一方面，我国也面临着"后京都议定书时代"的压力。虽然《京都议定书》尚未规定发展中国家承担温室气体的减排义务，但这并不意味着中国永远不承担减排责任，后京都议定书时代的到来，中国迟早将不可避免地要承担责任。同时，由于发达国家减排成本越来越高，而我国正处于经济高速发展阶段，需要引进外资和技术，很难防御那些高排放产业向我国的转移。高排放产业的进入将使我国的环境保护面临严峻的挑战。此外，西方发达国家还可能借口环境保护，制定高标准的国内环保法规，实施贸易保护、贸易歧视和征收碳排放税，筑起新的非关税绿色贸易壁垒。

实质上，《京都议定书》要求的减限排温室气体问题是能源消费总量和效率问题，而我国目前的经济增长是以高耗能和高排放为基础的。从目前的经济发展看，在较长一段时间内，我国能源仍将以煤、石油、天然气等为主，不可避免地要大量消耗能源和资源，而要实现全面建设小康社会的目标，我国的选择只能是化压力为动力，调整能源结构，大力发展太阳能、风能等清洁能源，采用先进技术，提高能源效率，养成良好的节约习惯，制止能源浪费，从过去的高投入、高排放、低产出向低投入、低排放、高产出转型，走"循环经济"之路。

目前，我国作为全球第二大温室气体排放国，并且可能很快就超过美国成为第一大排放国。在这种情况下，西方社会一直认为，如果中国、印度等国家不减排，它们的努力将毫无意义。因此可以肯定，在未来的谈判中，不管是少数还是多数国家联合，美国等发达国家必然会坚持要求中国承担减排义务。为此，笔者建议，中国在未来谈判中应当坚持以下立场：

（一）坚持发展中国家不承担减排义务

我国首先应当在坚持"共同但有区别的责任"原则的前提下，坚持发展中国家不承担具体减排义务的立场。"共同但有区别的责任"原则反映了国际社会的共识，是有效开展应对气候变化国际合作的基础和前提，任何未来框架设计均应遵循上述原则。发达国家工业化进程中的排放活动是过去200年气候变化的主因，理应由发达国家承担应对气候变化及其负面影响的主要责任，率先减排。

笔者十分赞同我国外交部部长杨洁篪所持的立场，在谈排放问题的时候，不能只讲总量、不讲人均，不能只讲当前、不看历史，不能只讲生产、不讲消费。如果这么做的话，对谁都是不公平、不科学的。中国之所以排放总量大，主要原因是中国是世界上人口最多的国家，但是中国的人均排放量是很低的。中国生产的产品相当一部分是出口的，是造福于全世界消费者的。所以，希望人们在使用价廉物美的中国产品的时候，也要想一想中国在承受着不断增加的"转移排放"的压力。

（二）坚持发达国家应当切实向发展中国家提供资金和技术援助

我们应当坚持，发达国家必须依照《公约》及其《京都议定书》中规定的义务，切实履行为发展中国家应对气候变化提供技术转让和资金支持的承诺。应对气候变化需要国际社会广泛参与，但发展中国家能否有效参与这一进程，很大程度上取决于发达国家是否在资金和技术援助方面采取实质性行动。

欧盟虽然是经合组织中唯一减少温室气体排放量的国家集团，但其在技术转让方面消极的态度仍受到了广大发展中国家的批评。这些国家认为，欧盟等发达经济体可以通过财政、税收等措施，鼓励私营企业将相关技术以优惠的价格转让给发展中国家，帮助它们提高应对气候变化的能力，而不应该以知识产权为借口，拒不履行向发展中国家提供资金和技术援助的承诺。近年来，一些加勒比海和南太平洋岛国遭受洪灾、海平面上升、飓风等气候变化恶果的影响，可是它们却没有足够的资金来修筑海堤、迁徙受到影响的居民。因此，应当尽快建立有效机制，使发展中国家能够在资金、技术和能力建设方面得到可测量、可报告和可核实的援助，尽快实现可持续发展。

（三）坚持发展中国家的发展权原则

发展权作为一项不可剥夺的基本人权，已被 1986 年《发展权利宣言》所明确规定、1993 年《维也纳宣言和行动纲领》所重申。在未来的谈判过程中，发展中国家的发展权利应当予以明确并具体规定下来，否则一个对人类公平和负责任的、保障全球气候安全的气候制度将很难出台。为促进发展中国家更迅速的发展，国际社会应当进行有效的国际合作，采取持久的行动，在向发展中国家提供促进其全面发展的适当手段和便利。

当前气候变化问题的主要原因，是发达国家的长期历史排放和高人均排放。有报告表明，2004 年发达国家人均排放温室气体仍达到 16.1 吨二氧化碳当量，是中国的三至四倍。因此，要求中国等发展中国家与发达国家承担同等的减排义务，这是无视中国人民的发展权利，是明显不公平的。在经济起步阶段，减排通常是以发展为代价的。因此，对没有完成工业化的国家来说，气候谈判的实质乃是为发展而战，合理的排放权意味着合理的发展权。依据发达国家的历史经验，一个国家工业化的排放趋势往往是达到某一个顶点，当基础设施建设完成后，其人均排放自然会降低。因此，应当允许发展中国家经历这个过程，然后再与发达国家在未来的某一点上会合。

（四）坚持通过国际社会通力合作解决全球气候变化问题

没有任何个人和组织能单独应对气候变化问题，国际社会必须建立有效的伙伴关系和明确的全球战略。只有通过各方的共同努力，才有可能应对气候变化带来的挑战。发达国家应率先在气候变化问题上采取行动，但只有所有国家都采取行动，这一问题才能得到解决。发达国家做出的承诺越大，发展中国家就越有可能采取更多的行动；而发展中国家的行动越多，发达国家也就会做出更多的承诺。这样才会形成一种应对气候变化的良性循环。

（五）表明中国正在积极减排的态度

在以后的谈判中，我们应当表明，我国政府高度重视气候变化问题，已经把建立资源节约型社会、环境友好型社会作为一项基本国策；我们在致力于发展经济的同时，已根据自己的可持续发展战略为应对气候变化和改善生态环境采取了大量措施，取得了显著的成效；而且我们将本着对本国人民和世界人民负责任的精神，继续根据《公约》和《京都议定书》的有关原则，承担应有的国际责任和义务，不断加强应对气候变化能力建设，为保护全球气候做出新贡献，并积极帮助其他发展中国家提高适应气候变化的能力。

外国法评译

资料保护机构与个人资料的法律保护

■ 孔令杰*

至今，个人资料的法律保护已走过了近半个世纪的历程。自 1970 年德国黑森州的资料法建立了以资料保护专员为中心的法律实施机制，尤其是随着《欧盟资料保护指令》于 1998 年生效，国家资料保护机构已经成为个人资料法律保护体制的重要组成部分，它也成了个人资料的卫兵。资料保护机构是依法设立的、独立监督资料保护法实施的国家公权力机构。[1] 虽然在各国名称各异，[2] 它们却承担了与资料保护相关的类似职责。作为资料保护的信息中心，它负责宣传和推广资料保护，并向国家机关报告资料保护法的执行情况；作为资料处理活动的管理者，它负责对资料处理进行管理和登记；作为资料保护的智囊团，它对资料保护法规和行为守则的起草、制定和具体实施提出意见和建议；作为资料处理争议的公断者，它受理、调解和解决个人提起的与资料处理相关的申诉；作为资料保

---

* 法学博士，武汉大学国际法研究院讲师。

[1] Portugal, Act 67/98 on the Protection of Personal Data, 1998, Art. 22 (1).

[2] 如资料保护专员、隐私专员、资料保护委员会、资料保护公署、国家信息与自由委员会等。详见下文第三和第四部分。

护法的执行机关，它有权对公共机关和私人机构实施的资料处理活动进行审计和调查，并对违法行为提出警告、建议或进行处罚和制裁。换言之，资料保护机构扮演着资料保护的宣传员、教育者、咨询人员、政策建议者、审计人员、调查人员、法律监督和执行者以及谈判者和外交家等多重角色。

是否应设立资料保护机构、设立什么样的资料保护机构等问题反映了各国在资料保护问题个人性与社会性上的权衡与倾向，也体现了其资料保护理念和模式的根本差异。以私人为视角的传统隐私权理论、个人资料财产化理论都未能把握资料隐私兼具私人性和社会性的特征，力量和利益平衡论将资料保护法视为平衡个人与资料使用人和社会在资料控制和资料处理过程参与上力量和利益冲突的工具，它为资料保护机构奠定了法理基础。

资料保护机构伴随着科技与资料保护理念和模式的革新不断演进。如今，在重重考验下，资料保护机构必须从个人资料的卫兵转变成资料处理活动的宏观调控者，在自上而下与自下而上的资料保护模式相互融合中发挥其领航作用。对正在制定资料保护法的中国而言，考察资料保护机构的历史和现状，探讨其法理基础，考察其性质、地位、设立和运作，界定其职责和权限，认清其发展前景，尤为重要。

一、资料保护法与资料保护机构的历史和现状

西欧是资料保护的发源地和创新中心，它不仅拉开了资料保护专门和全面立法的序幕，还开创并构建起以资料保护机构为主导的资料保护执行模式。随着《欧盟资料保护指令》的通过和生效，资料保护机构已经成为欧盟个人资料保护模式的特色制度和支柱。美国是隐私权和信息隐私权的萌发地，它较早地考察了应否设立资料保护机构的问题。1974 年《隐私法》成为美国与欧洲资料保护模式的分水岭：该法不仅标志着美国背离了对公共和私人领域中的资料处理活动一并以联邦法加以规制的全面立法模式，也标志着它放弃了以公权力为中心的资料保护执行机制，并逐步构建起以资料使用人自律和行业自治为主导的市场调节模式。除国内法外，欧洲理事会、经济合作与发展组织、欧盟、联合国和亚太经合组织等也以区域、国际立法的形式呼吁或要求设立资料保护机构。

（一）欧洲诸国早期的资料保护法与资料保护机构

西欧诸国，尤其是德国、瑞典、英国和法国，不仅率先拉开了资料保护立法的序幕，还开创了通过资料保护机构保护个人资料的先河。它们关于资料保护机构的立法和实践对后来的《欧盟资料保护指令》及其他国家和地区的资料保护都产生了深远的影响。

1970 年 9 月 30 日，德国的黑森州制定了世界上首部专门性的资料保护法——《黑森州资料保护法》。① 该法仅规制州政府机关实施的个人资料自动化处理活动，其内容虽然简洁，却建立了以资料保护专员为中心的法律执行体制。② 专员由州议会产生，负责考察

---

① Heissisches Datenschutzgesetz, Gesetz und Verordungsblatt I (1970).

② 该法共 17 条，且大半关涉资料保护专员的任命、职权和运作。

个人资料数据化造成的政府机构之间的权力变化及其对个人隐私造成的侵害，监督州数据库的运作，受理个人对资料处理提起的控诉，对控诉发表意见并将其移交给适格的机构。① 黑森州法"对考虑制定本国资料保护法的国家价值重大"，② 它回答了如何执行资料保护法这一难题，并构建起相对完备的资料保护专员制度。③

应否设立联邦资料保护机构也成为德国制定联邦法过程中的焦点问题。1973 年，德国联邦政府向议会提交了联邦资料保护法草案。与黑森州法相比，草案内容详尽、标准严格，但它在执行上却软弱无力。经过议会两年多的讨论，人们不再质疑立法的必要性，西米提斯（Spiros Smitis）等人所倡导的联邦资料保护机构也赢得广泛的赞同。④ 伴随着不同利益方的激烈争吵，德国议会于 1977 年通过了《联邦资料保护法》，要求设立联邦资料保护机构，由其监督联邦政府的资料处理活动。⑤ 西米提斯曾感叹："在德国的历史上，几乎没有一部法律的制定过程像资料保护法这般复杂。"⑥

世界上首部全国性的资料保护法，即 1973 年的《瑞典资料法》，⑦ 要求设立资料调查委员会，并规定了资料处理的登记和审批制度，由委员会对资料处理活动进行登记和审批。⑧ 作为资料保护立法的有益尝试，《瑞典资料法》"对早期西欧诸国资料保护的发展产生了重大的直接影响"，⑨ 其确立的资料处理登记和审批制度对后来国内和国际资料保护立法也不无借鉴价值。⑩ 如洪笛斯（Frits Hondius）所言："瑞典的资料法仍因其简洁性和前瞻性而闻名于世。若其他国家的立法在某些问题上更显成熟，我们不得不承认，离开瑞典法开拓性的尝试，所有这些都无从谈起。"⑪

1970 年，英国成立了以杨格（Kenneth Younger）为首的跨政府部门工作组，考察计算机在私人行业中的运用对个人隐私造成的影响。⑫ 1972 年，工作组提交了研究报

---

① 专员无权对个人提起的控诉作出判决。Herbert Kurbert, *Privacy-Data Protection: A German/EU Perspective*, 2000, p. 46; Colin J. Bennett, Regulating Privacy: Data Protection and Public Policy in Europe and the United States, Cornell University Press, 1992, p. 77.

② Frits W. Hondius, Emerging Data Protection in Europe, Amsterdam: North Holland Publishing Company, 1975, p. 36.

③ Herbert Kurbert, *Privacy-Data Protection: A German/EU Perspective*, 2000, pp. 46-47.

④ Spiros Simitis, *Establishing Institutional Structures to Monitor and Enforce Data Protection*, in OECD *Policy Issues in Data Protection and Privacy*, OECD Informatics Studies No. 10, Paris, 1976, pp. 83-94.

⑤ Bundesdatenschutzgesetz (BDSG) of 27 January 1977 (BGB1. IS. 201).

⑥ Spiros Simitis et al., *Kommentar*, p. 69. See Colin J. Bennett, *Regulating Privacy*, 1992, p. 81.

⑦ Datal gen, SFS 1973: 289.

⑧ Herbert Kurbert, *Privacy-Data Protection - A German/European Perspective*, 2000, p. 48.

⑨ David H. Flaherty, *Protecting Privacy in Surveillance Societies: The Republic of Germany, Sweden, France, Canada, and the United States*, University of North Carolina Press, 1989, p. 94.

⑩ 参考瑞典的做法，《欧盟资料保护指令》也确立了资料处理的登记和审批制度，由国内资料保护机构负责具体实施。

⑪ Frits W. Hondius, *Data Legislation on March*, 1 Information Privacy 4 (1978).

⑫ U.K., Report of the Committee on Privacy, Cmnd. 5012, July 1972, p. 1.

告。报告指出："在英国，计算机影响个人隐私目前仅是一种担忧和恐惧"，① 但它在不远的将来很可能成为现实。② 为限制计算机的不当使用，工作组提出了利用计算机处理个人信息的十项原则，③ 将其视为正当信息处理行为守则的基础，并呼吁计算机使用者自觉遵守。1975 年，积极的英国工党政府发表了《计算机与隐私》白皮书④及《计算机：隐私保障》报告。⑤ 白皮书建议通过立法规定资料处理的原则和标准，同时设立永久性的法定机构"监督公共和私人领域中计算机的运用，确保其适当地考虑个人隐私，对个人资料提供必要的保护"。⑥ 人们对上述建议毁誉参半，英国政府决定再次设立隐私工作组，为立法做准备。⑦ 由于杨格不幸逝世，英国不得不于 1976 年成立了以林道普（Norman Lindop）为首的资料保护工作组，探讨保障个人隐私的各种长效机制。⑧ 1978 年，工作组提交了报告。基于英国的个人资料自动化处理情况，借鉴欧盟各国和欧洲理事会的立法经验，工作组建议英国制定全面、专门的资料保护法，设立独立的资料保护机构监督法律的实施。报告倡导创立资料处理登记制度，由资料保护机构对政府机关和私人机构运用计算机等技术自动处理个人资料的活动进行强制登记。资料保护机构还应基于行业的具体特点，根据资料保护原则，为特定行业制定资料处理行为守则，守则具有法律约束力。⑨

　　林道普工作组充满真知灼见的报告并未直接转化为一部令人期待已久的资料保护法。1981 年，英国内政部提出将对个人信息的自动化处理活动进行立法，并主张设立由内政部主管的资料库登记，但林道普关于设立资料保护机构的建议并未得以采纳。1982 年，内政部公布了《资料保护：政府的立法建议》白皮书，建议成立独立于政府的资料登记机构，对运用计算机处理个人资料的活动进行登记和监督。⑩ 英国政府对资料保护采取的实用主义路线使得立法过程一波三折，最后迫于国内外的压力，英国首部资料保护法于 1984 年才千呼万唤始出来。在资料保护原则的执行上，该法采纳了林道普报告的建议，对资料处理行为进行强制登记，但它规定了广泛的例外情形。这样，只有须登记的资料处

---

① U. K. , Report of the Committee on Privacy, Cmnd. 5012, July 1972, p. 179.

② Id. , pp. 183-184.

③ ①应为了特定的目的持有个人资料；②只有在获得授权的情况下才得查阅资料；③尽量少保存资料，并需为了特定的目的；④不得识别统计调查中涉及个人的身份；⑤个人应有权查阅资料；⑥对资料提供事先性的安全保障；⑦对个人资料提供程序性的保障；⑧仅在必要期间内保存资料；⑨资料应准确并得以更新；⑩任何价值判断都应对资料加密。

④ U. K. , Home Office, Computers and Privacy, Cmnd. 6335, London：HMSO, 1975.

⑤ U. K. , Home Office, Computers：Safeguards for Privacy, Cmnd. 6354, London：HMSO, 1975.

⑥ Id. , p. 9.

⑦ Colin J. Bennett, Regulating Privacy, 1992, pp. 88-89.

⑧ U. K. , Home Office, Report of the Committee on Data Protection, Cmnd. 7341 (Chairman：Sir Norman Lindop), London：HMSO, 1978, p. 1.

⑨ 该建议为荷兰的资料保护法所采纳，并得到不断完善，为荷兰确立以行为守则为核心的资料保护体制奠定了基础。详见本文第五部分。

⑩ U. K. , Home Office, Data Protection：The Government's Proposals for Legislation, Cmnd. 8539, London：HMSO, 1982.

理才应遵守该法规定的八项资料保护原则,① 对现实中大量未登记的资料处理,资料保护原则并不具有强制约束力。②

1978 年,法国制定了资料保护法,即《信息、档案与自由法》。③ 以保护个人的自由和基本权利为主旨,该法确立了资料隐私以保护人权和自由为导向的法理基础,④ 它为欧共体从人权的高度介入资料保护不无指引作用。⑤ 它要求设立具有广泛职权的国家信息与自由委员会（CNIL）,由其负责对资料处理进行登记、审批,监督资料处理活动。

（二）美国的信息隐私法及其执行机制

美国 1974 年《隐私法》的制定过程⑥始终围绕着两个焦点问题:是否需要对政府机关和私人行业中的资料处理一并立法? 是否需要设立联邦隐私委员会由其监督隐私法的实施? 最终,美国对两个问题与欧盟做出了不同回答,这导致二者在资料保护立法和执行体制上开始分道扬镳,并渐行渐远,《隐私法》也成为欧美资料隐私保护模式出现裂痕的分水岭。对私人行业中的资料处理,美国采取了分散立法模式。在执行体制上,对公共领域,美国未设立联邦资料保护委员会监督隐私法的实施,而采取了以联邦机关自律为主,以个人自力行使与通过法院执行资料权利为辅的资料隐私保护模式。对私人行业,美国构建起以资料使用人自律和行业自治为主导的市场调节模式,反对和限制政府干预个人信息处理活动。

1. 1974 年《隐私法》的制定过程与应否设立联邦隐私委员会的大讨论

1974 年《隐私法》制定前后,最受争议的问题当属美国应否设立联邦隐私委员会。早在 20 世纪 60 年代末,美国参议院的宪法权利委员会（Senate Judiciary Committee's Subcommitee on Constitutional Rights）就曾建议设立隐私保护机构,由其监督联邦机关收集、使用和散播个人信息的活动。⑦ 1970 年至 1974 年,经深入调查联邦政府记录个人资料及创建和使用数据库的情况,委员会发表了《联邦资料库与宪法权利报告》。⑧ 鉴于大量的政府数据库已经存在,报告呼吁"由法律全面规制政府资料库的目的、内容和使

---

① ①应合理且合法地收集和处理个人资料;②只能为了特定且合法的目的持有个人资料;③不得以与上述目的不符的方式使用或披露资料;④对上述目的而言,个人资料应充分、相关且不过多;⑤个人资料应准确,并在必要情形下得以更新;⑥为了某目的持有个人资料不得超过该目的所必需的期限;⑦个人有权查阅资料;⑧应采取适当的措施保障个人资料的安全。这些原则几乎全部来自《资料保护指导原则》和《资料保护公约》。

② Rosemary Jay and Angus Hamilton, *Data Protection: Law and Practice*, London: Sweet & Maxwell, 2003, pp. 9-10.

③ France, Loi n° 78-17 du 6 janvier 1978 relative à l'informatique, aux fichiers et aux libertés, 1978.

④ France, Loi n° 2006-64 du 23 janvier 2006 relative à l'informatique, aux fichiers et aux libertés, Art. 1.

⑤ 《欧洲人权与基本自由保护公约》（European Convention on the Protection of Human Rights and Fundamental Freedoms）、《欧盟资料保护指令》与《欧盟基本权利宪章》（Charter of Fundamental Rights of the European Union）等逐步确立了资料隐私的人权法地位。

⑥ 美国国会公布的《1974 年隐私法立法史》长达 1500 页,该法制定过程中的争论可见一斑。

⑦ U. S. Senate, Federal Data Banks, Computers, and the Bill of Rights, Hearings before the Subcommittee on Constitutional Rights of the Committee on the Judiciary, Senate, 92d Cong. , 1st sess. , 1971.

⑧ Id.

用"，政府应采取全面、准确的报告制度，保障个人隐私。① 在参议员艾文（Sam Ervin）的倡导下，越来越多的人支持设立独立的机构监督联邦政府资料库的运作。② 1974 年 5 月 1 日，艾文等向参议院提交了《关于设立联邦隐私委员会的法案》。③ 该法案不仅适用范围广泛、内容全面，而且它在执行体制上也别具特色。它要求设立联邦隐私委员会（Federal Privacy Commission），由其负责监督联邦机关、州和地方政府以及私人组织的资料处理活动。委员会由五人组成。为保证委员会的独立性，法案要求其成员应经参议院推荐，并由总统任命。三个以上的成员不得属于同一政党。成员的任期为三年，且连任不得超过两届。成员在任职期间不得担任其他公职。④ 在职责上，委员会除了应负责执行法案第二部分有关个人信息处理的规定外，还应向总统和国会做年度报告，汇报美国现有的资料处理系统及其运作情况。⑤ 为确保隐私委员会能够独立、有效地履行职责，草案赋予其广泛的权力：调查权，对资料处理系统进行调查，并要求公私资料系统的持有人提供与系统相关的文件；⑥ 制裁权，一旦断定存在违法行为，委员会有权命令有关组织停止违法行为；⑦ 举行公开听证权：对主张不适用本法案规定的请求举行公开听证，并向国会提交建议。⑧ 可以说，从委员会的组成、成员的任命以及委员会的职责和权限等方面，法案为美国设立隐私保护机构、由其负责执行隐私法做出了全面、细致的规定。

然而，这一建议却遭到了各方面的反对。例如，1973 年的《记录、计算机与公民权利报告》指出："有人建议由公共性的保障机构监督个人资料自动化系统的运作，确定并公开其危害，调查并处理针对其不当运作提起的控诉……我们认为这一做法具有很多优点，但是它以事后救济为基本理念，而且只有在法律确定了相应的权利和程序后，它才能得以有效运作。此外，该方法在美国也不能得到较好的理解、接受和支持。有人认为在美国的法律、政治和行政管理传统下，它存在严重的缺陷。"⑨ "设立独立的联邦机构统一管理所有的自动化个人资料系统是个人隐私'最强有力'的保障机制。尤其是，有人建议由该机构负责对资料系统进行登记和审批，确保其遵守特定的隐私保障要求。然而，使

---

① U. S. Senate, Federal Data Banks, Computers, and the Bill of Rights, Hearings before the Subcommittee on Constitutional Rights of the Committee on the Judiciary, Senate, 92d Cong. , 1st sess. , 1971, pp. iv-v.

② Priscilla M. Regan, *Personal Information Policies in the United States and Britain: The Dilemma of Implementation Considerations*, 4 J. of Pub. Pol'y 19, 25 (1984) .

③ U. S. , Senate, A Bill to Establish a Federal Privacy Board, S. 3481, 93d Cong. , 2d sess. , 1974.

④ Id. , § 101.

⑤ Id. , § § 102 & 104.

⑥ Id. , § 103 (1) .

⑦ Id. , § 103 (2) .

⑧ Id. , § 103 (4) .

⑨ U. S. , Department of Health, Education, and Welfare, Records, Computers, and the Rights of Citizens, Report of the Secretary's Advisory Committee on Automated Personal Data Systems, Washington, D. C. , 1973, p. 42.

用个人资料自动化系统的组织和机构的数量和种类繁多。系统自身在目的、复杂性、适用范围和管理环境等方面也大不相同。它们的有害影响也同这些特征一样存在差异。""我们怀疑是否有必要设立一个具有如此广泛职权和普遍影响力的联邦机构，由其管理所有自动化的个人资料系统，我们更怀疑公众当前对该做法的支持。"此外，"管理和登记制度不仅在运作上极其复杂，而且成本也过高，还可能对运用计算机技术记录个人信息造成不必要的障碍"。① 隐私保障机制不应给资料处理技术的进一步发展、革新和应用造成障碍，因为它们增进了当代社会中个人和组织的福祉。因此，隐私保护"不要求设立一个全新的机制，而且，限制电子资料处理技术的运用也应以适当地保障资料记录中的个人隐私为限"。② 以协调资料处理中各当事方与社会整体之间的利益冲突为主旨，委员会主张以正当信息行为守则为依据，确立以资料使用机构自律为中心、以法院对不当信息行为进行制裁为辅助的隐私保障机制。③

在参议院对艾文法案进行讨论的过程中，有关联邦隐私委员会的规定成为争论的焦点。政府机构的代表认为，应主要靠各机关的自律保护个人信息隐私，设立隐私委员会只会增加政府的成本，而且复杂的行政管理机制也不能解决相关的问题。例如，管理与预算办公室的主任艾什（Roy Ash）指出，设立独立的机构对法律的执行非但没有必要，而且毫无帮助，还可能破坏现有的责任分配。他建议委员会删除关于设立隐私委员会的全部条款，改由"各机构自律"。④ 虽然已对法案进行多处修改，"联邦政府机关仍将其视同魔鬼。从行政机关冗长的反对中，似乎只有删除法案中的所有主要条款才能满足行政机关中某些人的要求"。⑤ 委员会重申了设立联邦隐私委员会的必要性："设立委员会，协助执行本法案，监督违法行为，协助国会和行政机关监控联邦政府对美国公民隐私的侵害，在我们看来都是必要的。"⑥ 然而，由于联邦行政机关的强烈反对，1974 年 11 月，参议院通过的草案缩减了隐私委员会的管理职权，使其成为一个调查和建议性的机构。例如，对自动化个人资料系统，委员会仍具有调查、监督、举行听证、发布公报、制定行为守则等权力，但它无权要求联邦机关停止或终止某个资料库。⑦

与此同时，1974 年 8 月，毛海德（Moorhead）等议员向众议院提交了《1974 年隐私

---

① U. S. , Department of Health, Education, and Welfare, Records, Computers, and the Rights of Citizens, Report of the Secretary's Advisory Committee on Automated Personal Data Systems, Washington, D. C. , 1973 , p. 43. 但是，报告并不反对管制特定领域中与有限范围内的计算机化资料记录系统。对已经受到管理的部门，如公共机构、运输、保险和医院等，可由国家主管机关负责制定和执行隐私保障的要求。See Id. , note 12.

② Id. , p. 43.

③ Id. , pp. 43-44.

④ U. S. Congress, Legislative History of the Privacy Act of 1974 , 1976 , p. 773.

⑤ Id. , p. 772.

⑥ Id. , p. 773.

⑦ U. S. , S. 3418, Title I—PRIVACY PROTECTION COMMISSION, 93d Cong. , 2d sess. , 21 November 1974 , U. S. Congress, Legislative History of the Privacy Act of 1974, Washington, D. C. 1976 , pp. 334-347.

法案》，法案不要求设立专门机构监督隐私法的实施。① 在法案的评议过程中，众议院认为设立此类机构成本过高，管理方式过于机械化，总统也反对设立该机构，而且美国法院已经给公民提供了救济。② 众议院最终通过的隐私法案不要求通过外部机构监督隐私法的实施。③

美国参众两院经协商与妥协，在折中两法案的基础上，最终通过的《隐私法》放弃设立联邦隐私委员会，仅成立"隐私保护研究委员会"（Privacy Protection Study Commission），由其负责"调查和研究政府、区域和私人组织持有的资料库、自动化资料处理程序和信息系统，以决定保护个人信息的标准和程序"，并在资料处理与信息隐私保护上向总统和国会提出建议。④ 美国总统管理与预算办公室负责："为联邦政府执行隐私法制定指导原则或规章，为联邦政府执行原则和规章提供协助和监督。"⑤ 在现实中，由于其自身性质、功能等方面的限制，管理与预算办公室也未能积极有效地行使其法定职责，很少对联邦政府遵守隐私法的规定提出建议，在监督联邦政府的资料处理行为上也采取了消极立场。⑥ 人们逐渐认识到隐私法自身及其执行体制的不足，并建议成立隐私委员会。直到当今，很多美国学者仍在呼吁美国借鉴欧盟的资料保护经验，对公私领域中的资料处理统一立法，并设立国家资料保护机构监督信息隐私法的实施。⑦ 然而，利益集团的阻挠使得上述建议在目前很难被提上议会的日程。

2. 市场调节与行业自治机制的产生与发展

1977 年，根据《隐私法》设立的美国隐私保护研究委员会公布了《信息社会中的个人隐私报告》。⑧ 报告指出，个人信息隐私既具有社会价值，也具有个人价值。⑨ 个人信息记录关系牵涉到重大的社会利益，信息隐私具有社会价值，并需要与其他社会价值进行权衡，如信息自由、司法、成本、联邦同州之间的关系等。但是，在决定如何平衡这些重大的社会利益时，委员会将隐私视为一项私人性的个人权利，尤其是，对私人行业中的信

---

① U. S. , House of Representatives, A Bill to Safeguard Individual Privacy from the Misuse of Federal Records, H. R. 16373, 93d Cong. , 2d sess. , 1974.

② David Flaherty, The Need for an American Privacy Protection Commission, 1 Government Information Quarterly 235, 239 (1984).

③ U. S. , House of Representatives, *A Bill to Safeguard Individual Privacy from the Misuse of Federal Records*, H. R. 16373, 93d Cong. , 2d sess. , 1 November 1974.

④ U. S. , Privacy Act 1974, § 5 (b) (1) & (2).

⑤ Id. , § 6 (1) & (2).

⑥ U. S. , House of Representatives, *Who Cares about Privacy? Oversight of the Privacy Act of* 1974 *by the Office of Management and Budget and by the Congress*, Report by the Committee on Government Operations, House of Representatives, 98th Cong. , 1st sess. , 1983.

⑦ Priscilla M. Regan, *Legislating Privacy*, 1995; Joel R. Reidenberg, *Setting Standards for Fair Information Practice in the U. S. Private Sector*, 80 Iowa L. Rev. 497 (1995); Daniel J. Solove, *Privacy and Power*, 53 Stan. L. Rev. 1393 (2001); James P. Neuf, *Recognizing the Societal Value in Information Privacy*, 78 Wash. L. Rev. 1 (2003).

⑧ U. S. , *Personal Privacy in an Information Society: The Report of the Privacy Study Commission*, Washington, D. C. , 1977.

⑨ Id. , p. 21.

息隐私保护，委员会建议采取以资料使用者自律与市场自动调整为主的方式。① 委员会不主张通过立法保护私人行业中的信息隐私，因为"私人行业会自发地接受规则的约束"。

相对于政府的强制干预，私人行业一直更倾向于市场调节和行业自治，随着美国信息经济与电子商务的迅速崛起，为保持其信息产业和电子商务的世界领先地位，美国政府也开始关注与电子商务相关的个人信息隐私保护，但这种以经济发展为导向的功利主义策略使得美国更注重市场的调节作用，强调行业自治的主导地位，尽量限制政府干预。

为执行"国家信息高速公路计划"（National Information Infrastructure），美国联邦政府于 1993 年设立了信息高速公路工作组（Information Infrastructure Task Force）。1995 年，工作组公布了《隐私与国家信息高速公路：提供与使用个人信息的原则报告》。② 报告为个人、私人行业和政府等相关当事方制定了一系列不具有法律效力的正当信息行为原则。③ 根据这些原则，只有当个人同信息使用者在信息收集、使用和披露上达成相互一致时，才能最好地保护个人隐私。④ 换言之，市场是调节个人同资料使用者之间信息流转关系的最好手段，但市场也存在一定的缺陷，需要通过行业自治等手段加以矫正。

同年，参照上述报告，美国电讯与信息管理局（National Telecommunications and Information Administration）对电讯行业中的隐私保护也公布了《收集、使用和散播同电讯相关的个人信息》白皮书。⑤ 白皮书强调："只有个人同信息使用者对信息收集、使用和披露达成一定的共识，才能最好地保护信息隐私。"消费者与电讯和信息服务商可以共同决定隐私的最佳保护水平，而无须依靠政府来决定哪些信息有待保护。⑥ 但是，个人信息市场的缺陷可能致使上述交易模式无法正常运作，应对其加以矫正。矫正后的交易模式不仅可以有效地保护消费者的信息隐私，减少政府对市场的强制干预，还能够增强个人对信息设备和服务的需求，增进消费者、企业和社会的福利。⑦

1997 年，克林顿政府公布了《全球电子商务框架》报告。⑧ 报告指出："全球信息高速公路仍处于初级发展阶段，互联网等信息技术已经对人们生产生活的方方面面都产生了革命性的影响。"⑨ 为了给电子商务的发展扫清各种政策障碍，报告建议各国政府采取五

---

① U. S. , *Personal Privacy in an Information Society*: *The Report of the Privacy Study Commission*, Washington, D. C. , 1977, p. 32.

② U. S. , Privacy Working Group, Information Policy Committee, Information Infrastructure Task Force, Privacy and the National Information Infrastructure: Principles for Providing and Using Personal Information, 6 June 1995.

③ ①适用于所有参与方的一般原则：保护信息隐私原则、信息完整性原则与信息质量原则；②适用于个人信息使用者的原则：收集原则、通告原则、保护原则、公平原则与教育原则；③适用于提供信息的个人的原则：知情原则、权利原则与救济原则。

④ Id, para. 4.

⑤ U. S. National Telecommunications and Information Administration, Department of Commerce, Privacy and the NII: Safeguarding Telecommunications-Related Personal Information, Washington D. C. , October 1995.

⑥ U. S. National Telecommunications and Information Administration, Privacy and the NII, 1995.

⑦ Id.

⑧ William J. Clinton & Albert Gore, Jr. , A Framework for Global Electronic Commerce, the White House, 1 July 1997.

⑨ Id.

项原则。① 其中，"以私人行业为主导原则"意味着市场是调节电子商务运作的根本手段。"政府应鼓励行业自治，并仅应在必要情形下协助私人行业组织发展相应的机制促进互联网更有效地运作。""减少对电子商务的不当限制原则"要求政府尽量不干预电子商务市场的运作，不施加不必要的管制。根据第三项原则，政府在必要情形下为电子商务提供简明的法律环境，应以自下而上的交易模式为基础，而不得以自上而下的管制为主导。

自网上贸易诞生之日起，作为保护消费者权益的国家机关，美国联邦贸易委员会（Federal Trade Commission）曾长期坚持鼓励和促进网络市场的自律与行业自治，并将其作为保护消费者网上隐私的首要执行手段。②然而，认识到行业自治并未切实保护消费者的网上隐私，委员会不仅反思了行业自治制度自身的缺陷和不足，还建议通过立法和专门机构保护网上隐私。③ 一石激起千层浪。美国私人行业，尤其是个人信息处理与网上贸易企业对委员会提出的通过立法与专门机构监督法律实施的建议纷纷表示反对。网上隐私一时也成为美国国会炙手可热的议题，④ 但企业自律与行业自治的地位仍牢不可撼，美国并未设立专门机构监督网上个人信息处理行为。

由于美国不存在统一的联邦个人信息隐私法，也未设立国家性的资料保护机构，联邦贸易委员会（Federal Trade Commission）以禁止不正当和欺诈性的商业行为侵害消费者的权益为依据，保护特定私人行业中的个人信息隐私。此外，美国健康与公众服务部（Department of Health and Human Services）与联邦银行监理机关（Federal Banking Agencies）也在一定程度上负责保护健康和金融等领域的个人信息隐私。

（三）国际性资料保护法与资料保护机构的现状

国际性的资料保护立法也将设立资料保护机构作为资料保护执行体制的重要组成部分。例如，根据经济合作与发展组织的《资料保护指导原则》，为执行资料保护原则，各国可设立专门机构。⑤ 联合国大会通过的《资料保护指导规则》建议各国设立专门机关，

---

① ①以私人行业为主导；②减少对电子商务的不当限制；③若政府有必要介入，应旨在协助和执行具有可预见性、最小化、一致性和简明的商务法律环境；④政府应认识到互联网的特质；⑤应从国际层面促进电子商务的发展。

② U. S., FTC, Privacy Online：A Report to Congress, 1998, Self-Regulation and Privacy Online：A Report to Congress, 1999.

③ U. S., FTC, Privacy Online：A Report to Congress, 1998, pp. 42-43. 委员会提交该报告四个月后，美国国会即通过了《儿童网上隐私保护法》（Children's Online Privacy Protection Act of 1998, 15 U. S. C. §§ 6501-6506. ）。U. S., FTC, Privacy Online：Fair Information Practices in the Electronic Marketplace, A Report to Congress, May 2000.

④ U. S. Senate, Personal Data Privacy and Security Act of 2007, 110th Cong., 1st sess., 23 May 2007；U. S. House of Representatives, Federal Agency Protection of Privacy Act of 2005, 109th Cong., 2d sess., 25 September 2006；U. S. House of Representatives, Privacy in the Commercial World II, Hearing before the Subcommittee on Commerce, Trade and Consumer Protection, Committee on Energy and Commerce, 109th Cong., 2d sess., 20 June 2006.

⑤ 根据《资料保护指导原则》，成员国应通过制定法律法规或设立机构，保护个人的资料隐私和自由。OECD, Guidelines on the Protection of Privacy and Transborder Flows of Personal Data, adopted by the OECD Council, Paris, 23 September 1980, Art. 19.

由其独立、公正地执行资料保护规则。① 为融合与统一成员国的执行体制，《欧盟资料保护指令》明确要求成员国设立专门的资料保护机构，赋予该机构独立的地位和广泛的职权，并由其负责资料保护法的实施。② 为使《资料保护公约》③ 与《资料保护指令》的规定保持一致，欧洲理事会于 2001 年通过补充协定要求缔约方设立一个或多个机构专门负责资料保护法的实施。④ 亚太经合组织 2005 年通过的《隐私框架》鼓励成员国通过立法、行政和行业自治等途径保护个人的信息隐私。⑤

从国内来看，如今，欧盟成员国按照指令的要求都设立了全国性的资料保护机构，由其负责公共和私人领域中的资料保护。欧盟之外，瑞士、挪威、加拿大、新西兰等也设立了资料保护机构。

二、资料保护机构的法理基础

欧美在资料保护机构上的不同立法和实践影射了各国在资料保护理论和模式上的差异。如果以个人为视角审视资料保护，不论将个人在资料和资料处理上的权利界定为隐私权、财产权抑或控制权，资料保护终将是一个个人或消费者权益保护问题。这意味着，政府无需以公权力介入资料保护，个人与资料使用人可在交往和交易中针对资料处理展开谈判，资料使用人的自律、行业的自治，再加上个人的自力救济及其通过法院的侵权救济，就足以给个人资料提供适当的保护。反之，如果以社会为视角审视资料保护，资料保护法就成了平衡个人、资料使用人和社会在资料和资料处理上权力和利益冲突的基本法律，资料保护也成为一个具有公共性、共同性和集体性的问题，它也要求政府以有形的手挥舞资料保护的大棒，打击非法资料处理活动，保护个人的资料权利。因此，资料保护的社会价值与资料保护问题的社会性是资料保护机构得以设立和运作的法理基础。

（一）传统隐私权理论与资料保护

面对政府和企业滥用个人资料给个人造成的侵害，人们会下意识地借助隐私的概念加

---

① 《资料保护指导规则》规定："各国应根据国内法律体系设立一机构，由其负责监督规则的实施。对资料处理的负责人或机构，该机构应确保公正性和独立性，并具有相应的技术能力。对违法行为，应规定刑事或其他制裁措施，为个人提供适当的救济手段。"United Nations, Guidelines Concerning Computerized Personal Data Files, adopted by the General Assembly, 14 December 1990, Art. 8.

② Directive 95/46/EC, Art. 28.

③ Council of Europe, Convention for the Protection of Individuals with regard to Automatic Processing of Personal Data, ETS No. 108, 1981.

④ Council of Europe, Additional Protocol to the Convention for the Protection of Individuals with regard to Automatic Processing of Personal Data regarding Supervisory Authorities and Transborder Data Flows, Strasbourg, 8 November 2001, Art. 1. 补充协定还根据《欧盟资料保护指令》修改了公约有关资料跨境流动的规定。Id., Art. 2.

⑤ Asia-Pacific Economic Cooperation, Privacy Framework, 2005, para. 31. 相对于《欧盟资料保护指令》，《隐私框架》有关执行机制的规定相对宽松，它鼓励成员国根据本国国情采取资料保护机构外的其他途径，保护个人的信息隐私。

以应对，因为"隐私看似与所有事情都相关"，① 而且，信息技术对个人造成的影响主要集中于私人生活领域。自人们于 20 世纪 60 年代起关注个人资料记录计算机化的影响，隐私就成为归纳个人权利的代名词。② 毫无疑问，资料保护与隐私具有一定的关联。很多国家的资料保护法直接取名为隐私法，③ 其他国际和国内资料保护法虽然未直接以隐私法命名，但也一般在其宗旨部分强调保护个人在资料处理上的隐私权。④ 传统的隐私权理论可归为三种："不受干扰的权利说"、"有限地接近自我说"和"个人信息控制说"。总体而言，它们以保密、披露和公开为着眼点，致力于保护私人生活，保障个人的独处状态或对自我的控制，将隐私权视为一项消极的个人权利。它们虽然可以解释某些资料保护问题，但却未抓住其核心。实际上，资料隐私权不仅是一项个人权利，它对理顺个人同资料使用人在资料和信息流转上的利益关系、对民主政治制度的运作、对和谐社会的构建，都具有不可或缺的作用。换言之，"资料保护法与隐私权不同，它不只是为个人设定一项权利，而更是旨在构建一个平衡个人、资料使用者和社会利益的法律框架"。⑤

1. 不受干扰的权利说

1890 年，沃伦（Samuel Warren）和布兰蒂斯（Louis Brandeis）发表了《论隐私权》一文，⑥ 指出当时的普通法在隐私保护上存在空缺。⑦ 他们沿用了由库利（Thomas Cooley）法官⑧提出的"不受干扰的权利"这一概念，⑨ 并将隐私界定为个人的独处权。

---

① "隐私看似与所有事情都相关，并因此也似乎什么都不是。" Daniel J Solove, *A Taxonomy of Privacy*, 154 Univ. of Pennsylvania L. Rev. 477, 479 (2006).

② 早期的立法资料多采用"隐私"的概念。U. K. , Report of the Committee on Privacy, Cmnd. 5012, London：HMSO, 1972; Canada, Department of Communications and Department of Justice, Privacy and Computers：A Report of a Task Force, Information Canada, Ottawa, 1972; U. S. , HEW Report, 1973; Council of Europe, Resolution (73) 22 on the Protection of the Privacy of Individuals vis-à-vis Electronic Data Banks in the Private Sector, adopted on 26 September 1973; Resolution (74) 29 on the Protection of Privacy of Individuals vis-à-vis Electronic Data Banks in the Public Sector, adopted on 24 September 1974. 早期的学者也从隐私的角度探析个人信息保护的法理基础。Alan Westin, *Science, Privacy, and Freedom：Issues and Proposals for the 1970's*, 66 Colum. L. Rev. 1003 (1966); Kenneth L. Karst, *"The Files"：Legal Controls over the Accuracy and Accessibility of Stored Personal Data*, 31 L. & Contemp. Probs. 342 (1966); Symposium, *Privacy*, 31 L. & Contemp. Probs. 251-435 (1966); Symposium, *Computers, Data Banks, and Individual Privacy*, 53 Minn. L. Rev. 211-245 (1968); Arthur R. Miller, *Personal Privacy in the Computer Age：The Challenge of a New Technology in an Information-Oriented Society*, 67 Mich. L. Rev. 1089 (1969).

③ 如美国 1974 年《隐私法》（Privacy Act 1974, 5 U. S. C. § 552a）。

④ Directive 95/46/EC, Art. 1 (1); C. O. E. Convention, Art. 1 and Preamble; OECD Guidelines, Art. 1.

⑤ U. K. , Report of the Committee on Data Protection, Cmnd. 7341 (Chairman：Sir Norman Lindop), London：HMSO, 1978, para. 18-42.

⑥ Warren & Brandeis, *The Right to Privacy*, 4 Harv. L. Rev. 193 (1890).

⑦ Edward J. Bloustein, *Privacy as an Aspect of Human Dignity：An Answer to Dean Prosser*, 39 N. Y. U. L. Rev. 962, 970 (1964).

⑧ Thomas Cooley, Law of Torts, 2nd ed. , 1888, p. 29.

⑨ Warren & Brandeis, *The Right to Privacy*, 4 Harv. L. Rev. 193 (1890).

"不受干扰的权利说"可以解释资料保护中的某些问题。例如，过多收集不相关、不必要、不适当的个人资料，不当使用个人资料，都可能影响个人不受干扰、独立选择自己的生活方式以及自主安排私人事务的权利。实际上，个人生活在社会中自然需要与他人分享自己的资料，并在信息流转中不可避免地同他人发生信息流转关系。该说无法解释个人自愿提供资料的现象，不能说明个人在信息流转上的利害关系，不足以平衡个人同资料使用人在信息流转关系上的力量，更难以全面保护个人免受非法资料收集、使用和转移所造成的侵害。

2. 有限地接近自我说

19 世纪末，高德金（E. L. Godkin）就提出了有限地接近自我理论。他指出："没有什么比私人生活更有待法律保护。人人均有权将自己的事务保留给自己，自行决定应在什么程度上受到公众的注视或讨论。"① 作为有限接近理论的集大成者，嘉伟森（Ruth Gavison）认为，隐私权是指"他人在多大程度上知悉与我们相关的信息，他人在多大程度上接近我们，我们在多大程度上成为他人注意的对象。"② 付里德（Charles Fried）从隐私可以保护亲密性的角度阐释了隐私的价值："亲密性是个人与他人分享有关自我行动、信仰或情感的信息，他不会与所有人分享这些信息，个人也有权不与任何人分享这些信息。通过赋予个人该权利，隐私权创造了道德资本（Moral Capital），供我们投入友情和爱情。"③ 显然，将隐私视为亲密性过于狭隘，它过于强调了人际关系和个人情感。隐私固然可促进信任、爱情和亲密关系，但它们并非隐私权价值的全部。我们的经济信息是私人性的，但并不具有亲密性。计算机数据库对个人隐私构成的严重威胁并不以人们之间的友情、爱情和信任关系为主，这些威胁主要来自政府和企业。④ 总之，不论将有限地接近自我界定为一种状态，抑或个人选择有限披露自我的权利，⑤ 不论将隐私视为保守秘密，还是维护人与人之间的亲密关系，"有限地接近自我说"都不能准确地诠释资料保护，也不得作为资料保护的理论基础。

3. 个人信息控制说

从私人权利的角度审视资料保护，个人对其资料所具有的权益很容易被界定为信息控制权，因为从表面上看，个人在信息流转过程中对资料失去了控制导致资料被滥用。自 20 世纪 60 年代美国学者提出个人信息控制说以来，它一度成为个人资料法律保护的主导理论，且至今仍具有重大的影响力。付雷德曾指出："乍看来，隐私似乎与保密有关，旨在限制别人对自己的了解。必须重新考察这种看法。实际上，他人对我们的了解越少并不意味着我们具有的隐私就越多。隐私不仅是他人的记忆中不存在关于我们的信息，它是指我们对与自己相关的信息的控制。"⑥ 威斯丁（Alan F. Westin）将隐私界定为："个人、

---

① E. L. Godkin, *Libel and Its Legal Remedy*, 12 J. Soc. Sci. 69, 80 (1880).

② Ruth Gavison, *Privacy and the Limits of Law*, 89 Yale L. J. 421, 423 (1980).

③ Charles Fried, *Privacy*, 77 Yale L. J. 475, 484 (1968).

④ Priscilla M. Regan, *Legislating Privacy*, 1995, p. 213.

⑤ David O'Brien, Privacy, *Law and Public Poilicy*, Praeger Publishers, 1979, p. 16.

⑥ Charles Fried, *Privacy*, 77 Yale L. J. 475, 482-483 (1968).

组织或机构有权自行决定何时、如何以及在什么程度上向他人披露与其相关的信息。"①
除了得到广大学者的赞同外，"个人信息控制说"也成为早期政府研究报告、立法和司法
的理论依据。② 相对于其他隐私权理论，"个人信息控制说"无疑更好地说明了资料隐私
问题，它明确了资料保护的原因、目的和方法。以提高个人对信息参控力为核心的个人信
息控制说把握了资料隐私问题的要害，即要调整个人信息流转关系必须首先加强个人对资
料和信息流转的控制能力。但是，信息控制说无法合理地界定信息的范围与控制的性质，
而且，将个人在资料和信息流转上的利益界定为控制力还片面强调了资料保护问题的个人
性与资料保护的个人价值，忽视了资料保护问题的社会性。

（二）财产权理论与资料保护

如今，个人资料交易如火如荼，有关商业化背景下个人资料保护的争论也方兴未艾。
20 世纪 60 年代，西方学者就主张运用财产权制度保护个人隐私。威斯丁主张将传统的财
产权与以严格责任标准为基础的侵权责任制度相结合，规制具有极大危害性的资料使用行
为。在他看来，若将个人对信息的权利视为人格决定权，应将其界定为财产权。财产法已
经设计了灵活的制度限制公共和私人机构干涉个人权利。按照这一进路，在跨州商务中，
未经资料当事人授权而转移其个人信息，实质上是在处理一种危险商品，应为信息使用者
创设特殊的责任和义务。③ 作为法律经济分析的集大成者，波斯纳也主张："社会应将与
个人相关的真实信息的财产权赋予个人自己，以提高交易效率。"④

20 世纪 90 年代以来，随着美国推行以市场为主导的个人信息隐私保护政策，为界定
"个人信息控制说"中"控制"的性质和内容，以法经济学为基础，人们再次强调财产权
制度与市场机制在保护个人信息隐私中的作用，个人资料财产化理论也得以强化。例如，
莫菲（Richard Murphy）认为，个人信息同其他信息一样也是财产，法律划清信息的归
属。⑤ 劳顿（Kenneth Laudon）主张，企业利用个人资料应对个人进行合理的补偿。它们
不能一边享受着使用他人资料的免费午餐，一边却侵害其隐私。他将当前的个人信息隐私

---

① Alan F. Westin, *Privacy and Freedom*, New York: Atheneum, 1967, p. 7.

② 例如，英国的杨格委员会认为隐私指个人"有权自行决定怎样向他人传递关于自己的资料及传
递多少资料"。U. K., Report of the Committee on Privacy, Cmnd. 5012（Chairman: Kenneth Younger），
London: HMSO, 1972, para. 38. 根据美国的《记录、计算机与公民权利报告》："披露和使用记录中含
有的识别性信息可直接影响个人隐私。一项记录若含有与个人有关的可识别身份的信息，应适用一定的
程序，确保个人有权参与到如下事项的决定过程中，如记录包含的内容及如何披露和使用其中的信息。
信息的记录、披露和使用若不适用上述程序，除非经法律特别许可，应被认定为不正当的信息行为。"
U. S., HEW Report, 1973. 美国法院在 *United States Dep't of Justice v. Reporters Comm. for Freedom of the
Press* 案中也指出："隐私是指控制与个人相关的信息。" *U. S. Dep't of Justice v. Reporters Comm. for Freedom
of the Press*, 489 U. S. 749, 763（1989）. 克林顿政府将隐私界定为个人控制在什么条件下收集、披露和
使用其个人信息的权利。U. S., President Clinton's Information Infrastructure Task Force: Principles for
Providing and Using Personal Information, Washington D. C. , 1995, p. 5.

③ Alan F. Westin, *Privacy and Freedom*, 1967, pp. 324-325.

④ Richard A. Posner, *The Economics of Justice*, 1981, p. 235.

⑤ Richard S. Murphy, *Property Rights in Personal Information: An Economic Defense of Privacy*, 84 Geo.
L. J. 2381, 2384（1995）.

危机归结为市场缺陷，导致该缺陷的根源就在于法律未将个人信息的所有权赋予资料当事人，反而是资料使用者对资料具有绝对的支配权。法律应将个人信息的财产权归还给资料当事人，由他们与资料使用者在市场上对资料进行定价和交易，构建以市场为主导的资料隐私保护机制。① 1997 年，美国商务部公布了《信息时代的隐私与自治》，② 为美国确立以市场和行业自治为主导的信息隐私保护机制奠定了理论基础。③

不少学者对个人资料财产化理论与市场模式提出了质疑和批判。例如，白富德（Katrin Schatz Byford）指出，从隐私的价值上看，为个人信息设立财产权仅考量了隐私对财产权人的个人价值。④ 李特曼（Jessica Litman）认为，将资料的财产权赋予个人非但不会提高个人对其资料的控制力，反而会加速个人信息的财产权向资料使用者转移，并最终削弱或剥夺个人对资料的控制，根本无助于改善资料隐私保护的现状。⑤ 在萨美尔森（Pamela Samelson）看来，个人信息财产化理论存在很多优势，但它并不能解决个人信息市场化和商业化背景下的资料隐私保护问题。⑥ 索罗伍（Daniel Solove）更是一针见血地指出，某些权利由不得我们通过谈判和交换随便舍弃，因为它们不只是个人财产，它们为整个社会结构所不可或缺。隐私是关涉我们同公私机构间关系的社会结构问题，且解决该问题要求超越市场机制的狭隘理念。资料隐私自身存在的问题也正是信息市场机制必须面对的难题。市场机制若想成功运作，必须满足一个前提，即确立平衡个人同公私机构在资

---

① Kenneth C. Laudon, *Market and Privacy*, 39 *Communications of ACM* 92-104 (1996). 还有很多学者支持个人资料财产化理论。例如，瓦里安（Dean Hal Varian）主张将消费者的信息隐私界定为其对私人信息的财产权，赋予消费者控制个人资料的能力。Dean Hal Varian, *Economic Aspects of Personal Privacy*, in U. S. Department of Commerce, Privacy and Self-Regulation in the Information Age, 1997, p. 36. 在莱西格（Larry lessig）看来，将信息视为具有价值的财产为我们运用市场机制保护隐私提供了良好的契机。Lawrence Lessig, *The Architecture of Privacy*, 1 Vanderbilt Journal of Entertainment Law & Practice 56 (1999). 杰瑞康（Jerry Kang）将个人信息视为一种财产，并主张通过市场解决资料隐私保护问题。Jerry Kang, *Information Privacy in Cyberspace Transactions*, 50 Stan. L. Rev. 1193, 1246-1273 (1998). 斯考兹（Paul Scholtz）强调经济和法律体制应将信息的财产权赋予资料当事人，提高其对信息的控制力，矫正当前个人信息市场的缺陷，为电子商务的发展扫清隐私保护的障碍。P. Scholtz, *Transaction Costs and Social Costs of Online Privacy*, First Monday, Vol. 6, No. 4, May 2001.

② U. S. , Department of Commerce, *Privacy and Self-Regulation in the Information Age*, Washington D. C. , June 1997.

③ Peter Swire, *Markets, Self-Regulation, and Government Enforcement in the Protection of Personal Information*; Eli M. Noam, *Privacy and Self-Regulation：Markets for Electronic Privacy*; Hal R. Varian, *Econmic Aspects of Personal Privacy*; Kenneth C. Laudon, *Extensions to the Theory of Markets and Privacy：Mechanics of Pricing Information*; Mary J. Culnan, *Self-Regulation on the Electronic Frontier：Implications for Public Policy*; Alan F. Westin, *"Whatever Works" The American Public's Attitudes Toward Regulation and Self-Regulation on Consumer Privacy Issues*; Deidre K. Mulligan, *The Limits and the Necessity of Self-Regulation：The Case for Both*; Henry H. Perritt, Jr. , *Regulatory Models for Protecting Privacy in the Internet*; Duncan A. MacDonald, *Privacy, Self-Regulation, and the Contractual Model：A Report from Citicorp Credit Services, Inc.*

④ Katrin Schatz Byford, *Privacy in Cyberspace：Constructing a Model of Privacy for the Electronic Communications Environment*, 24 Rutgers Computer & Tech. L. J. 1, 56 (1998).

⑤ Jessica Litman, *Information Privacy/Information Property*, 52 Stan. L. Rev. 1283 (2000).

⑥ Pamela Samuelson, *Privacy as Intellectual Property*?, 52 Stan. L. Rev. 1125, 1171 (2000).

料使用关系上力量的法律规则。①

　　总之，渊源于个人信息控制说，个人资料财产化理论主张将资料最初的所有权赋予资料当事人，提高个人对资料的支配力，通过个人同企业间的资料交易，由市场机制实现资料的最优化分配与适当的隐私保护水平。但在是否能够将个人资料财产化、谁应具有最初的资料所有权以及物权制度和市场机制能否有效保护个人隐私上，该理论都难以自圆其说。实际上，将个人资料看做商品和财产只会加速资料的交易和流转，不但不能改变个人同企业在信息流转关系上力量失衡的现状，更无法有效地保护个人的资料隐私。

（三）力量和利益平衡论与资料保护问题的社会性

　　资料保护问题源于个人与政府和企业之间在交往和交易上的力量失衡，信息处理技术满足了社会发展的需要，但它同时也增强了公私机构对个人资料和资料处理过程的掌控力，个人对与其密切相关的资料丧失了适当的控制，且无法适当地参与资料处理过程。归根结底，资料保护法正是平衡个人与资料使用人及社会在资料控制与资料处理过程参与上的力量和利益冲突的。我们不妨将其称做资料保护的力量和利益平衡理论。这一理论兼顾了资料保护问题的个人性和社会性，指明了资料保护法的宗旨和目的，也可以成为资料保护机构设立和运作的理论基础。当然，严格而言，资料保护机构的法律基础当属资料保护问题的社会性。

　　如上所述，传统的隐私权理论过分强调了隐私的个人价值："不受干扰的权利说"旨在保护个人免受外界的不当干扰，抽身社会选择独处；"有限地接近自我说"旨在保护个人选择接近自我的对象和范围，或维持他人有限接近自我的状态；"个人信息控制说"过分注重个人对信息的控制，进而发展出个人资料财产化理论。后来的"个人信息自决理论"突破了上述限制，不仅认为资料隐私有关个人人格发展，要求增强个人对资料和信息流转过程的控制，同时，它也强调资料隐私对民主政治制度的运作不可或缺，资料隐私并非一项绝对的个人权利，它应受制于社会公共利益。实际上，资料隐私不只是一个个人问题，它也是一个具有共同性、公共性和集体性的社会问题。资料隐私不仅具有个人价值，对个人人格发展及保护个人的正当权益至关重要，它还具有社会价值，对民主制度的运作、信息经济的发展以及和谐社会的构建不可或缺。

　　20世纪60年代以来，关于隐私问题的社会性与资料隐私的社会价值的主张就已经兴起。这一观点在欧洲转化为现实的资料保护政策，并随着国内立法和欧盟立法及资料保护机构的设立和功能的强化得以不断发展。而在美国，它却受到了严重的挑战，结果，强调信息隐私问题个人性的观点主导了美国的信息隐私政策，美国不但未对资料隐私进行全面立法，还采取了以个人为中心的救济模式。但是，不少学者一直呼吁放弃这种以信息隐私个人性为导向、以个人为中心的信息隐私保护政策。里根认为，与传统的隐私权不同，资料隐私不仅保护个人利益，还旨在实现具有共同性、公共性和集体性的社会价值。资料隐私问题具有共同性，因为我们都意识到它在我们生活中的重要性；隐私具有公共性，因为它对民主政治体制的运作、信息经济的发展与和谐社会的构建不可或缺；隐私具有集体性，因为科技和市场的发展，已经使我们当中的任何人都越来越难以凭借自身的力量独自

---

① 　Daniel J. Solove, *Privacy and Power*, 53 Stan. L. Rev. 1393, 1454-1455 (2001).

保护隐私，我们要么都具有较高的隐私水平，要么都不具有隐私。① 此外，施瓦兹（Paul Schwartz）、索罗伍和纳弗（James Neuf）等也指出，信息隐私对以民众自由参与为前提的政治制度的运作至关重要，信息隐私应以平衡个人同机构间的权力为中心，应从隐私的社会性和社会价值着手保护信息隐私，且应借鉴欧洲资料保护体制的成功之处。② 下文将以欧洲各国的立法和实践为例探讨资料保护机构相关的法律问题。

三、资料保护机构的性质、地位、设立与运作

（一）资料保护机构的性质和地位

简言之，资料保护机构是依法设立的、独立地行使监督资料保护法实施职权的国家公权力机构。③ 为确保资料保护机构的独立性和公正性及其履行资料保护职责的能力，资料保护机构被赋予了相应的资源与广泛的法定职权。严格而言，它不属于消费者保护机构、行政机关、立法机构、司法机构或执行机关，但却具有上述机构和机关的职能和特性。具体而言，它负责向大众、公共机关和私人机构宣传和推广资料隐私保护的重要性，并向国家机关报告资料保护法的执行情况。它负责对资料处理进行管理和登记，并因此具有行政管理性。作为资料隐私保护的智囊团，它对资料隐私法律法规和行为守则的起草、制定和具体实施提出意见和建议。作为资料处理争议的公断者，它受理、调解和解决资料当事人提起的与资料处理相关的申诉。作为资料保护法的执行机关，它有权对公共机关和私人机构实施的资料处理进行审计和调查，并对违法行为提出警告、建议或进行处罚和制裁。资料保护机构的多重职责决定了其性质上的复杂性，使其成为具有行政、立法、司法和执行等多重性质的公共机构。西班牙的资料保护法对其性质作了比较全面的概述：资料保护机构"依公法设立，具有法律人格与完全的公共性和私人性的法律能力，并独立于其他国家机关履行其法定职责"。④

资料保护机构的地位主要是指其独立性。独立性是资料保护机构性质和职责的内在要求。它不仅应在形式上独立，更需在行动上完全自主，⑤ 在履行职责过程中免受外界不正当、不合理的干涉。虽然不存在确保资料保护机构独立性的统一模式，但下列事项与独立性密切相关：专员与机构成员的任命，专员和成员的任职条件与任职期间，人力、财力和

① Priscilla M. Regan, *Legislating Privacy*, 1995, p. 32.

② Paul M. Schwartz, *Privacy and Participation*: *Personal Information and Public Sector Regulation in the United States*, 80 Iowa L. Rev. 533 (1995); Paul Schwartz, *Privacy and Democracy in Cyberspace*, 52 Van. L. Rev. 1609 (1999); Daniel Solove, The Digital Person: Technology and Privacy in the Information Age, 2004; James P. Neuf, *Recognizing the Societal Value in Information Privacy*, 78 Wash. L. Rev. 1 (2003).

③ Portugal, *Act 67/98 on the Protection of Personal Data*, 1998, Art. 22 (1).

④ Spain, *Organic Law 15/1999 on the Protection of Personal Data*, 13 December 1999, Art. 35 (1).

⑤ 根据《欧盟资料保护指令》，资料保护机构"在履行法定职责中应具有完全的独立性"。Directive 95/46/EC, Art. 28 (1).

物力等资源，以及不受外界干涉做出决定和提出建议等。① 多数欧盟成员国法均强调资料保护机构应为独立性的机构，不得接受其他机关的指示，独立行使法定职权。②

（二）资料保护机构的设立和运作

为保障资料保护机构的独立性，欧洲各国规定了严格的机构设立和成员选任程序。多数国家要求资料保护专员由议会产生，如比利时③、意大利④、瑞士⑤和葡萄牙⑥等；在某些国家，专员由司法部长选任，如丹麦⑦和荷兰⑧；有些国家要求由政府选任专员，如爱尔兰⑨、英国⑩和卢森堡⑪。在资料保护机构的人员要求上，为确保其独立性和广泛的代表性，各国的要求也不尽相同。如法国国家信息与自由委员会（CNIL）的成员由国家议会、经济与社会部（Conseil Économique et Social）、国家法院（Conseil d'État）⑫、最高法院（Cour de Cassation）和审计法院（Cour des Comptes）等选任。⑬ 葡萄牙国家资料保

---

① 《资料保护公约》的补充协定要求监督机构完全独立地行使法定职责。Council of Europe, Additional Protocol to the Convention for the Protection of Individuals with regard to Automatic Processing of Personal Data regarding Supervisory Authorities and Transborder Data Flows, Strasbourg, 8 November 2001, para. 3 and Art. 1.

② 如《法国信息、档案与自由法》第 21 条要求 CNIL 成员在行使职权过程中不得接受任何机构的任何命令。《荷兰资料保护法》第 52 条要求委员会在履行职责过程中保持中立。

③ 比利时资料保护委员会主席和副主席均由众议院（Chambre des Représentants）产生。Belgium, Consolidated text of the Belgian law of 8 December 1992 on Privacy Protection in relation to the Processing of Personal Data, as modified by the law of 11 December 1998 implementing Directive 95/46/EC, Belgian State Gazette, 26 June 2003, Art. 23.

④ 意大利资料保护机构（Garante）的四名成员分别由参众两院选任，并独立自主地行动。Italy, Personal Data Protection Code, Legislative Decree No. 196, 30 June 2003，§ 153.

⑤ 瑞士资料保护专员由联邦委员会（Federal Council）任命，它应自主履行职责，并为了行政性的目的，依附于联邦司法与公安部。Switzerland, Federal Act on Data Protection, 19 June 1992, Art. 26.

⑥ 葡萄牙的资料保护委员会（CNPD）在议会下独立行使职权，其主席和其中两名成员由议会选任，所有成员均应向议会主席宣誓就职。

⑦ 丹麦资料保护委员会包括理事会和秘书处，前者由司法部设立，后者负责日常事务，委员会在行使其职权过程中应保持完全独立。Denmark, Act 429 on Processing of Personal Data, of 31 May 2000, Artt. 55 & 56.

⑧ 荷兰资料保护委员会成员需经司法部长推荐，通过皇家决议任免。负责向委员会提出建议的咨询委员会成员，经委员会推荐，由司法部长任命。Netherlands, Data Protection Act, approved by the Lower House on 23 November 1999, Art. 53.

⑨ 爱尔兰的资料保护专员由政府选任，并独立行使职责。

⑩ 英国的资料保护专员由女王根据政府的建议任命。U. K., Data Protection Act, 1998, Art. 6.

⑪ 与英国类似，卢森堡国家资料保护委员会成员由大公爵（le Grand-Duc）根据政府的建议任命。Luxembourg, Loi du 2 août 2002 relative à la protection des personnes à l'égard du traitement des données à caractère personnel. Art. 34.

⑫ 始创于 1302 年，它是负责处理涉及公共事务案件的最高法院，对总统、内阁或议会向其呈送的国务问题和立法措施做出决定或提出建议。

⑬ France, Loi n° 2006-64 du 23 janvier 2006 relative à l'informatique, aux fichiers et aux libertés, Art. 13.

护委员会由议会、最高法院、最高检察院和政府各自选任的成员组成。①

为确保资料保护专员独立行事，不少国家要求资料保护专员不得担任其他职务或从事其他有报酬的工作。如法国国家信息与自由委员会的成员不得兼任政府公职，不得参与讨论或调查同一机构有关的事宜，若他在该机构中任职或具有直接或间接的利益。② 荷兰资料保护委员会主席及其成员不得从事其他有报酬的工作，若该工作与其在委员会的工作不符，且未经司法部长批准。③ 德国的联邦资料保护与信息自由专员不得担任其他有报酬的职位，或于官方职责外从事任何有利益的活动或职业，不得隶属于营利性公司的管理和监督委员会或董事会，不得在联邦或州的政府和立法机关中任职，亦不得以牟利为目的，越权提出意见。④

为确保资料保护机构的独立性，资料保护法多规定资料保护机构应具有充分的资源，如办公场所、人员、财力和物力。但是，从实际运行来看，由于面临着资源紧缺的困境，多数国家的资料保护机构不足以独立完成纷繁复杂的法定职责，扮演好多重重要角色。⑤

仿效欧盟设立资料保护工作组，⑥ 有些国家还设立了资料保护咨询机构，协助资料保护机构开展资料隐私保护事务。如西班牙设立了咨询委员会，由其负责协助资料保护委员会的工作。咨询委员会的组成人员具有广泛的代表性，包括国会、政府、地方机关、学术机构、消费者和资料使用者的代表等。⑦ 奥地利也设立了资料保护理事会来协助国家资料保护委员会的工作。

此外，德国和奥地利的资料保护机构值得一提。德国资料保护法包括联邦和州两级执行体制，而且公共和私人领域中资料处理的监督体制也有所不同。从联邦的角度看，德国联邦资料保护与信息自由专员根据《联邦资料保护法》负责监督联邦政府的资料处理。⑧ 虽然《联邦资料保护法》对私人行业中的资料处理做出了专门规定，但它们却由不同的机构负责实施。⑨ 联邦资料保护与信息自由专员，经联邦政府建议，由议会选任，并由总统任命。专员具有联邦公法官员地位，应独立行使其职责，并接受联邦政府的法律监督。⑩ 从州的角度看，各州的资料保护机构负责监督州公共机关的资料处理。私人行业中资料处理的监督机关由各州决定。负责监督州公共机关资料处理的资料保护机构一般由其

① Portugal, Act 67/98 on the Protection of Personal Data, 1998, Art. 25.

② France, Loi n° 2006-64 du 23 janvier 2006 relative à l'informatique, aux fichiers et aux libertés, Art. 14.

③ Netherlands, Data Protection Act, approved by the Lower House on 23 November 1999, Art. 55 (2).

④ Germany, Federal Data Protection Act (Bundesdatenschutzgesetz), 15 November 2006, Art. 23 (2).

⑤ Commission of the European Communities, Analysis and Impact Study on the Implementation of Directive EC 95/46 in Member States, COM (2003) 265, 2003, p. 38.

⑥ 欧盟依据《资料保护指令》设立了资料保护工作组（Art. 29 Data Protection Working Party）。作为欧盟资料保护的智囊团，它负责对指令的具体实施及欧盟内外与资料保护有关的问题提出意见和建议。Directive 95/46/EC, Art. 29.

⑦ Spain, Organic Law 15/1999 on the Protection of Personal Data, 1999, Art. 38.

⑧ Germany, Federal Data Protection Act (Bundesdatenschutzgesetz), 2006, Art. 24 (1).

⑨ Id., Art. 38 (6).

⑩ Id., Art. 22.

议会选任，但负责监督私人行业中资料保护的机构多为州政府的内务部或隶属于内务部。不过，几个州经过修改立法，由州资料保护机构一并监督公共和私人行业中的资料处理。①

在奥地利，资料保护委员会（Datenschutzkommission）和资料保护理事会（Datenschutzrat）共同负责该国联邦资料保护法的实施。资料保护委员会负责监督国家最高行政机关，即国家总统、总理、政府成员的资料处理活动。② 资料保护委员会的六名成员均经联邦政府推荐，由总统任命。委员会的候选人分别由最高法院（Oberster Gerichtshof）、政府（Bundesländer）、联邦劳动部（Bundeskammer für Arbeiter und Angestellte）与联邦经济部（Wirtschaftskammer Österreich）推荐。③ 联邦政府和州政府的成员不得担任资料保护委员会成员。④ 资料保护委员会的成员应独立行使其职责，且不得受任何指示的约束。资料保护委员会办公室的官员仅应服从主席和执行成员的指示。⑤ 资料保护理事会由联邦议会设立，负责对联邦和州政府提出有关资料保护的建议，包括审查对资料保护至关重要的问题，对联邦部委制定的与资料保护有关的法案提出意见，评定公共领域中资料控制者提出的涉及资料保护的项目，要求私人行业中的资料控制者从资料保护的角度提出意见或提请其注意。⑥ 资料保护理事会由政党、联邦劳动部、联邦经济部、州、奥地利市和城镇组织及联邦议会的代表组成，代表应具有计算机技术和资料保护的专业知识和经验，且不得为联邦和州政府的成员。⑦

四、资料保护机构的职权与责任

设立独立的监督机构是个人资料保护至关重要的一环。⑧《欧盟资料保护指令》要求成员国赋予资料保护机构广泛的职权。对内，资料保护机构担负着信息提供、资料处理活动的管理、管制、准立法职能、准司法职能、调查和执行职能；对外，它还需同他国的对应机构进行信息互换并在跨境资料保护的执行上开展合作。因此，资料保护机构在资料保护上扮演着多重角色，如宣传员、教育者、咨询人员、政策建议者、审计人员、调查人员、法律监督和执行者以及谈判者和外交家等。其中，审计、调查、监督和执行等是资料保护机构最核心的职责。⑨

---

① 如柏林、拜仁和汉堡等州的资料保护机构一并监督公共和私人领域中的资料处理活动。

② Austria, Federal Act Concerning the Protection of Personal Data (Datenschutzgesetz 2000), § 35.

③ Id., § 36 (2).

④ Id., § 36 (5).

⑤ Id., § 37.

⑥ Id., § 41.

⑦ Id., § 42.

⑧ Directive 95/46/EC, Recitals, para. 62.

⑨ Commission of the European Communities, Analysis and Impact Study on the Implementation of Directive EC 95/46 in Member States, COM (2003) 265, p. 38.

（一）信息提供职责

作为国内资料保护的信息中心，资料保护机构向资料处理涉及的当事方，如立法和行政机关、资料使用者、特定行业中的资料使用者以及资料当事人等提供相关信息。此外，它还公布年度活动报告。① 资料保护机构对有关资料保护的法律法规以及与资料隐私有关的重要问题做出报告、提出意见和建议，这对资料隐私的立法和实践具有重要的指导作用。即使未被立法机构、行政机关、司法机构或资料控制者采纳，这些意见至少可确保有关问题得以充分考虑和讨论。通报本国资料保护法执行状况及有关问题的年度报告也是重要的信息传递渠道。资料保护机构提出的意见与做出的报告虽然不具有法律约束力，但它们同机构的管理和执行活动密切相关。报告可以确定资料保护领域中的焦点问题，重点开展审计、调查和监督活动。资料保护机构有关资料保护法在特定领域中的解释和适用建议也对其监督活动具有重要的影响。在有些国家，该意见和建议构成资料保护机构执行活动的正式和有效的组成部分。此外，资料保护机构的年度报告一般都对其执行活动和资料处理的个案进行总结和评析，这在信息提供与监督和准司法职能之间架起了相互沟通的桥梁。②

（二）准司法权

受理资料当事人提起的有关资料处理的控诉是资料保护机构的一项重要职权。受理控诉后，根据案件的具体情形，资料保护机构决定是否有必要开展调查，对资料当事人同资料使用者之间的纠纷进行调解，并做出决定。根据《资料保护指令》，资料保护机构应处理个人因资料处理侵害其权利和自由而提起的控诉，尤其是对资料处理的合法性提出的异议，并将处理结果告知资料当事人。③ 多数欧盟成员国法做出了类似的规定，但在可控诉事项的范围、提起控诉的条件和具体解决方式上，它们仍存在一定的差异。

在受理案件所关涉事项的范围上，丹麦、法国、希腊、葡萄牙和西班牙等国法律的规定比较宽泛，只要控诉与资料处理相关，资料保护机构均有权受理。④ 而根据奥地利和芬兰法律，个人仅可将关涉查阅和修改资料等权利行使的事项提交资料保护机构处理。例如，根据芬兰法律，若资料当事人在行使资料查阅权和修改权过程中遇到障碍，可将其提请资料保护专员的注意，并由委员会对有关事项做出决定。委员会可命令控制者执行资料

① Directive 95/46/EC, Art. 28（2）&（5）.
② 欧盟成员国除对内公布年度报告外，还向欧盟委员会提交报告。各国报告详见欧盟官方网站。
③ Directive 95/46/EC, Art. 28（4）.
④ Denmark, Act 429 on Processing of Personal Data, 2000, Art. 40; France, Loi n° 2006-64 du 23 janvier 2006 relative à l'informatique, aux fichiers et aux libertés, Art. 11（II）（3）; Greece, Law 2472/1997 on the Protection of Individuals with regard to the Processing of Personal Data, 1997, Art. 19（1）（m）; Portugal, Act 67/98 on the Protection of Personal Data, 1998, Art. 23（1）（k）; and Spain, Organic Law 15/1999 on the Protection of Personal Data, 1999, Art. 37.

当事人查阅资料的要求，或修改资料中不准确的信息。①

对案件的受理和解决方式，意大利、奥地利②和比利时法律的规定较为详尽。根据意大利法律，资料当事人有权通过向法院提起诉讼或向资料保护机构控诉的方式执行其资料权利，但两种救济途径不可同时进行。若资料当事人向法院提起了诉讼，就不得因同一案件向资料保护机构提出申诉，反之亦然。该法还要求资料当事人在向资料保护机构提起申诉前，穷尽自力救济，即个人已经将申诉的事项向资料控制者或处理者反映，但未能达成一致。在案件处理过程中，若双方达成一致，资料保护机构无需做出决定，而若双方未达成一致，资料保护机构应依法做出决定。在必要情形下，资料保护机构还有权采取临时措施，封存资料或中止资料处理。对资料保护机构做出的决定，双方均有权向适格的法院提出异议，但这并不影响决定的执行。③ 根据比利时法律，资料保护委员会应根据资料当事人的控诉对资料处理进行调查。委员会应首先对控诉进行审查，决定是否受理。对已受理的案件，委员会应尽量发挥其调解功能。若双方达成一致，且对个人隐私提供了法律规定的保障，委员会应以报告的形式说明双方对争议达成的结果。若双方未能达成一致，委员会应对案件的实体发表意见，包括对控制者提出必要的建议。针对案件的具体情况，委员会可做出决定、意见和建议，并将其发送至有关的当事方和司法部。④

（三）调查与执行权

对资料处理开展事先的审计与事后的实地调查，对违法行为根据具体情形采取相应的执行措施是资料保护机构最核心的权力。根据《资料保护指令》，它主要包括三个方面的内容：调查权、制裁权与介入司法程序权。⑤

1. 调查权

作为监督资料保护法实施的国家公权力机关，资料保护机构有权在本国主权范围内对资料处理开展实地调查，确保其合法、合理性。⑥ 具体而言，资料保护机构有权主动或应资料当事人的控诉，对某控制者或某个行业中的资料控制者实施的资料处理开展调查，并为此有权进入实施资料处理的场所，查阅资料处理的设备和程序，要求控制者提供必要的信息。从启动方式上看，调查活动可分为资料保护机构主动开展或应资料当事人的控诉开展两类。从开展的时间上看，调查活动可分为事先的审计和事后的调查两种。从实施的对象上看，调查活动包括对特定的控制者实施的特定资料处理进行调查与对某个行业中的多个控制者实施的某类资料处理进行普遍核查。

---

① Finland, Personal Data Act and Act on the amendment of the Finnish Personal Data Act, 1999, Art. 40 (2), Art. 28 (2) and Art. 29 (2).

② Austria, Federal Act Concerning the Protection of Personal Data (Datenschutzgesetz 2000), § 31.

③ Italy, Personal Data Protection Code, Legislative Decree No. 196, 2003, § 145-152.

④ Belgium, Consolidated Text of the Belgian Law of 8 December 1992 on Privacy Protection in relation to the Processing of Personal Data, as modified by the law of 11 December 1998 implementing Directive 95/46/EC, 2003, Art. 31.

⑤ Directive 95/46/EC, Art. 28 (3).

⑥ Id., Art. 28 (6).

对资料保护机构实地调查权的范围、条件和具体要求，各国的做法不尽相同。例如，根据奥地利法律，应资料当事人的控诉，资料保护委员会若怀疑存在违法行为，可对该资料处理展开调查，要求资料控制者或处理者做出必要的澄清和说明，查阅资料处理系统和有关文件。对须经预先审批的资料处理，即使不存在违法行为的怀疑，仍可对其进行调查。资料保护委员会在通知资料控制者后，方可进入实施资料处理操作的场所，检查运行资料处理的设备，运行需要检验的资料处理操作，并可在绝对必要的情况下拷贝有关信息。① 根据丹麦法律，资料保护机构可主动依职权或根据资料当事人提起的控诉，审查资料处理活动。② 为此，委员会有权要求资料控制者提供有关的信息，包括决定一事项是否属于资料保护法范畴的信息。对代表公共领域中的控制者实施的资料处理，委员会的成员和员工可在任何时候经适当地证明其身份后，直接进入处理个人资料的场所。但对代表私人行业中的资料处理，只有处理须经资料保护委员会审批的，委员会才有权开展上述调查。③ 根据法国法律，国家信息与自由委员会的成员和职员可进入与资料处理相关的场所开展调查，但应将该情况向辖区的检察官通报。若场所的负责人反对调查，访问该场所应在法官的授权和监督下进行，法官可一同访问，并可随时停止或中止调查。④ 根据意大利法律，若调查涉及私人的家庭或住所，应首先获得资料控制者或处理者的同意，或经适格的法院批准。⑤ 根据荷兰法律，资料保护委员会可依职权或应资料当事人的控诉对资料处理开展调查，将结果告知有关当事方，并听取其意见。若结果与法律的实施相关，应将其向有关的部长通报。⑥ 为开展上述调查，资料保护委员会有权进入任何居所，而无须经居住者同意。⑦

2. 制裁权

对可能或已经违法的资料处理操作，资料保护机构有权介入，并采取相应的制裁措施。根据《资料保护指令》，资料保护机构具有介入权，于处理操作开始前发表意见，并确保该意见的适当公开，命令控制者封存、删除或销毁资料，临时或终局性地禁止实施某项资料处理，对资料控制者进行提醒和警告，或将事项提交国家议会或其他政治机构。⑧ 总体而言，针对违法资料的处理行为，资料保护机构有权采取下列措施：①在资料处理开始前或处理过程中，提出意见和建议；②在必要情形下，命令控制者采取临时保全措施，如封存、删除或销毁资料，临时或确定地禁止某项资料处理；③若不予执行，对资料控制者进行提醒或警告；④对严重的违法情形进行处罚。

多数欧盟成员国的资料保护机构均具有介入和制裁权力，尤其是命令封存、删除或销毁资料以及临时或永久禁止违法资料处理。例如，根据丹麦法，资料保护机构有权命令私

---

① Austria, Federal Act Concerning the Protection of Personal Data (Datenschutzgesetz 2000), § 30.
② Denmark, Act 429 on Processing of Personal Data, 2000, Art. 58.
③ Id., Art. 62.
④ France, Loi n° 2006-64 du 23 janvier 2006 relative à l'informatique, aux fichiers et aux libertés, Art. 44.
⑤ Italy, Personal Data Protection Code, Legislative Decree No. 196, 2003, § 158 (3).
⑥ Netherlands, Data Protection Act, approved by the Lower House on 23 November 1999, Art. 60.
⑦ Id., Art. 61 (2).
⑧ Directive 95/46/EC, Art. 28 (3).

人资料控制者终止某项非法资料处理，修改、删除或封存处理中的某些个人资料。若资料保护机构认为某种资料处理程序对个人的资料隐私构成了相当大的风险，有权禁止其使用该程序。资料保护机构还有权命令控制者采取某项技术或组织性的安全措施确保资料处理依法实施。此外，在特定情形下，资料保护机构还可以对资料处理者做出上述禁止和强制禁令。① 在芬兰，根据资料保护专员的要求，资料保护委员会有以下权力：①禁止违反资料保护法实施的资料处理；②命令控制者对违法行为或过失采取必要的补救措施；③违法或过失行为严重损害了资料当事人的隐私权时，命令中止有关的资料处理操作。② 在一些成员国，资料保护机构可采取的临时保全措施比较有限。例如，德国和瑞典的资料保护机构无权命令控制者删除或销毁资料。③

　　在实践中，即使发现严重的违法行为，如未对资料处理进行通报、审批和登记，资料保护机构一般首先对控制者发出提醒、建议或警告。除非控制者对此不予理睬，资料保护机构就不会采取强硬的制裁措施。对资料处理开展预先性的审计，由于成本过高，以及资料保护机构自身资源的短缺，多数国家并未将它作为一项重要的资料保护措施。对违法资料处理，只要不是特别紧急的情形，资料保护机构往往过于重视调解和调停等软方法的作用，而未给予行政制裁、罚款和提起刑事诉讼程序等强制措施充分的重视。资料保护机构的调解等软方法具有很大的主观性，自由裁量权过大。违法行为的处理结果往往成了资料保护机构同资料使用者间讨价还价的博弈。这与资料保护机构自身的公共性质，及其作为公权力机构代表国家保护全民的资料隐私的基本职责显然相背。当然，这不意味着资料保护机构不可同资料使用者就违法资料处理进行协调和沟通，但只要事实清楚、法律明确，就应当依法采取必要的强制措施，确保资料控制者依法实施资料处理。

　　此外，对资料保护机构而言，其制裁和执行权力是一种内在的强制性，资料保护机构在做出提醒、建议和警告的过程中，可挥舞该隐形的"大棒"，增强其在协调和谈判中的地位和力量。另一方面，仅通过软方式达到理想的结果也并非毫无成本。往往，资料保护机构与资料控制者之间达成的结果对资料当事人而言并非理想的解决方案，也不能保护个人权利。④ 资料保护机构与资料使用者之间通过协商等软方式处理有关问题也不能保证结果的公开。协商等软方式也可能使资料使用者将资料保护法误认为是一种软法而不具有强制执行力。针对资料当事人提起的控诉，资料保护机构采取的相应措施也具有上述特征。资料保护机构首先与资料使用者取得联系，以调解员的身份提出解决问题的意见和建议，尽力促成双方以友好方式解决争议。若有关问题清晰明确应直接依法处理。对复杂的争议，资料保护机构可斡旋其中，尽量协调资料当事人与资料使用人的利益。

　　为督促资料使用者依法处理个人资料，不少国家的资料保护机构有权采取众多强制性

① Denmark, Act 429 on Processing of Personal Data, 2000, Art. 59.

② Finland, Personal Data Act and Act on the amendment of the Finnish Personal Data Act, 1999, Art. 44.

③ 瑞典资料保护机构只得向其所在地的行政法院提出申请，由法院决定是否删除资料。Sweden, Personal Data Act, 1998：204, 29 April 1998, § 47.

④ 例如，法国信息与自由委员会同警察机关对"renseignements généraux"达成了一致，但迫于舆论的压力，委员会不得不撤销了批准。

的制裁措施。例如，法国国家信息与自由委员会可以对违法资料使用者提出警告，命令其在规定的期间内停止资料处理。若资料控制者不遵守命令，委员会可经正当程序对控制者施加经济处罚，做出停止处理操作的禁令，或撤销有关批准。在紧急情形下，若个人资料的处理或使用侵害个人的基本权利和自由，经双方申辩后，委员会可裁定中止处理，或封存已处理的个人资料。对严重侵害个人权利和自由的紧急情形，委员会可通过建议程序要求适格的管辖机关采取必要的制裁措施。① 根据荷兰法律，若控制者未遵守有关资料处理通报的规定，资料保护委员会可对其课以罚款。②

对违法资料处理提起刑事起诉是非常罕见的，一般仅用来应对严重的违法者，例如经屡次警告，公司仍非法运作个人资料库而不依法进行通报或由资料保护机构加以审批，或虽经资料保护机构警告，仍向境外非法转移个人资料，或故意买卖保密性的个人信息等。国家资料保护机构无权做出刑事处罚，它们只能将涉及刑事犯罪的行为提请检察机关注意，并介入刑事诉讼程序。③

3. 介入司法程序权

根据《资料保护指令》，资料保护机构可将违法行为提请司法机关注意，并有权介入有关违反资料保护法的诉讼程序。④ 对于资料保护机构介入司法程序的权限，欧盟各国的做法不尽一致。在有些国家，资料保护机构有权直接起诉违法行为，并对其进行处罚，而无需将案件提交法院，如西班牙和意大利。⑤ 多数国家的资料保护机构在调查资料处理过程中，若发现违法行为，应将其提请司法部门注意，并可在一定情形下介入司法程序中。例如，根据奥地利法律，若认定私人行业中的资料控制者严重侵害了个人的资料隐私，资料保护委员会应向法院起诉。同时，应资料当事人的请求，为保障众多资料当事人的合法权益，资料保护委员会可根据民事诉讼法的规定，作为第三人介入诉讼程序，并为资料当事人提供必要的协助。⑥ 对刑事犯罪和行政违法行为，资料保护委员会有权向适格的法院和行政机关起诉。⑦ 根据德国法律，对与资料处理有关的犯罪行为，联邦资料保护与信息自由委员会与州的监督机关可提起诉讼。⑧ 根据法国法律，国家信息与自由委员会应根据刑事诉讼法的规定向公诉人通告其在审查资料处理过程中发现的犯罪行为，并可在诉讼程序中对案件发表意见。⑨

---

① France, Loi n° 2006-64 du 23 janvier 2006 relative à l'informatique, aux fichiers et aux libertés, Artt. 44 & 45.

② Netherlands, Data Protection Act, approved by the Lower House on 23 November 1999, Art. 66.

③ 如奥地利、丹麦、意大利、荷兰与葡萄牙等。

④ Directive 95/46/EC, Art. 28 (3).

⑤ 这不包括刑事犯罪及被告对资料保护机构的决定提出异议。

⑥ Austria, Federal Act Concerning the Protection of Personal Data (Datenschutzgesetz 2000), § 32 (5) & (6).

⑦ Id., § 51 & 52.

⑧ Germany, Federal Data Protection Act (Bundesdatenschutzgesetz), 2006, Art. 44 (2).

⑨ France, Loi n° 2006-64 du 23 janvier 2006 relative à l'informatique, aux fichiers et aux libertés, Art. 11 (II) (5) and Art. 52.

虽然对多数资料处理的违法行为，资料保护机构可通过建议、警告、命令等软方式加以纠正，但有些行为一旦构成严重的行政违法或犯罪，且资料保护机构无权直接进行处罚，它就应提请司法部门注意，并积极地介入司法程序，协助调查，发表意见或作证。对有关资料处理的民事诉讼，资料保护机构不应过多干预，而一旦资料处理涉及的受害者人数过多，它应积极地介入民事诉讼程序，给资料当事人提供必要的协助。

（四）跨境资料保护职责

如上所述，对内，资料保护机构具有广泛的职权。对外，作为国内资料保护的信息中心，资料保护机构在资料跨境保护中应扮演信息共享者和交流员的角色。作为有权对本国的资料处理开展审计和具体调查的机关，资料保护机构应在跨境资料处理的审计和调查上开展互助与合作。作为资料处理争议的解决者，资料保护机构应在解决有关跨境资料隐私的争议过程中对境外的资料当事人提供必要和适当的协助。在资料隐私跨境保护合作的具体内容上，各国的资料保护机构应以信息共享为前提，以调查和执行互助为核心，以协助境外的资料当事人为重点。在合作形式上，各国既可以开展双边合作，尤其是两国对特定领域中的个人信息使用和跨境转移商定互助性的合作机制，更应该通过区域或国际性的组织开展国际合作。①

五、由个人资料的卫兵到资料保护的调控者

纵观资料保护机构的发展历程，科技与资料保护模式的革新与沿革一直引领着资料保护机构不断前行。20 世纪 70 年代，计算机的在政府领域的普及与资料库的大批量创设和运作导致西欧诸国与美国率先制定了资料保护法，规制政府机关的资料库的创设和运作。此时，资料保护机构仅致力于对资料库的创设进行登记，对资料库的运作进行监督。随着计算机等信息处理技术在私人行业的推广及个人电脑的普及，资料处理不再是政府的特权，企业纷纷大量收集、处理和使用个人资料。在这种情况下，欧洲将资料保护法的适用范围由政府机关的资料库转移至公私领域中的资料处理活动。资料保护机构的功能也随之不断强化，它们不仅要对资料处理活动进行登记、审批、审计、调查和处罚，还要协助个人行使其资料权利。如今，在互联网等技术的推动下，资料处理活动不但在范围上更广，形式更加隐蔽，且打破了地域的限制。不论一国的资料保护机构多么强大，对内它都无法全面有效地监督资料处理活动，对外它也难以监管跨境资料转移活动。

实际上，资料保护机构面临的挑战正是传统资料保护理念和资料保护模式面临的困境。这并不意味着我们应抛弃传统的资料保护理念和资料保护模式，置资料保护的社会性和社会价值于不顾，放弃以资料保护机构为中心的资料保护执行机制。相反，我们应改变单方面增强资料保护机构职权、增大对资料保护机构投入的思维，使它成为资料处理活动的宏观调控者，而非事无巨细必躬行的个人资料保护的宪兵。换言之，资料保护机构必须完成一个角色的转变：由个人资料的卫兵转变成资料保护的宏观调控者。资料保护机构宏

---

① OECD，Report on Cross-Border Enforcement of Privacy Laws，2006.

观调控下的事先审计、内部资料保护专员和行业自治正是这种思路的最好例证。

相对于被动的事后调查，资料保护机构可通过对资料处理活动进行事先的审计避免问题的发生，提升资料使用人守法的积极性。根据某行业中资料处理的重要性、普遍性与资料的敏感性，尤其是公众对其提出的控诉水平，国家资料保护机构可有计划地对该行业中的资料处理进行事先审计。作为一个与环境问题具有类似溢外性的社会问题，资料隐私有待国家通过公权力从宏观的层面，事先为公民构建高水平的资料保护基准。因此，由资料保护机构对特定行业中资料使用者实施的资料处理进行审计，向其说明资料保护法在该领域具体适用中的问题，提醒其遵守有关的法律法规，并对违法行为进行必要的制裁，这些都有助于从宏观上保障个人的资料隐私，事先对高风险的资料处理进行审计，避免事后救济面临的困境。《资料保护指令》描绘了一个理想化的资料保护机构，它像一个便衣警察，有权对特定行业中资料控制者实施的资料处理进行事先审计，向控制者说明有关问题，建议其应采取的措施，并对违法行为进行必要的制裁。当然，在这一点上，成员国的做法不尽相同。例如，在荷兰，其资料保护委员会对特定行业中的资料控制者开展了极其严格的"隐私保护审查"。而在英国，未经资料控制者的同意，信息专员无权对其资料处理进行此类审查。①

资料使用人任命内部资料保护专员，并由专员监督其依法实施资料处理，这一做法源自德国。② 现行的德国资料保护法从以下几个方面全面规定了内部资料保护专员制度：哪些资料使用人应设立专员、专员应具备的专业知识和独立性、专员的职责及其同国家资料保护机构的关系。③ 借鉴德国法律，《资料保护指令》允许资料控制者依法任命个人资料保护专员，由其以独立方式确保资料保护法在控制者内部的适用，对控制者实施的资料处理进行登记，并确保资料处理不对资料当事人的权利和自由造成不利影响。④ 此外，荷兰、瑞典和卢森堡法也作了类似的规定。虽然内部资料保护专员制度存在一定的不足之处，⑤ 在资料保护机构无法有效地自上而下执行资料法的情况下，它已经成为国家资料保护机构的有力助手，也成了监督资料保护法实施的重要途径。毕竟，专员具有丰富的知识和经验，处于资料处理活动的第一线，具有第一手的资料和信息，更了解资料控制者或行业组织实施的资料处理的具体情况，可因地制宜地提出更可行的意见和建议。

行业自治并非美国信息隐私保护模式的特有制度，欧盟建立了资料保护机构宏观指导下的行业自治模式。《欧盟资料保护指令》不仅鼓励成员国发展以行为守则为主要形式的行业自治，还要求资料保护机构引导私人行业的代表机构起草资料处理行为守则，认定守则是否与资料保护法相符，征求资料当事人和资料使用人的意见，并加以推广。⑥ 荷兰资

---

①　U. K., Data Protection Act, 1998, Art. 51 (7).

②　Bundesdatenschutzgesetz (BDSG) of 27 January 1977 (BGB1. IS. 201).

③　Germany, Federal Data Protection Act (Bundesdatenschutzgesetz), 2006, Artt. 4 (f) & 4 (g).

④　Directive 95/46/EC, Art. 18 (2).

⑤　他由控制者或私人行业组织任命，对资料控制者负责，这不免影响到其独立性和可靠性。专员与资料保护机构在职责分配与协作上也不免存在冲突。

⑥　Directive 95/46/EC, Art. 27.

料保护法不仅明确了行为守则在资料保护体制中的地位和作用,① 而且该国资料保护机构还根据贸易、服务、劳工、社会保障、健康和福利、治安、司法与政府等领域中资料处理的具体特点，制定了相应的行为守则。②

应该说，上述三种制度和方法实质上提升了资料保护机构在资料保护上的职权。与其高高在上，空喊资料保护的号子，资料保护机构倒不如深入民间，通过各种宏观调整手段，借助内部资料保护专员和行业自治机构等媒介，自下而上地提高资料保护的水平。

至今，我国还未制定资料保护法，也未设立专门的资料保护机构。在这方面，闭门造车注定是徒劳之举。借鉴欧洲和美国已有的立法和实践，基于我国的国情和需要制定一部全面、高效的资料保护法乃当务之急。为了查实我国的个人资料处理和资料保护状况，做好立法准备，全国人大常委会可先设立资料保护工作小组。鉴于资料保护问题的社会性、我国民众资料权利意识还较为薄弱、资料使用人守法意识的欠缺，资料保护法应明确规定国家资料保护机构的设立和运作。我们不妨将它称为"中华人民共和国资料保护委员会"，它由全国人大产生，并对其负责。资料保护法还应赋予委员会广泛的职权，使它能够当好资料保护的调控者和卫兵，扮演好资料保护的宣传员、教育者、咨询人员、政策建议者、审计人员、调查人员、法律监督和执行者以及谈判者和外交家等角色。

---

① Netherlands, Data Protection Act, approved by the Lower House on 23 November 1999, Artt. 25 & 26.

② 详见荷兰资料保护委员会官方网站。http://www.dutchdpa.nl.

论德国国际破产法的欧盟化*

■ 邹国勇**

德国是近代西方法律文化的发源地，其在经济法、民商法等领域的创造性成果影响了世界各国，在世界法制史上具有非常重要的地位，成为大陆法系"德国支派"的核心。1877 年颁布、1879 年施行的德国《破产法》被誉为百年法典，历经德意志帝国时期、魏玛共和国时期、纳粹法西斯统治时期、两德并立时期和 1990 年重新统一后时期，整部法律浑然一体，完美无缺。但随着欧盟经济一体化和法律统一化的不断深入，尤其是在欧盟国际破产法统一化运动的影响下，德国的国际破产法发生了巨大的变革，不仅在法律渊源上得到丰富和发展，在具体法律制度上也与欧盟国际破产法实现了统一，呈现出欧盟化（Europeanization，Europäisierung）① 的发展态势。

一、欧盟国际破产法的统一化

在经济全球化的浪潮中，商业竞争日益激烈，国际破产案件剧增。在处理国际破产案件的过程中，各国深感有必要加强彼此之间的合作，统一各国的国际破产法律制度。为

＊ 本文是笔者主持的国家社科基金一般项目"欧盟民事司法协助制度研究"（批准号：08BFX078）的阶段性成果。

＊＊ 法学博士，武汉大学 WTO 学院副教授，武汉大学法学院硕士生导师。

① "法律的欧盟化"是近年来欧洲学术界研究的热点问题，是欧洲经济一体化中出现的独特法律现象，是指自欧盟成立以来在联盟内部进行法律统一和协调的过程。相应地，作为"法律欧盟化"的组成部分，"国际破产法的欧盟化"指的是在欧盟层面上进行国际破产法的统一与协调。本文所研究的"德国国际破产法的欧盟化"，就是欧盟国际破产法统一化对德国国际破产法的影响，以及德国国际破产法在这种影响下如何与欧盟国际破产法统一与接轨的问题。

此，海牙国际私法会议、国际法学会、拉丁美洲各国、联合国国际贸易法委员会（UNCITRAL）等为统一各国的破产法律制度进行了不懈的努力，但成效并不显著。① 相比之下，尽管欧盟的国际破产法统一化运动一波三折，却取得了巨大的成功。总体而言，欧盟的国际破产法统一化主要经历了以下几个阶段：

（一）欧共体 1970 年《破产公约初步草案》

由于 1968 年《布鲁塞尔公约》第 1 条第 2 款明确规定该公约不适用于破产、清算程序、清偿协议以及其他类似程序，因此，欧洲经济共同体成员国不得不在《布鲁塞尔公约》之外另行开展国际破产法的统一化工作。1965 年成立的公约起草专家委员会于 1970 年 2 月 16 日通过了《破产公约初步草案》。该初步草案规定，债权人发动破产程序所在国的法院对整个破产案件享有专属管辖权，其做出的裁判在任何其他成员国均应无条件予以承认，体现了一种过于理想化的普及破产主义思想。由于准备不够充分，草案各个条款相互发生抵牾之处甚多，而且结构很不严谨。② 因而，该初步草案公布后就遭到广泛的批评，③ 并落得一个胎死腹中的悲惨结局。

（二）欧共体 1982 年《破产公约草案》

1980 年夏天，破产公约起草专家委员会对 1970 年的初步草案进行了全面修订，并经各国研究和评论后，于 1982 年公布了《关于破产、结业、调解、和解清偿及同类程序的公约草案》（简称《破产公约草案》）。该草案也采取了单一破产制原则，体现了普及破产主义思想，即只能在一个成员国法院进行破产诉讼，该成员国法院做出的判决，应受到其他成员国的普遍尊重和承认。由于 1982 年草案对非成员国当事人有诸多歧视性规定，该草案未能获得欧洲理事会通过。

（三）欧洲理事会 1990 年《伊斯坦布尔公约》

当历史的车轮驶入 20 世纪 80 年代时，欧洲理事会（Europarat）已成为欧洲统一破产法运动的中心。经过欧洲理事会破产法专家委员会近 10 年的努力，1990 年 6 月 5 日终于在土耳其首都伊斯坦布尔缔结了《关于破产的某些国际方面的欧洲公约》（简称《伊斯坦布尔公约》）。尽管该公约确立了一个更易于为各国接受的宽松体制，但实际效果不佳，仅塞浦路斯一国批准，至今仍未生效。

（四）欧盟 1995 年《破产程序公约》

进入 20 世纪 90 年代以后，欧洲一体化进程加快。1993 年 11 月 1 日欧盟成立，各成员国开始在欧盟框架内展开统一国际破产法的工作。"吃一堑，长一智"，1982 年《破产

---

① 石静遐：《跨国破产的法律问题研究》，武汉大学出版社 1999 年版，第 327～374 页。

② John H. Farrar, *The EEC Draft Convention on Bankruptcy and Winding up*, Journal of Business Law 236 (1977).

③ Muir Hunter, *The Draft Bankruptcy Convention of European Economic Communities*, 21 International and Comparative Law Quarterly 693 (1972).

公约草案》的失败，使欧盟放弃了统一实体破产法的努力，重点放在程序规则以及冲突法的统一上。经过多年的准备，欧盟各国代表最终于 1995 年 9 月 12 日通过了欧盟《破产程序公约》。该公约的命运也不佳，它的一个明显缺陷就是公约要等到最后一个成员国交存批准接受书后的第六个月的第一天方能生效，这意味着任何一个成员国都可以延误或阻止公约的生效。① 因此，尽管欧盟为此投资巨大，前后耗时 30 余载，但该公约自 1995 年 9 月 23 日正式开放签署后，最终由于英国拒绝签署而未能生效。

（五）欧盟 2000 年《破产程序条例》及相关破产指令

1993 年成立的欧洲联盟是以三个共同体、共同外交与安全政策、司法与内务合作为支撑的政治大厦，其中"民事司法合作"包括在第三支柱"司法与内务合作"内，属于政府间合作事项。1999 年生效的《阿姆斯特丹条约》对《建立欧洲联盟的条约》作了修改，将有关民事司法合作的立法权能由欧盟的第三支柱转移到第一支柱欧共体，使欧共体取得了国际私法方面的立法权。为了实现在共同体内施行统一的国际破产法的目标，1999 年 1 月，当德国担任欧盟理事会轮值主席国时，试图对 1995 年《破产程序公约》文本进行修改，以达到让全体成员国签署的目的，然而这次努力再次以失败告终。随着《阿姆斯特丹条约》的生效，签署和批准该公约的可能性不复存在。后来，在德国和芬兰的提议下，欧盟理事会经征求欧洲议会的意见，于 2000 年 5 月 29 日将上述无法生效的《破产程序公约》转化为《关于破产程序的第 1346/2000 号条例》② （以下简称《破产程序条例》）。

《破产程序条例》已于 2002 年 5 月 31 日生效，是欧盟统一国际私法运动进行重大变革后取得的第一项成果，③ 也是欧盟在破产程序的国际私法统一化方面迈出的关键一步。④ 该条例包括前言、正文和三个附件。正文部分由总则、破产程序的承认、从属破产程序、对债权人的通知及债权人债权申报、过渡及最后条款等 5 章组成。

《破产程序条例》的生效，使所有欧盟成员国（丹麦除外）法院可依据统一的管辖权规则开始破产程序，按照统一的分配规则（allocation rules）来确定主要破产程序。而且，《破产程序条例》是欧盟理事会根据《欧洲共同体条约》的有关规定，采用条例而非国际条约形式进行的共同体立法，在效力上不同于一般的国际条约。根据《欧洲共同体条约》第 249 条的规定，欧盟理事会颁布的条例具有普遍效力，它的各个部分均有法律约束力，在所有成员国适用；条例一经制定，立即生效，不需要而且也不允许再由国内立法机关转化为国内法，成员国法与条例冲突的不能适用。⑤《破产程序条例》的这种优先效力不仅

---

① Michael Bogdan, *Insolvency Law in the European Union*, in Bernd von Hoffmann （ed.）, European Private International Law 185 （1998）.

② Council Regulation （EC） No. 1346 / 2000 of May 29 2000 on Insolvency Proceedings, Official Journal L. 160, 30/06/2000, pp. 1-18.

③ 肖永平主编：《欧盟统一国际私法研究》，武汉大学出版社 2002 年版，第 214 页。

④ Titia M. Bos, *The European Insolvency Regulation and the Harmonization of Private International Law in Europe*, 50 Netherlands International Law Review 33 （2003）.

⑤ ［英］弗兰西斯·斯耐德：《欧洲联盟法概论》，宋英编译，北京大学出版社 1996 年版，第 45 页。

保障了其本身得以有效统一实施，也有利于各成员国有关破产程序的国际私法规范的统一和协调，使各成员国的相关规定趋于一致。

但是，我们也必须看到，《破产程序条例》虽然在一定程度上为各国制定了统一的国际破产程序规则，但仅限于法律适用、判决的承认与执行等领域的统一，并没有在欧盟范围内制定一部统一的破产法。此外，如同其他以《欧洲共同体条约》第 65 条为基础颁布的法律文件一样，《破产程序条例》不适用于丹麦，这是它的天生缺陷（Geburtsfehler）。①该条例虽然弥补了《布鲁塞尔公约》和《布鲁塞尔条例》不适用于破产、和解及类似程序所留下的缺漏，但不适用于保险企业、信贷机构以及为第三方持有基金或证券的投资企业或综合投资企业的破产程序。为填补《破产程序条例》的这个立法空白，欧盟在 2001 年 3 月 19 日和 4 月 4 日分别发布了《关于保险企业整顿和清算的第 2001/17 号指令》②和《关于信贷机构整顿和清算的第 2001/24 号指令》③，对保险企业和信贷机构的整顿和清算程序进行了详细的规定，并要求各成员国在规定的时间内完成转化。

二、德国国际破产法渊源的发展与变革

《破产程序条例》及相关指令的颁布，使欧盟各成员国在破产程序的国际私法统一化方面有了实质性的突破。尤其是《破产程序条例》，它一方面为欧盟成员国解决跨国破产争议创设了一个法律框架，有助于各成员国有关破产程序的国际私法规范的统一和协调，另一方面，又对各成员国的国际破产法产生了巨大的影响和冲击。德国作为欧盟的成员国，有义务使本国的国际破产法与《破产程序条例》和相关指令的规定保持一致，为此，德国立法机关曾先后多次颁布、修订破产法，不断完善本国的国际破产法律制度。在法律渊源方面，以前德国国际破产法的法律渊源主要是自制的破产法以及缔结或参加的一些有关国际破产的条约，《破产程序条例》和相关指令生效后，德国国际破产法的法律渊源得到进一步的丰富和发展。

（一）从三法并存到 1994 年破产法改革

13 世纪末叶，德国北部的商业都市商品经济已相当发达，此时，已有了扣押债务人的人身和财产，将财产平均分配给债权人的扣押程序。15 世纪，随着罗马法和意大利法的传入，与原来德国固有的法律相结合，构成了所谓的"普通法"，对破产程序有了较为详细的规定。此后，德国各邦先后编纂破产法，最早公布的是 1855 年《普鲁士破产法》。④ 1877 年 2 月 19 日，德国制定了统一的《破产法》（Konkursordnung），既适用于企业也适用于自然人，于 1879 年 10 月 1 日起施行。19 世纪末，德国重新修订了《破产法》，修订后的《破产法》共 3 编 16 章 238 条，于 1900 年开始施行。《破产法》第 237

---

① Katherine Ashton, Vera Losonci and Sarah Cebik, *An Overview of Practical Problems in European Insolvency Proceedings*, 30 International Business Lawyer 350（2002）.

② Directive 2001/17/EC of the European Parliament and of the Council of 19 March 2001 on the reorganisation and winding-up of insurance undertakings, Official Journal L 110, 20/04/2001, pp. 28-39.

③ Directive 2001/24/EC of the European Parliament and of the Council of 4 April 2001 on the reorganisation and winding up of credit institutions, OJ L 125, 5/5/2001, pp. 15-23.

④ 程清波：《国际破产法研究》，湖南师范大学出版社 1995 年版，第 12 页。

条和第 238 条分别对国际破产法中的外国破产程序和受财产限制的破产程序等做了非常简短的规定。

1935 年 2 月 26 日，德国在《破产法》之外，单独制定了《和解法》（Vergleichsordnung），创造了和解法独立于破产法的立法例，《和解法》虽经数次修改，仍独立于破产法之外，形成了破产程序与和解程序并行的双轨制。第二次世界大战结束后，德国分裂为德意志联邦共和国和德意志民主共和国两个国家，1877 年的《破产法》和 1935 年的《和解法》在联邦德国一直沿用，而在民主德国则只沿用到 1975 年底，因为民主德国 1975 年 7 月 19 日通过的新《民事诉讼法》第七章和 1975 年 12 月 18 日制定的《综合执行法》①（Gesamtvollstreckungsordnung）对与破产相关的事务做出了规定。1990 年两德统一后，《综合执行法》经 1991 年稍作修订后继续适用于原东德地区，该法第 22 条涉及国际破产法，对涉外的综合执行程序或破产程序进行了规定。这样，德国在破产程序领域出现了《破产法》、《和解法》和《综合执行法》三法并存的局面。

德国 1877 年《破产法》整部法律浑然一体，完美无缺，只经历了很少的变动，曾被誉为德国司法制度中的"明珠"，匈牙利、荷兰、奥地利、阿根廷、日本等国家在制定破产法时均将其当做蓝本加以借鉴。② 但从实际效果来看，该法并没有很好地完成自己的使命。在所有的破产程序中，大约有 3/4 的程序由于破产财团不足根本就不能宣告开始，另外还有 10% 的程序不得不提前废止。即使到了分配这一步，平均分配率也只有 3% 至 5%左右。③

为使《破产法》适应现代社会发展的需要，德国自 1978 年起即着手对旧法进行改革。经过 16 年紧张激烈的讨论，1994 年德国破产法改革正式启动，颁布了《破产法》（Insolvenzordnung）④ 和《破产法施行法》（EGInsO）。按照原计划，国际破产法本来也在改革之列。⑤ 此前，联邦司法部与德国国际私法参议会（Deutscher Rat für internationales Privatrecht）下设的国际破产法特别委员会紧密协作，于 1989 年提交了一份破产法改革的初步草案（Vorentwurf），受到各界的广泛好评。1990 年 9 月，破产实务界专业人士也提供了一份附有论证的"部门草案"。在此基础上，德国联邦政府于 1992 年向联邦议会提交了《破产法政府草案》，该草案单列一编（第九编）以 21 个条文（第 379 条至第 399条）的篇幅对国际破产法进行了详细的规定。联邦政府的破产法草案被纳入立法程序以后，被送交联邦议院表决。然而，联邦议院在最后表决时采纳了法律委员会的意见，为了尽可能压缩篇幅，完全删除了有关国际破产法的 21 个条款。法律委员会的这种考虑与欧盟《破产程序公约》有关：当时正在布鲁塞尔进行由德国人巴尔茨（Manfred Balz）主持的《破产程序公约》的谈判，而且从谈判意向来看，未来的欧盟《破产程序公约》极有

---

① Gesamtvollstreckungsordnung（GesO），BGBl. 1991 I, S. 1188.

② 郑冲：《德国破产法简介》，载于李飞主编：《当代外国破产法》，中国法制出版社 2006 年 7 月版，第 1~2 页。

③ 杜景林、卢谌（译）：《德国支付不能法》，法律出版社 2002 年版。

④ 德语中的"Insolvenz"有"无偿债能力"、"无力支付"和"破产"等几种含义，即英文中的"Insolvency"。因此，本人将"nsolvenzordnung"译为"破产法"，但也有学者（例如杜景林、卢谌）将它译为"支付不能法"，参见杜景林、卢谌（译）：《德国支付不能法》，法律出版社 2002 年版。

⑤ Axel Flessner, Internationales Insolvenzrecht in Deutschland nach der Reform, *IPRax* 1997, S. 1.

可能采用与德国政府草案相类似的国际破产法条款。法律委员会于是寄希望于《破产程序公约》，打算待其生效后再考虑将公约条款完全纳入德国法中，并把它扩展适用于德国与非缔约国之间的破产程序，在过渡期间，只要在《破产法施行法》中"载入当前德国国际破产法的基本原则"即可。① 联邦议院全体大会接受了法律委员会的建议，在《破产法》中对国际破产法根本不做规定，仅在《破产法施行法》第 102 条中规定国际破产问题。从第 102 条内容来看，该条第 2 款以"破产法政府草案"第 382 条的规定为基础，新增加了有关国际撤销权的规定，而第 1 款和第 3 款更是《综合执行法》第 22 条的翻版。② 后来，欧盟《破产程序公约》由于英国拒绝批准未能生效，德国联邦议院法律委员会的希望也因此化为泡影。

　　1994 年制定的《破产法》共 11 编 335 条，《破产法施行法》共 110 条，两部法律于 1999 年 1 月 1 日同时生效。③ 1877 年《破产法》、《和解法》以及适用于原东德地区的《综合执行法》也随之废止，这样就结束了德国东西部地区对于破产程序适用不同法律的状态，从而实行统一的破产程序。在随后的几年中，1994 年《破产法》和《破产法施行法》又经历了多次规模不等的修订，其中 2003 年的修订完成了德国国际破产法的系统编纂。

（二）德国国际破产法的编纂

　　在德国新《破产法》和《破产法施行法》即将生效之际，欧洲议会和欧盟理事会在 1998 年 5 月 19 日发布了《关于支付体系以及有价证券交付和结算体系中结算效力的第 98/26 号指令》④，为转化该指令，德国于 1999 年 12 月 8 日颁布了《修改破产法和信贷法条款的法律》，⑤ 在《破产法施行法》第 102 条中增加了第 4 款，规定破产程序对支付体系以及有价证券交付和结算体系的参与者的权利及义务的效力，由适用于该体系的法律支配，为国际银行和金融交易提供了法律保障。

　　由于《破产程序条例》是欧盟理事会为实现欧盟内部市场的正常运作并为协调各成员国的破产冲突法而提供的一个法律框架，它本身并无任何超国家的统一法规则，不是那种要取代各成员国国内法的"联邦法"，只不过将破产程序中的法律问题进行超国家地分

---

　　① 德国联邦议院法律委员会报告，BT-Drucks. 12/7303，S. 117.

　　② Stefan Smid, Das Deutsche Internationale Insolvenzrecht und das Europäische Insolvenz-Übereinkommen, *DZWir* 1998, Heft 10, S. 433.

　　③ 1994 年通过的新《破产法》之所以迟至 1999 年 1 月 1 日才生效，是因为这次改革对破产程序的改动太大。为了适应新法的要求，特别是为了处理新引进的消费者破产程序——当时德国有 170 万私人过度负债者（包括家庭），德国法院需要增加约 500 名法官和近 2000 司法助理，为此必须有足够的准备时间。德国联邦议院本来为纪念 1877 年《破产法》制定 120 周年而提出把生效日期定在 1997 年 1 月 1 日，结果最终还是推迟至 1999 年 1 月 1 日。参见郑冲：《德国破产法简介》，载于李飞主编：《当代外国破产法》，中国法制出版社 2006 年版，第 4 页。

　　④ Die Richtlinie 98/26/EG des Europäischen Parlaments und des Rates vom 19. Mai 1998 über die Wirksamkeit von Abrechnungen in Zahlungs- sowie Wertpapierliefer- und-abrechnungssystemen , ABl. EG Nr. L. 166 S. 45.

　　⑤ Gesetz zur Änderung insolvenzrechtlicher und kreditwesenrechtlicher Vorschriften vom 8. 12. 1999, BGBl. I S. 2384.

配给各成员国的国内法，① 在具体的破产法律问题上还需要各成员国的立法进行补充。例如，《破产程序条例》第 4 条第 1 款规定，"除本条例另有规定的情况外，适用于破产程序及其效力的法律是该程序在其境内开始的成员国法……" 这种需要成员国国内实体法来调整和补充的规定被称为 "裂缝条款"（Öffnungsklausel）②。在《破产程序条例》存在 "裂缝" 的地方，只要成员国制定的国内法规则不违背该条例的旨意，成员国就可以根据本国情况制定相应的国内法。同时，《破产程序条例》只适用于欧盟成员国之间的破产程序，而不适用于与第三国的关系，因而不宜将《破产程序条例》的条款一概适用于涉及第三国的破产程序。另外，《破产法施行法》第 102 条的规定非常简单，根本未规定国际破产中的主要法律问题。因此，要全面调整国际破产的法律问题，仅有《破产程序条例》是不够的，还必须制定具有德国特色的国际破产法。

如前所述，《破产程序条例》在德国具有直接适用的效力和优先效力，无须经过特别转化，将该条例的内容并入德国国内法就纯属多余之举。同时，根据欧洲法院确立的 "符合共同体法原则"（Grundsatz der Gemeinschaftsrechtskonformität），成员国法律必须符合共同体法，即成员国法律的制定、解释和适用都必须遵守欧洲共同体法的规定，否则，必须进行修改或不得适用。在国际破产法领域亦然。因此，在制定国际破产法时，德国立法机关面临两种选择：一是保留现有《破产法施行法》第 102 条的规定；二是系统编纂德国的国际破产法。

由于《破产法施行法》第 102 条有关国际破产法的规定过于简单，不能涵盖国际破产法的全部内容，例如第 120 条第 3 款只规定，除了承认外国的主要破产程序外，债务人的财产所在地国法院也可以对债务人开始属地破产程序，但是对于在什么条件下可以开始这种程序，是否可以不论外国的主要破产程序终结与否而在本国开始特别破产程序，并未做出明确规定。而且，这种规定与《破产程序条例》第 3 条第 2 款的只要债务人在国内有营业所就可对债务人开始破产程序的规定不一致，故而对第一种立法方式不予以考虑。

对于第二种重新编纂德国国际破产法的方式，有三种立法蓝本可供选择：一是《破产程序条例》的规定；二是 UNCITRAL 的《跨国破产示范法》；三是参照未能最终成为法律的 1992 年 "破产法政府草案" 第 379 条至第 399 条的规定。

如果采用 UNCITRAL《跨国破产示范法》的规定，其优点是可与欧洲以外的德国贸易伙伴（主要是美国）的国际破产法规定实现互补，并且《破产程序条例》的框架结构以及具体规定与《跨国破产示范法》在很多方面也相吻合。但其后果是，在与欧盟成员国关系上以及同非欧盟成员国的第三国关系上，德国实行两套不同的国际破产法规定。③ 不仅如此，《跨国破产示范法》与《破产程序条例》不同，对在外国开始的破产程序不实行 "自动承认原则"，还需要经过一个承认程序。

---

① Titia M. Bos, *The European Insolvency Regulation and the Harmonization of Private International Law in Europe*, 50 Netherlands International Law Review 56 (2003).

② Horst Eidenmüller, Europäische Verordnung über Insolvenzverfahren und zukünftiges deutsches internationales Insolvenzrecht, *IPRax* 2001, Heft 1, S. 8.

③ Horst Eidenmüller, Europäische Verordnung über Insolvenzverfahren und zukünftiges deutsches internationales Insolvenzrecht, *IPRax* 2001, Heft 1, S. 10-11.

相对《跨国破产示范法》而言，如果以《破产程序条例》为蓝本编纂德国国际破产法就有两个优点：其一，较之于一方面在与欧盟成员国的关系上适用《破产程序条例》而另一方面在与非欧盟成员国的第三国关系上适用《跨国破产示范法》，以《破产程序条例》为蓝本更能实现德国国际破产法规则的同源性（Homogenität）；其二，《跨国破产示范法》在整体结构和许多具体规定上都打上了英美法的烙印，而《破产程序条例》更适应国际破产程序对成熟规则的要求。此外，《破产程序条例》的规定仅限于对外国破产程序的承认、外国破产管理人与债权人的权利以及主要破产程序和从属破产程序的合作等方面，并且赋予破产法院较大的自由裁量权。①

如果参考"破产法政府草案"第 379 条至第 399 条的规定，其优点在于，正如"破产法政府草案"在论证中所阐述的那样，欧盟《破产程序公约》以及后来的《破产程序条例》与"破产法政府草案"不仅在原则上而且在许多具体规定上也是一致的。② 而且，《破产程序条例》只适合于欧盟国家，相比之下，在与第三国之间的关系上，"破产法政府草案"在某些方面更利于各国之间的合作，更符合德国国际破产法的要求。

基于上述比较分析，德国联邦政府 2002 年提交的《重新规定国际破产法的法律草案》③ 依旧以 1992 年"破产法政府草案"为蓝本。同时，为将《破产程序条例》有关管辖权和公告的条款纳入德国国际破产法，《重新规定国际破产法的法律草案》还设计了《破产程序条例》的实施细则，并对德国的国际破产法进行了详细规定。④ 2002 年 12 月，《重新规定国际破产法的法律草案》被送交联邦议院纳入立法程序。2003 年 3 月 14 日，德国颁布了《重新规定国际破产法的法律》，⑤ 该法第 1 条和第 2 条分别对 1994 年的《破产法施行法》和《破产法》进行了修订，在《破产法施行法》中增加了《破产程序条例》的实施细则，在《破产法》中增设第 11 编一共 24 个条文，专门规定破产程序的法律适用、外国破产程序的承认、从属破产程序等问题，从而实现了德国国际破产法的系统编纂。

（三）国际破产条约：或存或废

19 世纪初，德国尚未统一，当时属于德国自由邦的符腾堡和巴伐利亚分别于 1826 年和 1834 年与瑞士几个州县签署了破产条约。⑥ 第二次世界大战以后，为解决跨国间的破产法律问题，德国先后与荷兰和奥地利等国签署了相关的条约，分别是 1962 年 8 月 30 日在海牙签署的《关于相互承认和执行民商事判决及其他可执行文书的公约》和 1979 年 5 月 25 日在维也纳签署的《关于破产、清算、调解与和解条约》。此外，在国际破产条约

---

① Horst Eidenmüller, Europäische Verordnung über Insolvenzverfahren und zukünftiges deutsches internationales Insolvenzrecht , *IPRax* 2001, Heft 1, S. 10ff.

② BT-Drucks. 12/2443 vom 15. 4. 1992, S. 235.

③ BT-Drucks. 715/02, 06. 09. 2002.

④ Http：//www. inso-rechtspfleger. de/, 2008 年 11 月 12 日.

⑤ Gesetz zur Neuregelung des internationalen Insolvenzrechts vom 14. März 2003, BGBl. I S. 345-351.

⑥ Volken, Europäische Harmonisierung des Konkursrecht：Frühe Staatsverträge, *Festschrift Oscar Vogel*, Freiburg / CH 1991, S. 465-481.

方面，德国还签署了由欧洲理事会制定的《伊斯坦布尔公约》。《破产程序条例》生效之后，除了符腾堡和巴伐利亚与瑞士几个州县签署的破产条约依然有效外，① 德国与欧盟成员国之间签署的国际破产条约便无多少用武之地，因为根据《破产程序条例》第44条第1款d项的规定，上述《关于破产、清算、调解与和解条约》和《关于相互承认和执行民商事判决及其他可执行文书的公约》均被该条例所取代。这样，德国、奥地利两国为签署《关于破产、清算、调解与和解条约》而付出的上百年心血付诸东流。

三、德国国际破产法律制度与欧盟《破产程序条例》的统一

在欧盟国际破产法统一化的推动下，德国国际破产法不仅在法律渊源上经历了发展与变革，而且在破产程序的管辖权、法律适用、对外国破产程序的承认、特别破产程序与主要破产程序的合作等具体的国际破产法律制度上也与《破产程序条例》实现了统一。

（一）破产程序的管辖权

在跨国破产案件中，根据债务人的总部所在地、住所地和营业中心地确定国际管辖权是国际通行的做法。② 例如，英国的《1986年破产法令》（Insolvency Act, 1986）规定，只要债务人在英国有住所、破产发生时出现于英国、在英国正常居住或在英国有居所或者从事商业行为，英国法院就可行使管辖权，对债务人开始破产程序。③ 德国1877年《破产法》第237条、第238条以及适用于原东德地区的《综合执行法》第22条虽然对国际破产有所规定，但均未涉及破产程序的国际管辖权问题。德国法院的国际管辖权在传统上一般引申于有关地域管辖的条款，在破产法领域亦然。④ 1994年颁布的《破产法》和《破产法施行法》也未能打破该传统，德国破产法院的国际管辖权也参照《破产法》第3条有关地域管辖的规定。该管辖权条款具有双重功能，担负着同时确定破产程序的地域管辖和国际管辖的双重职责，⑤ 不仅确定德国法院行使国际管辖权的范围，而且，当德国法院具有国际管辖权时，又对德国各法院的地域管辖权进行分配。在出现管辖权的积极冲突时，《破产法》以申请开始破产程序的时间为准，先收到申请的法院具有优先权。该法第3条第2款规定，数个法院均具有管辖权的，首先收到开始破产程序申请的法院具有优先权，并排除其他法院的管辖权。然而，《破产法施行法》第102条在破产程序的国际管辖权方面却是一个倒退，其第3款仅规定"承认外国破产程序不妨碍在本国开始特别破产程序"。⑥

① Haimo Schack, *Internationales Privatrecht* (3. Auflage, Verlag C. H. Beck München, 2002), S. 441.

② Axel Flessner, Internationales Insolvenzrecht in Deutschland nach der Reform, *IPRax* 1997, S. 2.

③ Lawrence Collins (ed.), *Dicey and Morris on the Conflict of Laws* 1165 (13ed., 2000).

④ Axel Flessner, Internationales Insolvenzrecht in Deutschland nach der Reform, *IPRax* 1997, S. 2.

⑤ Jens Haubold, Mitgliedstaatenbezug, Zuständigkeitserschleichung und Vermögensgerichtsstand im Internationalen Insolvenzrecht, *IPRax* 2003, Heft 1, S. 34.

⑥ Jens Haubold, Mitgliedstaatenbezug, Zuständigkeitserschleichung und Vermögensgerichtsstand im Internationalen Insolvenzrecht, *IPRax* 2003, Heft 1, S. 34.

在 1994 年《破产法》和《破产法施行法》于 1999 年 1 月 1 日生效之前，德国破产法院对主要破产程序的国际管辖权依然根据 1877 年《破产法》第 71 条第 1 款以及《综合执行法》第 1 条第 2 款确定。1877 年《破产法》第 71 条第 1 款以及《综合执行法》第 1 条第 2 款规定，若债务人为自然人，则依据债务人的住所地确定管辖权；若债务人为法人，则依据其管理总部所在地确定管辖权。对于从事营业的债务人，营业所与住所地不一致的，则以营业所所在地为确定管辖权的依据。1994 年《破产法》基本上沿袭了该规定，但在表述上做了修改，将以前的"营业所"的概念换成"独立经济活动中心"，当债务人有多个营业所时，以主要营业所所在地为"独立经济活动中心"。"独立经济活动中心"是确定地域管辖和国际管辖权的主要根据，而自然人的住所或法人的总部所在地只是间接根据。这里的"经济活动中心"是指提出破产申请时债务人的经济活动中心所在地，如果在提出开始破产程序申请后变更经营活动场所或住所，则不影响管辖权的行使，反之，在提出申请前就变更经营场所或住所的，则法院行使国际管辖权的根据就受到影响。①
2001 年德国科隆州高级法院（OLG Köln）对一个破产申请的裁决就是一个例子。在该案中，债务人从德国移居于挪威的拉维克（Larvik），并在挪威从事经营活动。2000 年 11 月 24 日，该债务人向科隆初级法院请求对他的财产开始破产程序并准予免除总额为 54560.14 马克的剩余债款，并提交了一份债务清算计划。2001 年 1 月 31 日科隆初级法院做出裁定，以该法院无管辖权为由驳回了债务人开始破产程序的请求。债务人立即于 2001 年 2 月 13 日向科隆州高级法院提起上诉，认为受诉法院具有管辖权，并请求将诉讼移交给有管辖权的破产法院。科隆州高级法院于 2001 年 3 月 7 日做出裁定，以受诉法院没有管辖权为由驳回债务人的上诉。根据《破产法》第 3 条第 1 款的规定，破产法院的专属地域管辖权依照债务人的普通审判籍确定，而《破产法》第 4 条和《民事诉讼法》第 13 条规定，审判籍由债务人的国内住所决定，但该债务人的住所一直不在科隆初级法院的辖区内。② 另外，由于债务人在提出破产申请之前已经将独立经济活动中心从德国迁移到挪威，因此德国法院没有管辖权。

1994 年德国在进行破产法改革时，就曾寄希望于欧盟在破产程序方面进行立法。③ 欧盟 1995 年《破产程序公约》以及《破产程序条例》均以债务人的主要利益中心作为确定主要破产程序的管辖根据。根据《破产程序条例》第 3 条第 1 款规定，对于破产程序的开始，由债务人主要利益中心所在的成员国法院行使管辖权，对于公司或法人，在没有相反证据的情况下，注册事务所所在地应被推定为其主要利益中心。在出现管辖权积极冲突时，《破产程序条例》第 3 条规定以开始破产程序的时间先后为依据，在主要破产程序之后开始的任何程序都是从属程序。在国际破产中，从属破产程序越多，对破产程序的统一和主要破产程序的普遍性效力的破坏性也越大。④ 为了对开始从属破产程序进行限制，《破产程序条例》第 3 条第 2 款规定只有债务人营业所所在的成员国法院有权开始从属破

---

① Jens Haubold, Mitgliedstaatenbezug, Zuständigkeitserschleichung und Vermögensgerichtsstand im Internationalen Insolvenzrecht, *IPRax* 2003, Heft 1, S. 37.

② OLG Köln, 23.4.2001, IPRax 2003, Heft 1, S. 59ff, Nr. 3a mit Anmerkung von Mankowski.

③ R. Bork, *Einführung in das neue Insolvenzrecht*, Mohr Siebeck Tübingen, 1995, S. 22ff.

④ Haimo Schack, *Internationales Privatrecht* (3. Auflage, 2002), S. 443.

产程序，该程序的效力仅及于债务人在该国的财产。根据该条例第 2 条（h）项的定义，"营业所"是指"债务人以人为的手段和商品进行非临时性的经济活动的任何营业地点"。该定义比《布鲁塞尔条例 I》第 5 条第 5 项的"营业所"的范围要宽泛一些，目的在于与那些只要债务人在国内有财产就可行使管辖权的国家达成妥协。① 德国就属于这类国家，《破产法施行法》第 102 条第 3 款第 1 句规定："承认外国破产程序并不妨碍在国内开始仅针对债务人位于国内的财产的特别破产程序。"德国《民事诉讼法》第 23 条规定，只要当事人在国内具有财产，法院就可据此行使管辖权。

通过上述比较可以发现，德国《破产法》第 3 条有关破产程序管辖权的规定与《破产程序条例》的相关条款不一致。鉴于《破产程序条例》是一种共同体立法，在德国境内具有优先效力，德国《破产法》中与之相抵触或不一致的必须做出修订。为了与《破产程序条例》的管辖权条款保持协调，并扩展适用于德国与非欧盟成员国的第三国之间的跨国破产程序，《重新规定国际破产法的法律》同时对《破产法》和《破产法施行法》进行了修订，在《破产法》中增加了有关国际破产法的规定，使之不仅适用于欧盟成员国之间的破产程序，也适用于德国与非欧盟成员国之间的破产程序；在《破产法施行法》第 102 条下增设 11 个子条目，并废除原第 102 条的规定，专门用于调整欧盟成员国之间的跨国破产案件。

根据修订后的《破产法》第 11 编第 2 节"外国破产程序"中第 348 条有关主管法院的规定，在主要破产程序中，对于有关保全措施、公告和土地登记簿事项的裁决，由债务人的营业所（Niederlassung），若无营业所，由债务人的财产所在辖区的破产法院专属管辖。数个法院具有管辖权的，首先收到开始破产程序申请的法院享有专属管辖权。此外，当多个破产法院有权对上述事项进行裁决时，为有益地促进或快速地解决程序，各州政府有权以发布行政法规的方式指定其中一个法院为专属破产法院；各州政府可以将此项授权移交给州司法行政机关。如果多个联邦州的法院有权对上述事项进行裁决，则这些州之间可协商指定其中一个州的破产法院进行裁决；如果无管辖权的法院收到有关此类事项申请，则该法院应该立即将该申请转移给有管辖权的法院并告知申请人。对于属地破产程序，在德国《破产法》中被称为"特别程序"（Partikularverfahren），《破产法》第 354 条第 1 款规定，如果德国法院对债务人的所有财产不具有开始破产程序的管辖权，但债务人在德国境内有营业所或其他财产的，可根据债权人的申请对债务人位于国内的财产开始特别破产程序。为了保护德国债权人的利益，该条第 2 款规定，如果债务人在国内无营业所，仅当债权人对开始破产程序具有特别利益时，尤其是能预见到将将在外国破产程序中面临不利处境时，才允许债权人申请开始破产程序。对于特别破产程序，由债务人营业所，若无营业所，则由债务人的财产所在地的破产法院专属管辖。

修订后的《破产法施行法》第 102 条 §1 详细地规定了破产程序的地域管辖问题。第 102 条 §1 第 1 款规定，如果德国法院依照《破产程序条例》第 3 条第 1 款对某破产程序具有国际管辖权，又不能确定德国《破产法》第 3 条规定的国内审判籍的，则由债务人主要利益中心所在辖区的破产法院专属管辖。第 102 条 §1 第 2 款又规定，假设德国法院根据《破产程序条例》第 3 条第 2 款规定具有管辖权，则由债务人营业所所在辖区的破

---

① Haimo Schack, *Internationales Privatrecht* (3. Auflage, 2002), S. 443.

产法院专属管辖，德国《破产法》第 3 条第 2 款的规定相应适用，即数个法院具有管辖权时，由首先收到开始破产程序申请的法院专属管辖。同时第 102 条 §1 第 3 款又强调，在不损及前两款有关管辖权规定的前提下，债务人财产所在辖区的国内破产法院有权对《破产程序条例》规定的裁决或其他措施事项进行管辖。当债务人财产位于多个法院辖区时，为更快地解决程序，各州政府有权通过发布法规的方式指定其中一个法院依照《破产程序条例》做出裁决或采取其他措施。

通过上述的比较分析，我们不难发现，经 2003 年立法修订后的德国国际破产法也采用了债务人主要利益中心、营业地等作为确定破产程序管辖权的依据，既与《破产程序条例》的有关条款保持一致，并在此基础上有了一定的发展，同时又保持了德国破产法中原有的破产专属管辖的规定，将德国法院的属地管辖权继续适用于一般的国际破产法。[①]

（二）破产程序的法律适用

不论是 1877 年《破产法》第 237 条和第 238 条，还是 1994 年《破产法》基本上无任何调整跨国破产程序的冲突法规则。[②] 而《破产法施行法》第 103 条和第 104 条只涉及破产法的实际法律冲突问题。经过 1998 年 12 月 8 日颁布的《修改破产法和信贷法条款的法律》修订《破产法施行法》并在其第 102 条增加的第 4 款才是真正的破产法冲突规范。该款规定，破产程序对支付体系以及有价证券交付和结算体系的参与者的权利及义务的效力，由适用于该体系的法律支配。

欧盟《破产程序条例》2002 年 5 月 31 日生效后，成为德国国际破产法的法律渊源。为了与《破产程序条例》的有关规定保持统一，《重新规定国际破产法的法律》对 1994 年《破产法》和《破产法施行法》修订时补充了有关破产程序的法律适用方面的条款。修订后的《破产法》第十一编第一节专门规定破产程序所涉事项的法律适用问题，包括原则、不动产合同、雇佣关系、抵消、与破产程序有关行为的撤销、有组织的市场、退休金交易等方面。

1. 破产准据法

根据《破产程序条例》第 4 条，除非有另外规定，破产程序及其效力适用破产法院国法（lex fori concursus），即"程序开始国法"。程序开始国法决定破产程序的开始条件、进行和终结等事项，不仅决定程序性问题，而且还决定诸如债务人的种类、破产财团构成、债务人和管理人的权力、抵消的条件、破产债权及其申报、破产财产的分配、终结破产程序的条件及效力、破产费用等许多实体性问题。但该条例第 5 条至第 15 条规定的第三人的对物权、抵消、不动产合同、雇佣合同等十一个方面不适用程序开始国法。与《破产程序条例》第 4 条一样，《破产法》第 335 条首先确立了破产程序的准据法，它规定，"破产程序及其效力，只要无例外规定，适用程序开始国法"。因此，除非有特别规

---

①　Titia M. Bos, *The European Insolvency Regulation and the Harmonization of Private International Law in Europe*, 50 Netherlands International Law Review 55 (2003).

②　Hans-Jochem Lüer, Deutsches Internationales Insolvenzrecht nach der neuen Insolvenzordnung, in: *Kölner Schrift zur Insolvenzordnung: Das neue Insolvenzrecht in der Praxis*, 1997, S. 1217.

定，有关破产程序的程序性问题以及实体性问题均适用破产程序开始国法。但是，不动产合同、雇佣关系、抵消权等属于特别情况，不适用破产准据法。

2. 不动产合同

为了保护不动产使用权人（如承租人或租赁者）的权利，《破产程序条例》第 8 条规定破产程序对不动产合同的效力不受合同准据法支配，而直接适用不动产所在地法。有人认为，该规定的创新之处在于赋予不动产所在地国的保护交往的利益优先于破产准据法所要实现的债权人平等原则。[1]

同样，《破产法》第 336 条也将涉及不动产物权或不动产使用权合同纳入调整范围。原来打算依照德国《民法典施行法》第 27 条有关国际合同法的规定确定准据法，但考虑到当事人可能会选择不动产所在地以外的其他法律而导致法律适用上的困难，于是直接采用了《破产程序条例》第 8 条的规定，适用财产所在地国法。据此，外国主要破产程序对于涉及德国境内的不动产合同的效力，依照德国法确定。关于破产程序对受注册登记财产的效力，由于考虑到适用财产所在地法容易引起准据法的变更，而适用注册所在地国法更为合适。[2] 因此，基于这些考虑，《破产法》第 336 条吸收了《破产程序条例》第 8 条和第 11 条规定，破产程序对于涉及不动产物权或不动产使用权的合同的效力，由财产所在地国法支配；而破产程序对于在船舶登记处、在建船舶登记处或航空器留置权登记处注册的财产的效力，准用该注册机关所在国家的法律。

3. 雇佣关系

给予弱方当事人正当权益以法律上的保护，是现代国际私法立法的一个特点。[3] 在雇佣关系中，受雇佣者或劳动者处于弱势，因此，在合同法、破产法和社会保障法中，各国均对雇员的保护做了特别规定，违背保护雇员原则的外国破产准据法将不予以适用。[4]《破产程序条例》第 10 条规定，破产程序对雇佣合同和雇佣关系的效力，应单独受适用于该雇佣合同的成员国法支配。相比而言，德国《破产法》第 337 条的规定更为具体。根据该条的规定，破产程序对雇佣关系的效力由《民法典施行法》所规定的适用于雇佣关系的法律支配。而根据《民法典施行法》第 30 条的规定，劳动合同和雇佣关系首先适用当事人选择的法律，但该法律选择不得排除有关保护受雇佣方的强行规范；在当事人没有选择法律时，适用受雇佣方在履行合同时惯常工作地国或者雇佣方的企业营业所所在地国法。

4. 抵消权

在破产程序中，如果破产债权人的债权能与债务人的债权相互抵消，从经济学的角度看，债权人的权益也容易得到实现，破产程序的进展也会更顺利一些。但由于各国破产法中关于准许抵消、抵消的构成要件、哪些债务可以抵消等事项的法律规定不同，在跨国破产程序中就会牵涉到抵消权的法律适用问题。一般而言，抵消的管辖权和效力依照欲抵消

[1] Haimo Schack, *Internationales Privatrecht* (3. Auflage, 2002), S. 455.
[2] http://www.inso-rechtspfleger.de, 2008 年 11 月 13 日。
[3] 参见许军珂:《论国际私法对弱者正当权益的保护》，载《法学杂志》2003 年第 4 期。
[4] Haimo Schack, *Internationales Privatrecht* (3. Auflage, 2002), S. 454.

的主要债权的准据法，① 但在破产法中，抵消的条件依破产准据法，即程序开始国法。但《破产程序条例》第 6 条第 1 款却例外地做出了支持抵消的规定，只要支配债务人的债权的法律允许抵消，则破产程序的开始不影响债权人的抵消权。德国《破产法》第 338 条采纳了《破产程序条例》第 6 条第 1 款规定，破产债权人的抵消权，如果依照适用于债务人的债权的法律规定，债权人在破产开始时享有抵消权的，则不受破产程序开始的影响。

5. 法律行为的撤销

对于涉及破产程序的法律行为的撤销，1994 年《破产法施行法》第 102 条第 2 款的规定是一条单边冲突规范，只有根据德国法律规定可以撤销或者不能成立的法律行为才能由外国破产管理人撤销。而根据《破产程序条例》第 4 条第 2 款第 13 项规定，有关损害所有债权人的法律行为的无效、可能无效或者不可执行性的规则，适用程序开始国法。接着该条例第 5 条第 4 款、第 6 条第 2 款或者第 7 条第 3 款分别规定有关第三人的对物权、抵消和所有权的保留等条款均不影响第 4 条第 2 款第 13 项所指法律行为的无效、可能无效或者不可执行性的诉讼。但是，该条例第 13 条也给撤销相对人提供了法律救济的措施，该条款规定，如果撤销相对人能证明法律行为应适用程序开始国以外的另一成员国法，且根据该另一成员国法规定，不得对该法律行为提起抗辩。但该规定仅适用于破产程序开始之前的法律行为，并且对于如果破产准据法不是成员国法时应如何适用法律没有作出规定。② 2003 年修订后的《破产法》第 339 条放弃了以前《破产法施行法》第 102 条第 2 款的单边冲突规范，而表述为一条双边冲突规范。它规定，如果依照程序开始国法律的规定，已经具备撤销与破产程序相关法律行为条件的，则可以撤销该法律行为，除非撤销相对人证明该法律行为适用另一成员国法，而且根据该法不得对该法律行为提起抗辩。这样，德国《破产法》有关跨国破产程序中法律行为的撤销的法律适用规定，与《破产程序条例》实现了统一。

6. 第三人的对物权

为了保护债权人或第三人在破产程序开始时对于位于另一成员国境内的属于债务人的财产的对物权，《破产程序条例》第 5 条第 1 款规定该权利不受破产程序开始的影响，并在第 2 款列举了这些权利，包括留置权、抵押权、担保转让权以及用益权等。但奇怪的是，该条款既不指引物之所在地法，也不指引财产所在国的冲突法规则，而直接用一个实体规范作出规定，其目的在于禁止破产准据法做出损害债权人或第三人在债务人位于另一成员国财产上的对物权的规定。③ 如果该财产不在欧盟境内，该财产上的对物权由各国的破产冲突法规定。和《破产程序条例》第 5 条第 1 款规定相对应的德国《破产法》第 351 条也是一条实体规范，但将其适用范围仅限于第三人在国内财产上的对物权。它规定，破产程序开始时第三人对位于国内的破产财产的权利，以及依照国内法在破产程序中享有的优先清偿分出资产的权利，不受外国破产程序开始的影响；外国破产程序对债务人在位于国内的不动产权利的效力，在不损害有关受登记的权利的规定的前提下，依照德国法确

---

① Haimo Schack, *Internationales Privatrecht* (3. Auflage, 2002), S. 457.

② Haimo Schack, *Internationales Privatrecht* (3. Auflage, 2002), S. 459.

③ Haimo Schack, *Internationales Privatrecht* (3. Auflage, 2002), S. 456.

定。从该规定来看，第三人对于在国外的财产的物权，应适用财产所在的外国法还是优先适用外国的破产准据法，仍付诸阙如。

综上所述，我们可以发现，修订后的德国《破产法》中有关国际破产法律适用的规定，是建立在法律适用的普遍性原则基础上的，这不仅是德国法院多年来司法实践的总结，也符合《破产程序条例》和相关指令的规定，反映了现代国际破产法的一个重要趋势。

（三）对外国破产程序的承认

在外国开始的破产程序能否在本国得到承认并在多大程度上得到执行，是国际破产法的核心问题。① 对外国破产程序的承认是指对在外国开始的主要破产程序的承认，主要是对外国开始破产程序的决定及其法律效力的承认。对外国主要破产程序的承认，并不影响承认国在一定条件下开始属地破产程序，虽然属地破产程序的效力仅限于承认国境内，但在很大程度上减损了承认主要破产程序的效力。因此，破产法上的对外国破产程序的承认不同于通常的外国判决的承认与执行。

1. 承认的对象

在破产法中，承认的对象只能是在破产程序中所做的裁决。该裁决，不管其法律称谓为何，是指一国法院或其他机关（而非破产管理人）为解决具体破产案件而采取的各种措施，除了开始程序的决定外，还包括法院或其他机关为实施或终结破产程序所做的全部裁决。② 《破产程序条例》第16条和第25条也明确规定，对外国破产程序的承认，除了外国法院做出的开始主要破产程序的决定外，还包括该外国法院为实施或终结破产程序的各种裁决、经法院同意的和解以及有关请求开始破产程序后采取保全措施的裁决。2003年修订后的德国《破产法》也对此做出了明确的规定，根据该法第343条，外国法院开始破产程序的决定、在申请开始破产程序之后采取的保全措施以及为实施或终止已被承认的破产程序所做出的裁决，只要该外国法院具有管辖权，而且承认的结果不违背德国的公共秩序，在德国均予以承认。

2. 外国破产程序的域外效力

对于外国破产程序的域外效力，《破产程序条例》和欧盟《破产程序公约》一样，采取自动、立即承认的原则。根据《破产程序条例》第16条和第17条的规定，依照该条例第3条第1款具有管辖权的成员国法院做出的开始破产程序的裁决，自其在开始程序国生效时起，立即在其他成员国得到承认，无须进一步的手续，并产生与开始程序国法律赋予的相同效力。同时，该条例对主要破产程序的域外效力规定了两种例外情况：一是根据第16条第2款和第17条的规定，在主要破产程序以外的其他成员国开始了属地破产程序的，该属地破产程序在该国境内具有优先效力，其属地效力排除了主要破产程序在该成员国的域外效力；二是第26条的公共政策条款，如果承认与执行的结果明显违背承认与执行国的公共政策，特别是其法律的基本原则或者宪法原则和个人自由时，该国可以拒绝承认与执行。另外，《破产程序条例》第25条第3款还规定，如果破产法院做出的裁决含

---

① Axel Flessner, Internationales Insolvenzrecht in Deutschland nach der Reform, *IPRax* 1997, S. 3.

② Haimo Schack, *Internationales Privatrecht* (3. Auflage, 2002), S. 462.

有限制人身自由或通信秘密的内容，其他成员国也可以拒绝承认和执行。

在破产程序的域外效力问题上，德国为保护本国债权人的利益曾采用双重做法：一方面，尽可能地将本国破产程序的效力扩及国外，另一方面，德国联邦法院自始就拒绝承认外国破产程序在本国的普遍效力，外国破产程序的法律效力要经受严格的审查。① 根据1877年《破产法》第237条的规定，在外国宣告的破产，效力不及于在德国的财产，债务人在德国有营业所或普通审判籍者，虽已在外国受破产宣告，仍得在德国再受破产宣告。但是，总理经联邦参议院同意，可发布命令，不许对债务人的财产进行个别强制执行。第238条规定，如果债务人在德国既无居所地也无主要营业地，而仅有一个营业所或某些不动产，那么在德国宣告的破产仅及于在德国境内的财产。② 在司法实践上，德国法院经历了一个从普及破产主义到属地破产主义再到有限普及破产主义的过程。早在1882年，德国法院曾采用普遍主义原则，但仅在两年后又转向了对立面，实行属地破产主义，并一直持续到1985年。1985年，德国联邦法院做出了一个非常著名的裁决，在国际破产法学界引起了广泛的关注。在该案中，法院认为，一个瑞士的破产管理人有权在德国请求将债务人位于德国的财产划入破产财团，并对在瑞士进行的破产程序予以承认。法院同时声明，并不是所有的外国破产程序都得到承认，只有那些符合特定条件的破产程序才会得到德国法院的承认。③ 从德国法院的司法实践来看，承认外国破产程序的条件包括：①外国程序必须确实是一种破产程序，而且其目的在于将债务人的财产平等地分配给各债权人；②根据德国法律规定，开始破产程序的外国法院或其他机关必须有国际管辖权；③开始破产程序及破产程序本身必须是合法有效的，外国破产程序的裁定对债务人的所有财产有效；④承认外国破产程序不违背德国的公共秩序，没有侵犯宪法赋予公民的基本权利。④

1994年破产法改革后，德国的《破产法施行法》原则上承认外国主要破产程序的效力，该法第102条第1款明确规定，外国的破产程序也包括债务人在德国的财产，但是必须满足两个前提条件：一是依照德国法规定，外国破产法院有国际管辖权，二是承认外国破产程序的结果没有明显违背德国法的基本原则。换言之，德国法律原则上承认外国破产程序的域外效力，外国破产程序如同本国程序一样得到承认，无需任何特别程序。这种有利于外国破产程序承认的规定，不仅是德国联邦法院自1985年以来司法实践的体现，也符合《综合执行法》第22条第1款、"破产法政府草案"第379条和第384条以及欧盟《破产程序公约》（第4条以及第16-26条）的规定。⑤《破产法施行法》第102条有关外国主要破产程序域外效力的规定与《破产程序条例》的相关条款也是相一致的，因此，2003年《重新规定国际破产法的法律》在对《破产法施行法》进行修订时，虽然删除了以前的第102条，但将该条款的内容规定在修订后的《破产法》第343条和第356条之

---

① Haimo Schack, *Internationales Privatrecht* (3. Auflage, 2002), S. 463.

② Christoph G.. Paulus, A German Decision on International Insolvency Law, 41 *Am. J. Comp. L.*, 667 - 668 (1993).

③ Vgl. Entscheidungssammlung des BGH in Zivilsachen (BGHZ) 95, S. 256ff.

④ Christoph G.. Paulus, A German Decision on International Insolvency Law, 41 *Am. J. Comp. L.*, 668 - 669 (1993).

⑤ Axel Flessner, Internationales Insolvenzrecht in Deutschland nach der Reform, *IPRax* 1997, S. 4.

中，并作为德国法院承认在其他国家开始的破产程序的通用规则。但是，修订后的《破产法》和以前的《破产法施行法》第 102 条一样，对外国主要破产程序的效力进行了以下三个方面的限制：

（1）国内从属（特别）破产程序对外国破产程序效力的限制

德国对外国主要破产程序实行"有限的普遍主义"（kontrollierte Universalität）。① 《破产法》第 356 条规定，对外国主要破产程序的承认并不排除本国法院对债务人的国内财产开始从属破产程序。该法第 354 条还允许德国法院开始特别破产程序，根据该条款的规定，如果德国法院不能对债务人的所有财产开始破产程序，只要债务人在国内有营业所或其他财产，法院就可根据债权人的申请对债务人的国内财产开始特别破产程序；如果债务人在国内无营业所，但债权人对开始破产程序具有特别利益时，尤其是能预见到他将在外国程序中遭受比本国程序更为不利的处境时，法院也可以基于债权人的申请开始特别程序。如果开始了这种特别破产程序，则对本国境内的财产具有优先效力，即使外国的主要破产程序开始在先，其普遍效力也受到本国特别破产程序的限制。②

（2）公共秩序条款对承认外国破产程序的限制

《破产法》第 343 条第 1 款沿袭了《破产法施行法》第 102 条第 1 款的内容，也规定了一个公共秩序条款，它和冲突法中的公共秩序条款一样，针对的不是外国破产法本身，而是针对承认外国破产程序有损于德国法律的基本原则的结果。根据该规定，如果承认外国破产程序的结果明显违背德国法律的基本原则，尤其是与基本法规定的公民基本权利相抵触时，外国的破产程序在德国不予承认。所以，公共秩序条款不仅是对外国破产程序的限制，而且，不违背德国的公共秩序也是外国破产程序得以承认的前提条件之一。

（3）程序开始国的法院具有管辖权

德国联邦法院民事庭通过第 95 号、256 号和 270 号判决阐述了承认外国破产程序的条件，这些条件后来编纂于《破产法施行法》第 102 条第 1 款以及后来的《破产法》第 343 条第 1 款。不像德国《民事诉讼法》第 328 条第 1 款和《非讼事件法》（FGG）第 16a 条那样列举四五项不承认外国法院判决的理由，③ 《破产法》第 343 条仅列举了两项承认外国破产程序的法律障碍：一是前面提到的违背公共秩序，二是依照德国法律规定，程序开始国无管辖权，即外国破产程序在德国得以承认，程序开始国法院必须具有合格的管辖权。德国《破产法》的这种规定并不违反《破产程序条例》第 16 条第 1 款的内容。《破产程序条例》第 16 条第 1 款也只规定，根据该条例具有管辖权的成员国法院做出的开始破产程序的决定，自生效时起在其他成员国都得到承认，但对于能否审查程序开始国法院的管辖权则未做规定。

---

① Axel Flessner, Internationales Insolvenzrecht in Deutschland nach der Reform, *IPRax* 1997, S. 4.

② Stefan Smid, Das Deutsche Internationale Insolvenzrecht und das Europäische Insolvenz-Übereinkommen, *DZWir* 1998, Heft 10, S. 434.

③ 德国《民事诉讼法》第 328 条第 1 款规定："（在下列情形下），拒绝承认外国法院的判决：① 根据德国法律规定，外国法院无管辖权；②被告未参加诉讼程序系因未向他正常或未及时送达起诉状所致，并因此未能申辩；③判决与本国做出的判决或有待于承认的更早做出的外国判决相抵触，或者做出该判决的诉讼程序与本国以前的未决诉讼相抵触；④承认判决的结果明显违背德国法的基本原则，尤其是与公民的基本权利不相符；⑤不存在互惠。"

3. 外国破产管理人的域外权力

跨国破产程序的顺利进行离不开破产管理人的工作，主要破产程序的域外效力必然要求破产管理人具有一定的域外权力。因此，《破产程序条例》第 18 条第 1 款首先规定主要破产程序的管理人"可以在另一成员国行使程序开始国法律赋予他的所有权力"，即主要破产程序的管理人的权力在所有成员国都是统一的，不因各成员国对管理人权力规定的不一致而有所减损。破产管理人的域外权力主要是为保护债权人的利益而管理和支配债务人的财产，根据该条例第 29 条的规定，主要破产程序管理人还可以申请开始从属破产程序，并在从属程序中申报已在主要破产程序中申报的债权。但是，主要破产程序管理人在成员国境内行使权力时，必须遵守该成员国的程序规则，不得采取强制措施或对法律程序或纠纷加以裁决。在开始主要破产程序国以外的其他成员国，破产管理人可要求公布开始破产程序的裁定以及对他的任命决定（第 21 条）。第 22 条还规定，破产管理人还可在其他成员国请求将开始破产程序的裁定进行注册登记。至于在开始破产程序国以外的其他成员国如何公布或注册开始主要破产程序的裁定，《破产程序条例》将该权力留给了各成员国，由各成员国制定实施细则。譬如，各成员国可强制规定必须在公共注册机关登记，债务人营业所所在的成员国可要求必须公告等。① 此外，外国破产管理人还必须提交经认证的任命书副本，必要时还得提供任命书译本。

经 2003 年修订的德国《破产法》也赋予外国破产管理人很大的域外权力。该法第 344 条规定，在主要破产程序开始前任命的外国管理人，可以向破产法院申请保全位于国内的属于债务人的财产，如果法院拒绝采取保全措施，破产管理人可以提出上诉。在破产程序的公告方面，《破产法》第 345 条补充了《破产程序条例》的内容，赋予外国破产管理人请求公告和上诉的权力。它规定，在具备承认外国破产程序的条件时，应外国破产管理人的申请，破产法院必须在国内公告开始破产程序的裁定以及指定破产管理人的决定的基本内容，如果债务人在国内有营业所，破产法院必须依职权进行公告。当确实存在承认开始破产程序的裁定的客观条件时，如果破产法院拒绝予以公告，外国破产管理人有权立即提出上诉。对于地产以及在船舶登记处、在造船舶登记处和航空器的抵押权登记处进行的开始破产程序的登记，《破产法》第 346 条还规定了土地登记簿制度，如果债务人的土地处分权因破产程序开始或保全措施而受到限制，外国破产管理人有权向破产法院提出请求，破产法院则必须请求地产登记处将开始破产程序的裁定已经对债务人处分权的限制等事项载入土地登记簿。另外，《破产法》第 356 条第 2 款还赋予外国破产管理人申请开始从属破产程序的权力。同《破产程序条例》一样，《破产法》在赋予外国破产管理人域外权力的同时，也要求外国破产管理人出具经认证的法院任命书的副本或由其他主管机关制作的任命证书来证明他的管理人身份，并可要求破产管理人提供经认证的译本。

（四）从属破产程序

在以前的德国国际破产法中，没有从属破产程序或属地破产程序的提法，只有"特别破产程序"（Sonderinsolvenzverhahren）或"特别程序"（Partikularverfahren）的概念。

---

① Titia M. Bos, *The European Insolvency Regulation and the Harmonization of Private International Law in Europe*, 50 Netherlands International Law Review, 40（2003）.

《破产程序条例》和相关指令生效后，为了与《破产程序条例》的规定相统一，在德国国际破产法中引入了"从属破产程序"（Sekundärinsolvenzverfahren）的概念，但是仍保留了"特别破产程序"制度。

1. 特别破产程序概述

德国国际破产法中"特别破产程序"其实就是属地破产程序，其效力仅及于债务人在国内的财产。特别破产程序在不同的情况下称谓不同，根据《破产程序条例》第 3 条第 2 款有管辖权的法院开始的破产程序其实也是一种特别破产程序，为了与主要破产程序相对应，称为从属破产程序；如果尚未开始主要破产程序，对债务人的国内财产开始的破产程序就是特别程序。以前的《破产法施行法》第 102 条第 3 款以及 2003 年修订后的《破产法》第 11 章第 3 节所指的破产程序就属于第二种类型。① 根据《破产程序条例》第 3 条第 3 款，当依照第 3 条第 1 款有管辖权的法院开始主要破产程序之后，德国破产法中的特别程序就转为从属破产程序。因此，"特别破产程序"可以转化为"从属破产程序"。

2. 开始特别破产程序的管辖权和条件

为了保护本国的债权人的利益，避免让他们在外国破产程序中处于不利处境，各国破产法均允许开始特别破产程序或从属破产程序。德国 1877 年《破产法》第 238 条规定，只要债务人在德国境内有营业所或者财产，德国的破产法院就可行使管辖权，该程序由营业所或财产所在地的初级法院管辖。《综合执行法》和《破产法施行法》第 102 条第 3 款只规定承认外国破产程序并不妨碍对债务人的国内财产开始"特别的破产程序"，但对于管辖权问题还是适用地域管辖条款。《破产程序条例》第 3 条第 2 款规定，如果债务人的主要利益中心在某成员国境内，当该债务人在另一成员国境内设有营业所时，另一成员国法院也有权开始破产程序，但该程序的效力仅限于债务人在后者境内的财产。第 27 条进一步规定，对主要破产程序的承认，并不妨碍根据第 3 条第 2 款有管辖权的法院开始从属破产程序。和《破产程序条例》不同的是，2003 年修订后的《破产法》第 354 条第 3 款不仅规定债务人营业所所在地的破产法院具有专属管辖权，而且当债务人在德国无营业所时，只要他在德国境内有财产，即使该财产不能构成一个营业所，该营业所所在地的破产法院也可行使专属管辖权；当数个法院具有管辖权时，首先收到开始破产程序申请的法院具有专属管辖权。另外，该法第 356 条吸收了《破产程序条例》中的"从属破产程序"，规定"对外国主要破产程序的承认并不排除对债务人的国内财产开始从属破产程序"。

特别破产程序的出现在一定程度上打破了破产程序的统一性，在实践上也加大了主要破产程序和从属破产程序的破产管理人的合作难度，为了防止各国滥用特别破产程序，《破产程序条例》对申请开始这种程序的权利加以限制，要求预付费用或提供担保，第 29 条第 1 项就首先将申请开始从属破产程序的权力赋予主要破产程序的管理人和根据成员国法有权提出开始这种程序的人或机关。以前的《破产法施行法》第 102 条第 3 款仅规定可以对债务人的国内财产开始特别破产程序，但对于谁有权申请开始该程序没有明确规定，而"破产法政府草案"第 396 条的规定是："仅当债权人对开始程序具有合法利益，尤其是当能预见他在外国程序中将遭受比本国程序中更为不利的处境时，才允许债权人提

① Haimo Schack, *Internationales Privatrecht* (3. Auflage, 2002), S. 473.

出（开始从属破产程序的）申请。"经 2003 年修订的《破产法》第 356 条第 2 款则增加了"外国破产管理人也有权申请开始从属破产程序"的内容，将开始从属破产程序的权利仅授予外国破产管理人和一定条件下的本国债权人。

对于在什么条件下可以开始特别程序，《破产程序条例》未做具体规定，由各成员国法调整。为了保护本境内的债权人利益，德国《破产法》第 354 条允许债权人请求开始特别破产程序，但是必须满足一定的条件。根据该条款，如果德国法院不能对债务人的全部财产开始破产程序，但债务人在国内有营业所或其他财产的，则可根据债权人的申请对债务人的国内财产开始特别的破产程序（特别程序）；如果债务人在国内无营业所，则仅当债权人对开始破产程序具有特别利益时，尤其是能预见到他将在外国程序中遭遇比本国程序中更为不利的处境时，才允许债权人开始特别程序。该条款说明，必须满足两个条件之一才能开始特别破产程序，一是债务人在国内有营业所或其他财产；二是当债务人在国内无营业所的，开始特别破产程序对债权人更有利。

开始特别破产程序的重要法律后果是，开始特别破产程序的成员国法成为支配该程序的准据法。《破产程序条例》第 28 条明确规定："除非本条例另有规定，适用于从属程序的法律为开始从属程序的成员国法。"但是，该规定不适用于从属破产程序中对债权人权利施加的任何限制，如停止支付或免除债务(《破产程序条例》第 34 条第 2 款)。德国《破产法》第 355 条则在此基础上进一步补充了《破产程序条例》的内容，规定"在特别程序中不适用有关剩余债务免除的条款"，并强调"含有延期支付、减免或者对债权人权利的其他限制规定的破产计划，仅在所有相关债权人对该计划表示同意时，才能在该程序中予以准许"。

3. 从属破产程序和主要破产程序之间的合作

为了保障欧盟境内的跨国破产程序的进行，《破产程序条例》第 31 条规定主要破产程序和从属破产程序的管理人负有相互合作和交流信息的义务，并要求从属破产程序的管理人必须给予主要破产程序的管理人提出清算建议或利用从属程序中财产的机会。第 32 条第 3 款还规定双方有权参与其他的破产程序，尤其是参加债权人大会。根据该条例第 33 条和第 37 条的规定，在不损害主要破产程序债权人利益的情况下，主要破产程序的管理人可以请求全部或部分暂停从属破产程序中的清算程序，暂停期间不超过三个月，并在证明有利于主要程序的债权人利益的情况下，请求将从属程序转化为清算程序。第 35 条还规定，从属程序清算完毕后，破产管理人应将剩余财产返还给主要程序的管理人。但是，债权人在特别破产程序中的获得的利益，该债权人可以保留。与通过个别强制执行破产财产获得的特别权益不同，债权人不必将自己参与破产程序所得的收益返还给主要破产程序的管理人。[①]

1994 年德国破产法改革时，由于寄希望于欧盟的《破产程序公约》，所以在《破产法》和《破产法施行法》中对特别破产程序与主要破产程序之间的合作未做规定。《破产程序条例》生效后，德国立法机关在颁布《重新规定国际破产法的法律》修订《破产法》和《破产法施行法》时，以该条例的规定为依托，将破产管理人以及破产法院之间的合作义务规范化，并在《破产法》第 357 条和第 358 条专门规定特别破产程序和主要破产

---

① Haimo Schack, *Internationales Privatrecht* (3. Auflage, 2002), S. 475.

程序的管理人之间的合作以及最后分配时的剩余问题。第 357 条规定，从属破产程序的管理人须立即向外国管理人通报所有对外国破产程序有意义的情况，并应给予外国破产管理人就国内财产的清算或作其他使用提出建议的机会；此外，从属破产程序的管理人应将破产计划交给外国破产管理人，让其发表意见和看法，外国管理人也可自己提交破产计划，并有权参加债权人大会。外国破产管理人享有这些权利有利于破产程序之间的合作。根据第 358 条，在从属破产程序中，经过最后分配，如果全部债权得到清偿后还有剩余财产的，从属破产程序的管理人必须将该剩余财产移交给主要破产程序的外国管理人。

综上所述，德国的特别破产程序制度与《破产程序条例》的从属破产程序制度尽管在称谓上有所差异，但实际上是相互统一的，尤其是《重新规定国际破产法的法律》将"从属破产程序"的概念引入德国国际破产法，这种统一性得到进一步体现。修订后的德国《破产法》和《破产法施行法》，吸纳了《破产程序条例》有关从属破产程序的规定，实现了与《破产程序条例》的和谐统一，弥补了该条例在该方面的"裂缝"。与此同时，具有德国特色的特别破产程序制度并没有消失，反而得到进一步完善，使之不仅适用于德国与欧盟其他成员国之间的破产程序，也适用于德国与非欧盟成员国的第三国之间的破产程序。

法律与文化

从法律角度解读奥林匹克运动的
政治功能与非政治化诉求

■ 肖永平*

　　奥林匹克运动是在奥林匹克主义的指导下，以体育运动和四年一度的奥运会为主要活动内容，促进人的生理、心理和社会道德全面和谐发展，沟通各国人民之间的相互理解，在全世界普及奥林匹克主义，维护世界和平的国际社会运动。因此，奥林匹克运动本身就是一个有政治目的的社会运动，顾拜旦在创立奥运会时就想到"它将可能是一个潜在的，也许是间接的维护世界和平的因素"。① 可见，顾拜旦在恢复奥运会时曾希望通过体育比赛来替代国家之间的战争。但事实上，百年来战火并未平息，种族、信仰、国籍、政治立场都深刻影响着奥林匹克运动。可以讲，自从现代奥运会产生之时起，体育与政治就密切地结合在一起。参加奥运会已经逐渐超越了纯粹的体育运动竞技行为，更多的是一种政治表示。② 正因为奥运会与政治有着紧密的联系，奥运会便显示出了其独特的政治功能。

　　尽管国际奥委会始终在为保持奥林匹克运动的独立性而努力，在承认奥林匹克运动与

---

　　* 武汉大学法学院院长，国际法研究所教授。本文是作者根据其在 2008 年参加"湖北省法学家巡回报告会"的讲稿修改而成的，也是作者主持的国家体育总局 2008 年度项目"后奥运时代若干法律问题研究"的研究成果之一。

　　① 任海主编:《奥林匹克运动》，人民体育出版社 1993 年版，第 224 页。

　　② Jeffrey M. Marks, Comment, Political Abuse of Olympic Sport—DeFrantz v. United States Olympic Committee, 14 N. Y. U. J. Int'l L. & Pol. 155, 158 (1981).

政治不可分割的同时，拒绝成为任何国家的政治工具。《奥林匹克宪章》也明确规定：奥林匹克运动是运动员之间的比赛而不是国家之间的对抗，但运动员是其所属国家的代表。尽管按照国际奥委会的说法，参加奥运会的任何运动员仅代表他们自己和全世界的青年人，但每一个运动员都代表一个单独的国家。于是，政治问题、政治角度的分析、政治方面的辩论不可避免地进入了奥运会的考虑范围。① 其结果是，民族主义情感使得奥林匹克成为国际竞争的舞台，把奥运会作为宣传国家外交政策的工具的现象也经常出现。②

本文通过探讨奥林匹克运动的政治功能和抵制奥运会的影响及其合法性问题，总结中国政府在应对"北京奥运风波"方面的基本经验。

一、奥林匹克运动的政治功能

（一）奥林匹克运动与政治无法绝对分开：历史经验

1. 古奥运会与战争有着天然的联系

古希腊有数百个独立的城邦，它们之间经常兵戎相见、战争频繁。战争要求希腊人具有强悍的体格和敏捷的行动能力。因此，希腊人的尚武精神使他们把体育锻炼当成头等大事。准备战争成为各城邦体育制度的共同目的。苏格拉底曾经道出古希腊体育与战争的关系："每个市民绝不能成为体育的门外汉，应该具有最坚实的身体条件，一旦国家危机便能随时出征，尽自己保卫国家的义务。"为了适应战争的需要，人们既要寻求发展体能的有效途径，又要寻找一种显示体能的方式。因此，体操、摔跤等成为奥运会和其他竞技体育比赛项目。从公元前776年以后的500年间，奥运会项目逐步扩大，但这些项目多与军事技能有关。这反映了战争对奥运会比赛项目发展的驱动作用。

2. 顾拜旦在创办现代奥林匹克运动时具有鲜明的和平主义色彩

在顾拜旦看来，人们的误解和偏见导致了战争。要消除误解偏见，进而消除战争，首先"要让世界人民彼此相爱"，而到达这一目的的最好方法莫过于将各国青年定期聚集起来，让他们通过体育比赛相互了解。可见，现代奥运会的创办和国际奥林匹克委员会的成立本身具有政治目的。如果说成立国际奥委会的主要目的是通过复兴奥运会，发展和促进世界体育运动的话，那么其次要目的在于消除隔阂，促进国际合作。

3. 首届奥运会便遇到政治问题

尽管奥林匹克运动的先驱们力图摆脱政治，但奥林匹克运动在由理想走向现实的过程中，首先便遇到了政治难题。国际奥委会成立后即开始筹备第一届奥运会。最初，世界舆论反应积极，但不久德国和英国报刊首先发表文章，对即将到来的奥运会表示担忧。原来，德国和法国分属当时国际政治舞台上的两个对立的政治集团。德国政府为了扩大自己的影响，曾经花费巨资发掘奥林匹亚，他们对法国直接参与创立国际奥委会感到很不称心。因此，在围绕应否参加奥运会的问题上，德国体育组织内部争吵不休。德国报界支持

---

① ［澳］K. 吐依、A. J. 维尔著：《真实的奥运会》，朱振欢，王荷英译，清华大学出版社2004年版，第2页。

② Paul Mastrocola, The Lords of the Rings: The Role of Olympic Site Selection as a Weapon Against Human Rights Abuses: China's Bid for the 2000 Olympics, 15 B. C. Third World L. J. 141, 152 (1995).

反对顾拜旦的活动。此时，希腊政府由于财政困难，对国际奥委会的决议反应冷淡。尽管希腊人民为第一届奥运会在雅典举行而欢欣鼓舞，希腊首相却向国际奥委会主席提出缓办奥运会的建议，希腊政府于1894年秋天发表声明，强调国家预算困难而不能承办奥运会。

顾拜旦采取双管齐下的外交策略，一方面建议匈牙利政府承办第一届奥运会，另一方面通过希腊国王和反对派，向希腊政府施加压力，促使其改变立场。最后，希腊王储被顾拜旦说服，答应接手奥运会筹备工作。最后使得希腊政府同意，不再过问和干涉雅典奥运会的事，奥运会全部筹备工作和费用由组委会承担。但希腊首相对顾拜旦的行为很不理解，他深信雅典奥运会将导致希腊经济彻底崩溃，弄不好会引起民众闹事。因此，他向国王乔治一世提出了最后通牒：要么他辞职，要么王储放弃领导奥运会筹办。而王储也不让步，国王最后做出了支持王储的选择。反对党趁机攻击首相，最后导致他辞职并流亡他乡。①

1896年4月6日至15日，第一届奥运会在雅典如期举行。奥运会结束以后，希腊要求将奥运会固定在希腊举行，国际奥委会则坚持国际性原则，没有同意。

4. 布伦戴奇固守奥林匹克独立于政治导致奥林匹克运动的生存危机

布伦戴奇于1952年接任了国际奥委会主席，开始了长达20年的国际奥委会主席生涯。他认为，奥林匹克运动的职责是为政治家树立一个民主、和平共处的榜样。他坚定地主张，体育不应该受到政治的约束，并严格要求体育不要介入政治事务，也不能被利用为政治工具。他说："一些被误导的人认为奥林匹克运动可以作为政治工具，这真是荒唐至极，政治干预奥林匹克事务之时，就是奥运会的灭亡之日。"但第二次世界大战以后，奥林匹克运动发展成为全球性的巨大的生活现象，它与所依存的社会环境关系愈来愈密切。布伦戴奇无视这种变化，不愿意与其他组织和政府打交道。这种封闭性使奥林匹克运动与社会发展脱节，与现实生活格格不入。因此，到20世纪60年代后期，奥林匹克运动处于风雨飘摇之中：对奥运会的抵制连续不断，规模越来越大；旧的经营模式使承办奥运会成为巨大的经济负担，多个实力雄厚的主办城市债台高筑，国际奥委会的资产在1972年只剩下200万美元。到70年代后期，只有一个不愿承担任何经济责任的城市愿意承办1984年奥运会。

5. 萨马兰奇的改革使奥林匹克运动获得了新生

1980年，萨马兰奇接任国际奥委会主席以后，奥林匹克运动进入了有史以来最广泛和深刻的变革，其根本目标是变封闭模式为开放模式，改变以前关于奥林匹克与商业和政治的关系的看法，使奥林匹克运动适应社会的变化。关于体育与政治的关系，萨马兰奇1988年在国际体育部长大会上说："体育与竞技运动不可能像有些人声称的那样独立于政治，它们是我们生活的一部分。因此，也像其他所有人类活动一样受到社会的制约。所以，我们必须与那些保证我们社会发展与顺利运行的岗位上的人们合作与讨论。"他同时指出，由于奥林匹克运动的国际性，国际奥委会"不能接受任何一个国家政府的指挥，否则，必然会陷入相互冲突的境地"。因此，自20世纪80年代以来，国际奥委会改变了以前不与政府打交道的传统，开始在一系列领域与政府间国际组织和各国政府合作。这有

---

① 第29届奥运会安全保卫工作协调小组办公室编著：《历届奥运会安全事件回顾》，中国人民公安大学出版社2006年版，第7页。

力地促进了奥林匹克运动的发展。但国际奥委会坚决反对把奥运会作为各国政府的政治工具，注意保持自己的独立性，不依附于任何政治力量。例如，1992 年联合国安理会通过 757 号决议，对南斯拉夫进行制裁，要求各国禁止南斯拉夫运动员进入本国参加比赛。国际奥委会并没有简单地服从，而是经过一些外交活动，使南斯拉夫运动员以个人身份参加了巴塞罗那奥运会。

（二）奥林匹克运动的政治功能：《奥林匹克宪章》的规定

奥林匹克运动奉行和平主义和国际主义原则，旨在促进世界和平，使世界变得更加美好。它对国际政治和国内政治的影响主要表现在以下方面：①

1. 促进国家间的相互了解，维护世界和平

奥林匹克运动本质上是非政治的，它强调各个民族之间的共同联系、共同利益、求同存异。因此，它寻求的是人类社会的整体利益。它利用人们可以共享的活动形式（竞技运动）作为沟通工具，这是一种国际化的身体语言，无需翻译，无需解释，不同国家的人可以自由交流。事实证明，正是因为奥林匹克运动对政治的淡化，才使它成为完成一些极为困难而敏感的政治任务的适宜工具。例如，以中华人民共和国与中华台北参加奥运会为契机，为在"一国两制"条件下参加国际活动开创了切实可行的模式；对峙已久的朝鲜南北双方，以探讨共同组队参加奥运会的可能性为平台，开始了直接对话，并在悉尼和雅典奥运会的开幕式上合队入场，表达了他们民族统一的愿望；南非以重新回到奥林匹克大家庭为标志，来表明它抛弃种族隔离政策，从而得到了国际社会的承认。这些事实证明了一个好像矛盾的道理：奥林匹克运动以极其淡薄的政治色彩，发挥了强大而又难以替代的政治功能。反对政治干扰正是为了在更高的层次实现崇高的政治目的。也就是说，为了达到更重要的政治目的而排除小的政治干扰，这是精妙的辩证法。

2. 爱国主义与国际主义的统一

进入现代社会以来，由于世界范围内人口的大规模流动，许多国家的民族构成已向多元化方向发展，如何将不同民族团结在一起，融合为一体，是许多国家面临的一个普遍问题。奥林匹克运动有意识地采取一些突出国家外部标志的仪式，如奏国歌、升国旗等，有助于增强民族认同感，激发人们的爱国热情。同时，奥林匹克运动通过向人们显示世界各民族的优秀文化、各国运动员出类拔萃的身体能力和精神风貌，教育人们懂得自己的国家固然可爱，其他国家同样值得尊敬，从而避免让自己的爱国热情盲目走向极端，发展为夜郎自大的、狭隘的民族中心主义。奥运会的仪式就体现了这种爱国主义和国际主义的统一。如果说为优胜者奏国歌、升国旗，激发了人们的爱国热情，那么在闭幕式上，所有运动员不分国家，携手而行，在奥运圣火的辉映下，载歌载舞，亲如手足，使人们感到世界是一个大家庭。

3. 促进各民族间的平等

近代国际关系史就是各主权国家追求主权平等、独立自由的历史。围绕着反对还是容许在奥林匹克运动中存在以南非为代表的种族主义，各国在奥林匹克运动内展开了惊心动魄的斗争。经过这场斗争，奥林匹克运动不仅在世界范围内促进了反对民族压迫、民族歧

---

① 参见任海主编：《奥林匹克运动》，人民体育出版社 2005 年第 2 版，第 291~295 页。

视的正义事业，还使奥林匹克理想大大普及开来。

4. 促进国际关系准则的确立

奥林匹克运动强调在规则面前人人平等，强调尊重对手，肯定每个个体都有平等的自由发展的机会和条件，提倡公平竞争，并以一系列措施来保证这一原则的实施。于是，奥林匹克运动给世界提供了一个范例，给人们多方面的启迪。

（三）历史上政治介入奥林匹克运动的表现形式

1. 与民族主义及国家主权有关的政治介入

民族（nation）的最初含义是出生于其中并与之有血缘关系的群体。到了 17 世纪，国家权力与占有一块领土并有许多共同点的民族的概念合二为一，出现民族国家。尽管《奥林匹克宪章》规定奥运会是运动员之间的比赛，不是国家间的比赛，但在现实生活中，脱离于民族国家的人不仅无法生存，根本不可能参加奥运会。奥运会的一些仪式也在强化民族意识，如开幕式上运动员按照国别入场，国旗为优胜者而升，国歌为优胜者而奏，运动服上标有国徽；大众传媒一再将人们的注意力引向运动员所代表的国家，每天宣传奖牌排行榜。此外，民主德国与联邦德国、韩国与朝鲜的代表权问题，以及中华人民共和国的合法席位问题等，都是历史上政治介入奥林匹克运动的重要案例。

2. 与国际冲突有关的政治介入

纵观百年历史，处于错综复杂的国际政治关系中的奥林匹克运动无法超然于国际政治冲突之外，形形色色的政治矛盾和冲突影响着奥林匹克运动的进程，主要政治事件见表 1-1：①

表 1-1　　　　　　　　　　　　**主要政治事件**

时间（年）	届次	事件形式	原　　因
1908	4	开幕式上，美国队旗手拒绝向英王致敬；芬兰拒绝在帝俄旗帜下入场，没有参加开幕式	政治原因
1912	5	英国奥委会委员退出	政治原因
1916	6	原定在柏林的奥运会没有举行	第一次世界大战
1920	7	比利时的安特卫普拒绝邀请德国、奥地利和土耳其参加	在第一次世界大战中围困过举办地
1940	12	原定在日本东京的奥运会没有举行	第二次世界大战
1944	13	原定在英国伦敦的奥运会没有举行	第二次世界大战
1948	14	伦敦奥运会拒绝日本、德国参加	第二次世界大战中的侵略国
1952	15	美国强烈反对前苏联参加奥运会	政治原因

---

① 任海主编：《奥林匹克运动》，人民体育出版社 2005 年第 2 版，第 282~283 页。

续表

时间（年）	届次	事　件　形　式	原　　因
1956	16	6 个阿拉伯国家退出墨尔本奥运会；前苏联队与匈牙利队在水球比赛中发生流血事件	苏伊士运河冲突；匈牙利事件
1968	10（冬）	举办国法国拒绝给民主德国签证；民主德国与联邦德国共同组队	法国作为北大西洋公约成员国，不承认民主德国
1972	20	德国慕尼黑奥运会发生"黑九月"政治恐怖事件	巴勒斯坦与以色列之间的民族问题
1976	21	加拿大拒绝给中国台湾运动员签证；20 多个非洲国家退出奥运会；7 个已注册参赛的国家宣布不参加	与中国台湾无外交关系；抗议奥委会允许同南非保持交往的新西兰参加奥运会
1980	22	147 个国家抵制莫斯科奥运会。仅 80 个参赛国；16 个国家在入场时用五环旗代替本国国旗；10 个国家只有 1 个旗手参加入场式	苏联入侵阿富汗
1984	23	苏联等国抵制洛杉矶奥运会	以安全得不到保证为由
1988	24	古巴和朝鲜等国抵制参加汉城奥运会	政治原因
1992	25	联合国和各国际单项体育联合会制裁南斯拉夫，南斯拉夫运动员参加个人项目比赛	南斯拉夫战火不熄

3. 与种族主义有关的政治介入

种族主义是认为某一种族天生劣于或者优于其他种族的意识形态。奥运会中出现种族歧视的现象，可以追溯到 1904 年第 3 届美国圣路易斯奥运会期间组委会搞的"人类学日"活动。这个活动在奥运会开幕式前让白人运动员与包括非洲矮人在内的各种少数民族进行搞笑打斗比赛，让一些被白人称为"落后民族"或"原始民族"的人，如黑人、印第安人、菲律宾人等进行爬杆、打泥巴仗等比赛，还让一些未经过训练的黑人在运动场作各种出丑动作，并与奥运选手过招，比赛的结果是白人获胜，"野蛮人"失败。[①] 而在 1936 年柏林奥运会上，希特勒上演了多幕种族歧视丑剧，被后人称为"纳粹运动会"。自 20 世纪 60 年代以后，围绕南非的种族隔离制度，反对种族隔离的斗争登上了奥林匹克舞台，在其后的 20 多年里高潮迭起。

（四）政治介入奥林匹克运动的原因

政治对奥林匹克运动的介入，是多方面的外部因素综合作用的结果，主要如下：

---

① 　第 29 届奥运会安全保卫工作协调小组办公室编著：《历届奥运会安全事件回顾》，中国人民公安大学出版社 2006 年版，第 22 页。

1. 纷争不已的国际环境

第二次世界大战以来，虽然没有爆发大规模的战争，但局部地区的民族纠纷、国内政治冲突、国际恐怖主义等问题不断发生。这些问题必然影响奥林匹克运动。各种政治主体试图借助奥运会这个"没有硝烟的战场"，通过与竞争对手进行较量，达到树立本国形象、显示国家力量、表达意识形态和制度优越性、调整外交关系、发泄政治不满等目的。

2. 民族主义的动因

在政治介入奥运会的诸多原因中，民族主义是最强大、最持久的原因。民族主义心态是指个人对民族或民族国家无上忠诚，把本民族的利益看得高于一切的感情。它既可以作为殖民主义者的工具，为殖民主义的侵略和扩张制造借口，又可以作为强化民族内部凝聚与团结，鼓舞民族独立与平等，促进民族自由与解放的旗帜和内在动力。在这个以民族国家为基本单位，和平共处与矛盾对立共存的国际社会，在充满竞争的国际最高级别的体育比赛场上，民族主义一直得到了生动的展示和充分的释放。

3. 奥运会场景与媒体效应

奥运会是全世界共同庆祝的盛大节日，是全球几十亿人关注的焦点。在政治家眼里，这是进行政治信息表达的绝好时机。因此，奥运会的政治化是与电视的普及同步发展的。

4. 竞技运动的特点和仪式设置

由于竞技运动比赛结果的不可争辩性、运动员成绩与所属国或地区的不可分割性、奥运会特有的一系列强化民族意识的仪式和新闻媒体大规模的宣传作用，使运动员的表演与国家的形象结合起来，成为增强人们民族认同感的象征。

5. 奥运会商业化的推波助澜

一方面，在商业化的刺激下，奥运会的规模和影响迅速扩大，这为政治的介入提供了适宜的舞台；另一方面，商业化的电视网络等大众传媒充分利用围绕奥运会展开的政治事件的新闻价值，大加渲染，以吸引更多的观众。

（五）政治干预奥运会的一些主要理由

1. 外交谈判与合作

当相关国家间的关系出现紧张状态时，体育运动可以被用来作为缓和关系或发展合作的工具，它预示着新的外交关系或酝酿新的国际合作。中国与美国的乒乓外交以及 2000 年韩国和朝鲜共同组队参加悉尼奥运会就是明显的事例。冷战结束后，随着政治争端的重要性急剧消退，国际体育运动的主要问题是运动员的比赛资格、体育运动的商业化、兴奋剂滥用、种族或者性别歧视以及观众暴力等。对于这些问题，国家可以利用体育作为外交宣传或增强威望的工具。冷战后期，奥林匹克运动帮助结束了美苏两国及其同盟互相抵制对方举办奥运会的情形。由于政府的支持，在国际奥委会的发起下，美苏两国奥委会签署了一个反对抵制和合作协定，这可以看做冷战即将结束的一个早期暗示。①

尽管奥运会对严肃的外交领域影响甚微，但它被广泛应用于公开的外交场合。换言之，当涉及主要国家利益时，奥运会与政治无关，政府官员不会把奥运会应用到与重大国际国内政策相关的谈判上。如果是为不同国家的政府官员提供文化交流和一般沟通的渠

---

① 黄世席：《奥运会法律问题》，法律出版社 2008 年版，第 16 页。

道，那么奥运会往往可以派上用场，其可以为这些官员提供会面、谈判的机会。譬如，1984 年洛杉矶奥运会期间，时任中国国务院副总理吴学谦正在南美访问，双方每次正式会谈前，主人都会先跟吴副总理聊聊正在举行的奥运会，对中国运动员取得的成绩表示祝贺。体育不是政治，但体育在客观上产生的影响非常深远。①

2. 外交承认或者不承认

世界上大多数国家都利用体育为外交服务。体育既可以达到改善国际关系的目的，也可以达到反对某种政治势力的目的。如果两国之间有敌对情绪，新成立的国家通常得不到另一国家的承认。而且，如果一个国家不允许其运动员参加奥运会，或者其运动员没有得到参加比赛的许可，该国通常没有得到外交上的承认。换言之，如果一个国家的代表队参加了奥运会，通常意味着该国已经得到了其他参赛国的承认。譬如，1976 年蒙特利尔奥运会前，中国政府宣布：如果台湾的"中华民国"获准参赛，就要抵制本届奥运会。加拿大政府拒绝给以"中华民国"名义参赛的台湾运动员办入境签证，除非他们以"台湾"的名义参赛。尽管该决定遭到了国际奥委会的反对，加拿大还是拒绝撤回自己的决定，同时声称要遵守本国的外交政策，即不承认"中华民国"。最终，台湾拒绝以"台湾"的名义参赛，退出了本届奥运会。②

根据国际法，国家可以利用体育运动作为外交承认的一种形式，包括奥运会在内的体育运动可以促进相关国家之间建立或者恢复外交关系。如果一个国家的政策不允许具有特定国籍的运动员参加奥运会，这同国际奥委会的规则相冲突，因此出现了外交承认或不承认的问题，而包括国际奥委会在内的国际体育组织做出的决定通常同国际实践相一致。譬如，在 1992 年巴塞罗那奥运会上，国际奥委会的成员全部参加了本届奥运会。其中，南也门和北也门、民主德国和联邦德国各合并为一个国家奥委会；新独立的立陶宛、爱沙尼亚、拉脱维亚、克罗地亚、斯洛文尼亚和波黑共和国、纳米比亚等国的奥委会得到国际奥委会的承认；由于推翻了种族隔离制度，南非代表队也在 32 年之后第一次重返奥运大家庭；尽管前苏联发生了剧变，一支由独联体组成的联合队伍依然成立了；在巴尔干半岛，争取民族独立的战争仍在继续，而南斯拉夫、波斯尼亚—黑塞戈维纳和克罗地亚都各自派出运动员以个人名义前往巴塞罗那。不管怎样，主权国家利用奥运会可以更好地促进国际合作，缓和有关国家之间的紧张关系，这已经得到了举世公认。从这个意义上说，国际奥委会对和平共处的渴望超过了联合国大会。③

3. 为国争光和形象宣传

原则上讲，《奥林匹克宪章》第 53 条禁止把奥运会作为一种宣传工具。但事实上，有关国家和组织通常把奥运会作为宣传自己形象的工具。对于东道国来讲，举办大型国际体育比赛不仅能够为东道国带来某些政治上的实惠，也有助于东道国借此宣传本国的形象、开展对外关系、吸引外来投资和经济开发。只要有关的比赛没有导致歧视或者极端的

---

① 何振梁：《中国强则中国奥运强》，载《体坛周报》（北京奥运会倒计时一周年纪念特刊），2007 年 8 月 8 日 E1 版。

② Barbara Ann O'Neill, Note, International Sports: Have States Succeeded Athletes as the Players, 6 Dick. J. Int'l L. 405, 419 (1988).

③ 黄世席：《奥运会法律问题》，法律出版社 2008 年版，第 17 页。

民族主义，国际奥委会等国际性体育组织一般都认为主权国家利用体育运动增加自己的形象是可以接受的。① 而且，举办大型比赛也能促进主办地的基础建设和国际贸易，电视报道可以更好地提高举办城市和东道国在全球经济中的地位。譬如，当韩国获得1988年汉城奥运会主办权后，朝鲜对韩国因此获得的国际声望深感不安，就请求古巴到国际奥委会游说，商谈共同举办奥运会的可能性。国际奥委会也曾试图讨论由两个国家合办奥运会的可能性。不过，国际奥委会最终还是决定由韩国独办。

事实上，《奥林匹克宪章》一方面规定奥运会是运动员或者运动队之间的比赛而不是国家之间的对抗，另一方面强调运动员代表的是各自的国家，参加奥运会的运动员必须经过所属国家奥委会的指派才能代表该国参加奥运会。因此，在爱国主义或为国争光的问题上，国际奥委会本身也是难以自圆其说的。譬如，改变国籍的运动员事后如果想代表入籍国参加奥运会的话，必须符合规定的条件，通常是入籍后满3年才能代表新国家参加奥运会。如果奥运会是运动员之间的比赛而完全排除国家因素的话，这种3年期限的限制就显得不太合适。当然，如果有关运动员因为某些政治问题不能代表某国参加奥运会，国际奥委会可以允许有关运动员以个人名义参加比赛。前述南斯拉夫运动员以个人身份参加了巴塞罗那奥运会比赛就是一例。②

4. 维护人权

尽管《奥林匹克宪章》禁止任何形式的种族、宗教或者政治歧视，但现实生活中有违基本人权的事例还是经常发生。国际奥委会在做出有关决定时，必须决定是否严格遵守《奥林匹克宪章》的有关规定，而不考虑任何有关人权问题的事项。但随着国际人权法的发展，包括联合国在内的一些重要国际组织都极力反对世界各地出现严重危害人权的行为，这种现象促使国际奥委会逐渐意识到人权问题的重要性。从另一角度来讲，国际奥委会等国际体育组织也要遵守《联合国宪章》的基本原则以及国际人权法的基本规定。因此，为保护人权而发挥国际体育运动的政治功能也有其合理合法的一面。③

1975年，联合国大会通过了第3411（E）号决议，呼吁"所有政府、体育组织和其他组织采取实际行动来抵制南非体育组织或者运动队参加国际比赛"。第二年，联合国大

① Paul Mastrocola, *The Lords of the Rings*: *The Role of Olympic Site Selection as a Weapon Against Human Rights Abuses*: *China's Bid for the* 2000 *Olympics*, 15 B. C. Third World L. J. 141, 157 (1995).

② 1991年6月，南斯拉夫宪法和谈失败，联邦分裂已成事实，波黑战火燃起。1992年5月30日，联合国安理会通过第757号决议，决定对南联盟实施政治、经济、军事等各个方面的全面制裁，包括"所有国家应该采取必要措施，禁止南斯拉夫的个人或团体在各国的领土上参加任何体育比赛"，以惩罚其派兵支持波黑和克罗地亚境内塞族的武装行动。联合国成员国对安理会的决议没有可以拒绝的理由，因此，1992年6月12日，西班牙政府用公函的形式通知国际奥委会，西班牙将严格地执行联合国安理会决议，禁止南斯拉夫共和国所有运动员进入西班牙领土。后经国际奥委会的努力，1992年7月21日，联合国安理会又指出，"如果完全以个人名义，南斯拉夫运动员参加奥运会不违反第757号决议"。由塞尔维亚和黑山共和国组成的南斯拉夫运动员只能以个人身份参加，并不得参加开幕式、闭幕式和集体项目的比赛。

③ James A. R. Nafziger & Andrew Strenk, The Political Uses and Abuses of Sports, 10 Conn. L. Rev. 259, 286 (1978).

会又通过了第6（F）号决议，呼吁制定《反对体育运动中的种族隔离国际公约》，并成立一个临时性的组织委员会。到1977年，联合国通过了《反对体育运动中的种族隔离国际公约》。这也促使国际奥委会必须把实行种族隔离政策的国家驱逐出奥林匹克大家庭，当时主要是南非。联合国自身并不反对体育运动，只是认为：为了保护运动员和其他相关人员的人权免遭非法侵害，抵制也是必要的。①

现代奥林匹克运动的发展实践证明，国际奥委会已经把保护人权作为一个重要问题加以对待。譬如，在利用体育运动促进人权发展方面，消除南非种族隔离政策的艰巨运动也在体育运动领域得到了体现。由于南非实行种族隔离政策，在联合国有关决议的支持下，国际社会开始在经济和政治上对南非实行制裁。② 迫于法律的压力，1960年，国际奥委会禁止实行种族隔离政策的南非参加罗马奥运会，1970年，国际奥委会取消了南非奥委会的会员资格。直到1992年，取消了种族隔离政策的南非，才获准参加巴塞罗那奥运会。在南非废除种族隔离政策前，国际奥委会不允许南非运动员参加国际比赛，因为南非的种族隔离政策是与《奥林匹克宪章》的精神相违背的。国际奥委会通过不间断地限制和实施反种族隔离运动，彰显了国际体育法律制度在迫使南非政府放弃种族隔离政策方面的作用。南非最终废除种族隔离政策的结果表明，国际奥委会以及国际体育联合会的措施有助于在体育运动场内消除种族隔离制度以及保护人权，③ 但对体育场外的人权保护能够起多大的作用就需要时间来证明了。④

二、抵制奥运会的影响及其合法性问题

（一）抵制奥运会的影响

尽管远离政治一直是奥林匹克运动的追求，但现实中的奥林匹克运动常常不可避免地渗入政治因素。譬如，在1956年墨尔本奥运会前，由于前苏联出兵入侵匈牙利，为抗议帝国主义者参加以和平世界为主旨的奥运会，有些国家，如西班牙、瑞士和荷兰，拒绝参加本届奥运会。埃及、伊拉克则因为抗议以色列介入苏伊士运河，也选择了以退出本届奥运会的方式表示抗议。⑤ 其他的抵制奥运会的事件还有1964年印尼和朝鲜抵制东京奥运会、1976年30个非洲和中东国家抵制蒙特利尔奥运会、1980年美英德瑞澳等国家公开抵制或者拒绝参加莫斯科奥运会、1984年前苏联及一些东欧国家抵制洛杉矶奥运会等。

作为一种政治工具，抵制只对弱小国家有用，对于类似前苏联和美国这样的大国来说

---

① James A. R. Nafziger & Andrew Strenk, The Political Uses and Abuses of Sports, 10 Conn. L. Rev. 259, 283-284 (1978).

② 1969年，联合国通过对南非实行经济制裁的第2506号决议；1977年，联合国安理会对南非实行武器禁运，要求联合国会员国必须遵守并执行。

③ 除了对南非的体育抵制外，南非国内广泛的反种族隔离行动无疑促进了消除南非体育界的种族隔离行为。

④ 参见黄世席：《奥运会法律问题》，法律出版社2008年版，第20页。

⑤ James A. R. Nafziger, Diplomatic Fun and the Games: A Commentary on the United States Boycott of the 1980 Summer Olympics, 17 Willamette L. Rev. 67, 68 (1980).

没有任何作用。即使对于实行种族隔离政策的南非政府，效果也不很明显。① 譬如，对莫斯科奥运会的抵制并没有阻止前苏联继续占领阿富汗，前苏联继续不顾美国卡特政府的反对而对外扩张。而在对蒙特利尔奥运会抵制后，带头的非洲体育最高理事会也在1980年放弃了对奥运会的抵制，理由是非洲将会因为其运动员参加奥运会而得到更好的支持。事实上，当时南非政府的种族隔离政策仍然继续存在。

对于想参加奥运会的运动员来讲，抵制也是很不公平的。作出抵制决定的政府以及对政府行为无能为力的国家奥委会侵犯了运动员的基本权利。从法律角度来说，一个国家试图从政治角度操纵运动员的行为，也是没有法律根据的。而参加被抵制的奥运会所获得的成绩也是不真实的，因为不是当时所有世界顶级运动员都参与了奥运会。由于连续发生的抵制事件，奥运会抵制被滥用的结果只能是阻碍奥林匹克运动的正常发展。

因此，奥运会一方面具有政治功能和政治目的。但如果主要从政治角度或者一切根据政治利益来处理奥运会的有关问题，那么就会演变为奥运会的政治化，这不仅会遭到奥运会举办国的反对，也是国际奥委会所不容许的，同样得不到世界上所有爱好和平的国家和人们的欢迎。因为奥运会政治化的最大受害者是运动员和奥林匹克运动本身。

（二）抵制奥运会的合法性问题

作为一项基本原则，利用抵制奥运会来达到政治目的违反了《奥林匹克宪章》。因为《奥林匹克宪章》要求：不论以何种身份参加奥林匹克运动的人员或者组织都要遵守《奥林匹克宪章》的规定，并应遵守国际奥委会的决定，尊重国际奥委会是奥林匹克运动的最高权力机构。实施抵制的国家在先前长期派队参加奥运会，足以说明它是奥林匹克运动的支持者，就有义务遵守《奥林匹克宪章》。而抵制行为有违利用国际体育运动促进友谊和合作的宗旨。更何况，"奥运会是运动员个人和运动队之间而不是国家之间的比赛"，抵制本身也与奥运会的本质相冲突。②

但是，根据惯例，在体育运动与人权保护及其他形式的官方种族主义行为作斗争方面，如果遵守类似反种族隔离的国际公约，联合抵制通常是可以接受的。然而，国家因经济、外交或纯粹政治目的而采取的抵制行为在国际法上是否有效就需要具体分析。有关体育组织不能忽视政治，但不允许为控制其政策或决议而施加压力，也不许对已被承认的国际活动实施政治上的联合抵制。自1980年和1984年奥运会的互相抵制导致巨大的负面效应以来，国际实践普遍支持这项原则。

因此，作为利用体育运动干涉政治的一种手段，抵制奥运会有违《奥林匹克宪章》的精神，尤其是剥夺了有关运动员参加比赛的权利。③ 国际法和国际惯例的基本原则表明，如果基本人权受到了侵犯，对人权的保护应该大于参与国际体育比赛的权利。因此，

---

① John Cheffers, The Foolishness of Boycott and Exclusion in the Olympic Movement, Olympic Rev., Sept. 1979, No. 143, at 513.

② JoAnne D. Spotts, Global Politics and the Olympic Games: Separating the Two Oldest Games in History, 13 Dick. J. Int'l L. 103, 118 (1994).

③ Jeffrey M. Marks, Comment, Political Abuse of Olympic Sport, 14 N. Y. U. Int'l L. & Pol. 155, 180 (1981).

如果奥运会主办国严重违反了国际人权法，某些抵制奥运会的行为可以认为是合法的，尤其是某些抵制行为得到了联合国有关机构的认可，如南非种族隔离时期不允许南非代表团参加奥运会就得到了联合国的支持。但这样的抵制必须满足下列条件：①那些被指责与奥运会有关的侵犯人权行为确实存在，并在世界范围内得到了公认，如得到了联合国的认可或谴责；②该违反人权的行为必须是在立法或者政策等抽象行为层面；③必须是严重违反人权的行为。没有同时满足上述 3 个条件，就是滥用抵制企图达到少数集团或国家的政治目的。①

三、中国应对"北京奥运风波"的基本经验

在北京奥运会召开前的一段时间，许多国内外事件都被贴上奥运的标签，并被用来质疑北京承办奥运会的道德正当性和能力。如斯皮尔伯格宣布辞去北京奥运会艺术顾问、80 名外国名人签名抵制北京奥运会的公开信（以达尔富尔问题为由）、中国的产品质量安全和食品安全风波、2007 年 9 月缅甸发生袈裟革命事件、北京空气质量、"藏独"分子和"无国界记者"对圣火传递的破坏等。对于这些此起彼伏的抵制风波，中国政府和人民正确认识、冷静思考、理性面对。

（一）正确认识这是"大国办奥运"的必然现象

正如 1984 年洛杉矶奥运会的组织者、现任美国奥委会主席尤伯罗斯说："凡大国办奥运，一定会出现政治争议，这是难以避免的。"何况我国是地理位置处于东方、社会制度属于社会主义、发展阶段是发展中国家、并正在迅速崛起的大国。从 1840 年的鸦片战争到 1937 年的抗日战争，就是西方列强用坚船利炮侵略中国、危害中国的悲惨历史。在西方已率先实现现代化、并占领大部分世界市场的不利条件下，中国在 30 年前开始了经济起飞的艰难历程并取得了超高速的经济成长成就。尽管在和平与发展的世界潮流下，大部分西方人对中国的崛起是持欢迎态度的，但不可否认，西方某些反华政要所代表的反华势力，恐惧和嫉妒中国改革开放的成就，不愿看到中国崛起的事实，不愿放下西方针对东方的那种先天优越感。他们企图借奥运会这个机会削弱中国、拖延中国现代化的进程。因此，中国在策略上并不太在意这些不同形式的抵制。

（二）冷静思考抵制北京奥运会的原因

其实，西方某些人明知抵制不会成功，为什么还要不断发起抵制事件呢？其目的是多种多样的，比如有的西方国家认为奥运会这个平台是推销西方政治价值理念的绝好机会，也是撬开中国政治开放大门的契机；有的组织希望通过抵制奥运，让中国在一些政策上让步，如在人权、环保等问题上不断冲击中国的政策底线；有的西方国家对中国的发展抱有戒心，利用一切机会牵制中国，支持台独、藏独、疆独、法轮功等；部分西方媒体对中国持有偏见，并不断进行妖魔化宣传。

这些言行折射出欧美政治精英对中国在全球政治、经济和意识形态领域逐渐显示的作用和影响的一种担心。他们错误地认为：冷战结束以后，西方的持续强大需要一个敌对的

---

① 参见黄世席：《奥运会法律问题》，法律出版社 2008 年版，第 22 页。

强国作为参照系，以此激励自己的民众。而正在兴起和强大的中国无疑是最佳的人选。这种新的冷战思维，反映在言行上，就是无视中国在改革开放以后社会经济文化的巨大进步，千方百计地妖魔化中国。

（三）多种方式化解抵制

理性面对，利用经济、宣传、外交、法律等多种途径，采取多种方式化解这些抵制。例如，北京奥组委和中国政府多次清楚地向国际社会表明：奥运会是属于全世界的，起码是属于国际奥委会的成员国的，中国只不过是本届奥运会的主办国。中国只能尽最大努力做好东道主，不可能单独保证奥运会的成功。奥运会的成功，是世界各国的共同责任。如果国际社会袖手旁观，让少数极端分子一再闹事，或者少数人抵制北京奥运会，责任不在中国。而且，如果国际社会让这些人的不法捣乱、要挟行为得逞的话，以后每一届奥运会都会没完没了地出事，下届主办城市伦敦便会首当其冲，烦不胜烦。与此同时，中国还充分利用国际奥委会、适当利用民间力量改善国际宣传，让世界人民了解中国的实际情况。

本人认为，除了抢占道德制高点以外，中国还可以利用法律进行反击。因为根据《奥林匹克宪章》第 34 条的规定：申请城市的中央政府必须向国际奥委会提交一份法律文件，保证该国及政府部门遵守和尊重《奥林匹克宪章》。尽管中国不是主办城市合同的当事人，但它明确表达了帮助筹办北京奥运会的意愿。因此，虽然北京市政府和北京奥组委是合同的当事人，但当它们遇到困难和问题时，中华人民共和国政府就要承担承办北京奥运会的义务。与此同时，国际奥委会和国际奥委会其他成员也有合作和协作的义务。所以，那些破坏奥运会的行为和以国家领导人的名义抵制奥运会的行为都违反了《奥林匹克宪章》，是对整个奥林匹克运动的破坏。

大禹治水与中国传统行政法之探究[*]

■ 柳正权^{**}

随着文明的进步，公共事务的重要性便逐渐显现，形成了诸多公共事务关系，而这些公共关系则需要用法律规范来予以调整。只有当调整公共事务的法律规范逐渐被强化，并出现了强力公共管理机构之后，才有可能出现行政法。中国古代历来重视典章制度的建设，形成了中国特有的行政法律制度，其内容主要包括行政管理关系和监督行政关系的法律规范，是规范和控制行政权的法律体系，但中国古代并不存在以法治政府为基石的现代法律意义上的行政法。其调整范围和表现形式近似于行政法。中国古代尽管没有现代意义的行政法，但却有较为完备的行政法律制度①。现代的中国已经建构了系统的行政法体系，对规范行政权发挥了较大作用。但是文化决定了我们，我们的行为抉择必须服从于文

＊　此文为国家社科基金项目《新疆多民族法律文化心理的融合与和谐研究》的阶段性成果，项目编号 07BFX012

＊＊　法学博士，武汉大学法学院副教授。

①　按照现代行政法源于法治政府的理论，无疑中国古代没有行政法。但是，任何制度的建立和实现，都与本土文化有千丝万缕的联系，受本土文化的决定和扭曲，抑或是舶来的制度，也会受到继受地文化的整合。因此从文化的意义讲，在文化传承未中断的情况下，有现代行政法，就有传统行政法文化，两者在制度和文化心理上存在诸多互通之处，因此，我国要实现行政法治，必须正视传统行政法文化，研究和借鉴传统行政法律制度，在此意义上，将行政法定义为是以行政关系为调整对象的各种法律规范的总和。所以，就制度的共通性、相似性而言，并以此为主要考照维度，有现代行政法，就有传统行政法。

化的指令。① 从文化的意义上解读，现代行政法仍然由历史传袭而来的行为指令性系统所决定，而且它也受到了传统行政法文化的深刻影响。据此，欲使现代行政法发挥应有的作用，就应当对传统行政法律制度和文化沉淀进行研究，而传统行政法的特质是在其起源时便固化了的，传统行政法文化心理又是由历史沉淀而成的。有鉴于此，应对传统行政法起源进行审视，探索它起源的背景、模式和式样，分析出中国传统行政法的特质，进而研究中国传统行政法文化心理。

中国传统行政法起源的挑战性事件是什么，其与法律的起源是否具有一致性？行政法文化的挑战性事件对传统行政法特质的影响几何？它决定了什么样的行政法文化心理？这些都要从行政法起源的挑战性事件着手进行分析。众所周知，学界认同的法律起源证据，主要是指刑事法律起源的证据，而有关行政法起源的证据极其稀少，只有少量作为证据使用的史料，因未得到其他科学研究的充分证明，从而缺乏可信度。那么，以什么为切入点，来研究中国传统行政法的起源、特质、行政法文化心理呢？由于研究的对象是久远的历史，因此，对上述问题的解答还是有赖于对原有历史文本的解读。纵观已有的有关行政法的文本解读，由于受前见和语境的决定，所以致客观存在的历史，渗透了较多的主观因素。同时，受认识的局限性，致历史被假象所掩蔽；更有甚者，历史传述者受价值观的主导，对历史进行取舍或粉饰，或通过隐喻的笔调来表达，给我们客观认识历史，造成了诸多障碍，使真相总是被层层迷雾所包裹，从而使得历史真相渐行渐远。但是，不管历史如何被掩饰或史料被史辞笔调所修饰，总有研究的路径可寻及线索可探，从而使我们客观认识历史有了可能。

那么，在还原历史真相的基础上，截取什么样的历史片断作为中国传统行政法起源的挑战性事件？应当以中华文明的源头和文化根基为研究背景，来解读承载远古历史的文本。在先古时期的农耕社会，特别是人工种植开始成为社会主要生产方式的时候，农业的地位及发展，是我们进行研究必须要正视的背景。在原始农业时期，对水的治理和管理，则是公共事务的重要内容。因此，本文将研究的视野聚焦在大禹治水上。那么，透过大禹治水，能否窥视行政法起源之端倪？探寻传统行政法的特质和行政法文化心理？答案是肯定的，一是治水是农耕文明的重要公共管理内容；二是治水是被史家大肆宣扬的重要史实；三是治水活动实际上是征服运动；四是治水活动本身有诸多的行政管理内容。

一、大禹治水的真实性分析

先秦的大部分典籍都谈到了大禹治水。《庄子·天下篇》写道："昔禹之湮洪水，决江河而通四夷、九州也，名山三百，支川三千，小者无数。禹亲操橐耜，而九杂天下之川。"《尚书·禹贡》载："禹别九州，随山浚川，任土作贡。禹敷土，随山刊木，奠高山大川……九州攸同：四隩既宅，九山刊旅，九州涤源，九泽既陂，四海会同。六府孔修，

---

① "人类各种社会中的文化条件，只要根据普通原理能够予以探究，它就是人类思维及行为法则所适宜的主题。另外，使文明得以广泛普及的单一性，大体上可归结为具有单一原因的单一的行为。不过文明的各种程度还可看着发展规律及进化的阶段，即各个阶段即是历史的结果，同时在创造未来历史时也可发挥固有的作用"参见埃德加·泰勒：《原始文化》北京三联书店1998年版，第55页。

庶土交正，厎慎财赋，咸则三壤成赋。中邦锡土、姓，祗台德先，不距朕行。"详尽记载了大禹治水的主要内容。

《尚书·禹贡》颂扬了大禹披九山、通九泽、决九河、定九州的丰功伟绩，所载的基本事实得到了其他史料的佐证。"禹之时，天下大雨，禹令民聚土积薪，择丘陵而处之。"① 孟子说："当尧之时，天下犹未平，洪水横流，氾滥于天下，草木畅茂，禽兽繁殖，五谷不登，禽兽偪人，兽蹄鸟迹之道，交于中国……举舜而敷治焉，舜使益掌火，益烈山泽而焚之……禹疏九河。"②《国语》载："昔者，禹之湮洪水，决江河，而通四夷九州也。名山三百，支川三千，小者无数。"③ 庄子也说："黄帝以姬水成，炎帝以姜水成。"④《帝王世纪》也记录："黄帝居若水。"⑤在大禹时期，洪水泛滥这件事情的真实性，尤其是被现代自然科学的研究所证实。气象学研究表明，夏朝前后期，即在公元前一千至三千年之间，中国地区的年均气温比现在高出摄氏二度左右，这种温暖气候，带来了充沛的降雨，从而导致了洪水的发生。⑥ 结合第四冰河时代的气候特征，可以推测："尧、舜、禹时代的洪水，或因冰河融解以后，大量的水长期汇集在大陆内未曾流出，又因大量雨水或上游高地水源的增加，使其成为古代的一次最大的水灾，而被传为洪水"⑦；吴文祥、葛全胜根据夏、商、周断代工程研究的成果，分析了史前洪水可能发生的时代，认为夏朝前夕"考古学与地质学证据证明黄河在 4000 年前后曾经改道，并且根据这次河流改道与传说中的史前洪水在发生时间上的一致性，认为大禹治水并非仅仅是传说"。⑧ 然后，又利用高分辨率的气候代用指标重建了大禹治水时期的气候背景，推测传说中的大洪水发生于公元前 4200—4000 年，即一个对世界许多地区早期文明发展进程产生重大影响的全球性气候异常时期；根据气候突变与东亚季风降水之间的关系论证了大禹时期大洪水发生的真实性⑨。

史料所载表明，禹受命治水后，在治水方法上吸取了共工、鲧治水的"壅防百川，堕高堙卑"的失败教训。禹把"堕高堙卑"改为"疏川导滞，钟水丰物"的方法，即疏通河道，开导川流的阻滞，并利用泽、薮、洼地来蓄积洪水，既可防洪，又可供农耕。大禹治水的活动地域，主要是在黄河中下游流域，并且南及江、汉、淮、汝地区。不管大禹是部落首领的代称，还是特定人的称谓，但在此背景之下有次大规模的治理洪水史实，这是毋庸置疑的。

---

① 《淮南子·齐俗训》。
② 《孟子·滕文公》。
③ 《庄子·天下》。
④ 《国语·晋语》。
⑤ 《帝王世纪》。
⑥ 参见沈长云：《上古史探究》，中华书局 2002 年版，第 2 页。
⑦ 吕振羽：《史前期中国社会研究》，河北教育出版社 2005 年版，第 235 页。
⑧ 吴文祥、葛全胜：《夏朝前夕洪水发生的可能性及大禹治水真相》，载《第四纪研究》2005 年第 25 卷第 6 期。
⑨ 吴文祥、葛全胜：《夏朝前夕洪水发生的可能性及大禹治水真相》，载《第四纪研究》2005 年第 25 卷第 6 期。

二、大禹治水实际上是建构国家的征服运动

综合现有的研究证明，大禹时的洪水是真实的，但大禹治水不仅仅是单纯的治水活动，更是以征服战争为主的社会变革运动。从史料记载看，传说中的大禹治水期间，正是禹征服南方民族时期。据《韩非子·五蠹》："当舜之时，三苗不服，禹请攻之。"《荀子·议兵》："禹攻共工。"《战国策·秦策》也说："禹伐共工。"《尚书·大禹谟》记载："三旬，苗民逆命，益赞于禹……七旬，三苗格。"说明禹领导了对三苗的战争，并经历了较长时间。《史记·五帝本纪》说："禹定九州，各以其职来贡，不失厥宜。"《汉书·食货志》载："禹定九州，制土田，各因所生远近，赋入贡棐。"这些史料者都可以初步证明大禹治水是与征服战争相联系的。大禹治水对社会秩序的重建的活动，则集中叙述在《尚书·禹贡》中。综观此篇，透过文字叙事的史家笔调，透视对大禹溢美的表象，厘清其中的英雄史观语境，我们会发现一个真实全面的大禹治水事件：一是大禹治水所涉区域广大，几乎遍布当时的全中国；二是大禹以治水为契机，征服了异姓部落，划定了九州的行政区划，并设标志；三是根据土壤的肥沃程度进行分级行政管理，设定贡赋制度；四是根据各地的物产情况，规定了各地需缴纳的贡品；五是规定了贡赋的运输环节和路线。这五个方面的事务都关涉到国家的政权建设和公共事务的管理，说明大禹在治水的过程中，进行了划时代的政权建设，他把原先联系不紧密的部落紧密地联系起来了，特别是征服了未臣服的部落。对于《禹贡》所述内容的解析，胡渭在《禹贡锥指》卷一说："此一篇以为史官所记邪而，其间治水曲折非史官所能知也，窃意禹敷土随山刊木，奠高山大川，此史辞也。若夫自冀州至讫于四海皆禹，具述治水本末与夫山川之主，名草之生，遂贡赋之高下，土色之黑白，川之首尾，川之分派，其所以弼成五服，声教四讫者，尽载以奏于上藏之史官，略加删润叙结成书耳。"其结论性意见是《禹贡》以治水的表象，掩盖了"弼成五服"的征服史实。"禹别九州，随山浚川，任土作贡。禹敷土，随山刊木，奠高山大川……九州攸同——中邦锡土、姓。"①关于"别九州"《孔传》释曰："分其圻界。"《孔疏》说："分其疆界，使有分限，"至于"敷土"《孔传》曰："布治九州之土。"《史记·索隐》："敷，分也，谓令人分布理九州之土地也。"《汉书·地理志》颜师古注："敷，分也，谓分别治之。"《诗经》记载："洪水茫茫，禹敷土下方，外大国是疆，幅陨既长。"其注曰："禹者敷广下土以正四方，京师之外大国于是画其疆境，今使中国广大均平，既见长远久矣。"② 对大禹治水名为治水实为征服的分析，《禹贡锥指》卷一还说："孔氏传曰：禹制九州贡法。林氏曰：禹贡一篇尽言禹之治水，其本来先后之序，无不详备，名虽曰贡，实典之体也。张氏（九成）曰：此篇以为史官所记邪而，其间治水曲折非史官所能知也。窃意禹敷土随山刊本，奠高山大川，此史辞也。"③ 认为从尧帝始至禹，以治水为背景，有一次深刻的社会变革运动。"古者无常姓，有功德则胙之人土命之氏，小患既平，相与治水有功者，故赏而锡，同于治水必非一人，今所见惟益稷而已，只台德先者历年之久，涉地之广，劳役亦多矣，而天下翕然，从禹之行而无距者，禹有德以先也。

---

① 《尚书·禹贡》。

② 《毛诗注疏》卷三十。

③ （清）胡渭：《禹贡锥指》卷一。

《禹贡》所纪若皆禹之力，禹岂外是以求德哉，众人为之则力也。禹为之则德也，禹之尽其力者，其心何如也。史官恐后人因禹之胼胝而断以尽力之说，故以德先，终之，此作史之妙也。"① 此论拨开了史家笔调所生的迷雾，揭示了大禹治水之胼胝之力，认为治水不仅是则德，以德服人，更是胼胝而尽力。只是为了用"德行"美化圣贤，而隐藏了禹之胼胝之力，从而突出了"德"。但此说的"力"，只是胼胝之力，是手足磨成硬皮，仍然是隐晦了"力"的类型。到底是劳作而成，还是直指武力征服？对此，《读书管见》解析为"力"就是征服。其说："锡土姓只祗德先，不距朕行，又如东渐之语，皆后面追述之辞，岂禹八而水土平，民方脱于昏垫教化，据能大治，固无是理也。其间兖州，田赋作十有三载，乃同夫水平之余，又使耕治十三年方取其赋，岂逆计其年岁而优之邪，此必取赋后，记录无疑也，且舜窜三苗，曾几何时而于雍州，已言三苗丕叙，此岂水土初平记录之语邪？"② 从记载的矛盾，分析大禹治水的历史似窜三苗。而窜三苗，据《尚书·舜典》记载："窜三苗于三危"是指用武力将三苗驱逐到三危，是舜帝时处理的四罪中的一罪，说明大禹治水中的"力"即是征服。先秦之际的"与德服人"、"以力服人"之治国方略，亦可旁证"力"即是战争。除这些概论之外，《禹贡》篇名经及文本解读，都可将大禹治水的历史还原为其主要是以武力为主的一场浩大的征服运动。

首先，关于《禹贡》篇名之含义，朱鹤龄《禹贡长笺》卷一说："赋者，诸侯以供其国用，贡者，诸侯以献于天子，挈贡名篇有大一统之义焉。"它是说贡的确定与统一有关。傅寅在《禹贡说断》卷一中，关于"兖州"，"孔氏曰治水十三年乃有赋法与他州同，唐孔氏曰作者役功作务谓治水也，治水十三年乃有赋法，始得贡赋与他州同也"。说明"贡"的确立，本身即是逐渐扩大权力影响的范围，是征服的结果。

其次，《禹贡》中的"中邦锡土、姓"就是对当时权力重构的明确记载。中邦，系指九州。锡，《尔雅训诂》：锡，赐也。蔡传：锡土、姓以立国。"土立国，姓立宗，国立而民人有所依，宗立而族姓有所系，方水土未平，诸侯固各有土社，百官亦各有族姓矣。至九州攸同，始得以遍锡。"③ 这是古代社会组织建构的一种特殊形态，谓之"宗法拟制"④，是中国古代部落甚或国家的构建方式，也称为"建德"。《春秋左传·隐公八年》载："无骇卒，羽父请谥与族。公问族于众仲，众仲对曰：'天子建德，因生以赐姓，胙之土而命之氏。诸侯以字为谥，因以为族。官有世功，则有官族，邑亦如之'公命以字为展氏。"对于"天子建德"的方式，《禹贡说断》卷四："王氏曰：锡土姓者言建诸侯赐之土以立国，赐之姓以立宗。林氏曰：锡土姓者于是始，可以疆天下，封诸侯而成为五服也，左传曰：天子建德因生而赐姓，胙之土而命之氏，盖胙之土，即所谓赐土也。"⑤

"锡土、姓者，所谓天子建德，因生以赐姓者甚少，黄帝之子二十五人，得其姓者十有四人，惕之以土，因其所出赐之姓焉。"⑥ "天子建德，因生以锡姓，谓有德之人生此

① （宋）吕祖谦：《增修东莱书说》原序卷一。
② （元）王充耘：《读书管见》卷上《禹贡》。
③ 转引自朱鹤龄：《禹贡长笺》。
④ 参见陈晓枫主编：《中国法律文化研究》，河南人民出版社1993年版，第83页以下。
⑤ （宋）傅寅：《禹贡说断》卷四。
⑥ （宋）表燮：《齐家塾书钞》卷四。

地，以此地名赐之姓，以显之王者"。疏：正义曰此一经皆史美禹功，言九州风俗即同，可以施其教化，天子惟当择任其贤者与共治之，选有德之人赐予所生之土为姓。传正义曰：台我释诂文：天子建德，因生以赐姓，隐公八年左传文既引其文又解其意，土地也谓有德之人，生于此地，天子以地名赐之姓，以尊显之。①

据史载："九河皆禹所名"，② 因赐名本身是征服的结果，所以在将自然与人同格的历史背景下，禹为九河命名，本身即蕴含着"宗法拟制"的事实，是禹对部落征服之后，赐予被征服者姓氏，将被征服者拟制为征服者的卑系血亲，融入征服者的血缘系统中。它说明了大禹治水是以治水为背景的武力征服运动。一直到商代都仍然采取了这种征服模式，亦可推断这种宗法拟制模式，是中国先古社会曾经存在过的较为普遍的社会构建方式。甲骨卜辞中就记载了商代许多民族和方国的情况。《史记·殷本纪》中亦提到："契为子姓，其后分封，以国为姓，有殷氏、来氏、宋氏、空桐氏、稚氏、殷氏、目夷氏。"这些记载可以与卜辞相互印证。《左传·定公四章》中记载有：周初分封，分封给鲁公"殷民六族"，又分封给康叔"殷民七族"，则进一步佐证了被征服部落沦为种姓奴隶的史实：拟制双方出于同一始祖，成为与征服者同出一源的卑亲属。同姓，就是赐被征服者姓氏，将被征服者融入征服者的血缘系统中。因此，锡土、姓，就是将经宗法拟制后的氏族或诸侯，安置在九州。

这是征服过程中的两种处理模式：一是对臣服的氏族，允许他们保留原血缘组织，"但必须共祭宗主国的族神始祖，形成拟制的大小宗关系"。③ 将臣服的氏族拟制为与征服者同出一始祖的卑亲属，谓之"取"。二是对不臣服的氏族，"夷其宗庙，焚其彝器，灭其姓氏"。④"是以人夷其宗庙而火焚其彝器，子孙为隶。"⑤ 然后进行重新划分和安置，将其归属到某一宗族，成为该宗族的卑亲属，谓之"灭"。"凡伐之国，夷其宗社曰灭，灭而旋复者则入或取之为附庸，而存其五庙，亦曰入鲁国讳之曰取邑，只书取不书灭。"⑥ 这是征服后的两种基本处理方式，嗣后，"奠高山大川"。⑦ 汉孔氏传：奠定也，高山五岳大川，四渎定其差秩，祀礼所视。孔疏曰：水土既平，乃定其高山大川，谓定其次秩序尊卑，使知祀礼所视"，是用隐晦的笔调，将确定各宗族的宗法地位，划分大、小宗的行为，表达为自然的人格化，在法自然的语境下，实际上是指代宗法体系的确立。

宗法拟制是通过盟誓的方式，强化社会结构的宗法关系，形成尊、卑，上、下的等级序列，并通过盟誓确定这些等级序列，成为统治的合法性基础，形成共遵规则和权威，完成宗法拟制，形成了宗法制的社会结构。关于盟誓，《尔雅·释言》云："誓，谨也。"注：皆所以约勒谨戒众。疏：集将士而戒之曰誓。由此可知，盟誓是为了某项目的而进行的杀牲歃血立誓仪式。通过盟誓，与盟者约定条件，以示遵守。如禹之时的"土涂山之会"。《左传》哀公七年记载："禹合诸侯于土涂山，执玉帛者万国。"宋朝朱子说："诸

① 《尚书注疏》卷四《考证》。
② （宋）毛晃：《禹贡指南》卷一。
③ 陈晓枫主编：《中国法律文化研究》，河南人民出版社1993年版，第84页。
④ 《国语·晋语》。
⑤ 《御选古文渊鉴》卷五。
⑥ 《春秋究遗》。
⑦ 《尚书·禹贡》。

侯执玉附庸，执帛涂山在寿春东北"，禹合诸侯"事在摄位之后"。①《吕刑》说：禹治水
后便"惟克天德，自作元命，配享在下"。说明大禹治水期间，是征服后以盟誓的方法，
来论证权力合法性的。

奴隶制时期政治性盟誓的广泛运用，也可以证明盟誓是权力合法性的认同方式。西周
武王时有盟津之誓。"太公望从武王东伐以观诸侯集否，师行，师尚父左仗黄钺，右把白
旄，以誓曰：'苍兕苍兕，聪尔众庶，与尔舟楫，后至者斩'，遂至盟津，诸侯不期而会
者八百。"《逸周书·明堂解》有周公摄政时与诸侯方国的会盟："周公摄政君天下，弭乱
六年而天下大治，乃会方国诸侯于宗周"。《国语·晋语八》载："周成王盟诸侯于岐阳。"
平王东迁时，曾有"马辛旄之盟"，杜注曰："平王徙时，大臣从者七姓，伯舆之祖皆在
其中，主为王备牺牲、共祭祀。王恃其用，故与之盟，使世守其职。"《左传》哀公十二
年也有"盟所以周信也，故心以制之，玉帛以奉之，言以结之，明神以要之"的记载。
可以推断，盟誓是各级组织的联结手段，是宗法拟制的行为方式，通过将被征服者纳入征
服者的宗法体系中，确定双方的尊卑序列关系，征服者以尊亲属的身份，从而获得统治的
正当性，再通过盟誓手段，树立共遵的权威和规则，取得被征服者对统治的认同，是权力
合法性和规则的认同方式。采取这种认同方式的原因有三：一是当时的血缘关系还很紧
密，它是社会的基本结构形式，是权力重构必需依托的社会基础；二是当时的部落或氏族
还十分众多，当时臣服于禹的"执玉帛者万国"，如此数量的诸侯，证明公共权力的权限
范围还有限，各个权力单元的联结主要表现为横向性；二是此时社会组织架构还是部落联
盟时期，对舜"不曰帝而曰舜者"②。至禹时，称为帝的禹，对会盟后至的防风氏，杀而
戮之，公共管理权力得到了强化，在此转折期，诸侯仍有较大权力，因此，采取盟誓之
法，亦是当时权力对比的反映。

以上论证充分说明，大禹治水是客观存在的，更为重要的是，与治水相随，它更是一
场大规模的武力征服运动，是中国早期国家构建的重大事件。大禹治水是中国传统行政法
的起源，它奠定了传统行政法的特质，并逐渐沉淀为中国行政法文化心理。

三、大禹治水对传统行政法起源、特质的影响

洪水泛滥时的先古中国社会的组织形式，是部落联合的民主制度，公共权力较弱，尚
无调配社会资源的必要能力，不足以应付滔天洪水。"大概人类自达到部落形成开始，愈
演化到后来，各自独立的社会组织单位便愈要减少。这从过去人类历史的全部事实上去追
究，是能够得出这种结论的。"③这一时期的生产方式是"虽已知道种植，却还是发明种
植的最原始时期……他们当时还是一种游牧民族，才开始安营定居。"④ 据此可知，就生
产方式的游牧性来讲，下层社会生产组织也不过是以血缘关系为基础而联结起来的松散机
构而已。洪水的泛滥，一方面是自然的灾变，同时，又受这一时期社会生产组织的能力所
局限，整个社会都不足以预防洪水泛滥。

---

① （清）胡渭：《禹贡锥指》卷六。
② （宋）史浩：《尚书讲义》卷三。
③ 吕振羽：《史前期中国社会研究》，河北教育出版社 2000 年版，第 117 页。
④ 吕振羽：《史前期中国社会研究》，河北教育出版社 2000 年 5 版，第 140 页。

而当禹临危受命，从事治水的时候，实际上他也进行了一场深刻的社会变革，在治水的同时，以征服的方式，构建了一个大区域的、强力的公共权力体系，治理水患和武力征服相辅相成。司马迁说："禹乃遂与益、后稷奉帝命，命诸侯百姓兴人徒以傅土，行土表示。"① 《国语》也说："伯禹念前之非度……共之从孙四岳佐之，高高下下，疏川导滞。"② 说明治水非一人之功，而是动员诸侯百姓、四岳佐之。从治水方式上看，鲧采取"阻"的方法，且不说这一方法是否科学，但就"阻"的社会条件来分析，正是于基层社会组织的松散性、分割性，各自为政，公共管理机关无力动员各种社会资源治理洪水。而大禹治水用的是"疏"的方式，此方法的运用必须具备基本的社会条件：一是具有对大区域范围的调控能力。水流归海，因其绵延不绝的特性，要求大范围区域的配合，客观上要求水流经区域的密切合作，这就需要有强力公共管理机构。二是各区域的合作能力。仅有区域内的合作是不够的，它还要求各区域共遵统一规则，唯有此，才会达到步调一致，治水才能大成。这两个必要条件，在当时的历史阶段，唯有武力征服才能达到。所以说，治水是契机，有效地治理洪水必要具有大范围调控能力的公共权力，同时，强大的公共权力又是治水成功的保障，公共权力的有效运行，又依赖于一套运行规则，从而促进了传统行政法的发展。

1. 对传统行政法起源的影响

现有的证据表明，法律规则体系的起源，总是以公共权力的强大为前提的，大禹治水事件以治水为动因，伴随的是构建国家的征服运动，公共权力逐渐强大，传统行政法规则体系逐渐完备，传统行政法规则体系由此而生。一是通过宗法拟制的国家建构方式，确立了行政权运作的式样。大禹治水时期的宗法拟制，是中国社会从"天下为公"变成"天下为家"的权力构建模式。中国社会的组织形式，从松散式的、主体地位相对平等的部落联盟，变成紧密的、严格的尊卑关系的家天下，通过权力合法性的宗法论证方法，规定了公共管理权力自上而下的运行模式，使中国传统行政法从一开始就没有限制行政权的功能。

二是通过贡赋制度，确立了诸侯对天子的强制性义务。"上所取谓之赋，下所供谓之贡。"③ 胡渭在《禹贡锥指卷一》中说："一旦平定，民安居乐土，自然怀报上之心，以其所有献于上故谓之贡。"孔安国传曰："禹制九州贡法。"孔颖达正义曰："贡赋之法其来久矣，治水之后更复改新，言此篇贡法是禹所制，非禹始也。"可见禹在治水过程中，汲取了原制度的精髓，创设了贡赋制度，确立了诸侯的义务，建立了强制性的行政贡赋制度。

三是通过行政贡赋制度的建立，以贡赋作为诛赏诸侯的标准。"古始以来，受地输贡而来，侯服者治致其详，详则事如律，度其朝贡赋役法，诛赏绳绳一轨者是也，若其但受羁制而已，则治致其略，略则威坏无犯，如所谓宾服王享其心归焉，则其足矣，无复他有责取也，此其为四海一君者然也。"④ 禹以贡赋为行政考核依据的作法，是行政考核制度

① （汉）司马迁：《史记》卷二《夏本纪》。
② 《国语·周语》。
③ （清）徐文靖：《禹贡会》卷三。
④ （宋）程大昌：《禹贡论》卷上。

的重要渊源。大禹治水时还详尽规定了各诸侯贡赋的数量、物品、运输路线等，健全了较完备的贡赋制度。

四是强化了人事行政制度。舜时授官，需与四岳商量而定，而至禹，则开始直接任官了。对"舜四咨四岳"事，宋朝史浩的《尚书讲义》卷三说："此舜作建官之法也，夫建官而首询四岳，明无私意，矧舜之进用实由四岳，舜无求举之意，已足以知四岳之公也。今也建官可不咨其论乎，是故论相必先，伯禹一相得人则九官，无不当其职者，岂不为得其要乎，故曰尧舜之仁不偏爱人急言贤也，然不曰帝而曰舜者，欲使后世知九官之贤虽在尧朝，舜能用之，以尽其才。"从推举任命，任官实由四岳，到禹时的直接任命，是人事行政的重大变化，标志着最高统治者有了独立的人事任命权，有了法律意义上的人事行政制度。

五是创建了行政区划，确立了各诸侯国的行政区域，开始以地域来区分管理范围和对象，正式标志着以血缘关系为管理范围和对象的原始社会形态，转变为以地域关系为管理范围和对象的国家形态，与此相关的则是产生了大量行政创制行为。《诗经》"禹敷土下方，外大国是疆，幅陨既长"是说"禹者敷下土以正四方，京师之外大国于是画其疆境，今使中国广大均平，既见长远矣"。① 关于《禹贡》的"奠高山大川"，蔡传曰定高山大川以别州境也。林之奇在《尚书全解》卷七中论为"言九州之界未有所定，禹既随山刊木，除去蔽障之后，于是以其每州山之高者，川之大者，画为界甸，以定九州分域也"。因此可以说，大禹治水是中华文明的挑战性事件②，而大禹则是具有自决能力的应战者代表，从而促使了中华文明的发展，是中国传统行政法产生的文明事件。

以上都充分证明，大禹治水奠定了中国古代国家的政治形态，开创了家国一体的宗法结构模式，确定了权力一元化的文化价值，行政化了公共管理权力。所以，从洪水到大禹治水，先古的中国社会出现了巨大变革，公共管理权力进一步强化。尧帝时期已有的传统行政法萌芽，随着大禹征服天下的武功，伴随大规模的制度建设，原有的适用于小范围的公共管理制度萌芽逐渐发展完备，成为较系统的、适用于大区域的传统行政法。

2. 大禹治水对传统行政法特质的影响

大禹治水事件是我国传统行政法产生的挑战性事件，它催生了中国传统行政法，同时也奠定了中国传统行政法的式样和特质。一是通过宗法拟制的国家建构方式，将宗法结构大化为国家结构，将宗法规则上升为国家规则，这种权力构建模式，规定了公共管理权力自上而下的运行模式，行政权处于国家权力的核心。因此，中国传统行政法以提高行政效率为目的，行政法的主要功能以行政效率为中心，行政程序法也不以形式理性为基础，故而传统行政法表现为实体法与程序法的合一。

二是作为以官统职、以职统事的权力架构，官处于权力架构的中心，通过官的职事，既确定了官的职责，又赋予了官的管辖范围，在这种权力架构下，传统行政法则属于"事"的范畴，规则依附在人之下，仅是社会调控的手段，国家的权力运行是以人治为中心的，行政法没有限制行政权的功能。

---

① 《毛诗注疏》卷三十。

② 汤因比的文化形态学认为，文明起源于挑战和应战，而在挑战和应战过程中形成的自决能力是文化成长的标志。

　　三是通过贡赋制度，确立了中央与地方的单向义务关系。"上所取谓之赋，下所供谓之贡。"① 胡渭在《禹贡锥指》卷一中说："一旦平定，民安居乐土，自然怀报上之心，以其所有献于上故谓之贡。"孔安国传曰："禹制九州贡法。"孔颖达正义曰："贡赋之法其来久矣，治水之后更复改新，言此篇贡法是禹所制，非禹始也。"禹还以贡赋作为行政考核的依据，将贡赋和权力作为纽带联系起来，为中央实行对地方的有效控制奠定了基础。与之相随的则是：行政法表现为以单行法为主，以义务性规范、强制性规范为主，以刑法为保障。

　　四是由于权力合法性的认同，采取的是宗法拟制后的盟誓方式，这既是天命观在先人思想中的反映，又是中国传统论证权力合法性的重要形式，这种权力合法性的认同方式，在传统行政法中表现为大量的礼仪性规定，这些典章制度中的礼仪规定，尤其是关涉皇权的礼仪和祥瑞，是传统行政法的重要内容。

　　这些都充分证明，大禹治水事件形成了中国传统行政法的特质。

四、大禹治水对传统行政法文化心理的影响

　　中国传统行政法文化心理，是中华民族在历史长河中积淀在个体心灵深处的行政法文化意识形态的集合，是同一文化群体的人在社会环境、物理环境以及文化因素的相互作用下，形成的整体的文化心理倾向，它是在社会化的过程中受到社会文化等多种因素的影响而最终形成的，而社会化是在特定的社会因素中完成的，因而具有本土法律文化的特质。行政法文化心理是历史沉淀而成的，它与国家的起源和构建式样紧密相关。同种法律文化环境下成长起来的人具有相同或相似的行政法文化心理。因此，有什么样的社会因素，就有什么样的行政法文化心理，随着社会因素的变化，它也必然会产生相应的变化。但行政法文化心理的价值系统一旦形成，便具有一定的独立性与稳定性，其中的一些基本的核心价值形成内心信条后，具有超稳定的结构，对法律认知和法律实现具有强有力的支撑作用，因此，当法律制度已经发生某种变化时，并不立即引起行政法文化心理的变动。它影响和调节人对法律的认知，协调和支配人的法律行为，同时对法律制度具有一定的评价功能。

　　传统行政法文化心理的结构分为：价值体系、思维方式、致思途径和情感方式。对于行政法文化心理结构的分析，要充分考虑其识别因素：一是文化系历史传承而来的观念系统；二是文化心理不同于一般心理，它是经过长期的历史沉淀形成的、一个民族共有的、超稳定的心理机制。因而，行政法文化心理既有文化信条，亘古不变，也有因时随事的开放性价值观；同时，它是人们的心理动力机制，具有心理的原理和机理，是心理结构模式。基于此论，中国传统行政法文化心理结构由价值系统、思维方式、致思途径和情感方式构成。

　　中国传统行政法文化价值体系的形成与中国传统行政法的起源和特质有关，而行政法的起源和特质又与中国早期国家构建的起源结构和构建方式有关，是先民的生活环境、生产方式的沉淀和投射。它一方面是历史始源在心理中的沉淀和投射，另一方面是传统行政法规则和统治思想不断内化的结果。行政法文化心理价值体系中，其一是一元行政权力

---

① （清）徐文靖：《禹贡会》卷三。